人是可以塑造的。人力资源管理核心之处，
就在于怎样引导人，塑造人。

人力资源管理系列教材

赵曙明　主编

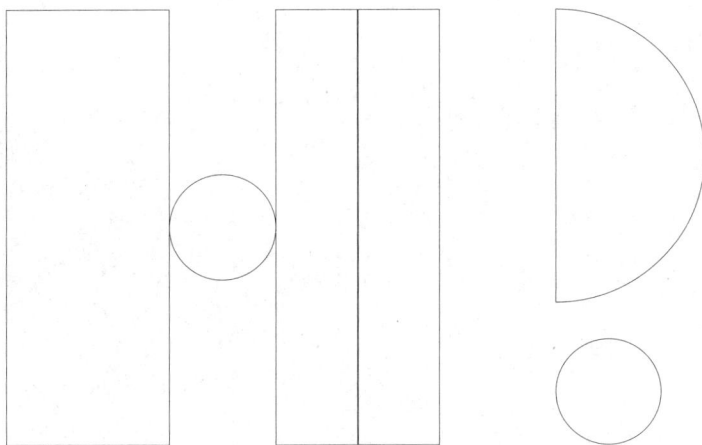

（第六版）

国际人力资源管理

赵曙明　著

International Human
Resource Management

6th edition

南京大学出版社

总　序

　　改革开放后,我国一些学者将西方人力资源管理理论和方法引进国内,率先在个别高校开设人力资源管理课程,如我 1991 年由美国学成回国后,在南京大学率先开设"人力资源管理与开发"课程。后来,一些高校开设人力资源管理专业培养专门人才,如 1993 年中国人民大学在全国首次开设人力资源管理专业招收本科生。在这些高校的带动下,我国高等院校人力资源管理专业教育经历了一个从无到有、从课程到专业、从单一性到综合性的发展过程,现在又呈现出从独立专业到学科方向的良好发展态势。从事人力资源管理问题研究的学者越来越多,人力资源管理已成为一个独立的、专门的研究领域。目前越来越多的高校开设了人力资源管理本科专业,不少高校还开设了人力资源管理学科方向的硕士、博士研究生专业,甚至建立了人力资源管理方向的博士后流动站,为国家经济建设和社会发展培养了一大批人力资源管理专门人才。

　　作为实践性很强的专业,人力资源管理专业的发展离不开国内企事业组织人力资源管理的持续变革与创新实践。1978 年改革开放以来,中国经济快速发展,市场竞争日趋激烈,企业经营管理面临着日益复杂多变的环境,人力资源管理实践更是实现了从计划经济体制下的劳动人事管理向现代人力资源管理的巨大跨越,并依次经历了人力资源管理理念的导入、人力资源管理的探索、人力资源管理的系统深化以及近年来的人力资源管理创新时期,相应地,人力资源管理专业教育教学也顺势而变,进入了一个前所未有的变革时代。

　　回顾过去,才能更好地理解现在,展望未来。作为国内较早开展人力资源管理教学和研究的学者,我有幸亲历了整个过程。20 世纪 80 年代初期,人力资源管理在美国兴起,并迅速成为美国管理研究的热点之一。然而在 20 世纪 90 年代初期的中国,无论是政府管理部门还是企业界,仍以为"人力资源管理"就是"人事管理",很多人甚至连"人力资源"这个词都没有听过。我当时就深切地感觉到,要改变这种状况,首要任务就是要系统地了解和研究发达国家在人力资源管理领域的理论、思想与方法。于是,我倾力撰写了《国际企业:人力资源管理》一书(1992 年由南京大学出版社出版第一版,到 2016 年修订至第五版),系统地介绍西方发达国家在该领域的研究成果和发展趋势,以使读者不仅能够概括了解西方人力资源管理的全貌,而且能够接触到学术研究的前沿,把握其发展规律。

　　人力资源管理在当时的我国还是新兴的研究领域,最大的困难在于如何构建具有中国特色的知识体系。于是从 1993 年开始,我的主要精力都集中在解决这一关键问题上。

受国家自然科学基金科研项目资助,经过两年多的研究,我于1995年完成并出版了《中国企业人力资源管理》这部专著,从宏观的角度探讨了我国人力资源的配置机制和政策体系,从微观的角度分析了中国企业人力资源管理各环节的优势和劣势。自1995年起,我开始集中研究中国企业人力资源管理的模式选择,这是中国国有企业推行科学管理所面临的紧迫课题。到20世纪90年代末期,我着手进行"中国企业集团人力资源管理战略"等国家自然科学基金资助的课题的研究,力求从战略人力资源管理的视角,探索中国企业的战略人力资源管理模式。21世纪以来,我和我的研究团队又相继开展了"企业人力资源开发的理论基础与管理对策""转型经济下我国企业人力资源管理若干问题研究""中国企业雇佣关系模式与人力资源管理创新研究""基于创新导向的中国企业人力资源管理模式研究"等国家自然科学基金重点课题的研究,着手对中国情境下的人力资源管理理论与实践问题进行更加深入的研究和探讨,以期在中国的人力资源管理领域做出一些贡献。

回顾这些年来中国人力资源管理发展之路,我最深刻的印象就是变化无处不在,人力资源管理的运作环境、管理职能和运行边界正日益复杂化、动态化和模糊化。首先,人力资源管理的环境发生了极大改变。经济全球化、信息网络化、知识社会化、人口城镇化、货币电子化等构成了这个时代的主要特征。每个人都身处移动互联网、大数据、云计算、物联网、人工智能之中,这些正在影响着我们的工作和生活方式,甚至取代了许多人赖以为生的岗位。这些变化对组织人力资源管理的能力提升提出了新的、更高的要求,例如,如何通过培训帮助员工尽快适应转岗等现实问题已迫在眉睫。

其次,组织结构和组织管理体系发生了变化。伴随着创新驱动发展带来的新业态、新组织、新技术的出现以及共享经济的兴起,企业组织从高度集权的金字塔式的组织结构,逐步地向扁平化、网络化、虚拟化、平台化的方向发展,中国一些企业开始学习和引进发达国家先进的人力资源管理理论并在实践中不断进行创新,如腾讯和阿里巴巴采用的三支柱模式、阿米巴经营模式等,均取得了明显成效。在这个过程中,一些企业还结合中国实际,将西方国家人力资源管理理论与中国企业管理实践相结合,创造性地提出具有中国特色的人力资源管理新模式、新方法,受到越来越多的关注,如华为的员工持股计划、海尔集团的"按单聚散、人单合一"模式、苏宁的事业经理人制度等。这些成功的案例启发我们,组织结构和组织管理体系的变化,需要我们从战略高度上去设计新的人力资源管理理论框架和知识体系。

第三,员工的需求日益多元化。员工忠诚度一直是人力资源管理的重要命题之一。新的趋势是从过去强调员工的忠诚度转变到员工幸福感与员工忠诚度并重,强调工作、家庭、生活与学习的多重平衡。尤其是"90后""00后"等新生代员工现已成为职场的主力军,他们对待工作的态度、个性特点、需求特征均与以往代际的员工有所不同,他们更加关注工作、家庭和生活的平衡,更多地追求和强调幸福感,员工体验甚至已经成为吸引、保留、激发人才活力的新战略和新方向。在此背景下,组织如何留住这些新生代员工,要给他们什么样的发展空间,如何满足他们多样化的需求,不断提升他们的满意度和幸福感,就成为人力资源管理中迫切需要解决的现实问题。

第四,工作方式日益创新。在零工经济背景下,远程办公、移动工作、灵活用工、共享员工等取代了传统单一的雇佣方式。零工经济是由一组相互作用但又半自治的实体借助网络平台实现精准交易的生态化经济系统。传统上,雇佣关系是组织进行人力资源管理的逻辑前提,但零工经济下的多方参与实体之间并不存在可识别的直接雇主与雇员关系。网络平台一方面极力避免与零工建立雇佣关系,但另一方面又在工作时间、工作地点、工作效率、工作行为和产出等方面对零工行使控制权。那些在传统组织下频繁进行的人力资源管理活动已成为网络平台实现零工生态系统治理的手段,而当前对网络平台的人力资源管理实践模式及其运作机理还知之甚少。

第五,人力资源管理的外延和对象有所拓展。党的十九大提出要加快建设人力资源协同发展的产业体系,着重发展人力资源服务业。人力资源服务业作为第三产业服务业的分支,能满足组织对于成本管控和人才优化配置的需求,是一个令人瞩目的朝阳产业。过去人力资源管理的对象更多的是组织内的员工,而现在人力资源管理的外延在扩大,对象也变得多元化。此时,人力资源管理在职能边界、知识体系与内容构成等方面均与传统的基于组织内部的人力资源管理有很多区别。

上述五方面的变化需要我们重新思考人力资源管理教学的知识体系与理论框架。总体来看,人力资源管理专业建设取得了长足发展,但在人才培养目标、课程设置、知识体系、教材建设上却滞后于经济社会发展的时代需求。当前,传统商科走向了新商科,在以大数据、云计算、物联网、人工智能、区块链等新商业技术为支撑的商科专业发展背景下,人力资源管理专业人才的培养也面临着新的机遇和挑战。教育部发布的《关于加快建设高水平本科教育 全面提高人才培养能力的意见》中也特别指出,要注重新商科人才的培养。尤其是在一流专业建设和金课建设工作中,课程教材改革需要与时俱进,因为教材是专业建设的核心要素,直接影响人才培养质量。人力资源管理专业作为一门实践性、应用性很强的专业,教材建设必须紧紧把握时代发展趋势和潮流。

南京大学人力资源管理研究和教学团队一直非常重视人力资源管理专业教材编写和课程教学工作。从1991年起,我作为课程负责人开始在南京大学开设"人力资源管理"课程。2000年开始采用电子信息化教学手段和相应的教学方法。该课程后来成为南京大学重点建设课程,并于2003年入选第一批国家精品课程。多年来,我同时致力于人力资源管理专业师资的培养。作为教育部指定的人力资源管理课程师资培训基地,南京大学商学院已成功举办20届全国人力资源管理师资培训研讨会,全国几千名人力资源管理教师参加了培训。该研讨会现已成为我国人力资源管理学科领域参与专家人数众多、最具规模和最具影响力的师资研讨会,为推动我国高等院校人力资源本科专业教育以及MBA教育做出了应有贡献。为了给全国从事人力资源管理研究的学者搭建一个学术交流的平台,由南京大学商学院、华中科技大学和《管理学报》等联合发起的、由我任主席的中国人力资源管理论坛于2012年成功举办,至今已举办了8届,产生了良好的学术影响。

基于多年的科学研究、教学实践、师资培训、人才培养、同行交流等方面的经验,结合当前人力资源管理的发展变化趋势,我们精心梳理了人力资源管理专业相关教材的内容,出版了这套人力资源管理系列丛书。

本套丛书是南京大学出版社在教育部工商管理类专业教育指导委员会的支持下,邀请国内具有丰富人力资源管理教学经验的学者精心编写而成的,旨在为人力资源管理专业的师生提供一套专业、系统、前沿、理论与实践并重的人力资源管理系列教材,并为业界人士发现、分析和解决企业人力资源管理实践中遇到的问题提供分析方法和工具。

本套丛书共分十三册,包括:《人力资源管理总论》《人力资源战略与规划》《组织设计与工作分析》《员工招聘管理》《人力资源测评》《人力资源培训与开发》《员工职业生涯管理》《绩效管理与评估》《薪酬管理》《企业劳动关系管理》《创业企业人力资源管理》《国际人力资源管理》《人力资源专业英语》等。本套丛书有以下五个特点:

(1)注重体系完整性。本套丛书从人力资源管理战略的高度审视各个模块的相互联系,每个模块都有非常完整的知识体系设计,让读者能从企业经营管理的整体视角去理解人力资源管理各个模块的内容。

(2)强调知识的前沿性。将当前外部环境的变革融入教学内容中,如新生代员工管理、大数据、共享经济、网络型组织结构、企业大学、疫情危机下的企业人力资源管理等知识点,在本套丛书中均有所体现。特别值得一提的是,在创新创业这一时代主旋律下,人力资源管理对创业企业的存续与发展产生日益重要的影响。本套丛书基于创业企业在人力资源管理中的特殊性,编写了《创业企业人力资源管理》一书,希望人力资源管理能够真正成为推动创业企业发展的核心要素。

(3)注重知识的实用性。本套丛书有大量的实例及案例素材,分别以开篇案例、章后应用案例等形式体现。案例教学内容从知识点的讲解出发,通过案例说明知识点的具体适用范围,从而帮助学生透彻地掌握相关知识点。学生通过对案例的分析与解读,可以将这些知识点与未来工作情境相关联,培养学生发现问题、分析问题并解决问题的能力。

(4)融入当前企业人力资源管理新实践。本套丛书吸收了当前企业人力资源管理中的新模式、新经验,如三支柱模式、阿米巴经营模式、华为的员工持股计划、海尔集团的"按单聚散、人单合一"模式、苏宁的事业经理人制度等,在本书中均有所体现。

(5)用全球化的视野思考人力资源管理问题。本套丛书特别设计了《国际人力资源管理》《人力资源专业英语》,希望借此引发读者对人力资源管理国际化的思考。中国企业家曹德旺先生的福耀玻璃在美国开工厂遇到的工会问题以及解决措施等内容,在书中均有所介绍。

总之,本套丛书力图在人力资源管理专业知识体系和内容结构上有所创新,使读者既能够把握人力资源管理专业完整的基础理论知识,同时还能够感受到专业学科发展前沿和未来发展趋势。付梓之际,衷心希望该丛书对我国人力资源管理专业人才的培养产生积极作用。

本套丛书的出版得到了南京大学出版社的大力支持! 南京大学出版社社长金鑫荣教授在该套丛书建设研讨会上提出了宝贵建议,使我们受到很多启发;南京大学出版社高校教材中心蔡文彬主任对本套丛书的出版自始至终给予了很多关心和帮助;南京大学出版社责任编辑们对本套丛书进行了精心编校。在此向他们一并表示衷心感谢!

在本套丛书编写过程中,我们力求完美,但囿于能力,存在的问题和不足之处在所难免,敬请各位读者批评指正!

南京大学人文社会科学资深教授

商学院名誉院长

行知书院院长

博士生导师

2020 年 12 月

序

美国未来学家约翰·奈斯比特在《大趋势》中曾这样告诫美国人："我们应该记住两件最重要的事情。第一，昨天已经过去了；第二，我们现在必须适应这个各国互相依赖的世界。"这话是针对美国的过去和未来而言的，不过，如果换个角度，也同样适合于中国。

昨天的中国是一个经济封闭、以国内市场为主、实行高度计划经济体制的国家。这种体制下中国经济发展的原始推动力是超强度的投资需求，而不是消费需求；是有限的、人均消费水平极低的国内市场，而不是庞大的、人均消费水平较高的国际市场，更不是当下国内国际双循环相互促进的新发展格局。中国的经济资源不能在全球或一定区域范围内进行最优配置：丰富的劳动力资源因僵化的旧的人事管理体制而导致巨大的浪费，充裕的世界资金因种种原因而不能进入中国市场。战后世界经济的发展给全球所有的国家公平地提供了机会，日本抓住了，亚洲"四小龙"抓住了……遗憾的是，中国没有赶上这一战后经济发展的盛宴。

造成这种遗憾的原因何在？反思过往，除了束缚生产力发展的高度计划经济体制外，还有一个重要的根源，即内向型的、封闭的经济发展战略。世界银行对发展中国家经济发展的研究结果表明，凡是走开放、外向型经济发展道路的国家和地区，在绝大多数经济发展指标上优于那些实行封闭、内向型经济发展战略的国家。幸亏中国有一个广大的国内市场（尽管当时人均消费力极低），否则，经济会更加糟糕。

昨天已经过去，我们正在面对的今天的世界又是什么样呢？首先是早在100多年前就已形成的全球化的市场；其次是全球化的生产，包括生产要素的均衡、生产技术的进步、生产方法和手段的借鉴，全部超越了国家和地区的界限，步入了世界性的活动范围。特别是第二次世界大战以后，科学技术的飞速发展，使各个国家之间的经济依存关系变得更加紧密。如果说，在社会化大生产中，没有一个人能声称，某件产品全部由他一个人制造，那么，在如今国际分工越来越细的情况下，恐怕也很难有一个国家能够断言，某件产品从原材料供给一直到销售全部在一个国家内进行。世界经济一体化和区域经济集团化是今天我们这个星球上最重要的特征。

不同国家之间商品的交换和流动，即国际贸易，曾经是世界经济关联的主要手段，但如今它已经被跨国企业所替代。经济全球化是当今世界经济发展的特征，发达国家无不以世界市场作为自己发展经济的舞台，能否实现经济全球化，直接决定了一国经济发展的潜力和后劲。而企业的跨国经营则是经济全球化的基本途径之一。企业的跨国经营，不仅可以利用国际分工,引进外资、技术、人才和管理,同时又可以进入国际市场,实现生产要素的双向流动。在南京大学1992年首届企业跨国经营国际学术研讨会上,联合国经济和社会发展部跨国公司管理中心主任哈姆丹·本耐沙指出:"跨国公司已经在世界经济舞台上扮演着一个极其重要的角色。这些跨国公司不但决定着国际经济关系,推动着经济全球化的进程,还对贸易、技术和资金的流动起着越来越大的决定作用。它们的活动对世界经济有着举足轻重的影响。"

改革开放40多年来,外商直接投资在中国从改革开放之初几乎为零一路飙升至2019年的1410亿美元。尽管1997年亚洲金融危机使中国外商直接投资出现了一个低谷,但随着2001年中国加入WTO,外商直接投资在中国又重拾信心,找到了新的定位。据中国商务部资料显示,目前全球500家最大跨国公司已经有400多家实现在中国的投资,中国目前已成为吸引外资最多的发展中国家。截至2019年,中国吸引外资总量占发展中国家吸引外资总量的20.62%。根据世界投资报告(World Investment Report)的数据,近几年来全球外商直接投资呈下降趋势,2019年全球外国直接投资流量相比前几年有所回升,从2016年的1.75万亿美元依次降至2017年的1.43万亿美元和2018年的1.3万亿美元,到2019年实现同比增长1.54万亿美元,这也是全球外国直接投资流量连续三年下滑后的温和复苏。但是受新冠肺炎疫情的冲击,2020年和2021年全球外国直接投资将大幅下降,预计2020年全球外国直接投资流量将从2019年的1.54万亿美元下降40%,是自2005年以来首次低于1万亿美元。2021年,外国直接投资预计还将进一步减少5%至10%,2022年将开始复苏。与全球贸易的大幅下降、全球外国直接投资总额大幅下滑相比,中国的跨国投资则呈现出比较喜人的趋势。相对而言,20世纪90年代以来,中国引进外资的数量总体呈大幅上升趋势,从1990年34.87亿美元,到1992年超过百亿美元,达到110.08亿美元;2010年超过千亿美元,为1 057.40亿美元;2019年为1 381.4亿美元,新增外资企业约4.1万家。中国作为全球最大的发展中国家,已成为世界跨国公司的投资中心。同时,中国的对外投资总体也呈现增长趋势,1990年中国对外投资只有9亿美元;2005年超过百亿美元,达122.60亿美元;2014年超过千亿美元,为1 029亿美元;2016年高达1 701亿美元,同比增长34.7%,在全球占比达到13.5%。近几年来,为了进一步规范中国企业对外投资的行为,防范中国企业可能在国际投资环境中遇到的不稳定风险,提升中国企业海外发展水平,中国政府在政策层面有所收紧,引导企业理性开展对外直接投资,对外直接投资金额有所滑落。2019年中国对外投资为1 171.2亿美元。截至2018年底,中国超2.7万家境内投资者在全球188个国家(地区)设立对外直接投资企业4.3万家,全球80%以上国家(地区)都有中国的投资;中国在"一带一路"沿线国家(地区)设立境外企业超过1万家,2018年当年直接投资流量178.9亿美元,年末存量1 727.7亿美元,占比分别为12.5%和8.7%。中国对外直接投资地域分布高度集中,存量前 20 位的国家(地区)占总额的 91.7%;2018 年末,中国对外直接投资存量达 1.98 万亿美元,境外企业资产总额超过 6 万亿美元。这些境外投资企业的经营范围包括对外贸易、物业投资、信息咨询、金融保险、餐饮旅游、劳务承包、文教卫生、技术开发等。中国的跨国企业,如华为、海尔、美的、TCL、联想、中国银行等,已成为具有相当规模的经济实体,它们在发展中国家和欧美等发达国家拥有一定规模的资产。这些公司正在迅速学会如何在全球性的经济竞争中取胜,同时确保获得市场、信息和技术。

40 多年来,中国的跨国公司从数量少、平均规模小、经济效益差的初级阶段一步步发展壮大,突破一个个发展深度与广度的制约瓶颈。其中关键之一,便是解决跨国型经营管理人才缺乏的难题。其间联合国跨国公司中心始终寻求在两个主要方面向中国提供相关帮助:一个是制定吸引外国直接投资的法律框架;另一个更重要的是,开发和培养中国的跨国经营管理人才。联合国跨国公司中心制定了针对中国管理人员的培训计划,该计划为在跨国公司工作的合格的中方经理提供半年到 1 年的在职培训。但是,有机会到联合国受训的人员不可能很多,远远不能满足中国迫切的跨国经营的需要。更何况一年半载恐怕难以使长期局限于国内市场观念的经理们一下子变成能适应世界经济竞争的企业家。

十年树木,百年树人。针对跨国经营的人才制约,必须从大学开始,有计划、有系统地培养出一大批各种层次的跨国经营人才。要做到这一点,就必须有一套比较完整而系统的、理论联系实践的、符合中国国情的国际企业管理方面的著作。我仍记得,赵曙明教授在 1991 年从美国回国后,就组织南京大学商学院的中青年教授撰写了一套《国际企业管理丛书》。这套丛书共分 8 册,它们是《国际企业经营管理总论》《国际企业:环境、组织、战略》《国际企业:金融、财会、税收》《国际企业:营销、广告、公关》《国际企业:人力资源管理》《国际企业:跨文化管理》《国际企业:风险管理》和《国际企业:各国交易规则与惯例》。这对推动跨国公司在华子公司和中国的跨国公司海外子公司的管理都是了不起的贡献,当时我也曾为那套丛书写了序。

近 30 年来,赵教授撰写的《国际企业:人力资源管理》著作,已经重印再版多次。作为南京大学"人力资源管理系列教材"其中一本,这次重新修订再版,能有机会再为他的这本书作序,我感到非常荣幸。赵教授是我在中国的老朋友。20 世纪 80 年代中期我在密苏里-哥伦比亚大学担任商学院院长,是他与我探讨联合培养中国工商管理硕士,我们于 1987 年成功地在南京大学商学院合作培养了 30 名中国工商管理硕士(MBA)。我到佛罗里达大西洋大学商学院担任院长,赵教授于 1990 年应邀来佛罗里达大西洋大学商学院做博士后研究,并兼任客座教授。后来我到内布拉斯加大学奥马哈分校担任商学院院长,他多次应邀来我院讲学。他那刻苦钻研、严谨治学的精神值得我们美国学者学习。1992 年他又倡导由南京大学与佛罗里达大西洋大学召开"企业跨国经营国际学术研讨会",后来他又邀请亚洲、美洲、欧洲、澳洲等地的一些著名大学商学院共同举办,于1996年、1999年、2002年、2005年、2008年、2011年、2014年、2017年和2020年在南京连续召开了第二至第十届企业跨国经营国际学术研讨会。他组织的这些大型国际研讨会一次比一次开得成功,影响一次比一次大。2020年11月21～22日他主持召开的第十届企业跨国经营国际学术研讨会,专题研讨"全球投资、新技术与创新人力资源管理实践"问题,诺贝尔经济学奖得主、纽约大学教授迈克尔·斯宾塞(Michael Spence)博士,诺贝尔经济学奖得主、斯坦福大学经济学教授埃尔文·罗斯(Alvin Roth)博士和诺贝尔经济学奖得主、芝加哥大学经济学教授詹姆斯·赫克曼(James Heckman)博士和跨国公司首席执行官等应邀参会做主题报告。不论他在美国还是在中国,我都钦佩地看到赵教授作为教师、研究者以及管理者所显示的学术水平和组织管理才能,他在人力资源管理,特别在国际人力资源管理研究方面颇有造诣。他再版的这本教材体系完整,内容新颖,既有理论水平,又有很高的实用价值。

中国古人云:开卷有益。作为一位多年担任美国大学商学院院长,并坚持教学研究的企业管理学教授,我希望广大读者能从这本书中学到更多的关于国际企业人力资源管理方面的知识。

美国内布拉斯加大学奥马哈分校

原商学院院长 斯坦利·希利博士

Stanley J. Hille

2020 年 11 月 25 日

于美国奥马哈城

Contents

图目录

表目录

第一章 绪 论

Introduction

Aim at ◇

◆ 学习国际企业的概念、特点、组织结构及控制方式。

◆ 掌握国际人力资源管理的定义、影响因素及其与国内人力资源管理的区别。

◆ 了解国际人力资源配置模式、管理人员配备方法以及国际选派的原因与类型。

◆ 理解国际人力资源中的外派与非外派角色、内派角色，以及人力资源部门在国际企业中所扮演的角色，了解国际人力资源管理的内容概要。

Lead in ◇

中国企业要"走出去"，更要"走进去"①

2019 年 10 月，国家电网在海外首个独立中标的特高压输电工程——美丽山二期项目正式投入商业运行。这条"电力高速公路"贯穿巴西南北，不仅有效解决了水电长距离输送难题，而且有力促进了巴西电力行业和特高压技术发展。中国特高压点亮海外，既是中国企业扬帆出海的生动注脚，也为企业从"走出去"向"走进去"转变提供了有益启示。

随着"一带一路"建设从谋篇布局的"大写意"，转向精谨细腻的"工笔画"，中国企业"走出去"的道路越来越宽广。从华为、小米等智能手机品牌在国外成功"圈粉"，到快递产业、移动支付等"中国服务"阔步迎风出海，再到大型基础设施建设工程在世界各地落地生根，中国企业"走出去"成绩单可圈可点。但"墙外开花"还需"两头香"。企业

① 人民日报海外版.2020-04-08.

要开拓海外市场、实现长远发展,简单的"走出去"远远不够,必须"走进去""融进去"。

完成这一跨越,既要有"打铁还需自身硬"的实力支撑,更要有合作共赢、造福当地的情怀与担当。实践中,"走得快""走得稳"的企业无不顺应互利互惠、共同繁荣的发展潮流。在孟加拉国,中铁大桥局创造"烂泥坑"上建桥的奇迹,结束帕德玛河两岸居民千百年摆渡往来的历史;在阿拉伯联合酋长国,"阿布扎比之光"项目满足逾9万人用电需求,每年减排二氧化碳100万吨;在塔吉克斯坦,新疆中泰集团中塔农业纺织项目为当地创造固定就业岗位1600个、提供年临时用工30万人次……这些合作共赢的故事,不但将中国人民的友谊播撒向世界,而且提示我们:只有真正惠及当地,企业才能获得支持,实现长远发展。

从"走出去"到"走进去",企业需要将"功夫下在诗外"。由于不同国家在历史发展、文化习俗等方面存在较大差异,在合作中难免出现"水土不服"的情况。这就要求企业与海外公众多交往、多沟通,形成情感共振。拿美丽山二期项目的建设来说,国家电网在工程建设的同时,还在线路沿途新建、修复了超过1970公里的道路和350座桥梁,向亚马孙地区沿线居民捐献了760批防治疟疾专用物资,帮助亚马孙地区贫困居民建设现代化工厂……实实在在的举动造福着巴西人民,让该工程成为闻名巴西全境、受当地民众尊敬的项目。

企业扬帆出海,注定要在深海里练就抗击风浪的过硬本领。近期,突如其来的疫情,给出海企业带来巨大挑战。不少人担心:海外项目怎么办?实际上,为将疫情影响降到最低,不少企业纷纷行动起来。比如,一些企业一手抓疫情防控,一手推进海外项目建设,有的工程甚至提前"交卷";跨境电商、外贸等行业主动化危为机,加快企业转型升级。事实证明,企业出海不可能总在风平浪静时,只有学会在疾风骤雨中成长,才能最终驶向彼岸。

近年来,中国企业"走出去"步伐加快,海外形象也逐年提升。有专家结合调查报告发现,中国企业海外形象的分值从2017年的3.15分,提升至2019年的3.77分(满分为5分)。数字的变迁,标志着中国企业从"走出去"到"走进去"的嬗变。未来,相信会有更多中国企业直挂云帆、乘风破浪,为中国和世界做出更大更多的贡献。

Focus on:

人力资源管理可以为中国企业从"走出去"到"走进去"提供哪些支持?

我国"一带一路"倡议的落实极大地加速了企业的国际化进程,在"国内市场国际化、国际竞争国内化"的竞争格局基础上,很多有眼光并有能力的中国企业通过直接投资建立海外企业,或以其他多种方式进入海外市场,成为国际企业参与全球市场的竞争。国际企业在全球市场的运营与管理离不开人力资源作为保障,而国际企业的人力资源来源比本土企业更多样化,因而其管理更具独特性和复杂性。在海外,企业运用本土的人力资源管理经验和知识时,必然会面对一些特殊的问题,需要管理者加以全面了解并保持清醒的认识。

第一节　国际企业

一、国际企业的概念

国际企业(International Enterprises 或 International Business)是相对于本国企业而言,泛指在除本国之外的国家和地区从事生产和经营活动的企业。国际企业的生产经营活动超越国界,其目的是满足国际市场的需求。国际企业包括我们通常所称的跨国公司(Transnational Corporations)、多国企业(Multinational Enterprises)和全球企业(Global Enterprises)等。

跨国公司是本国企业(总公司)通过对外直接投资而在两个或两个以上的国家或地区设立分支机构或子公司,从事国际化生产和经营活动的国际企业。广义的跨国公司是指在两个或以上国家/地区拥有和控制生产工厂、矿山、销售机构以及其他资产的所有企业;狭义的跨国公司指在海外 6 个以上国家/地区拥有生产制造子公司,且拥有子公司 25% 以上股权的国际企业。学术研究或日常生活中一般使用广义的跨国公司概念。

多国企业(多国公司)有两个基本的含义:一是指在多个国家/地区从事国际经营活动,并以一国/地区为母国的国际企业。因为与跨国公司的含义相同,因此通常用"跨国公司"代称"多国企业"。二是指多个国家/地区共同出资(或提供条件)在某国或地区注册成立并从事国际经营活动的国际企业。由于这种企业没有明确的母国,属于比较特殊的企业形式,不是很常见。

全球企业是一种新型的、打破地域与政治文化等界线的联合企业,它是在跨国企业的基础上发展起来的。全球企业追求的是在全球范围内实现资源的最佳配置,表现为以全球为市场,以全球为生产厂,以各国/地区为车间以及由不同国家/地区的人担任企业的管理层。全球企业不同于跨国公司,其形式特点有:将研究部门设在注册地以外地区,实现范围经济,以及在全球企业间实行强强联手的战略。

随着中国国际化进程的发展,越来越多的中国企业展开了跨国经营活动。制造业中比较著名的有:华为技术有限公司、美的集团有限公司、福耀玻璃工业集团股份有限公司、青岛海尔集团、格力集团、杭州海康威视数字技术有限公司等,还有很多中字开头的大型国企,如中国中车集团有限公司、中国中铁股份有限公司、中国建筑工程总公司、中国中铁隧道集团、国家电网有限公司等,中国跨国公司遍布全球各地。

二、国际企业的特点

国际企业不同于本土企业,主要存在以下几个方面的特点。

(一) 经营观念国际化

经营观念国际化指国际企业的生产经营活动以满足国际顾客需求为宗旨。因此,不

1

仅在决策时要求视野延伸至世界范围,而且其经营指导思想也是国际化的。鉴于不同企业对国际市场的认知不同,进入国际市场的发展阶段也不同,其经营指导思想存在一定的差异,但总体上国际企业的经营观念越来越趋向国际化。

(二)经营资源国际化

经营资源国际化是企业经营国际化的实质性标志之一。在国际企业中,人、财、物、信息和企业家等经营资源都不同程度地国际化了。举例来说,一国/地区生产计算机,其芯片可能是由中国台湾生产的,外围设备是日本生产的,总装可在越南进行,设计与研究可能由美国企业承担,最后计算机由一国/地区公司以某品牌在全世界销售。

(三)经营过程国际化

经营过程国际化是经营观念国际化和经营资源国际化的结果。在国际企业中,由于经营导向与经营资源的国际化,企业制订战略计划、决定组织结构形式、制定生产和营销策略、进行经营协调和控制等一系列经营与管理活动都必须在国际空间进行,从而实现经营过程的国际化。

(四)经营成果国际化

在国际企业中,作为经营成果的产品、工业产权和管理体系会因进行交换而在国际间流动或作为经营资源而加入国际经营过程。如产品的国际营销、工业产权的国际贸易和管理体系的国际性输出与转化等。

三、企业国际化不同发展阶段的组织结构

天生全球化的企业并不多见,大多数企业的国际化进程都要经历相似的几个阶段,而不同阶段对控制的要求决定了组织结构的安排。

(一)企业跨国经营的初始阶段——出口

出口是企业跨国经营的初始阶段。出口经常通过中间商来操作(如出口代理商、国外经销商——经常是所在国人员,因为他们对当地市场非常了解)。当出口销售增长时,就必须委派主管出口的经理对国外市场加以控制并积极开拓新的市场。这个经理一般是国内驻外人员,即是母公司所在国人员。当出口额继续增长,公司更加重视或更加依赖于它的出口额时,就可能成立和国内销售部门规模相当的出口部门了。

(二)取代经销商和代理商阶段——销售子公司

当公司在国外市场积累了一定的发展经验时,就可成立国外销售子公司或办事处进行直接销售以取代经销商和代理商。国外销售子公司的建立通常取决于出口活动在组织业绩中日益突出的重要性。主管出口的经理被赋予同其他部门经理同样的权力。公司总部始终对出口进行控制,且企业必须就销售子公司之间的协调,包括人员配备问题进行决策。

（三）海外展开生产或合资阶段——国际部

有些公司已经在国外进行产品的装配，以利用国外廉价的劳动力并节约运输费用和关税，或者，有些公司在国外投入自己的生产设施，或与当地一家企业组成合资企业，或买下当地一家企业。无论是以上何种形式，企业对国外生产和服务的管理都趋向于积极创办一个独立的国际部，以管理其所有的国际活动。

（四）海外业务快速增长阶段——全球产品/地区部

随着时间的推移，企业从早期的国外生产阶段转化为通过产品（或服务）、标准化和多样化来实现快速增长的阶段，而在这个过程中，企业规模的庞大会产生一些问题。国际部过度扩张使有效沟通和高效管理变得困难。此时的国际企业主要面临两个结构上的问题：一是母公司或者子公司做出关键决策的程度（集权还是分权）；二是母公司对子公司控制的类型或者形式（官僚控制的还是按规范控制的）。这些问题反映在组织结构上的变化即以产品或服务为基础的全球化结构（如果扩张战略是基于产品和服务的多样化基础上）或者地区结构（假如扩张战略基于区域扩张）。

（五）跨国业务发展较成熟阶段——矩阵式结构

在矩阵式结构中，跨国公司通过多层面来整合它的运作。例如，地区经理主要负责所辖地区的特定产品的销售，产品经理负责跨区域特定产品的销售。负责产品 A 的经理可能比较关注产品 A 在欧洲、美洲和亚太地区的销售情况。产品经理向全球产品副总裁汇报产品情况，并向国际部副总裁汇报地区性事务。职能部门和人力资源部门的员工同样有双重汇报途径。某国/地区人力资源经理可能会涉及产品部门人员配备问题（间接向全球产品副总裁汇报），也会有向总部人力资源部门汇报的要求。

（六）跨国业务发展复杂阶段——混合式结构

由于管理不断扩大的多中心法运作过程，或由于矩阵式结构运作并不成功，有些企业选择了仅能称之为混合式的结构。例如，具有地区结构的组织保持着其区域利润中心，但是增设了世界范围内的产品经理。高露洁棕榄公司总是拥有能力很强的区域经理，但是，当公司对产品研究投入双倍资金且高露洁牙膏成为全球性的产品时，公司总部就增加了产品部经理来直接负责研究、开发投资事项和协调世界范围内的产品项目。混合式结构复杂，难以解释、执行和控制。

（七）海外业务单位扮演公司战略角色阶段——多中心公司

多中心公司是指每一个子公司既是一个中心又是一个分散活动的全球协调者，因而它不但为自己而且为跨国公司整体扮演战略角色。例如，一些跨国公司或许会在它特定的子公司内进行集中研究和开发。多中心的跨国公司很少依赖于以前多层次结构中的最高管理层，而是依赖于标准的机制，例如，公司文化或者中心目标和战略。

1

（八）事业部发展成熟阶段——跨国公司

跨国公司是所有的事业部共享资源和共担责任的一种组织形式,不分国别。跨国公司试图处理其子公司间大流量的零件、产品、资源、人、信息等,同时也要顾及已经分配的专业资源和能力。这需要一个复杂的协调和合作过程,这个过程融入了很强的跨部门整体设施、良好的公司形象,以及世界范围内管理的发展远见。

四、国际企业的控制方式

（一）正式的结构化的传统控制方式

国际化进程给企业控制带来很大的困难,对公司协调资源和活动产生重要影响。传统的国际企业强调正式的、结构化的控制形式,其战略是通过对工作流中的因子公司,结合职能式结构、全球产品化结构、国家和地区化结构以及矩阵式结构来实行明确的控制。确定的结构影响到组织层级、职能权力、工作描述、选人规则、培训标准和薪酬因素等原则和方法。人力资源活动用来贯彻落实控制的需要。其中,公司内部的沟通和关系被正式化,预算透明和理性,绩效管理系统强调量化的准则。国际企业的人员分散在有一定地理距离的各分支机构进行活动,这导致公司非常依赖官僚科层结构。然而,不同的文化交互作用、跨国企业地区及部门的环境和自然差距超出了正式的结构控制所拥有的能力所及。过于依赖科层结构无法取得控制效果,因此,在正式控制系统之外,非正式的控制方式也发挥一定的作用。

（二）发展个人关系而进行控制

有关跨国组织形式和网络结构所描述的持续性主题即如何在一个工作关系网络内通过双向的沟通交流来进行知识的生产和传播。网络被视为个人和组织的社会资本,契约、联系、规范和信任使得个人、团队和组织之间的知识分享和信息交流变得更加方便。当网络关系建立以后,需要通过个人联系得以维护。组织需要让跨国组织中来自不同单位的员工发展个人关系。例如,在跨职能团队和跨国团队中工作可以帮助发展个人联系。在区域中心或总部举行的培训和发展计划成为发展个人网络关系的非正式交流的一个重要平台。

（三）利用企业文化进行控制

企业文化为组织提供了一套可以塑造员工行为和价值观念的工具。文化通常被称为"我们做事的方式"。一些跨国公司利用自身的强文化对子公司进行控制。企业文化作为有效的管理工具,其价值已经得到公认。然而,在用企业文化进行控制的同时,企业需要强调员工自愿遵守公司的行为准则和期望,如果把企业文化强加给当地员工就会导致跨国强制主义。

人力资源在塑造公司文化的过程中起重要作用。塑造公司文化的人力资源活动包括雇用和甄选持有相似价值观念的员工、培训和发展计划、奖励系统、晋升系统等。这些强化活动为公司带来更加负责的、更有生产率的员工。这些员工自觉地做出适当的行为,从而减少了正式控制机制的需要。人员配置是塑造企业文化的另外一种方法。一些跨国企业对于如何通过公司文化认同建立控制机制有非常系统化的实践,这些实践成为国际人力资源管理战略的重要组成因素。

第二节 国际人力资源管理概述

国际人力资源管理是人力资源管理的一种特殊实践,既要遵循人力资源管理的共性要求,又因为涉及人力资源来源的多样性及实践背景的差异,而存在一些不同于本土企业的特殊管理要求。本节介绍国际人力资源管理的定义、国际人力资源管理的影响因素、国际人力资源管理与国内人力资源管理的区别,以及国际人力资源管理的内容。

一、国际人力资源管理的定义

国际人力资源管理指国际企业为发展的需要而对人力资源进行的有效的获取、配置和利用活动,包括国际人力资源规划、员工配置、绩效管理、培训与发展、薪酬计划与福利、产业关系等。

国际人力资源管理的各项职能会随实践所在国以及员工的不同来源而发生相应的变化。与国际人力资源管理活动相关的国家类型包括三种:一是所在国,指子公司或分公司所在的国家;二是母国,指公司总部所在的国家;三是其他国,指劳动力、资金和其他投入品的来源国。跨国公司的员工类型因此也包括三种:一是所在国员工;二是母国员工;三是其他国员工。国际人力资源管理是处于人力资源管理活动、员工类型和企业经营所在国类型三个维度之中的互动组合(见图1-1所示模型)。

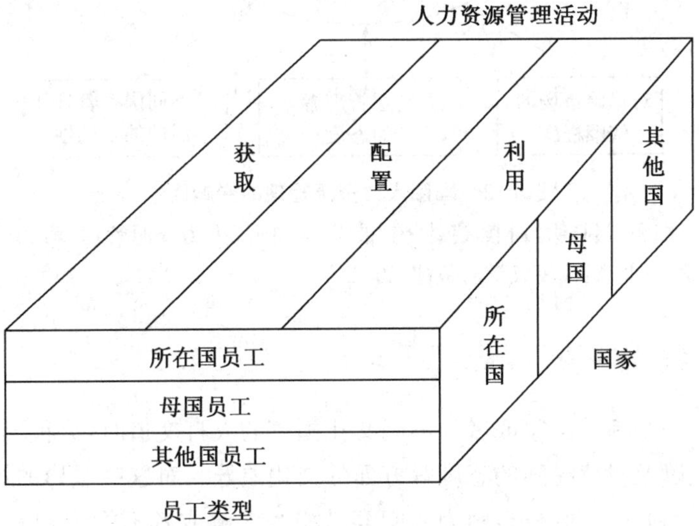

图1-1 国际人力资源管理模型

图源:P. J. Dowling, M. Festing, & Sr. A. D. Engle. *International Human Resource Management*. 6th ed. London: Cengage Learning, 2013.

从广义上讲,国际人力资源管理所从事的是与国内人力资源管理相同的活动,只是国内人力资源管理只考虑一国范围内员工的问题,而国际人力资源管理活动的复杂性在于国际企业要在不同的国家经营并招募和管理不同国籍的员工。随着经济全球化的发展,国内人力资源管理活动也开始越来越多地面临不同国籍员工共处于同一工作场所的情况,所以也正在逐渐采取一些国际人力资源管理的措施。

在本国背景下管理多样化员工和在跨国背景下管理多样化员工,存在方法上的巨大差异,即在母国管理多样化员工的方法无法移植应用于在所在国管理多样化的员工。这是因为国际企业海外机构所处国家/地区的政治环境、法律、商业习俗和劳动力状况等背景因素影响人力资源管理实践。具体而言,国际企业在母国实施人力资源管理政策时,应该在尊重母国法律、文化和价值标准的基础上,适当考虑外籍员工的特殊要求;而在所在国实施人力资源政策时,则要在充分尊重所在国的法律、文化和价值标准基础上,实施国际企业的人力资源管理政策。

二、国际人力资源管理的影响因素

影响国际人力资源管理的因素主要有五个方面:一是文化环境;二是产业类型;三是市场依赖程度;四是高层管理者对国际化的态度;五是在不同国家运营的复杂性。这五个因素构成了解释国内人力资源管理和国际人力资源管理之间差异的模型,如图1-2所示。

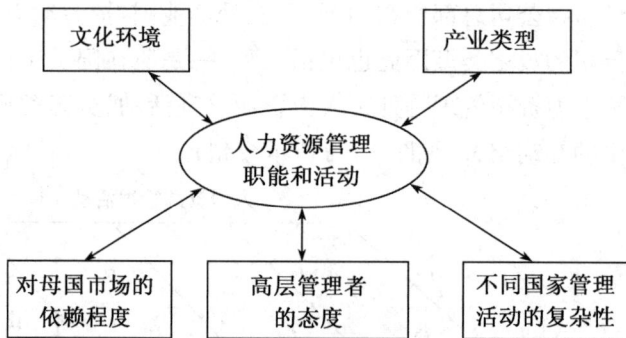

图1-2 国际人力资源管理的影响因素

图源:赵曙明,刘燕,道林·J.彼得,等.国际人力资源管理.第5版.北京:人民大学出版社,2012.

(一)文化环境的影响

当我们进入一个新的国家或者与不同文化国家的人打交道时,会很容易体会到语言、食物、服饰、卫生以及对待时间的态度等方面的文化差异。对这些差异的体验往往使人们心理迷惑,甚至受到一定的冲击,因为人们容易相互误解或者不能识别重要的文化符号。对于母国派遣到海外公司的外派员工来说,所在国新的环境要求外派人员在较短的时间内做出许多心理和行为上的调整,这给外派人员带来了巨大挑战,即所称的跨文化适应问题。跨文化适应问题会导致外派人员对所在国和当地人产生负面印象,进而产生返回母国的愿望。因此,如何识别和应对文化差异,以及这些差异与自己的关系,是外派人员面临的长期挑战。一些国际企业意识到文化环境对员工的工作绩效和生活状态的影响,因此,帮助外派人员及其家人在新的文化环境中工作和生活做好准备已变成一项至关重要的人力资源管理活动。

由于国际企业经营涉及跨国人际交往和交流,因此,了解母国与所在国的文化差异并理解这种差异带来的影响非常重要。无论是在跨国企业的总部还是所在国的当地机构,人力资源经理重视文化差异的影响都是十分必要的。聘用、提拔、奖励、解聘等活动将根据所在国的实际情况来决定,并且应该以该国文化的特定价值评判体系作为基础。一家公司在决定某个新设国际子公司的管理者时,也许会派一位驻外总经理,同时任命一位当地人做人力资源部经理。当地人力资源经理熟悉所在国的人力资源实际运作情况,有助于解决由文化差异而引起的管理问题。

(二)产业类型的影响

不同产业的国际竞争模式差别很大,从事何种产业会对公司管理活动造成一定的影响。比如零售业、分销业和保险业这类多国型产业,其国际战略被拆分为一个个国内策略,在每一个国家独立展开竞争,与它在其他国家展开的竞争并不发生关联。而商用飞机制造业、半导体业和复印机工业之类的属于全球型产业,从事这种产业的公司在一个国家的竞争地位明显受制于它在其他国家的竞争地位。从事这种产业的公司必须在全球范围内以某种方式整合其活动,以便形成全球的一体化网络。

为此,产业的不同使人力资源管理职能也不尽相同。属于多国产业的公司其人力资源部门的角色可能在结构和导向上更倾向于国内的特征。如果企业属于全球型产业,那么公司全球一体化目标中的"协同规则"则要求人力资源管理职能是为了输送跨国公司基本活动所需要的国际性支持而构建。为了建立、维护和发展公司形象,跨国组织需要在世界范围内竭力保持对人员管理方式的一致性。同时,为了当地工作的有效开展,也需要在方式上适应不同国家的特定文化要求。企业经营的全球整合要求鼓励增强一致性,而文化环境的多样性提倡差别化的当地响应。

(三)市场依赖特征的影响

大公司给人的感觉总是其全球市场观念占据着支配地位,事实上公司的规模并非是决定国际竞争模式的唯一关键因素,公司对其母国国内市场的依赖程度同样非常重要。对于许多进行跨国经营的企业来说,较小的母国市场是其"走向世界"的主要动机之一。联合国贸易与发展会议(The United Nations Conference on Trade and Development,UNCTAD)在一年一度的对外直接投资调查中会计算"跨国化指数"一项,指海外资产占总资产的平均比率、海外销售额占总销售额的平均比率以及海外员工数占员工总数的平均比率。跨国化指数排名高,表明其对国外市场依赖程度高,跨国化指数排名低,表明其对国内市场依赖程度高。根据联合国贸易与发展会议《2019 年世界投资报告》,2018 年中国对外投资全球排名居第二位,为1 298亿美元,仅次于日本。受中国企业国际化、参与国际竞争的客观需要、"一带一路"双边合作的推动等因素的影响,中国的对外投资未来将保持在较高水平。而2018年全球外国直接投资流量处于下降趋势,降幅为13%,从2017年的1.5万亿美元降至1.3万亿美元。一个规模巨大的国内市场对企业组织各方面活动有重要的影响。比如,一家国际企业很可能以设立国际分部的方式来组织其国际业务活动,巨大的国内市场也会需要一支庞大的经理人队伍,那么,培养全球性的经理人就是一项任重而道远的任务。而海外投资的增长,无疑需要培养更多具备全球化视野及跨文化能力的各类人才。

(四)高层管理者态度的影响

高层管理者对于国际经营的态度决定了人力资源管理实践中所重点关注的问题。如果高层管理者缺乏强有力的国际导向,很可能在制定企业的长期和具体目标时就不会强调国际经营管理的重要性。在这种情况下,经理们只倾向于关注国内的问题,对国内人力资源管理和国际人力资源管理之间的差异等闲视之。缺乏国际市场经验的高层管理人员会假设在国内人力资源管理实践和国际人力资源管理实践之间存在着很大的可移植性。他们不能够识别在国外环境中管理人力资源的差异性,也不考虑这一问题是否出于民族优越感、信息不充足或者缺乏国际性的视野,因此常常在国际经营管理中造成失败和损失。对希望为企业国际化做出贡献的企业人力资源经理来说,他们希望与高层领导人一起培育"全球思维方式"。这一目标要求每一位人力资源经理能够以全球性的视角思考、制定和运用人力资源政策,促进全球导向的企业员工的发展。同时,他们也会着力培养一支拥有丰富国际市场经验的全球经理人队伍,以应对海外经营管理的任务。

(五)跨国管理复杂性的影响

在若干不同的国家运营并招募不同国家的员工是影响国际人力资源管理复杂性的根本因素。① 人力资源管理部门要考虑在国内环境中不必要考虑的因素。比如外派人员必须遵从国际税收政策,承担国际、国内双重纳税义务,因此必须制定平等纳税政策以保证对于任何一项具体的国际任职不存在纳税方面的损失。国际人力资源管理部门还必须提供其他复杂的行政性服务,包括协调与处理政策、程序与当地环境的冲突,解决由于不同国家法律和文化所造成的伦理问题;建立和维系与所在国政府的关系从而得到工作许可或其他关键条件;提供培训和辅助性的语言翻译服务等。② 在国际环境中工作的人力资源经理要为来自若干国家的不同员工群体制定计划,并予以管理,因此需要一种更宽广的视野来看待问题。例如,在对待外派人员福利时,应该使所有外派人员都公平享受到国外的服务和驻外奖金,而不论其国籍如何。③ 许多跨国公司建立了"国际人力资源服务"部门,负责确保外派人员了解住房安排、医疗以及为出国任职所提供待遇的各个方面(生活费用津贴、奖金、纳税等)的管理,为任职中的母国员工和其他国员工提供相应服务。④ 随着海外经营的日益成熟,人力资源活动的重点会发生变化。例如,随着对母国员工和其他国员工需求的下降,训练有素的当地员工队伍不断壮大。随后的发展活动可能会要求建立一个项目,将富于潜质的当地员工送到企业总部,承担发展性的任务。⑤ 国际人力资源管理需要应对相应的风险,比如外派失败(跨国任职的外派人员未能完成使命就回国)或者在外派任职期间的低绩效。另外,恐怖主义造成的国际人力资源管理风险的防范也很重要,人力资源部门有必要在高度动荡的任职地设计紧急撤退程序,使员工免遭政治暴力或恐怖主义的威胁以及流行性病疫的侵害。⑥ 国际人力资源管理需要考虑外部因素的影响,包括外国政府的类型、经济状况以及该国被普遍接受的商业运作模式。例如,所在国政府可以规定企业的招聘程序,薪酬标准等。政府要求企业遵守劳资关系、税收、健康与安全等方面的指导方针在很大程度上都影响了外国子公司的人力资源管理实践。

三、国际人力资源管理与国内人力资源管理的区别

国内人力资源管理和国际人力资源管理的一个关键区别在于后者在不同国家中运营并招募不同国籍的员工所面临的复杂性,而非两者在实践人力资源活动上的显著差异。国际人力资源管理与国内人力资源管理的区别体现在以下几个方面。

(一)人力资源活动更丰富

在国际环境中经营,人力资源部门必须从事许多在国内环境中不必要的活动。① 外派人员必须遵从国际税收政策,并且经常承担国内(如母国)和所在国的双重纳税义务。因此,必须制定平等纳税政策以保证对于任何一项具体的国际任职不存在纳税方面的损失。② 对外派遣和入职引导包括:赴职前培训安排;提供出入境及行程详细资料;提供关于住房、购物、医疗、娱乐、学校等方面的信息;完善待遇细节,诸如向国外汇寄薪水,确定各种国际津贴以及国际税收条款。③ 提供这些行政性服务经常是一项耗费时间的复杂活动,因为政策和程序并不总能清晰流畅地进行,也有可能与当地环境发生冲突,从而增加了为外派人员提供行政性服务的复杂程度。④ 与所在国政府的关系是人力资源部门的一项重要活动,尤其是在发展中国家,一旦跨国公司经理与相关的政府部门官员建立了良好的私人关系,工作许可和其他关键性条件就可轻易得到,维系这种关系有助于解决由模棱两可的资格条件以及相应文件(如工作许可证)所引发的潜在问题。⑤ 为内部和外部沟通提供语言翻译服务是人力资源部门的一项辅助性的国际活动。

(二)视野更宽广

在国内环境中工作的人力资源经理通常是对本国员工群体进行管理,员工接受统一的薪酬政策,只向一国政府纳税。而身处国际环境中的经理要为来自若干国家的不同员工群体制定计划,并予以管理,因此他们需要一种更宽广的看待问题的视角。例如,在看待外派人员福利时,更宽广、更具国际性的视野将会认为,所有外派人员都应享受到国外的服务和驻外奖金,而不论其国籍。但是仍有一些跨国公司墨守成规,只为跨国任命的母国员工提供这类奖金,而不情愿给到公司母国工作的外籍人员同等待遇。这样的政策确实使许多所在国员工和其他国员工存在相同的看法:母国员工被给予了特殊化的待遇。

1

当不同国籍的员工在一起工作时,复杂的公平问题就出现了。如何解决这方面的问题依然是国际人力资源管理领域的一项重要的挑战。

(三)更关注员工生活

出于甄选、培训以及对母国员工和其他国员工有效管理的考虑,对员工个人生活更大程度的关心十分必要。人力资源部门或专业人士需要确保外派人员了解住房安排、医疗以及为出国任职所提供待遇的各个方面(生活费用津贴、奖金、纳税等)。许多跨国公司建立了"国际人力资源服务部门"负责协调上述项目的管理,为任职中的母国员工和其他国员工提供相应服务,比如任职期间的银行服务、投资、租房之类,协调回国访问及任职期满遣返回国等事务。人力资源部门还必须更充分地了解员工个人生活,以便提供相应的支持。例如,有些国家的政府在向外派人员的随行配偶发放签证时,要求其出示结婚证书。因此,婚姻状况便成为公司在甄选员工的过程中需考虑的一个方面,不管是否出于善意,公司总要避免潜在的选拔标准歧视。遇到此类情形,人力资源部门应该提示所有的候选者考虑所在国与其婚姻状况相关的签证要求,并且由候选人自己决定是否继续接受甄选。除了为在所在国任职的外派员工提供合适的居所、子女入学等帮助外,人力资源部门也可协助外派人员安排其子女留在母国的寄宿制学校就读。对于国内的任职者来说,以上个人问题主要由员工自己解决而非由人力资源部门来承担。

(四)需要适时转移工作重心

随着海外经营日益成熟,各种人力资源活动的重点会发生重大变化。例如,随着对母国员工和其他国员工需求的下降,同时训练有素的当地员工队伍不断壮大,原先投入在诸如外派人员纳税、国际重新安排和入职引导等方面的资源,就要转向对当地员工进行甄选、培训和管理发展等活动上来。随后的发展活动可能会要求建立一个项目,将富于潜质的当地员工送到企业总部,承担发展性的任务。随着海外子公司的成熟,要求改变人力资源管理的重点这一因素显然扩大了当地人力资源活动(比如人力资源规划、配置、培训和薪酬)的责任范围。

(五)更注重风险防范

在国际竞争市场上,失利风险所造成的财务和人力方面的损失,远比在国内经营要严重。例如,外派失败(跨国任职的外派人员未能完成使命就回国)或者在外派任职期间低绩效对于国际企业来说是一个潜在的高成本问题。考虑汇率和任职地的因素,每一项驻外失败给母公司造成的直接成本(薪水、培训成本、旅行与重新安排的费用)可能要比国内的薪水与重新安置的费用之和高出3倍。国际市场份额缩减、国际客户关系的损害等间接成本也相当高。

恐怖主义是与国际人力资源管理相关的另一风险。预防恐怖主义的费用在不断上升。员工在评估潜在的国际任职区域的时候,对恐怖主义显然也要进行考虑。人力资源部门有必要在高度动荡的任职地设计紧急撤退程序使员工免遭政治暴力或恐怖主义的威胁,以及诸如严重急性呼吸道综合征(SARS)、新冠肺炎和禽流感等流行性病疫的侵害。

(六) 外部环境的影响更大

影响国际人力资源管理的主要外部因素包括:外国政府的类型、经济状况以及该国被普遍接受的商业运作模式。例如,发达国家的劳动力比欠发达国家的劳动力更昂贵,但可能更好地被组织。政府要求企业遵守劳资关系、税收、健康与安全等方面的指导方针,这些因素很大程度上都影响了外国子公司人力资源经理活动的执行。在欠发达国家,劳动力趋于低廉并缺乏组织,政府的规定普及度不高,所以上述因素的管理花时较少。外国子公司的人力资源经理还必须花时间去学习和领会当地的工商管理方法,以及理解当地人的行为方式,如赠送礼品。外国子公司的人力资源经理可能会更多地管理由国际公司提供或者承担的福利事务,如住房、教育和其他受当地经济水平制约而不容易得到的设施等。

第三节　国际人力资源管理中的人员配备

处于不同国际化发展阶段的国际企业有其不同的发展战略及与之相适应的组织结构。国际企业会根据平衡全球一体化与当地响应性的战略需要设计组织结构,并选用来自所在国、母国或第三国人员担任海外运营机构的管理者,实行不同形式的国际派遣以支持国际运营和完成工作任务。

一、国际人力资源配置模式

国际企业在对各分公司的运营管理中,出于对决策制定、评估和控制、信息流和组织复杂性等的考虑,通常采取四种模式的国际人力资源配置,即民族中心法、多元中心法、全球中心法和地域中心法。

(一) 民族中心法

民族中心法的人力资源配备模式表现为海外分公司拥有很少或没有自治权,战略决策几乎全部由总部制定,国内外运营单位的关键职位被总部人员占据,分公司由母公司派来的人员管理。

采取这种人力资源政策有以下几个商业原因:① 缺乏能够胜任的当地人员;② 需要与公司总部保持良好的沟通、整体协调和控制等。

对于处于国际化早期阶段的公司来说,民族中心法能降低高风险。当一家跨国公司在另一国收购一家公司时,它希望在开始时使用母国人员来代替当地的管理者,以保证新的子公司服从公司的整体目标和政策,也可能是当地的员工还没有具备所要求的能力与素质,因而,对有经验的国际公司来说,民族中心法对某种特定的国外市场可能相当有效。让受信任的自己人去做"正确的事情"能降低国外活动中觉察到的高风险。

但是民族中心法也有许多缺点:① 它限制了所在国人员的晋升机会,可能引起他们的士气下降和离职率提高;② 外派经理需要适应所在国的环境,在此期间,母国人员可能会经常犯错或做出不明智的决定;③ 母国人员和所在国人员的待遇差距较大,所在国人员感觉不公平;④ 对许多外派人员来说,一个关键的国际职位意味着地位、权力以及生活水平的提高,这些变化将影响外派人员对所在国下属需求和期望的敏感度;⑤ 外派人员的维持费用昂贵,国际公司需要支付外派人力各种补贴,其支出大大超过雇用一名当地人的成本。

(二)多元中心法

多元中心法是指国际公司在跨国运营时将每一个分公司视为一个拥有决策自主权的独立实体。分公司通常由很少在总部任职的当地员工管理,母公司人员也很少到国外分公司任职。多中心法弥补了民族中心法的一些缺陷,其优点有:① 聘用所在国人员可以消除语言障碍,避免外派经理人员及其家庭的适应问题,且免除了文化适应培训的昂贵开支;② 聘用所在国人员可以使跨国公司回避一些敏感的政治风险;③ 聘用所在国人员费用不高,即使需要一些额外费用吸引高质量人才,费用也不高;④ 聘用所在国人员可以保持子公司管理的连续性,避免重要经理人员的流失,而民族中心法却难以避免这一点。

然而,多元中心法也有其自身的缺点:① 扩大了所在国子公司经理人员和母国总部经理人员之间的距离。语言障碍、国家忠诚的冲突以及一系列文化差异(例如,个人价值观和商业态度的差别)可能会导致公司总部员工被国外分公司孤立;② 所在国和母国经理人员的职业生涯问题。子公司经理很少有机会获得国外经历,也无法在本子公司晋升到高层以上,而母国经理也较少获得海外锻炼的机会。由于总部的职位仅由母公司员工担任,所以高层管理团队和国际分公司接触有限,长此以往这将限制战略决策的制定和资源分配。子公司的当地政府有时会要求关键的管理职位由本国人担任,同样,作为当地响应战略的一部分,跨国公司可能愿意被视为一家当地企业,并让所在国人员来担任高层管理职位以保证当地响应战略的实现。

(三)全球中心法

全球中心法指国际公司采用一种全球化方式来经营,认为每一个环节(不管是母公司还是子公司)都对其独一无二的核心能力起着独特的作用。伴随着全球性综合业务的开展,能力被强调,而国籍被淡化。公司目标是发展国际管理能力,并通过它扩大全球规模和市场范围,以确保行业中的领先地位。全球中心法有三个主要的优点:① 它赋予跨国公司发展国际管理团队的能力,有助于发展全球性的视角,并促进全球组织范围内人力资源的开发;② 克服了多元中心法导致的国际公司像个"联合体"的缺陷;③ 有助于合作以及部门间的资源共享。

和其他方法相比,全球中心法也有一些劣势:① 所在国政府为了实现国民高就业率,可能通过限制移民来迫使跨国公司利用适合条件的本地人,或是要求跨国公司对暂不具备资格的本地人进行一段时间的培训,让他们来取代当地的外国员工;② 很多西方国家要求那些想聘用外国人而非本地人的公司提供大量文件,这种做法耗时、耗资,有时甚至是徒劳;③ 由于培训和重新安置成本的增加,全球中心法的政策实施起来很昂贵,比如需要根据标准的国际基本工资设计薪酬结构,这可能比许多国家本国工资水平要高;④ 为了支持全球中心人员配备政策,大量的母国人员、其他国人员和所在国人员需被派遣到国外以建立和维持国际团队。因此,为了成功贯彻全球中心法人员配备政策,需要在人员配备过程上花费较长的时间并采取更集中的控制,这必然会降低子公司管理的独立性,这种自主权的丧失可能会遭到子公司的反对。

（四）地区中心法

地区中心法反映了国际公司的地域战略和结构。和全球中心法一样,地区中心法以一种有限的方式利用更多的经理资源。员工可以轮换到其他国家,但是必须是在特定的区域范围内。区域经理可能不会晋升到总部,但是有一定的区域自治权。例如,一家美国公司可以划分三个区域:欧洲、美洲和亚太地区。欧洲员工可以在欧洲区域内进行轮换。亚太地区的员工到欧洲地区任职的情况很少,如同区域里的员工很少到美国总部就职一样。

地区性人力资源策略的优点如下:① 促进地区子公司调动到地区总部的高层管理人员与任命到地区总部的母国人员之间的互动;② 反映出对地方条件的灵敏适应,因为地区子公司已全部配备了所在国人员;③ 是跨国公司逐渐由纯粹民族中心法或多元中心法转到全球中心法的一条途径。

地区中心人力资源策略也存在自己的缺点:① 容易产生以区域为基础的联合体,而不是以国家为基础,同时,地区中心法还会阻碍公司从全球性的视角看问题;② 虽然从企业整体看这种方法的确在国家层面上开拓了员工的职业生涯前景,但它仅把障碍移至地区层面上,人员能晋升到地区总部但很少能升到母国总部。

二、国际企业管理人员的配备

根据国际企业高层管理者的倾向性,国际企业可以从许多方法中选择一种来配备国际人员,不限于上述四种方法,也可以临时选择。表1-1总结了甄选管理人员时,使用母国人员、其他国人员或所在国人员各自存在的优缺点。

表1-1　甄选管理人员——母国人员、其他国人员和所在国人员的优缺点

使用母国人员
优点: • 维持和实施组织控制与协调; • 有前途的经理人员可以获取国际管理经验; • 由于特定的技巧和经验,母国人员可能是最适合的人选; • 确保子公司将服从公司整体的目标、政策等 缺点: • 所在国人员的提升机会有限; • 花很长时间去适应所在国; • 母国人员可能将公司总部某一不合适的方法用于子公司; • 母国人员和所在国人员产生薪酬差异

（续表）

使用其他国人员
优点： • 工资和福利要求比母国人员低； • 其他国人员比母国人员更了解所在国环境 缺点： • 调任必须考虑到可能的民族矛盾（如印度和巴基斯坦）； • 所在国政府可能反对雇用其他国人员； • 其他国人员可能在任职结束后不想返回自己的国家
使用所在国人员
优点： • 消除了语言和其他方面的障碍； • 减少了雇用成本，也不需要工作许可证； • 由于所在国人员在岗时间长，从而增加了管理的连续性； • 政府政策可能强行聘用所在国人员； • 所在国人员看到职业生涯发展潜力，他们的士气会提高 缺点： • 公司总部的控制和协调可能受阻； • 所在国人员在子公司以外职业生涯发展机会有限； • 招聘所在国人员限制了母国人员获得国外经验的机会； • 雇用所在国人员可能促成"联合体"而非全球发展

在根据高层管理者的态度进行人员配备时需要强调：① 国际化企业处于特定的社会文化环境之中，不同的环境可能存在不同的管理态度。② 国际经营的本质常迫使这些人员配备的方法不断地适应和调整。比如，一家公司可能会用民族中心法来为它的国外经营配备人员，但东道国政府可能会要求自己的公民担任其分公司的重要职位。③ 海外市场战略的重要性、运行模式的成熟性、母国和所在国文化差异的程度会影响公司的人员配备决策。④ 确定管理人员国籍的方法反映了组织的需要。例如，如果公司非常重视组织控制，则可能采用民族中心法。但是，很难一直采用统一的国际人员配备政策。因此，在不同国家实施不同的战略要求不同的人力资源配备方法。

除了高层管理者的态度决定了人员配备的方法，公司所面临的内外部情境也会影响人员配备方式的选择。具体包括：① 背景的具体性。总部和分公司的当地背景可以用文化和制度特征来表示。总部和所在国的文化背景可能有很大的不同或相似性。有时跨国公司将母公司的员工派遣到子公司中，以缩小双方的文化差异。这样，对于劳动生产力也会产生积极的效果。制度环境包括法律环境和教育系统，后者更直接影响当地劳动力市场上的人才素质。② 公司具体变量，如跨国公司的结构和战略、国际经验、公司治理以及组织文化。这些变量作为一个整体描述了跨国公司的运作。③ 当地公司的具体性，如绿地投资、合并、收购以及合作伙伴等。此外，子公司的战略角色、对跨国公司整体的战略重要性、控制需要的相关问题以及决策场所等在人员配备决策过程中扮演着重要角色。④ 国际人力资源管理实践（IHRM）。招聘与选拔、培训与开发、绩效管理与评估、薪酬制度与管理、劳动关系等在实施更有效的人员配备政策中扮演重要的角色。

三、国际选派的原因

如下三点通常被视为使用各种国际选派形式的关键组织因素。

（一）职位填充

跨国组织需要为特定的职位类型选择合适的人，要么在本地雇用一个人，要么调派一个合适的候选人。调查发现跨国公司选择外派的最普遍的原因是通过注入新的力量和技术转移来填补技能空白。其次，管理职位的填充也是主要的原因之一。此外，还有其他短期的工作填补解决临时的生产和运营问题等。

（二）管理发展

员工可以被派到公司的其他部分去培训和提升，目的在于发展共同的企业价值。因此，我们会看到总部的员工被输送到子公司，或是分公司的员工被输送到母公司或其他运营公司。选派可能持续不同的时间，可能会涉及项目任务和一个培训职位。觉察到的国际经验和职业生涯管理之间的联系可视为员工接受这种派遣的一个动机。

（三）组织管理

跨国组织运作的战略目标主要有控制的需要，知识转移，能力、程序和实践的转移，以及开发全球市场的机会。外派追求的结果是使一个公司的全球市场竞争力增强，组织能力得到发展。大量的员工流动帮助支持全球范围内公司文化、思想与实践相互渗透。国际选派使员工拥有一个更广阔的视角，因为他们所熟悉的运作将不止一个组织，而是多文化背景下的不同的组织单元。

四、国际选派的类型

（一）按持续时间划分的类型

雇员被国际选派要持续的时间并不相同，这取决于输送的目的以及所执行任务的性质。各公司倾向于依据选派所持续的时间进行划分。

短期：三个月以内。通常是为了解决纠纷、项目监督，或发现一个更稳定的选派人之前的权宜之计。

中长期：一年以内。涉及与短期选派相类似的活动。

长期：一到五年，在所接到运作中有一个被清晰定义的角色（如某子公司的常务董事）。长期选派也被视为传统移民选派。

（二）外派的其他类型

往返选派：一种特别的选派，被选派者在母国和位于另一个国家的工作场所之间往返，每周或每两周一次。不包括跨边界工作者或每日往返者。例如，一位母国的工程师，每周一次去所在国子公司工作两天,解决相关技术问题。

轮转选派:在母国休息一段时间后,雇员从母国到另一个国家的工作所在地工作一小段时间——例如,由于石油钻井装置或去一个更艰苦的地区。同上一样,他们的家庭通常还是在母国。所有的非标准选派中,公司最不希望增加该选派的人数。

契约选派:这种选派适用于拥有完成一项国际工程所需特定技能的员工,被指派到该国,持续时间为 6 到 12 个月。研究和发展是使用这种国际项目的一个领域,它适合于与长期合同和重要团队相关的短期合同。契约选派比轮转选派所起的作用略大一些。

虚拟选派:雇员无须搬迁到指派地点,而只是以家庭所在地为基地进行管理,对位于别国的子公司负国际责任。在这种情况下,管理者非常依赖一些交流技术,如电话、电子邮件和可视会议。更重要的是,经常到指派地点去是非常必要的。公司使用虚拟选派的情况逐年增加,主要原因是缺少愿意接受较长时间选派的人员,出于控制成本的考虑以及通信技术手段的进步。

(三)长期与短期外派的差异

长期外派和短期外派存在着目的和优缺点等方面明显的差异(详见表 1-2)。有关外派的研究主要围绕的是长期外派,因为它占国际选派的比例较大。相反,短期和中长期外派则很少受关注。

表 1-2 长期与短期外派的差异

	长期选派	短期选派
目的	填补职位或技术空缺; 管理发展; 组织发展	技术转移/解决问题; 管理发展; 管理控制
历时	通常 12~16 个月	通常 6~12 个月
家庭位置	家庭可随同	家庭不可随同
选拔	正式的程序	非正式,阻碍少
优点	与同事良好的关系; 不断地监测	灵活,简单; 成本效益高
缺点	双方职业的考虑; 花费昂贵; 灵活性低	征税; 负面影响(酗酒,高离婚率); 与同事关系差; 工作许可证问题

第四节 国际人力资源的角色和内容

国际人力资源配置模式对国际派遣活动产生的主要影响,使国际企业出现了三类特殊的人员:外派人员、非外派人员和内派人员,他们在企业经营活动中充当不同的角色。国际企业组织结构的差异影响人力资源配置模式的同时,也进一步影响了人力资源管理部门扮演的角色,决定了人力资源管理的具体职能,如招聘与选拔、培训与开发、绩效管理与评估、薪酬制度与管理、劳动关系所涉及的内容等。

一、外派人员的角色

公司使用外派的各种原因并非相互排斥,但公司对外派者所扮演的角色充满了期待,这种角色是员工从一个地方转移到另一个国家的结果。这些角色概括如下。

(一)外派者是控制的代理人

通过母公司输送配备子公司人员被视为一种官僚控制机制,这种机制的主要作用是通过控制来确保一致性。学者将这些外派者贴上标签,将他们视为"熊",认为这种类比反映了这种外派者的控制水平。某种程度上讲,将外派用于控制反映了民族中心倾向,但是这对于确保子公司服从及战略目标的实现非常重要。

(二)外派者是社会化的代理人

公司对外派有一个潜在的期望,即希望通过外派来促进共享价值观及信念的传输,学者将外派的这种角色形容成"野蜂"。企业文化可以作为企业的非正式控制系统来使用,外派者的社会化代理人角色就与这一点有关,即传播企业的文化。外派也有助于知识分享、能力转移以及管理实践的转移,这些方面可能包含了企业文化的元素。为不同组织部门配备人员可能使他们接触不同的观点和视角,这有助于行为的塑造和归属感的增强。

(三)外派者是关系网的创建者

国际选派也被视为发展社会资本的一种方式——培养服务于非正式控制及交流的人际关系。当员工在不同的组织部门之间移动时,他们的人际关系网发生了改变,学者将外派者比作"蜘蛛侠"以描述他们的角色。外派者倾向于发展和保护他们的关系网,很挑剔地选择联系方式,并对由于联系方式使用不当而造成的关键关系的潜在破坏进行评估。短期选派也许并不允许外派者像长期选派那样建立起一个广泛的关系网,在长期选派中,外派者有较长的时间去扩充关系网中的人数和类型,因为他们有机会传输他们的想法和能力。

(四)外派者是边界跨越者

跨越边界涉及诸如收集信息的活动,它在组织内部和外部之间搭建桥梁。外派者被视为边界跨越者是因为他们能收集所在国的信息,扮演其公司在所在国代表的角色,并能影响代理。例如,参加社交活动使一名外派者能够有机会发展自己的关系网、收集市场情报、提升公司形象。建立关系网的活动使到中国香港工作的各国/地区外派人员能够从事跨越边界的活动。

(五)外派者是语言中转站

比如工作于某机械公司的日本外派者×先生,由于被选派到公司在欧洲的子公司工作,从而学习说西班牙语。自从被派回日本总部,×先生发现他变成了"一个在日本说西班牙语的人"。来自说西班牙语的分公司雇员,更喜欢用西班牙语向他询问或得到信息。然后他们再核实信息并用英语发出。外派者就这样变成了"语言中转站"。

(六)外派者是能力和知识的传输者

总体而言,国际选派被视为完成多重目标的一种有效方式。事实上,可以断定,在每种角色中都存在能力和知识的转移。

二、非外派人员的角色

在国际企业中,容易被忽视的还有数量可观的非外派人员。这些人经常有国际旅行,但是不被认为是外派人员,因为他们没有被重新配置在另一个国家。也就是说,非外派人员是国际商务旅行者——大部分的角色扮演都涉及对外国市场、下属单位、国际工程项目等的持续性国际视察。当说到这个群体的时候,他们通常被称为"马路战士""环球旅行者""高频飞行者"。非外派人员商务旅行者经常扮演很多外派人员的角色——社会化的代理人、网络建立者、边界跨越者和语言结合点等。

国际旅行是这些人工作的根本组成部分,就像国际销售人员的工作几乎是国际旅行,而经理的工作包括大量的、定期对国际业务的视察。国际销售代表参与贸易事宜,访问外国代理和批发商,向潜在的顾客展示新产品,以及洽谈销售合同。许多员工要访问国外,和东道主国家政府部门、联盟伙伴及国外供应商进行洽谈。

尽管有电子邮件和可视会议,国际商务旅行仍然在增加。人们还是更愿意参与一些商业活动,召开会议,并且面对面相互交流。就像明茨伯格(Mintzberg)等人所说:为什么当需要认真严谨交流的时候,这么多高效的国际经理人选择乘坐飞机而不是拿起电话呢?当我们从书面交流(写信、电子邮件)到严格的口头交流(电话)再到面对面的形式,沟通显得更加丰富和微妙。

国际旅行者承担很大压力。一是家庭问题。比如错过重要的纪念日和学校事宜,这种旅行越频繁,家庭婚姻关系紧张的潜在危机就越大。二是工作安排。即使员工正在进行国际旅行,他工作的国内部分仍然要由他来完成。现代的通信技术使得工作可以随时带在身边,因此就期望商务旅行者在远离办公室的时候仍然能够通过网络来处理一些国内工作事宜。三是旅行细节安排。订航班、订酒店以及会议日程。四是健康问题。糟糕的饮食、缺乏锻炼、缺乏睡眠、倒时差、容易遭受疾病的侵袭。五是东道主国家风俗问题。

由于国际商务是在另一种文化背景下进行,就期望该员工有能力在陌生的环境中进行运作,并且有效地掌握文化差异。

三、内派人员的角色

如果组织是在全球规模运作的话,就需要足够的能够胜任的员工来满足全球化的需求。缺少具有全球领导力的多元文化经理人可能会限制一个国际企业的竞争优势。鉴于这种需求,一种用于母公司管理发展的称为"内派"的术语就产生了。

内派人员主要是从定义上区别于外派人员,囊括了从国外一直到多国企业总部的母公司或者所在国的工作人员。内派人员应该在多国企业不同的组织单位之间扮演联结纽带(Linking Pins)的角色。他们与公司总部员工分享他们的地区性知识,从而促进在这些当地市场更加有效的合作。而与此同时,他们也在公司总部的合作文化中被同化,并且学到组织特定的日常工作惯例以及行为,从而使他们能够在组织内部掌握未来的管理任务。结果,内派人员表现出的既是知识传播者又是知识接收者。

招募内派经理人关键的驱动因素有:① 希望能够在高层管理队伍中塑造全球管理能力和文化多样性的战略视角,从而提升组织"全球性统筹,区域性执行"的能力。② 为高潜质的员工提供东道国的工作机会,如所在国和其他国员工。③ 源于一种新兴市场的出现。就生活质量和文化调整方面而言,这种市场对于外派人员来说是比较艰难的工作地点。

除了传统的外派,内派是一种越来越频繁的现象。这与企业各部门对国际经理人的需求有关,公司已经意识到内派人员可以促进国外单位和总部之间的双向知识转换。尽管如此,内派人员战略也强调了总部战略的重要性,暗示了总部专有的文化、结构和进程等方面的知识仍然是纵向职业发展的重要条件。尽管有内派,所在国和第三国人员的职业机会仍然有限。

四、人力资源部门在国际企业中的角色

很多国际人力资源管理的文献都聚焦于让谁去管理国外企业的运营和活动。然而,就像其他的职能领域一样,人力资源的专业人员在多国的背景下面临着战略选择的问题。首先,公司能将员工当成全球化的产品来管理吗? 全球化内部人才市场的概念暗示了一些信念,即用于配置其他资源的方法也可用来配置人力资源。事实上,人力资源实践与人力资源活动标准化和产品的标准化是不同的。另外,什么样的人力资源事务需要集中控制,而什么情况下可以交给子公司的人力资源经理做呢? 这个答案部分取决于组织和管理的必要性,以及东道国的经济和政治约束。例如,控制和合作的愿望可能会强调采取全球中心化的方法配备人员,而这就需要标准化的政策,鼓励对所有的国际外派人员都一视同仁。法律限制、成本考虑还有东道国政府的方针政策也可能会要求企业在员工配置方面进行妥协折中。

企业的国际化要求结构的改变,结构差异导致了人力资源部门的角色差异,大致可分为集中式、分散式以及过渡式几种形式。表1-3对此进行了总结,从表中可以看出,不论

是否有正式机制的支撑,公司人力资源部门的主要关注点在于能够为公司在全球范围内的国际运营配备人员,这是集权的主要驱动力。

表1-3　国际企业人力资源部门扮演的多种角色

集中式	分散式	过渡式
• 规模很大的资源丰富的人力资源部门 • 关键角色:管理全球所有的高级管理职位 • 关键活动:全局规划国际任务并且进行管理,识别高潜力的员工	• 规模小的人力资源部门 • 关键角色:管理精英的公司经理 • 关键活动:使得运营的子单位支持国际工作	• 中等规模的人力资源部门 • 关键角色:对高层经理和外派人员进行管理和职业发展规划 • 关键活动:说服各部门的经理用非程序性的和巧妙的战略性的方法配置关键员工

图源:H. Scullion, K. Starkey. In Search of the Changing Role of the Corporate Human Resource Function in the International Firm. *The International Journal of Human Resource Management*,2000,11(6):1061-1081.

另一个导致人力资源部门角色差异的原因是组织内部涉及国际商务运作的复杂性程度。组织越成熟,它就更有可能对它认为具有战略意义的人力资源活动进行集权管理。公司的人力资源部门的地位也依赖于最高管理队伍的能力。对很多组织来说,先不管组织成长对公司的人力资源活动的影响如何,很多高层管理者不能很好地理解人力资源对组织绩效的影响。可能的原因有:① 人力资源经理只有管理相当数量的外派员工时才会参与战略决策。② 当国际外派具有重要的战略价值的时候,高层管理更有可能认识到人力资源的问题,因此有可能补充所需的资源。③ 人力资源部门进行国际扩张的过程中受到的限制与引起公司管理高层注意之间有一段较长的时间滞后期。④ 全球化视野使得公司能制定出更高效的政策。但对全球视角的需求应适用于公司人力资源部门的人员配备,包括地区层面以及独立小单位、商务单位的人力资源经理。

人力资源经理应当能够自己进行国际人员配备,从而受到全球公司和当地分公司的肯定。可以通过经常召开公司人力资源经理和人力资源副经理的会议来对国际外派的作用进行补充。资源有限并且规模较小的公司也许会觉得难以给国际工作提供财政支持,但是它们也许能够发现其他培养全球导向的人力资源的方法,比如一年一度对关键海外子公司进行的访问考察。

人力资源部门人员传统上承担官僚机构管理者这一角色,在国际公司中则应该成为子公司运营的影响者,如使职业生涯阶梯在全球人员配置中起作用、设计支持横向一体化和非正式沟通的绩效奖励体系和薪酬体系及政策。以上实践活动将会加强人力资源管理绩效。与此同时,企业也需要在子公司层面上保持独特性和反应力,从而确保与公司人力资源部门之间的关联性。如果一家公司从国际人力资源管理转向全球人力资源管理,意味着前者强调管理国际化的劳动力,而后者则强调包括世界范围内的所有人力资源活动。

五、国际人力资源管理的内容

国际人力资源管理的具体内容主要包括以下几个部分,这里先做简要的介绍,具体内容在本书后面的章节详尽说明。

（一）国际招聘与选拔

招聘被定义为在足够的数量和质量的人员中寻找和获得可能的岗位候选人,从而使组织能够挑选到最合适的人来满足工作需要。选拔的定义是为评价和决定谁将成为特定岗位的候选人而搜集信息的过程。只有招聘和甄选过程均有效运作,企业才能招聘到最理想的员工,这一点对于国际企业和国内企业是一样的要求。国际招聘和选拔中对人员的甄选标准是关键问题,本书将重点介绍。

但是,国际招聘与选拔与国内实践还是存在很大的不同。① 无论公司采用何种人员配备国籍政策（如民族中心法,多元中心法,地区中心法和全球中心法）,母公司都应该掌控母公司和子公司的关键职位。② 东道国政府提出的限制条件,如工作签证的移民政策,有时严重阻碍公司招聘到合适的候选人。③ 由于国际公司选拔外派人员大都基于内部招聘而不是外部招聘,所以如何说服公司经理（尤其是在国内工作的经理）将优秀员工外派到海外机构,是国际人力资源部门需要解决的关键问题。

（二）国际培训与开发

培训的目的是促进员工的当前工作技术和行为,而开发是为了加强员工胜任未来相关职位与工作的能力。本书将具体介绍如何运用培训与开发两种工具提升国际人力资源水平,具体内容涉及培训在支持外派人员协调和任务执行中的作用;临行前培训项目的组成部分,如文化意识、初期观光和语言能力;临行前培训的效率;国际人力资源配置的发展问题;如何培训与开发国际管理团队,以及培训与开发的国际趋势。

（三）国际绩效管理与评估

对于人力资源实践者来说,产品和运作模式的多样化、地理位置的扩展等因素综合起来,使得既与当地有关,又与全球可比的绩效测量方法和绩效管理过程的创造有关等成为一个主要的挑战。我们有必要识别国际运营中超出传统绩效管理的方面,特别是评估手段、过程中不同参与者的任务以及绩效管理过程本身。本书将介绍跨国公司绩效管理在全球和地方的标准;如何使绩效管理成为有效的跨国公司控制系统;讨论与驻外人员绩效管理有关的因素,如薪酬计划、工作任务和角色、公司总部的支持、所在国环境因素和文化适应;我们还将比较外派人员与非外派人员的绩效管理,以及执行非标准化任务和派遣者的绩效管理,比如经常往返者和虚拟派遣;最后,国际雇员的绩效评估方法是重点讨论的内容。

1

（四）国际薪酬制度与管理

在本章前面我们描述了国际人力资源经理会遇到的一些复杂问题,如必须从一个更广的视角管理更多的行为;更为关注远在国外的雇员的生活;平衡母国员工、所在国员工和其他国员工的需求;控制暴露在财务和政治里的风险;更为关注所在国和地区的变化,并做出反应。所有这些问题都可归结为对薪酬问题的讨论。本书将考察企业从本土薪酬水平向国际背景下薪酬转移时所面临的复杂性;细化描述一个国际薪酬项目的关键要素;介绍主要的国际薪酬方法以及每种方法的优点和缺点;考察一些特殊的问题,如税收、有效的国际生活费用数据和管理其他国人员薪酬的问题;理解最新国际薪酬动态问题。

（五）产业关系

本部分内容主要讨论国际产业关系的关键问题,以及国际公司的政策和惯例;介绍国际公司产业关系的政策和实践;分析工会对国际公司的潜在约束以及对国际公司战略的影响;列举工会关心的主要事项;讨论最近全球劳动力的发展趋势和相关问题。

第五节　本书的结构

本书对国际人力资源管理相关问题展开介绍和讨论。主要内容共分十一章。第一章绪论,主要介绍了国际企业的概念与特点、组织结构及控制方式;国际人力资源管理的定义、影响因素及其与国内人力资源管理的区别;国际人力资源的配置模式、管理人员配备的方法以及国际选派的原因与类型;国际人力资源中的外派与非外派角色、内派角色,以及人力资源部门在国际企业中所扮演的角色,国际人力资源管理的内容概要等。第二章世界各国人力资源管理的发展,对美国、欧洲、日本、中国的人力资源管理进行了比较,对日本与美国企业所代表的东西方人力资源管理进行了比较。第三章国际人力资源发展与经济发展,主要介绍人力资本理论,以及美国、欧洲、日本和中国的人力资源开发问题。第四章是人力资源系统管理与组织发展。对人力资源的系统管理、组织发展的目的与方法、组织发展变革的压力与阻力以及跨国企业的组织发展进行了讨论。第五章是国际企业组织学习。对组织学习与学习型组织的概念、组织学习理论以及国际企业跨文化组织学习进行了讨论。第六章全球经济一体化与人力资源管理的挑战,介绍国际企业的发展给现代组织带来的变化以及企业国际化对人力资源管理的影响;并对中国企业的对外投资与人力资源管理进行分析与讨论。对国际企业的战略人力资源管理、国际企业人力资源管理的发展态势与应对策略,以及国际企业的外派人员管理进行了介绍。第七章至第十一章对国际人力资源管理的具体职能所涉及的内容进行讨论。包括国际企业的人员招聘与选拔、国际企业的培训与开发、国际企业的绩效管理与评估、国际企业的薪酬管理以及国际企业劳动关系管理。

Conclusion

越来越多的国内企业走出国门进行国际化运作,这使得人力资源管理实践的情境发生了很大的改变,国际人力资源管理的职能和重点也因此发生了重要的转变。本章是全书的绪论部分,主要介绍了国际人力资源管理所涉及的基本概念,为全书内容的展开奠定知识基础,线索如下:

(1) 开篇介绍国际企业的概念和特点,并描述企业的国际化不同发展阶段的组织结构模式以及相应的控制机制。

(2) 概述国际企业人力资源管理,如国际人力资源管理的定义,员工、国家和人力资源管理活动三个维度,以及国际人力资源管理五个方面的影响因素;进一步地,区别国际人力资源管理与国内人力资源管理存在的差异,便于读者更深刻地认识国际人力资源管理的内涵。

(3) 介绍国际人力资源配备模式和管理人员的配备,比较几种国际人力资源配置模式的优点与不足之处,分析管理人员配备时使用母国人员、所在国人员及其他国人员三种不同方法的优缺点;在此基础上概括说明国际选派的原因、类型,对长短期外派在几个维度上的差异进行比较。

(4) 归纳总结国际人力资源的多种角色,如外派者的角色、非外派者角色、内派人员的角色以及国际人力资源部门的角色。

(5) 概述国际人力资源管理涉及的职能和内容。

Keywords

国际企业	跨国公司	多国公司
全球公司	国际人力资源管理	国际组织结构
控制机制	国际人力资源管理模型	国际人力资源配置模式
国际选派	外派角色	非外派角色
内派角色	国际人力资源部门角色	

第二章 世界各国人力资源管理的发展

HRM Developing Across the Globe

Aim at ◇◇

◆ 了解美国当代的管理理论。
◆ 了解欧洲的人力资源管理现状和特点。
◆ 了解日本的人力资源管理现状和特点。
◆ 了解中国的人力资源管理现状和特点。
◆ 阐述东西方管理哲学的差异。

Lead in ◇◇

首钢在秘鲁的风雨兼程①

1992年,秘鲁政府决定把长期亏损的国营企业秘鲁铁矿私有化。在秘鲁铁矿的国际招标中,首钢以1.2亿美元投得该标,收购了秘鲁铁矿公司98.4%的股份,获得马科纳矿区670.7平方公里内所有矿产资源的无限期开发和利用权。

从进入秘鲁铁矿开始,首钢就被各种名目的罢工示威所困扰,频繁的劳资纠纷曾一度令秘鲁铁矿处于半死不活的状态。据不完全统计,矿工罢工给秘鲁铁矿公司带来的日平均损失在100~200万元。仅2004年的罢工事件,给秘鲁铁矿造成的直接经济损失就达500多万美元。

此外,秘鲁铁矿的人事管理问题也曾困扰首钢多年。进入秘鲁铁矿之初,首钢试图在秘鲁引入国内管理体系,利用中方人员进行企业管理。首钢最多时曾向秘

---

① http://caiec.mofcom.gov.cn/article/jingmaotongji/201704/20170402556781.shtml.

鲁铁矿派驻中方管理人员达 180 名,其中一些人把国内的矛盾也带到国外,不仅没有帮助解决海外公司的经营困难,还增加了很多内部问题。之后,首钢开始采用"本土化经营"的策略,更多地雇佣当地管理人员,经过努力,此后首钢秘铁的中方管理人员已经精简到 20 多人。

经过多年海外并购的试水,目前,对于很多大型企业来讲,在海外的资本投入和经营管理已经不再算是挑战,而在一个陌生的国家如何以当地人能够接受的思维和处事方式处理好劳资关系、搞好政府公关,才是真正的难点所在。

Focus on:

首钢在秘鲁铁矿的经营过程中遇到了哪些人力资源管理的困难?又是如何解决的?

当今世界正处在日趋激烈的国际竞争和新技术革命挑战的时代,在这场竞争和挑战面前,谁能把握 21 世纪的教育与人力资源管理,谁就能在 21 世纪处于主动和领先地位。

本章将分别介绍美国、欧洲、日本和中国的人力资源管理的现状,进而讨论西方管理理论界对东方人力资源管理方式的分析和评价,最后探讨外国人力资源管理方法在中国的可移植性。

第一节 美国人力资源管理

西方学者把管理的职能一般划分为计划、组织、指导、协调和控制。管理的效率和效益之间有着不可分割极为密切的联系。所谓效率,归根结底,是人的效率。所谓最充分地利用资源,最主要的是人力资源,因为物力、财力和信息这类资源都是通过人的效率来发挥其作用的。因此,管理的重点在于如何提高效率,即工作的有效性,重视目标任务的完成。只有在有效贯彻既定方针政策的基础上才谈得上"提高效率",以及最好地利用资源。无论何时何地,当人们在为达到组织目标而一起工作时,人总是超越时空条件而存在的重要因素。美国许多专家学者,如道格拉斯·麦克雷戈(Douglas McGregor)、克里斯·阿吉里斯(Cnris Argyris)和伦西斯·李克特(Rensis Likert)等,一直力图将管理的注意力引向人的因素,但美国的许多大公司仍然偏重于其他的生产经营要素;与此相反,日本的企业在实行以员工为中心的管理方面却有着较丰富的经验。

一、西方管理理论

西方管理理论大致经历了 6 个发展阶段,即"早期管理理论""科学管理理论""现代管理理论""格式塔管理理论""最新管理理论"和"当代管理理论"。其发展过程如图 2-1 的二维方格图。

方格图的横向表示管理的思想从"封闭"发展到"开放"的过程,在这个过程中,最初的

图 2-1　西方管理理论发展二维方格图

管理完全着眼于组织的内部,对组织以外的环境、条件、市场、竞争几乎不关注。直到 20 世纪 60 年代,人们才明确地认识到外部力量对内部管理的重大影响,内部和外部的矛盾运动构成了管理的系统。

　　方格图的纵向表示管理过程中对人的基本认识由"经济人"发展到"社会人"的过程。在这个过程中,人最初被看成是一种生产机器或机器的附属物,因而在管理方式上表现为以强制为主。后来对人的看法发生了转变,认为人是社会的人,应该在管理中尊重人的尊严和人格,实行人性化管理。

二、美国当代管理理论

　　美国当代管理理论的核心是研究"人",注重人力资源开发与管理,以人的思维与行为为中心。其中比较突出的有 4 个典型理论。

　　(1) 麦金瑟(McKinsey)的"七 S"管理分子图。

　　(2) "企业文化"或"公司文化"理论。

　　(3) "组织的生命周期"理论。

　　(4) A 战略:人与效益的关系七步骤。

下面分别介绍这些理论的内容与特点。

(一) 麦金瑟(McKinsey)的"七 S"管理分子图

1981 年,美国斯坦福工商管理学院教授理查德·帕斯卡尔(Richard T. Pascale)和哈佛大学教授安东尼·阿索思(Anthong G. Athos)在总结美国和日本的管理经验后,写出了《日本的管理艺术》一书,书中提出了改进企业管理的"七 S"管理分子图(见图 2-2)。

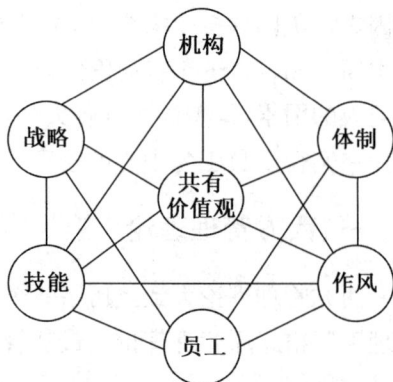

图 2-2　麦金瑟(McKinsey)的"七 S"管理分子图

2

"七S"管理分子图的内容是：

(1) 积极的战略(Strategy)。

(2) 灵活的组织架构(Structure)或机构。

(3) 层次明晰的管理系统(Systems)或体制。

(4) 高超的技能(Skills)。

(5) 社会化管理的企业员工(Staff)。

(6) 务实稳健的工作作风(Style)。

(7) 共同的价值观(Shared Values)。

"七S"管理分子图的作用：① 改变了美国管理学研究的方向。过去美国管理学研究的注意力只是集中在"硬件"因素，即战略、机构、体制，而忽视了"软件"作用，即技术、工作作风、员工及共同的价值观。② 找到了美国企业落后于日本企业的原因，即西方的管理侧重于组织机构和正式体制，导致规范和分工束缚住了人的积极性；而日本的管理则偏重于社会和精神的力量，让人们自觉地遵从共同的意识形态去达成组织目标。③ 开拓了管理者的视野，给管理者提供了一个全面观察与思考管理问题的框架。

(二)"公司文化"理论

"公司文化"或"企业文化"概念，首先是由美国管理学者托马斯·彼得斯(Thomas J. Peters)和小罗伯特·沃特曼(Robert H. Waterman, Jr.)在合著的《成功之路》一书中提出的。他们认为，美国最佳公司成功的经验说明，公司的成功并不是仅仅靠严格的规章制度和利润指标，更不是靠电子计算机、信息管理系统或任何一种管理工具、方法、手段，甚至不是靠科学技术，关键是靠"公司文化"或"企业文化"。这里的"文化"是指一个企业或一家公司里独特的价值标准、历史传统、观点、道德、规范、生活信念、习惯作风等，并通过这些"文化"将内部的各种力量统一于共同的指导思想和经营哲学之中，汇集到一个共同的方向。

彼得斯和沃特曼总结了美国最佳公司利用的"公司文化"8条原则：

(1) 乐于采取行动。鼓励人们成为少说多干的实干家，鼓励干起来再说，允许实干中犯错误。优秀公司成功的格言是："干起来，修正，再干"。

(2) 紧靠顾客。以特殊的感情为顾客服务，"服务至上，顾客至上"。只有倾听顾客的意见，才能改进和提高服务质量。

(3) 自主和企业家精神。将公司分成若干小公司，鼓励他们独立自主，互相竞争，不断革新。为推动创新，应鼓励用不同的方法解决同一个问题，支持人们冒险和探索。

(4) 以人促产。其核心是通过发挥人的作用来提高生产率。具体就是相信人、尊重人、理解人。在最优秀的公司里，"尊重每一个人"是压倒一切的主题，"每个人都是提高质量和生产率的源泉"。在这样的公司里，"明显缺乏行政命令和严格的指挥系统"。事实上，人的感情的沟通是最好的指挥系统。在这样的环境中，一个普通的人、平凡的人、最一般的人，甚至是"不好的人"，也可以变成生活中的强者和胜者。

(5) 领导身体力行，以价值准则为动力。这一原则的基本内容是建立本组织的价值观念和体系，这个观念和体系主要是通过领导自身艰苦卓绝的努力而形成的风格、习惯、传统、信念规范、标准和战略目标等,并且身体力行全力推动价值观念的形成和不断强化价值观念给人们的影响力。

(6)发挥优势。无论个人和组织都具有优势,问题的关键在于如何正确认识自己的优势并进而利用、发挥这种优势。对于企业优势的认识必须建立在已经取得成功的基础上,凭借优势在竞争中获胜。

(7)精兵简政。要想保持组织对于环境的适应性,就必须保持组织机构的精干和管理人员的精简。机构的庞大和层次的复杂必然导致整个组织行动的缓慢和官僚主义的产生。美国优秀的大公司,营业额都在几十亿美元以上,而公司总部的管理人员都不超过 100 人。

(8)有紧有松。成功的公司,既有高度统一,又有充分自主。高度统一就是企业的文化观念、经营哲学、价值准则;充分自主就是充分发挥每一个人的积极性、创造性,给员工提供施展才干和做出贡献的舞台和天地。

美国优秀公司的特点是极其认真、实实在在地实行这些原则,并将它们发挥得淋漓尽致,达到运用自如的地步。正因为这样,"公司文化"论者认为"公司文化是企业生命的基础,发展的动力,行为的准则,成功的核心"。他们还认为,20 世纪 70 年代的管理实践和理论的主题是"经营战略",而 20 世纪 80 年代以来的主题则是"公司文化"。

20 世纪 90 年代,斯坦福大学商学院两位教授柯林斯(James Collins)和波拉斯(Jerry I. Porras)花了 6 年时间,研究了 18 家有百年历史并且长盛不衰的企业,出版了著作《基业长青》。他们通过审视这些辉煌公司的历史发展轨迹,与竞争对手对比分析,发现这些基业长青的公司都有一套优秀的企业文化。[①] 后来出版的《从优秀到卓越》和《追求卓越的激情》也有同样的发现。

(三)"组织的生命周期"理论

1981 年,美国 RHR 公司发表了《管理的挑战》一书,书中提出了"组织的生命周期"理论。它的基本观点是:

(1)组织同人一样,具有生命周期,具有它的童年、青年、壮年和老年。

(2)组织同人一样,具有个性,具有生命力,这种生命力由生命的各种因素和力量决定。

(3)组织是一个具有生命的有机体。

(4)在组织的生命周期中,每一个阶段对生存和发展都有特殊要求,因而,每个阶段的管理职责、管理风格、管理方法都应当与每一个不同的阶段相适应。因而,每一个不同的阶段的管理者都具有完全不同的作用和责任。

"组织的生命周期"理论的问世,标志着管理由最初的完全封闭系统走向当代的全面开放系统。[②]

---

① 詹姆斯·C. 柯林斯,杰里·I. 波勒斯. 基业长青. 真如译. 北京:中信出版社,2002:151-184.

② Martin J. Gannon. *Organizational Behavior:A Managerial and Organizational Perspective*. Boston:Little,Brown and Company,1979:63.

2

（四）A战略：人与效益的关系七步骤

美国佛罗里达大西洋大学管理学教授弗雷德里克·舒斯特（Frederick Schuster）基于对大量企业的调查研究，结合应用行为科学的基本理论和现代社会科学的研究方法，提炼出一套通过改造企业文化从而改善企业人力资源管理的策略，即"A战略"。A战略强调关心员工的需要是获得高生产效率的关键。A战略的7个步骤如下。

第一步，使用一种有效而标准化的调查方法来衡量并确定本企业人员目前的基本状况。

第二步，企业应根据调查的数据，确认并集中致力于利用可改进的关键管理环节。

（1）改进联系与沟通，以企业的总体目标与任务为重点。

（2）将工资、其他报酬与个人的工作业绩直接挂钩，使贡献与报酬的关系更加合理。

（3）实行灵活的报酬制度，即"自助餐式"的报酬。这种制度允许每个员工在考虑能力与岗位情况的基础上量力而行地选择岗位与报酬，以便使个人目标与工作业绩相一致。

（4）重视采纳一种与生产率挂钩的奖励制度，允许员工直接和确实地分享到因自身努力提高生产率给企业带来的经济效益的增长。

第三步，改变传统的经理人员考评和报酬制度，把有效的人力资源管理和利润、生产率、成本等项目一并作为考核经理人员工作绩效和确定报酬的依据。

第四步，消除阻碍员工参与管理、相互沟通和做出贡献的人为障碍。

第五步，向员工汇报在改善人力资源管理的设想和行动方面已经做了些什么，请他们协助制定进一步改善人力资源管理的计划。

第六步，再次用同样的标准化的企业氛围调查方法测定企业成员的实际状况，以确定如何进行下一步的改革。

第七步，检测企业氛围调查数据同企业经营指标——包括生产率、盈利率、产值增长、成本等之间的关系，并根据由此形成的信息来制定、执行生产率战略，并做必要的修正。

根据舒斯特教授的大量调查研究材料预见：以员工为中心的管理将对未来企业经营产生主要的影响。已经开始对人力资源实施有效管理的公司，将稳定向前发展，因为它们将发掘和利用一股强大的潜力来实现企业目标。A战略的技巧就在于在企业内部创造了必要条件，可使个人潜力得到100%（或接近100%）的发挥，而不是仅仅发挥50%或40%，甚至更少。

舒斯特的这种A战略的目标最好用彼得·德鲁克（Peter F. Drucker）的话来归纳："在改善对人力资源的管理中存在着提高生产率的主要机会……对人的管理较之对物的管理，更应当得到首要的和极大的关注。"

第二节　欧洲人力资源管理

众所周知，人力资源管理起源于美国，人力资源管理的许多理论和实践都是以美国的特殊背景为研究和发展的基础，这些理论和实践在移植到不同背景的其他国家和地区时,都应就当地的环境而进行调整,于是出现了许多各具特色的人力资源管理模式,如美国的人力资源管理、日本的人力资源管理、中国的人力资源管理和欧洲的人力资源管理。学术理论界非常关注欧洲人力资源管理,因为相比较而言,欧洲的人力资源管理是其中最复杂的:一方面,有学者认为,世界上没有哪一个地区能像欧洲这样在这么小的范围内集中有这么多各异的历史、文化和语言,每一个欧洲国家都有自己的人力资源管理方式,自己的法律,自己的工会、教育、培训体系以及自己的管理文化;另一方面,相对于世界其他地区而言,欧洲各国又存在有许多共同的特点,1993 年 11 月 1 日欧洲共同体的建立和 2002 年 1 月 1 日欧元在欧洲 12 个国家的统一使用更是增加了这种共同性。

一、欧洲人力资源管理共性特点

相对于世界上其他国家和地区而言,欧洲国家企业的人力资源管理有很多的相似之处,自成一体。文化的差异使相当多的欧洲人力资源管理者不能接受源自美国的那一套人力资源管理理论与方法。欧洲对人力资源管理的理论研究从一开始就充分考虑到自身的政治、经济和文化特点,并一直力求基于已有的社会基础谋求人力资源与企业战略的结合,提出独特的欧洲人力资源管理模式,如图 2-3 所示。

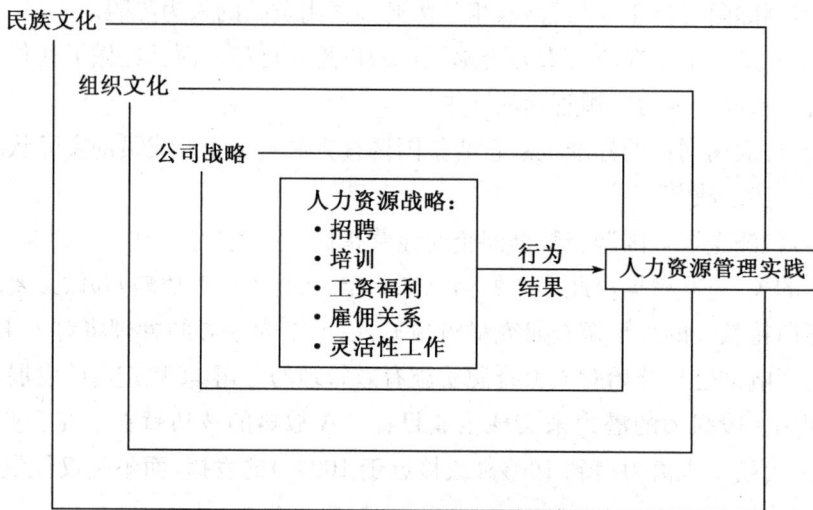

图 2-3 欧洲人力资源管理模式

图源:赵曙明.企业人力资源管理与开发国际比较研究.北京:人民出版社,1999:127.

从运作的环境来说,欧洲各国企业的人力资源管理并不像美国企业那样自由,充其量是一种有限制的自由,受到较多文化和法律方面的影响;从企业组织的角度来说,它较大程度上受到所有制结构的影响;从人力资源管理本身来说,则是员工参与管理得到了前所未有的重视。

（一）文化渗透和法律保障形成了欧洲人力资源管理平台

欧洲国家的文化使得欧洲国家的政府积极参与人力资源管理,且涉及招聘、工资、培训、工会等人力资源管理方面的法律比较完备。就整个世界范围而言,欧洲各国可以作为一个整体与世界上其他国家和地区相比较。一方面,欧洲各国在人力资源招聘、解聘和教育培训等方面的法律规定和条款比以法制完备著称的美国还要健全得多（Nick and Richard,1995）;另一方面,欧洲各国还对工资、健康和安全、工作环境和工作时间等方面进行了详细的法律规定,包括聘用合约、参加工会的权利以及建立咨询和协调机制等方面的法律条款。

除了这些法律限制外,欧洲各国政府对人力资源管理给予了比其他国家和地区多得多的控制和资助,控制的办法是通过立法,而资助的办法则是通过财政。大多数欧洲国家都为年轻人和失业人员预留了培训费用,为其就业提供便利。

还有一个不容忽视的影响因素就是基于文化渗透和地域原因而形成的欧共体。在其各国间的商品、服务、人才流动不断增加从而形成巨大的市场体系的同时,欧共体也制定了许多政策和法律来规范其内部各国的人力资源管理,并为其员工培训、劳动力市场运作提供了大量资助。

（二）所有制结构变化给欧洲人力资源管理注入了新的活力

近些年来,许多欧洲国家的企业因为受到来自经济增长缓慢、生产成本趋高以及亚洲经济发展带来的竞争等方面的压力而竞相重组,公有制经济成分渐趋减少（Winfried,1999）。这种所有制结构的变化,对欧洲人力资源管理有着深远的影响:一方面,公有制企业资本比较缺乏,加上公有制企业的政治因素,导致这些企业通常不愿意着手进行新的管理实践的尝试,只是在组织中一味营造提高专有技能、规范作业程序、零次品和依年资序列晋升的氛围;另一方面,公有制经济部门的工作大多是按部就班的行政服务性工作,而以提高作业效率和客户满意度为目的的人力资源管理对其工作本身并不会形成多大影响,因此就没有也不可能认识到进行大量的人力资源投资的必要性。

欧洲私营企业的人力资源管理模式也极有特色。在欧洲,许多大型企业都掌控在家族手中,企业人力资源管理一般是"家长式"作风:给员工提供福利,对员工工作进行紧密的跟踪和指导。

（三）员工参与管理给欧洲企业人力资源管理带来了新的挑战

21世纪初,欧洲各国企业中员工与组织之间逐渐由过去的对立关系,演变成为一种建立在忠诚基础之上的合作关系。欧洲各国的企业普遍认识到了人力资源在企业发展中的重要性,对人力资源管理予以空前的重视,大力促进员工参与管理和企业文化建设。这种角色的变换给欧洲各国企业的人力资源管理带来了新的挑战,某些欧洲国家通过法律规定:在该国经营的所有企业必须对员工公开有关信息,甚至包括董事会的决策情况,以达到与员工有效沟通的目的。

欧洲各国员工参与企业管理主要有三种渠道:第一,通过基层管理者参与管理;第二,通过工会参与管理;第三,通过定期的员工会议参与管理。

二、欧洲人力资源管理个性特点

虽然欧洲各国的人力资源管理作为一个整体有别于世界上其他国家和地区,但另一方面,我们也要看到,人力资源管理在欧洲各国之间也存在着一定程度的差异。对于欧洲各国,具有代表性的分类方法有三类,即:拉丁语系民族(指意大利、法国、西班牙等国)、中欧(指德国、瑞士等国)、北欧日耳曼民族(尤指斯堪的纳维亚半岛的挪威、瑞典、芬兰、丹麦等国),这也是许多研究欧洲的学者所常用的分类方法。这里主要从招聘、培训开发、薪资福利、沟通授权等4个方面讨论欧洲各国企业人力资源管理的个性特点。

(一)招聘

欧洲企业招聘的主要方式是内部招聘。有研究结果表明,欧洲2/3的企业从外部招聘的高级经理只占其总数的30%(郑晓明,2002)。在丹麦和德国,有半数以上的企业先将员工招收为办事员(部分作为学徒工),然后从中为大多数职位谋求合适人员。西班牙国内有66%的专业人员是从企业内部员工中招聘的,瑞典的情况也是如此。外部招聘作为一种辅助方式,其来源主要是劳动力市场。在对员工的挑选上,除了参考申请表和推荐信以外,欧洲企业越来越重视心理测试和面谈。欧洲主要国家企业招聘政策和做法如表2-1所示。

表2-1 欧洲主要国家企业招聘政策和做法

	国别	内容	招聘政策制定
1	德国	• 学徒制 • 灵活工作时间和兼职制度	由公司制定
2	法国 爱尔兰 英国 荷兰	• 较多引入外国员工弥补国内短缺 • 招聘方法多,较少使用学徒制	以企业为主,政府较少参与
3	丹麦 芬兰 挪威 瑞典	• 采用广泛的宣传方式吸引中低级职员 • 普遍采用灵活工作时间来吸引招聘对象 • 有计划地对人员进行变动,一般是2年	以企业为主,政府较少参与
4	西班牙 葡萄牙 土耳其	• 通常采用放宽技术和年龄要求、培训、再培训、增加工资福利等办法辅助招聘 • 人员安排以1年为计划期	倾向于由国家制定

表源:赵曙明.企业人力资源管理与开发国际比较研究.北京,人民出版社,1999:331.

(二)培训和开发

德国企业对人力资源的培训和开发的重视程度在全球也是首屈一指的,其职业教育和培训体系相对比较完善。欧洲各国一般都在考虑自身特性的基础上参照德国的做法。

（1）学徒制和初级职业培训。德国的法律规定，凡接受了 9～10 年义务教育后开始进入职业生活，年龄不到 18 岁的人必须上职业学校。类似的规定在欧洲各国也是普遍存在的。

（2）再培训和再教育。在欧洲，有 18％的蓝领工人、37％的白领员工和 45％的专门人才加入了再教育和再培训。①

（3）对职业教育和培训费用的处理。对于有优良的培训传统的国家来说，并不需要强制性要求就可保证企业充分参与培训活动，如德国。但也有些国家，往往需要通过法律规定才能使企业拨出保证最低限度的培训计划的经费。有些欧洲国家的政府也会通过补贴和资助的方式鼓励企业进行培训。

（三）薪资福利

欧洲各国在薪资支付形式上各有不同。除少数国家外，一般以全国和全行业范围内的谈判作为其制定工资方案的主要方式。芬兰、德国和挪威等国由于有顾问和联合决策协议制度，所以除中心谈判外，还通过局部的谈判来解决工资制定的问题。

在可变工资的实践上，与绩效挂钩的工资分配方式的使用最为广泛，绝大部分欧洲国家已将这种形式的工资用于经理和专业技术人员，只有德国企业例外。

（四）沟通授权

欧洲各国企业和组织中对基层人力资源管理职能的沟通授权程度也不尽相同。1990～1992 年，欧洲各国开始尝试将人力资源管理各项具体职能细化并授权基层职能部门处理。目前这种授权范围最大的是丹麦，几乎涉及所有的人力资源管理职能。在法国，人力资源管理部门还被赋予了辅导的功能。但是在西班牙和意大利，尽管其基层人力资源主管的素质也很高，对其授权程度却相对较低（Filella and Soier，1992）。

另外，由于欧洲各国组织中从事人力资源管理的专业人士本身的知识结构及所具背景等方面有所差异，也使得各国人力资源管理模式各具特色。在意大利和荷兰，许多人力资源管理专业人士都有金融背景（Hoogendoorn et al.，1992），这使得他们在人力资源管理中更注重成本控制；而德国的大部分人力资源管理专业人士则带有法律背景，他们在人力资源管理中比较倾向于使用各种各样的规章和条例。希尔特罗帕（Hiltrop，1995）等人通过调查研究，提出了与欧洲各国各异的人力资源管理模式相关的 20 个影响因素，包括企业文化、管理制度、企业结构以及人力资源角色与竞争力等方面（如图 2-4），正是这些因素的相互作用，形成了欧洲各国种类繁多的人力资源管理模式。

---

① 吴昌珍. 世界发达国家人力资源能力建设的经验及其启示. 西南民族大学学报（人文社科版），2005(3)：255 - 258.

人力资源角色与竞争   文化因素

外包程度   管理风格

授权   价值观及人力资源实践

战略协同   文化差异的处理

人力资源阅历   对权威的态度

专业能力

影响人力资源管理模式的因素

公有制程度   劳动力编制

组织自主权   劳动法规

组织规模   冗员的责任与处罚

股权结构   对雇主/员工的立法偏见

行业类别   社会安全和福利   组织绩效标准

企业结构   制度因素

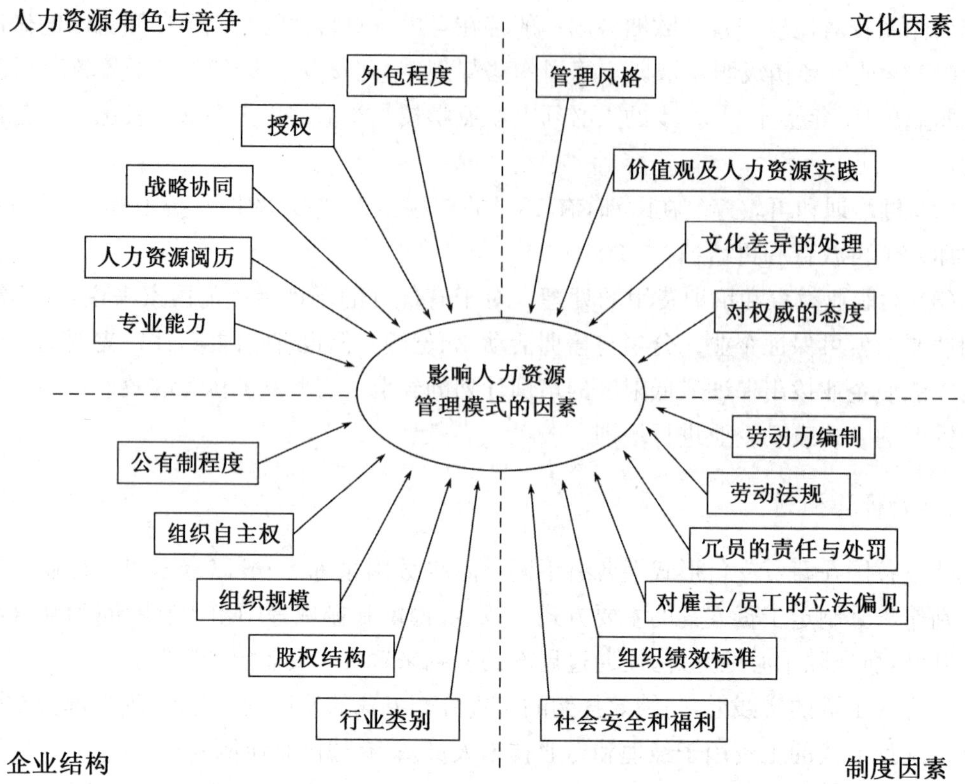

图 2-4　影响欧洲各国人力资源管理模式差异的因素

图源：Jean-Marie Hiltrop，Charles Despres，& Paul Sparrow. The Changing Role of HR Managers in Europe. *European Management Journal*，1995，13(1)：91-98.

第三节　日本人力资源管理

日本人力资源管理有哪些主要特点呢？日本公司与美国公司的管理有什么区别呢？虽然不是所有日本公司或美国公司都有相同的管理特点，但是日本公司的管理方法与美国公司的管理方法，整体来说有许多不同之处。日本的许多公司实行终身职业制，对现实表现评价缓慢，采取非专业生涯途径、集体决策、质量圈和能力主义等管理方法。这一点，与欧美为代表的西方人力资源管理方法恰恰相反。

一、终身职业制

在日本，长期职业可转成"终身职业"，尤其在国际企业等大公司更是如此。公司每年招工一次，经过试用，除了对那些严重违法违纪人员实行解雇外，一般都可转成终身职员，直到退休为止。公司兴旺时也招一些临时工或承包合同工；碰到经济困难时，公司也许会按比例减少所有员工的工资或奖金、解雇一些临时工、相应调整长期员工的工作或减少工时，但不会解雇终身员工，而是向他们提供福利、培训等。这种政策使公司大多数员工更加忠实于公司，每一个员工都能在信任的基础上与公司建立长期的关系，并认识到这种关系对他们的益处。因此,当工作有所变动时,他们乐于接受,不必有任何担心。

二、缓慢升职和评估

在日本,年资是增长工资的主要因素。在同年龄层次的员工中,尤其是那些刚工作几年的人,他们之间的工资差别不大。职员们知道他们将基本上一辈子工作在一起,公司今后对他们会有承认和奖励。因此,他们为了共同的利益而互相协作。再者,评估个人表现是将忠诚、热情、合作排在实际工作表现和知识前面的。奖励对员工心理上的影响要比经济上的影响更大。日本员工由于有长期录用的思想,所以他们并不期望有立即见效的公认和奖励。日本公司一般每年年底根据公司的经济增长情况,给工人发相当于 5 个月工资的红利。

三、非专业生涯途径

终身职业可使工人在公司内轮换工作。这种长期继续培训的实践方法使员工能学到企业各方面的经验,与许多人建立朋友式的关系。当个人确定了终身位置后,他们成长为具有各方面才能的人,这样他们更能全面考虑自己的行为对整个组织的大目标的影响,他们也可以利用已建立的人际关系,与同事们共同合作,为实现公司总目标服务。

四、集体决策

日语中"nemawashi"一词是"做一切准备"的意思,这是日本企业决策的特点。每个人都有一种参与公司管理的意识,因为如果不是所有人都参与决策并表示同意,实际上任何事情都做不好。日本人认为有了意见分歧,不能用敌对手段或靠一方压倒另一方的方式去解决,而应靠从更多渠道取得更多信息,待大家都理解和接受后再一起来参与决策、解决问题。一旦决策后,大家就齐心协力去做。这也许是一个费时费力的过程,但由于最后大家的一致承诺,因此执行起来花的时间就少了。

五、质量圈

日本管理另一个突出的方式是质量圈(Quality Circle)。二战失败后,日本认识到,要打开国际市场而且要在国际市场上占领主要位置,就必须致力于产品质量的提高。质量不仅仅是成品问题,还包括按时出产品、及时交货、发票账单准确无误,以及维修服务等一整套措施。降低上述每一项的成本都可以提高生产率。

有了以上这些认识后,日本科学家和工程师协会邀请美国的管理专家爱德华兹·戴明(Edwards Deming)到日本做关于质量控制的系列学术报告。戴明提出,一切有"过程的活动",都是由计划(Plan)、实施(Do)、检查(Check)和行动(Action)四个环节组成,P→D→C→A→P 循环往复,周而复始,在提高产品质量、改善企业经营管理中起积极作用。这被称为"戴明圈"或"戴明环"。戴明强调将质量控制放在中层管理的重要性。日本将戴明的这种思想与日本的实际相结合,把质量控制的责任交给车间,就这样形成了质量圈。

每个质量圈约由 8 名一般工人和 1 名年长资深的工人组成,是比较自治的单位。在日本参加这类质量圈是自愿的,工人中每 8 人就有 1 人参加质量圈。质量圈的成员都接受怎样解决问题的训练,包括一些基础数学方法。质量圈不是为解决某一问题而建立的,成员定期聚集在一起,就减少次品与废品,减少返工和停工的时间,同时也为改善工作条件,提高自我发展等问题商讨并提出解决的方法。这些成员是组织最好利用的有创造性的资源,即使他们解决问题的办法不如技术人员的办法,但由于工人们自己参与管理,积极性被大大调动起来,就能努力将问题解决好。

这种质量圈的管理方法,充分发挥了每一个人的积极性与创造力,这正是重视企业人力资源管理的具体表现。

六、能力主义管理

日本的能力主义管理是 20 世纪 70 年代发展起来的。能力主义管理,是将日本人力资源管理方法与美国人力资源管理方法结合而成的。能力主义管理的意图是要维持和强化资本家和经营者主导,即资本家主导式的工厂秩序,并追求"少而精主义"。其要求见图 2-5。

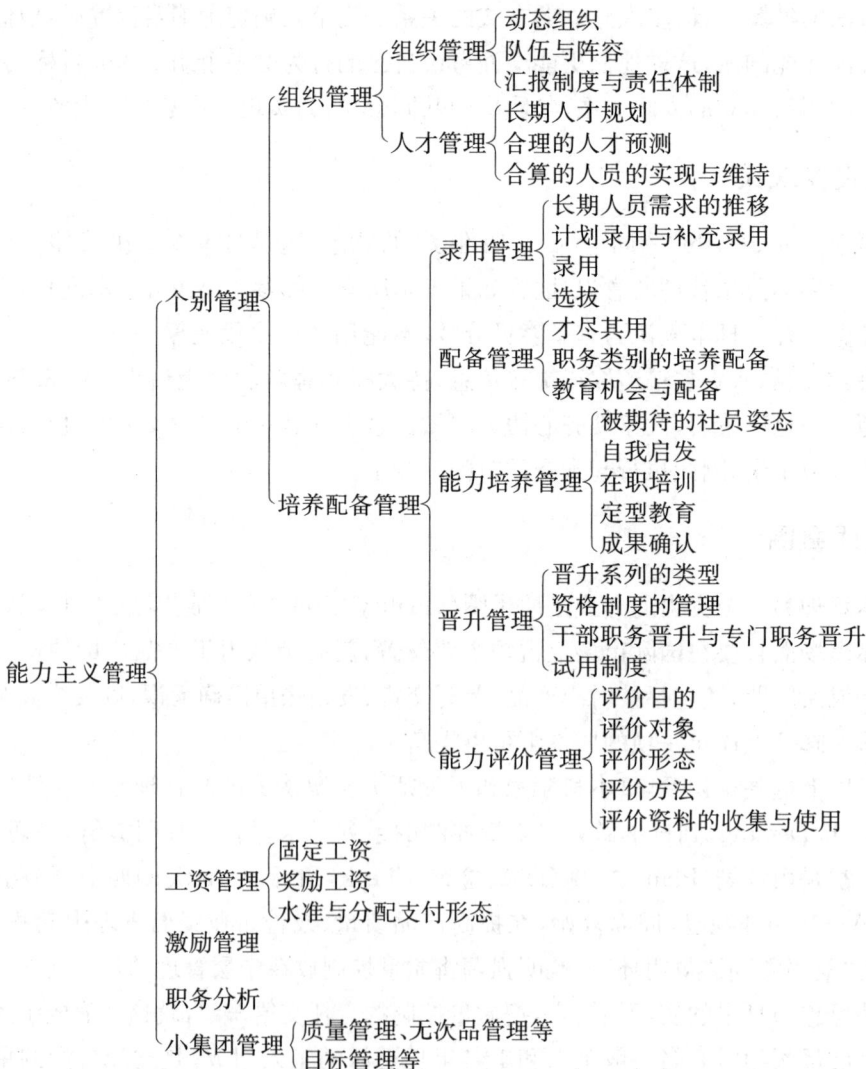

图 2-5 能力主义管理体系

（1）由重视每个工人职务执行能力的"个别管理"和以工厂小集团"尊重自主性"为方针的"小集团管理"组成。

（2）需要有与安全卫生和企业内部福利设施有关的管理。

（3）"和工会相互交涉有关的设想和内容,最好得到他们的理解";当然,"这样的措施也是基于对双方共同利益的考虑,对于工会来说是能够接受的"。[①]

所谓"个别管理",其含义有三层:① 通过职能部门的整顿和综合业务流程的简化、机械化、多能化、外包、岗位轮换和时差出勤等,来进行人员的削减。② 引进岗位工资、技能工资、职级资格以及职务分类制度来决定晋升和薪酬分配,并以职位胜任程度作为差别待遇的理由,使晋升和薪酬分配的差别"正当化",同时促进员工之间的合理竞争。③ 在"人与人之间互相尊重"和"尊重自主性"的前提下,在组织内部自发形成"劳资一体化"氛围。

所谓"小集团管理",其含义有两层:① 日本是一个单一民族的同质社会,个人对组织的忠诚和归属感在全世界是极为罕见的。日本企业在西方行为科学的引导下,形成工作中的无次品管理团队和质量圈管理团队等日本独有的"小集团组织"。② 促进组织中各个小集团之间的竞争及小集团内部员工之间的竞争,目的是"提高组织效率"和"劳资一体化",其具体的实现形式如"自主管理运动"。

第四节　中国人力资源管理

在中国经济体制从计划到市场的转变进程中,中国人力资源也经历了从传统僵化的人事管理到现代人力资源管理的一系列改革实践与观念的转变。不管在国家宏观政策上,还是在企业微观机制层面,人力资源的战略地位与作用日益凸显。改革开放以来,中国的人力资源管理得到了空前的发展,教育和人力资源开发已成为一项基本国策,劳动者素质有了显著提高,但同经济发展的要求依然存在着尖锐矛盾,同发达经济体相比还有着很大差距。

一、中国人力资源管理的战略定位

1985年,《中共中央关于教育体制改革的决定》中强调,"社会主义现代化建设的宏伟任务,要求我们不但必须放手使用和努力提高现有的人才,而且必须极大地提高全党对教育工作的认识,面向现代化、面向世界、面向未来,为20世纪90年代以至21世纪初叶我国经济和社会的发展,大规模地准备新的能够坚持社会主义方向的各级各类合格人才。要造就数以亿计的工业、农业、商业等各行各业有文化、懂技术、业务熟练的劳动者,要造就数以千万计的具有现代科学技术和经营管理知识、具有开拓能力的厂长、经理、工程师、农艺师、经济师、会计师、统计师和其他经济、技术工作人员。还要造就数以千万计的能够适应现代科学文化发展和新技术革命要求的教育工作者、科学工作

---

① 日本经联能力主义管理研究会报告书.能力主义管理——理论与实践.1969:101-102.

者、医务工作者、理论工作者、文化工作者、新闻和编辑出版工作者、法律工作者、外事工作者、军事工作者和各方面的党政工作者。"

中共十一届三中全会通过的《中共中央关于经济体制改革的决定》，更是把"起用一代新人，造就一支社会主义经济管理干部的宏大队伍"提高到关系改革成败的战略高度。

2003年12月19日至20日，中共中央和国务院在北京召开了全国人才工作会议。会议强调：① 要建立以公开、平等、竞争、择优为主旨，有利于优秀人才脱颖而出、充分施展才能的选人用人机制，突出强调了做好对各类人才尤其是党政人才、企业经营管理人才、专业技术人才的考核评价工作，并提出要建立干部政绩考核体系和评价标准、开发企业经营管理人才的考核测评技术等一系列具体要求。② 要完善人才评价标准，克服人才评价中重学历、资历，轻能力、业绩的倾向。根据德才兼备的要求，从规范职位分类与职业标准入手，建立以业绩为依据，由品德、知识、能力等要素构成的各类人才评价指标体系。

党的十八大以来，以习近平同志为核心的党中央坚持创新驱动，实质是人才驱动，不断改善人才发展环境、激发人才创造活力，大力培养造就一大批具有全球视野和国际水平的战略科技人才、科技领军人才、青年科技人才和高水平创新团队。中共中央办公厅、国务院办公厅印发了《关于分类推进人才评价机制改革的指导意见》，意见强调，围绕实施人才强省战略和创新驱动战略，以科学分类为基础，以激发人才创新创业活力为目的，建立健全导向明确、精准科学、规范有序、竞争择优的科学化社会化市场化人才评价机制，努力形成人人渴望成才、人人努力成才、人人皆可成才、人人尽展其才的良好局面，为决胜全面建成小康社会、建设富裕美丽幸福现代化提供强有力的人才智力支撑。

自从中国实行劳动人事制度改革以来，有些企业建立了考核录用制度，实行公开、公平竞争和优才优用的办法，这对过去的僵化的人事管理体制是一个很大的冲击与变革，尤其是人力资源管理作为一门学科在中国兴起以后，又对我们的人事管理提出了更高的要求。中国人事部门已会同有关部门制定了专业技术人员队伍建设发展规划。政府采取了一系列政策，这些政策包括：采取新的工资改革措施，以便逐步使专业技术人员的工资收入和他们付出的劳动及取得的成绩相适应，建立健全专业技术人员的技术职务正常考核、评定、聘任、晋升和奖励制度；加快建立专业技术人员的流动体制；大力开发继续教育，加速专业技术人员的知识更新，建立继续教育登记制度；在基础科学和高技术领域中，执行专项发展计划，以强化具有国家级水平的科学家、工程师队伍的建设，同时鼓励一批科学家和工程师去兴办、领办高技术产业，使这些产业以高水平进入国际竞争行列。

二、中国教育和人力资源开发现状

中国现有人口素质特别是劳动者的素质，同经济的要求存在着尖锐的矛盾。根据《中国人口和就业统计年鉴2019》，在2018年的劳动力抽样调查中，研究生文化程度者仅占0.9%，大学本科文化程度者占8.5%，大学专科文化程度者占9.7%，高中文化程度者占12.8%，初中文化程度者占43.1%，小学文化程度者占16.4%，还有2.3%的劳动力未上过学。① 随着中国产业结构和技术结构的变化,如何提高劳动者的素质以及如何开发和管理现有的人力资源,充分发挥人力资源的作用,正越来越成为关乎中国经济发展成败的关键。造就新一代劳动后备军,提高广大在职劳动者的素质,管理和开发人力资源,已经成为领导者、管理者和教育者面临的一项十分重大的战略任务。中国人力资源的特点是数量众多、素质不高,这一现状严重制约了劳动生产率的提高。强化人力资源开发是中国 21 世纪经济和社会发展的关键,教育和人力资源开发已成为中国发展的一项基本国策。

改革开放以来,中国的政治、经济、社会、文化等都发生了变化,当然社会价值观也随之起了变化。教育制度的改革,使得越来越多的人从中学毕业后有了接受不同类型的高等继续教育的选择。进入 21 世纪,中国高等教育有了很大发展。突出表现在招生规模扩大上,尤其是 2014 年以来,全国普通本专科生及研究生招生规模都逐年显著增长。具体见表 2-2 所示。

表 2-2 中国高等教育 2015～2018 年招生情况 （单位:万人）

	2015 年	2016 年	2017 年	2018 年
本专科生	737.85	748.61	761.49	790.99
研究生	64.51	66.71	80.61	85.80
博士生	7.44	7.73	8.39	9.55
硕士生	57.06	58.98	72.22	76.25
本专科生增长率	2.28%	1.64%	1.72%	3.87%
研究生增长率	3.82%	3.41%	20.84%	6.64%

注:研究生数量含博士生与硕士生;增长率指较上一年度同比增长率。

在专业技术人员方面,尽管整体素质有了提升,但存在行业、地区分布不均衡,人才供需矛盾较大的状况。2017 年,全国公有经济企事业单位专业技术人员 3 148.5 万人,其中居民服务、修理和其他服务业 1 334.8 万人,教育专业技术人员 421.0 万人,信息传输、软件和信息技术服务业 263.5 万人,制造业 179.4 万人,建筑业 146.0 万人,这些行业集中了全国专业技术人员总数的 70% 以上;而目前中国急需发展的科学研究和技术服务业(专业技术人员 48.5 万人),房地产业(专业技术人员 7.4 万人),卫生和社会工作(62.9万人),住宿和餐饮业(3.1 万人),这些行业的专业技术人员仅占全国专业技术人员总数的 3.87%。专业技术人员除了行业分布不均,地区分布也不合理,经济发达的东部地区专业技术人员占到了全国专业技术人员的 29.3%,而东北地区则只占到 6.3%。但是,近年来经济发达地区专业技术人员占全国专业技术人员的比例在下降,因此,专业技术人员的地区分布正在趋于合理化。②

我们所处的时代是变革的时代。世界范围的新技术革命和国内的经济体制改革形成

---

① 国家统计局. 中国人口和就业统计年鉴 2019. 北京:中国统计出版社,2019.
② 国家统计局. 中国科技统计年鉴 2018. 北京:中国统计出版社,2018.

两个巨大的冲击波,荡涤着传统的旧观念、旧体制和旧规范。全球经济一体化和区域经济集团化发展趋势使每一个现代企业的管理者和组织人事工作者都面临这一潮流的挑战和考验,不但使我们有机会学习国际上先进的人力资源管理方法和手段,也迫使我们更新人力资源管理理念,致力于有中国特色的社会主义人力资源管理制度的建立与发展,充分调动每一个人的积极性,挖掘每一个人的潜力。

第五节　日本与美国:东西方人力资源管理比较

根植于社会文化的管理方法与制度是否具有可移植性? 这是一个基于国际人力资源管理比较的问题。随着 20 年来国际企业逐渐发展成熟,这一问题也引起了越来越多国家的人力资源管理理论界与实践界的关注。美国管理学界对美国企业是否可以采用或引进日本式的管理制度的讨论近年来尤为激烈。美国学者威廉·奥奇(William Ouchi)、理查德·帕斯卡尔(Richard T. Pascale)、史蒂文·惠尔赖特(Steven C. Wheelwright)等认为,美国一些管理比较好的公司,如国际商用机器公司、通用电气公司等的成功在于其采取了与日本企业相同或相类似的管理方法,如终身职业制度、参与决策、质量圈管理等。而有些管理学者如柯尔(Steve Kerr)、谢恩(Edgar H. Schein)则认为,日本的管理方法根植于日本独特的民族文化传统,这些管理方法在美国企业里是不适用的。

一、日本与美国的管理哲学比较

日本的人力资源管理是基于什么样的管理哲学呢? 概言之,有三种管理哲学影响着日本企业所采取的人力资源管理方法。

第一种管理哲学是日本企业在社会上的作用问题。正如著名管理专家彼得·德鲁克和伊茨拉·沃盖尔(Ezra Vogel)指出的,日本社会将企业视为一种特定的社会组织,认为企业首先要为这一组织的成员服务,包括企业的一般员工、管理人员以及其他利益相关者。利润对日本企业的经理来说当然很重要,但满足员工需要、提供就业机会更重要。这种哲学使得日本企业的经理感到满足员工需要以及在员工中建立共同愿景(Shared Vision)很重要。相比之下,美国企业的经理们则将公司看作为股东们提供利润的经济工具。由于这种思想的指导,美国公司把满足企业员工和企业利益相关者的需要放在利润之后。最大的区别体现在美国企业的经理们更趋向于利益导向。

第二种管理哲学是日本社会的企业怎样看待员工的问题。奥奇(Ouchi,1981)认为,日本企业的经理眼中的员工是能为组织发挥巨大作用的宝贵财富。以美国工业心理学家麦格雷戈提出的 X 理论、Y 理论为依据,日本企业依照 Y 理论,靠工人去解决组织的问题,生产出高质量的产品,提供优质服务;而美国企业的许多管理者依照 X 理论,认为企业员工生来懒惰、不负责任,这种哲学观点阻碍了美国经理们利用工人的聪明才智去帮助组织解决问题。[①]

第三种管理哲学是日本社会特别注重利用集体的力量解决问题。这种基于集体或群体的哲学思想认为，当代组织的大部分任务要求人们通过合作才能完成。日本公司的重大决策很少是由个人做出的，大部分都是靠集体的努力产生的。集体决策有时是要花时间的，但大家意见统一后，执行起来就会大大节省时间。相比之下，美国经理则迷信于个人的努力、创造力和鼓动力，集体主义对他们来说就意味着失去个人自由和动力。由于职员们没有参加计划决策讨论，许多人因缺乏主人翁感和对计划决策的理解，就反对改革，最后执行起来就得多花时间。美国决策者付出这种代价是必然的。

二、日本与美国人力资源管理比较

什么原因致使美国经理与日本经理在管理哲学上有这么大的差异呢？研究日本管理问题的管理学专家总结了以下几种看法。

第一，柯尔（Kerr）认为，中国儒家"人本善""忠孝""利他主义"等学说影响并规范着日本人受到的教育。日本社会所推崇的是遵守纪律、忠诚于组织和帮助别人的观念。他们把追求享受看作道德衰败。这种学说鼓励商人要服务于社会，这样才能得到公众的尊敬。帕斯卡尔（Pascale）认为，日本的禅宗佛教（Zen Buddhism）教育人们要在集体中和睦相处，这种思想对日本人影响很大。相比之下，美国文化受基督教的传统和资本主义学说的影响。柯尔指出，基督教那种"原罪观念"加上资本主义学说促使人们自私自利。

第二，彼得·德鲁克指出，工业结构上的区别，尤其是工业筹资方法上的区别，大大影响了日本人对组织作用的认识。日本私人资本形式缺乏，迫使公司依靠银行得到资本。日本人将收入的20％储蓄，这就是提供资本的来源。他们很少有股东和资本市场的压力，这使得他们不只是考虑短期利益目标，更注重长远利益。相比之下，美国经理的业绩是根据利润的多少来衡量。

第三，奥奇（Ouchi，1981）认为，日本社会的单一民族观念鼓励经理们将员工与他们自身同等看待。日本工业界的这种平均主义观点使经理们对员工更人性化。员工们可以与经理享有同等机会。与此相比，柯尔指出，美国有着社会多元化、多民族的特点。这就促使那些盎格鲁-撒克逊（Anglo-Saxon）白人新教徒管理阶层将他们与来自不同宗教、少数民族以及其他社会团体的工人阶级区别开来。美国管理阶层的这种贵族态度，使得美国的人力资源管理中人性化程度明显不足。

第四，日本是一个古老民族，长期的封建家庭式关系对日本工业组织管理有着深刻的影响，表现在员工与雇主以及上下级之间"家长式"的统治作风上。这种家长式统治关系，在日本叫"Oyabu Kobun System"（上下级制）。组织领导人与下级像养父母或师徒关系那样。同样地，下级对上级守信、忠诚。乔治·德沃斯（George DeVos，1985）认为，日本的封建家庭式关系养成了上下级的那种师徒关系。而美国是一个年轻的国家，人口居住

① Stephen P. Robbins，Mary Coultar. *Management*. 5th ed. 北京：清华大学出版社，Prentice-Hall International Inc.，1998：530－533.

分散,人们需要独立自主和个人主义。这种历史环境强化了个人追求幸福、财富、成功的文化价值观。虽然美国公司也有师徒制度,但与日本相比,从广度、深度上都逊色于日本。

第五,自然资源的差异导致了管理哲学上的不同。日本是个岛国,自然资源贫乏,但截至 2019 年日本总人口已达 1.25 亿人。这种有限的自然资源状况间接地迫使日本人重视企业战略,竭尽全力实现生存、高就业、国际市场扩张的目标。正如德鲁克指出的,这种生存意识是日本成功的主要精神力量。相比之下,美国有着地大物博、资源丰富的特点,多年来,虽然美国经理们逐渐认识到美国资源也有限,但大多数决策者仍旧是基于美国资源丰富的事实去设计规划。

一种管理方法是一种管理哲学和文化的反映。一国模仿照抄另一国管理方法是行不通的,但可以消化、汲取精华,根据本国的具体情况制定出自己的管理方法。虽然日本的人力资源管理的基本观念源于西方,大部分出自美国,但是日本将西方管理思想与日本的管理哲学相结合,成功地运用到日本社会实际和企业管理中,如质量圈管理思想等。美国有许多学者提出了很好的理论,但强烈的个人主义和竞争意识以及互不信任的劳资关系,阻碍了其在美国人力资源管理方面达到好的效果。现在美国有些公司开始接受长期雇佣的思想,但日本的那种"年功序列"、论资排辈的缓慢升职办法是无法在美国实践的。那些认为自己有能力的经理,注重现实表现的奖励制度,而不欣赏论资排辈的管理方法。

Conclusion

管理的目标在于如何最充分地利用资源提高效率,这其中最重要的资源是人力资源,效率也是人的效率。因此,世界各国都在探索有效的人力资源管理方式来促进企业的长足发展。

虽然人力资源管理起源于美国,但各国在政治、经济和文化方面都存在显著差异,因此各国根据本国国庆发展出了各自的人力资源管理模式。本章介绍了美国、欧洲、日本以及中国的人力资源管理理论和特征,并通过对比日本和美国人力资源管理的特点,分析了东西方人力资源管理的不同之处。

我们需要思考,根植于各国不同社会背景的人力资源管理模式是否具有可移植性?或者说,哪些人力资源管理实践可以移植?哪些无法移植?这其中的影响因素值得我们不断深入探讨。

Keywords

"七 S"管理分子图　　　　企业文化或公司文化　　　　组织的生命周期
A 战略　　　　　　　　　质量圈　　　　　　　　　　能力主义管理

Case-Study ◇◇

沃尔玛工会事件

◆ 谁在维护谁的权利?[①]

1. 沃尔玛打破"全球"惯例在华成立工会

2006 年 7 月 29 日,沃尔玛深国投百货有限公司晋江店工会正式成立。这是全球最大连锁零售商沃尔玛在中国的首个工会组织。但这个工会成立后,似乎没有人感到轻松。

2. 沃尔玛

此时有点儿尴尬:晋江店员工在泉州宣布成立工会,而沃尔玛事先并不知情。

3. 晋江店

大部分员工也困惑:500 人的店里,工会成员只有 30 人,许多员工不知道工会存在。

一位晋江店员工说,目前沃尔玛所处环境,其小区人流不够,业绩虽然尚属上升区间,但每日营业额约在 30~40 万元,周末 50~60 万元,这样的数字跟开业已久的新华都商场和捷龙商场比,仍稍显薄弱。这位员工称,沃尔玛目前尚未出现损害员工的现象,但扣完养老保险、医保和公积金等项目,一般一线员工到手工资不到千元。"很多人都觉得建立工会有必要,更需要工资以外的东西来补充。"

建会后,在会员中有种种困惑和担忧:一是担心沃尔玛方面以此限制员工在企业内部的发展;二是担心该店可能被美国总部下令关闭;三是担心沃尔玛方面不予配合提供办公以及经费条件。

4. 引发连锁反应

沃尔玛在中国的首个工会成立后,短短一个星期,沃尔玛南京店以及深圳两家店也相继成立了工会。这 4 家沃尔玛店工会的成立,沃尔玛方面均没有派人到场。

5. 最后结果

沃尔玛全面妥协,中国分店一律建工会。

◆ 在中国,沃尔玛为何改变"惯例"?

1. 沃尔玛最初拒绝建立工会

沃尔玛其实一直很不情愿建立工会。2004 年 10 月下旬,全国人大执法检查组、中华全国总工会在辽宁、上海、浙江等地检查《工会法》贯彻实施情况后,还公开批评了沃尔玛拒绝建立工会。2001 年到 2002 年,全国总工会深圳分支机构工作人员几十次到沃尔玛深圳总部沟通,要求建立工会,但一直未果。

沃尔玛当初拒绝建立工会的理由是:不建工会是公司的"惯例"。据沃尔玛中国公司相关人士介绍,沃尔玛从创立之日起,其已故创始人就称,公司内部的事情希望在内部得

---

① 梁彩恒. 沃尔玛工会事件:谁在维护谁的权利?. http://finance. people. com. cn/GB/71364/168839/168840/14545727. html.

到处理,不希望第三方插手。工会是一股"分裂的力量,会使公司丧失竞争力"。长期以来,沃尔玛也一直"抵制"其员工参与工会或者其他任何第三方组织。

据《华尔街日报》报道,2000年,美国得克萨斯州沃尔玛购物中心的肉制品柜台操作员曾通过投票要求建立工会。不久沃尔玛即宣布,选用预先包装好的牛肉商品,并更换了该购物中心的肉制品柜台操作员。2004年,食品与商业劳工联盟在加拿大一家沃尔玛店组织员工成立了工会,沃尔玛次年即关闭了这家店,并称该店出现亏损,"工会要求使其无法获利"。

2. 不建工会的可能原因

有分析认为,沃尔玛的低成本策略是它不组建工会的根本原因。在国外,沃尔玛低工资、低福利的薪酬一直是媒体指责的对象。它一旦组建了工会,工人就有可能联合起来向沃尔玛要求更高的工资。

3. 改变"惯例"

在中国,沃尔玛则因一直不建工会受到了全国总工会多次批评。还有部分省市表示,如果沃尔玛不成立工会就拒绝其进入。2004年11月,全国总工会执法检查后,沃尔玛做出让步,发布声明称,如果有员工要求成立工会,沃尔玛会尊重他们的意见,遵照法律不阻止员工组织工会并履行工会法所规定的责任和义务。

2006年7月29日,沃尔玛深国投百货有限公司晋江店成立工会,这是沃尔玛在中国的第一家工会。

8月4日凌晨,沃尔玛深国投百货有限公司湖景分店42名员工成立工会;

8月5日晚11时许,沃尔玛华东百货有限公司南京新街口店的31名员工,宣告沃尔玛在中国第3家基层工会组织成立;

8月6日,沃尔玛深圳西乡前进路分店的12名员工成立工会;

8月9日,沃尔玛表示将在中国的所有商场建立基层工会。

最终,"只要员工有需求,我们就会配合成立工会。"沃尔玛公司对成立工会一事虽然很谨慎,但是已不再坚持公司的"惯例"。

沃尔玛创始人沃尔顿曾有不入工会的"家训"。在沃尔玛1991年完成的一份"劳资关系"的内部报告里,开篇即申明了"沃尔玛的哲学":"沃尔玛反对员工加入工会。任何以为公司在加入工会问题上态度中立的提法都是不正确的。"

有一种看法是,沃尔玛不得已在中国成立工会,主要与中国市场巨大的潜力有关。一位在沃尔玛的竞争对手企业中任职的不愿意公开姓名的人士透露:近年来,沃尔玛在其他地方的扩张频频受阻,今年5月和7月正式宣布出售韩国的16家店和德国的85家店,在这两国全线撤离。与此形成鲜明反差的是,沃尔玛在中国却不断扩张。从1996年进入中国以来,沃尔玛在中国已拥有60家店,雇用了3万多名中国员工。沃尔玛还计划今年下半年在中国新增14～17家店。

4. 全国总工会态度

全国总工会基层组织建设部部长郭稳才对沃尔玛职工建立工会行为给予充分肯定。在中国境内30个城市设立了60个分店,有职工3万人的沃尔玛,现已参加工会的职工却不超过 200 人,外界不免对这些职工的生存和发展问题担忧,"我们将尽全力维护职工的合法权益不受侵害。"郭稳才表示。

郭稳才说:"我相信职工的政治信念、对民主权利的追求不是物质的东西可以换来的,并且,即使有的工会为职工建会提供物质方面的帮助,那也是天经地义的。"

中华全国总工会相关负责人 2006 年 8 月 9 日在此期间对新华社记者表示,根据我国法律规定,企业、事业单位、机关有会员 25 人以上的,应当建立基层工会,任何外资企业、私营企业都不存在例外。

"工会的组织形式和职能作用具有不可替代性。任何试图以其他形式的组织替代工会的行为都是不允许的。"这位负责人说。

中华全国总工会:沃尔玛工会合法,其他组织不能替代。

Analyze:

1. 关于建立工会,沃尔玛公司在中国要处理哪些问题? 结合本章介绍的美国和中国的人力资源管理理论,你认为沃尔玛公司为什么会在中国遇到上述问题。

2. 结合本章内容,你认为沃尔玛改变"惯例"可能受到哪些因素的影响。

3. 请根据案例内容,结合本章中介绍的东西方人力资源管理理念的差异,分析沃尔玛不建立工会以及中国要求建立工会所反映的本质问题。

第三章　国际人力资源发展与经济发展

International HR Development and Economy Development

Aim at ◈

◆ 了解人力资本理论的基本内容。
◆ 描述分析美国的人力资源开发与经济发展情况。
◆ 描述分析日本的人力资源开发与经济发展情况。
◆ 描述分析中国的人力资源开发与经济发展情况。

Lead in ◈

专访杜邦中国区人力资源经理 Arthur Yu 先生 ①

　　HR 管理世界："Yu 先生,众所周知,杜邦公司是一家以科研为基础的全球性企业,有 200 多年的发展历史。在世界各地'优秀雇主'范畴的评选活动中,总有杜邦的身影。您觉得杜邦对员工最大的吸引力是什么?"

　　Arthur Yu:"我认为杜邦注重对员工投资、关心他们的职业发展是杜邦获得员工青睐的重要原因之一。杜邦拥有专设的 HR Development 部门,为所有员工提供可共享的培训与发展课程。从纵向来说,每个事业部和功能部门内部都有一套自己的人员评估与发展计划,我们称之为 People Development Process。另一方面,杜邦还推出了'接班人计划',即所有的主管、管理者都需要积极培养自己短期和长期的接班人。在杜邦内部有一种说法,如果一位主管没有培养起下属,那他是无法获得晋升的。这种接班人计划还可以在国与国之间的杜邦公司之间分享。"

---

① https://www.hroot.com/detail.aspx? id=143342.

HR 管理世界："那么对于一般员工和高潜能员工,杜邦是否采取区别管理呢?"

Arthur Yu："高潜能员工和一般员工不是绝对的。对所有员工我们都采用 People Process 进行确定和管理。主管会告诉员工目前他处于哪个阶段、存在哪些问题、有哪些优势、需要进行哪些方面的改进和培训。有的问题,员工自己未必意识得到,但主管却能发现,需要主管与下属进行积极有效的沟通。当然,针对不同的员工,杜邦所给予他们的支持、指导、培训和要求是有所区别的,这样做的目的是希望给予员工个性化的发展空间。"

HR 管理世界："杜邦如此重视员工的发展,这是否可以看作是杜邦留住核心员工的一种方式呢?"

Arthur Yu："员工的发展是他们的主管、整个杜邦公司发展的一部分。杜邦的市场地位、社会影响都需要通过我们的人员来达成。回到根源上说,关注人员的发展,这也是杜邦企业文化和核心价值观的体现。"

Focus on:

杜邦在员工投资和职业发展方面有哪些有效举措?

国内外历史经验都证明了开发人才、培养人才、全面提高民族素质在推动社会政治经济发展中的关键作用。人力资源是最宝贵的资源,尤其是政治多极化、经济全球化、区域经济一体化、企业国际化的今天,各国都很重视开发人力资源,加紧培养跨国经营管理人才。

美国社会预测学家约翰·奈斯比特(John Naisbitt)在其所著的《大趋势》一书中认为,从一国经济向世界经济的变化是改变我们生活的十个大趋势之一。[①] 他指出:"地球变成了全球经济村",历史上出现了一种"全球性经济",出现了一种新的生产模式——全球协作生产。我们虽然不能说现在世界上的所有国家的经济都已达到这个发展程度,但是作为经济发展的一个趋势却是不可否认的,协作生产是当代社会生产的一种主要模式也是现实。有些学者把当代经济叫作"大经济",是指社会生产已经不是分散的、个体的、自给自足的小生产,而是一种以跨越国境的生产经营为基础、由许多经济环节构成的社会化大经济系统。在"大经济"中,企业是进行跨国研究与开发、产品制造、物流、社会服务的经济实体,是社会生产力发展的直接承担者。传统的看法认为企业有三要素,即人、财、物,现代跨国企业还必须加上信息和科学技术。在这一切要素中,人,人力资源,严格地说,人才资源,是决定性的因素。因为企业的资产、设备、技术都要靠人去掌握和使用;企业的经营,供产销的计划、组织、协调和控制,都离不开人,都要靠人的活动来进行;跨国企业的生产、营销等也要靠人来组织。因此,作为管理者,研究人力资源开发与经济发展的关系十分重要。

---

① 　John Naisbitt. *Megatrends 2000*: *Ten New Directions for the 1990's*. New York: Warner, 1991: 10 - 115.

第一节　人力资本理论

人力资本是为提高人的能力而投入的一种资本,是西方教育经济学中的一个基本概念。经济学家早就知道,人是国家财富的一个重要部分。现代经济学将资本分成物质资本和人力资本两种形式。所谓人力资本就是体现在劳动者身上、以劳动者的数量和质量表示的资本,它对经济起着生产性的作用,能使国民收入增加。人力资本和物质资本可以互相补充、互相代替。当代世界经济竞争日益激烈,而经济竞争的实质是科学技术的竞争,说到底是人才的竞争,因此人才的培养是教育与经济发展中的主要战略。

一、人力资本理论的历史发展

人力资本理论来源于西方教育经济学理论。早在 1644 年,古典经济学的代表人物之一威廉·配第(William Petty)就提出教育经济价值的问题。在此之后,古典哲学家、经济学家亚当·斯密(Adam Smith)、阿尔弗雷德·马歇尔(Alfred Marshell)和约翰·斯图亚特·穆勒(John Stuart Mill)等在他们的著作中都提醒人们注意教育作为一种国家投资的重要性,并探讨如何资助教育事业,培养人才。[①] 亚当·斯密大胆地把一个国家全体居民所有后天获得的和有用的能力看成是资本的组成部分。他曾明确提出,学以致用的才能是财富的内容,应列入固定资本范围。他在《国富论》一书中谈到社会总资产的固定资本时指出,提供收入或利润的项目有:“……第四,社会上人们习得的一切有用才能。学习一种才能,须受教育,须进学校,须做学徒。这种才能的学习,所费不少。这种费去的资本,好像已经实现并且固着在他的人格上。这对个人,固然是财产的一部分,对于他所属的社会亦然。这种优越的技能,同样可以被认为是社会上的固定资本。学习的过程,要消耗一笔费用,但这种费用,能够被偿还,而赚取利润。”由此可见,当时古典经济学家已看到人力资本的重要性,但是还仅把它作为从属于同物质资本相当的固定资本范围而言。

阿尔弗雷德·马歇尔在经济理论中正式提出人的能力因素。他说:“生产的发动机是两样东西:一个是知识,一个是组织,而不是土地和种子。”他在《经济学原理》一书中考察生产因素时,与从前的经济学家不同之处在于除土地、劳动、资本三因素外,提出了人的健康程度、职业训练问题,即把人的能力因素同人的健康程度及职业训练问题联系起来。他说:“我们必须考察人的体力的、精神的、道德的健康及其程度所依存的各种条件。唯有这些条件,才是劳动生产率的基础。物质财富的生产是依存于劳动生产率的。而另一方面,物质财富的重要性在于,通过对这些财富的利用可以很好地提高人力的、体力的、精神的、道德的健康和程度。”[②]后来他的《国民教育投资论》对人力资本理论的形成产生了相当大的影响。对于人力资本理论的科学性一面,马克思主义从来都是肯定的。马克思就曾说

---

① 陈孟熙.经济学说史教程.北京:中国人民大学出版社,1992:49-312.
② 阿尔弗雷德·马歇尔.经济学原理.伦敦:麦克米伦公司,1930:787-788.

过："要改变一般人的本性，使他获得一定劳动的技能和技巧，成为发达的和专门的劳动力，就要有一定的教育和训练。劳动力的教育费用，随着劳动力性质的复杂程度而不同。因此，这种教育费用，对于普通劳动力来说，是微乎其微的——包括在劳动力所耗费的价值总和中。"他还说过，"从直接生产过程的观点来考察，充分发展的个人是生产的固定资本。"马克思认为，教育劳动是一种"直接把劳动能力本身生产、训练、发展、维持、再生产出来的劳动"。[①] 教育作为劳动力再生产的必要条件，其对劳动力再生产的作用，主要表现在使劳动力素质得到提高和发展，使其劳动形态得到改变，使普通的体力劳动者，成为具有专门科学知识的脑力劳动者，使不熟练的简单劳动者，成为熟练的复杂劳动者。随着科学技术的发展、跨国企业的不断兴起，劳动的社会化和国际化程度越来越高，对劳动者的智力要求必然越来越高，因此教育在社会再生产中的地位会越来越重要。

人力资本作为一种理论是 20 世纪 50 年代从经济学中分化出来的。美国经济学家沃尔什(John R. Walsh)在他的《人力资本论》中，首先提出人力资本的概念。尔后，一些经济学家还在人力资本的经济价值的量的分析上做了深入的研究。但是对"人力资本"理论研究做出卓越贡献的应当是西奥多·舒尔茨(Theodore W. Schultz)。舒尔茨于 1979 年获诺贝尔经济学奖，是人力资本理论的代表人物。日本有学者称他为"现代教育经济学的创始者"。他曾多次应邀来中国讲学，将人力资本理论带到中国，其部分人力资本著作也被翻译出版。舒尔茨的《人力资本投资》《教育的经济价值》等一系列论著，使人力资本理论系统化、理论化。从教育是经济发展源泉的观点来看，在过去几十年间，教育对于经济发展的推动作用远远超过被看作是实际价值的建筑物、设施、库存物等物质资本。教育和知识的进步，成为知识经济时代经济发展的主要源泉。

舒尔茨在《人力资本投资》一书中指出，有技术知识的人力和缺少技术知识的人力对经济发展的贡献存在差异，这种差异源于他们所受的教育、训练的不同，而这种不同又起因于社会和个人对人力资源教育、训练投资的程度。因此，社会和个人投资在人力本身的花费如同投资在固定资产上一样，是能使社会和个人产生更高收入的形式，这显然是一种资本，应称之为人力资本。置身于知识经济时代，我们理应加强对它的投资。

二、舒尔茨的人力资本理论

按照舒尔茨的解释，人力资本是与物质资本相对应的。他认为，资本有两种形式，即物质资本和人力资本，物质资本是体现于物质产品上的，人力资本是体现在劳动者身上的。由于各劳动者的素质、工作能力、技术水平、熟练程度各异，接受教育和训练之后，各劳动者的能力、智力、技术水平等提高的程度也不相同。因此，人力资本是以劳动者的质量或其技术知识、工作能力表现出来的资本。

舒尔茨的基本经济理论是由农业、人力资本和经济发展三个部分组成的，其核心是人力资本理论。1960 年，舒尔茨在美国经济学会年会上发表的题为《人力资本投资》的报告中，对这一理论做了系统阐述，在西方整个学术界引起了轰动。舒尔茨的人力资本理论的

---

① 马克思,恩格斯. 马克思恩格斯全集(第 26 卷). 北京:人民出版社,1972:164.

主要内容是:①

(1) 人力资源是一切资源中最主要的资源,人力资本理论是经济学的核心问题。舒尔茨一直强调要把人力资本理论作为经济学的核心问题来研究。

(2) 在经济增长中,人力资本的作用大于物质资本的作用。他认为:"空间、能源和耕地并不能决定人类的前途。人类的前途将由人类智慧的进化来决定。"并认为,当代降低人口数量而提高人口质量的趋势表明,"质量和数量是可以互相替代的。降低对数量的要求就是赞成少生和优育。这种要求提高质量的运动有利于解决人口问题。"舒尔茨认为,现代化生产条件下当代劳动生产率的提高,正是人力资本大幅度增长的结果。战后的日本、德国在一堆废墟上重新迅速崛起而跻身于世界经济强国的主要原因,正在于重视人力资本投资。在发达国家,人力资本以比物质资本快得多的速度在增长,因而国民收入比物质资源增长的速度快得多,劳动者的实际收入明显增加,这正反映了人力资本投资的收益。舒尔茨指出,"没有对人的大量投资,就不能享受现代化农业的硕果,也不能拥有现代化工业的富裕,我们经济中最突出的特征就是人力资本的形成问题。"

研究表明,国民受教育水平是生产力高低的决定因素之一。根据《国际统计年鉴》数据,全世界 15 岁及 15 岁以上成人识字率为 85.2%,低收入国家仅为 57.5%,中等收入国家为 83.4%,高收入国家为 98.7%,可见,低收入国家文盲人口比例远远高于高收入国家比例。② 2018 年世界人均国民总收入为 11 101 美元,低收入国家人均国民总收入为 790 美元,中等收入国家人均国民总收入为 5 340 美元,高收入国家人均国民总收入为 44 166 美元。③ 2017 年,高收入国家高等教育入学率是 75.2%,中等收入国家是 34.5%,低收入国家仅为 7.5%。④ 由此可见,公民受教育程度的高低,与一个国家的经济发展水平有着直接的联系。

(3) 人力资本的核心是提高人口质量,教育投资是人力投资的主要部分。舒尔茨认为,人力资本包括人口数量和质量,而提高人口质量更为重要。对于企事业单位来说,人力资本的核心就是提高员工素质,而由于教育是提高人力资本最基本的主要手段,所以也可以把人力投资视为教育投资。国外许多著名经济学家和教育学家对人力资本理论的研究表明,各个国家的经济发展与其在教育方面的投资成正比。西方经济学界已承认了影响经济发展的资本、人力和土地三大因素中,资本是由物质资本和人力资本组成的。这种三要素理论即 20 世纪 20 年代西方著名的库柏-道格拉斯产出函数理论(Cobb-Douglas Production Function)。产出函数理论的基本公式是 $Y=K^{\alpha}A^{\beta}L^{\gamma}$。其中 Y 代表产出总值(如国民生产总值),K 代表资本,A 代表土地,L 代表人力,α、β 和 γ 是与 K、A、L 有关的指数。该理论虽然抓住了发展生产力的三要素,但现在看来,它又有点简单化了。生产力三要素之一的人力资源显然还可以进一步分解为具有不同技术知识程度的人力资源。根据资料进行分析,舒尔茨等经济学家发现,假定在有形资本和土地不变的情况下,在生产

---

① Theodore W. Schultz. *Investment in Human Capital*. London: Collier Macmillan, 1971.
② 国家统计局. 国际统计年鉴 2016. 北京:中国统计出版社,2016.
③ 国家统计局. 国际统计年鉴 2019. 北京:中国统计出版社,2019.
④ 国家统计局. 国际统计年鉴 2018. 北京:中国统计出版社,2018.

力函数中引入有技术知识程度区别的人力变量之后,因变量(产出)有相当的差异。高技术知识程度的人力带来的产出明显高于技术程度低的人力。[①]

(4) 教育投资应以市场供求关系为依据,以人力价格的浮动为衡量符号。舒尔茨认为,我们正处在一个复杂多变的动态世界,一个国家企图制定一个一劳永逸的人才规划,然后按计划去办,这是脱离现实的。办法只有一个:"有需求就有供应",那就是由市场供求调节,对各类学校的教育投资,只能根据市场的需求来调节。但是教育制度是由一连串的联合方程式组成的,改变一个变量,其余的变量都会改变,所以教育是随着经济在不均衡状态中发展,在适应和不适应中发展。舒尔茨在提出上述理论的基础上,创立了人力投资收益的衡量方法,即人力投资收益率。所谓人力投资收益率,就是人力投资在国民收入增长额中所占的比率。人力投资及其收益率的计算集中体现于两个公式上:

① 社会教育资本积累总额＝$\sum$(各级教育的毕业生的每人平均教育费用×社会上各级学历的就业人数)

② 某级教育投资的年收益率＝(某级教育毕业生平均年收入－前一级毕业生平均年收入[②])÷某级教育人均费用

假如用公式表示高等教育的收益率,其公式如下:

高等教育收益率＝(高等教育毕业生的收入－中等教育毕业生的收入)÷高等教育费用

三、人力投资理论

正如上面所说,人力资本是通过人力投资而形成的。人力投资理论的基本观点有以下几种。[③]

(1) 人力投资即是教育投资。美国学者加里·贝克尔(Gary Becker)认为,教育是资本的形式之一。之所以说资本是人力的,是因为这个形式是资本的一部分;人力之所以称为资本,是因为它是今后富足的源泉,即今后工资的源泉。

(2) 人力资本就是人口质量投资。舒尔茨认为这种投资包括:① 用于教育上的支出。通过教育训练以及提高劳动力质量,来提高劳动者的工作能力、技术水平、熟悉程度,从而增加国民收入。② 用于保健的支出。保健事业的发展可以增加未来劳动者数量,保证现有劳动者人数,提高劳动者身体素质,以增强工作能力。③ 用于劳动力国内流动支出。劳动力的国内流动,有助于国内劳动力余缺调剂和发挥专长。④ 用于移民入境的支出。移民入境是使国外的人力迁移到本国,对这个国家来说是人力的增加。如果入境的是经过专业培训的专门人才,这就省去了培养这些人的投资。即使是普通劳动者或未成年的儿童,也省去出生后到入境前的保健费。

(3) 人力投资,是指人的全部培养费用,即从业前的婴儿生育、成长和教育等有关费

---

① 赵曙明.西方国家教育新进展.武汉:湖北教育出版社,1991:98－99.

② 李同明,罗林.大学管理研究.武汉:华中师范大学,1989:31－34.

③ 王显润.企业人力资源开发.长春:吉林人民出版社,1987:33－34.

用,以及从业后劳动力的训练和提高费用。这种人力投资与人口增长,与保证新增人口就业所需要的一切密切相关。

综上所述,我们可以这样认识,从经济学的角度,我们把用于人力这方面的投资看作是人力资本,反过来也可以说,这种用于人力方面的投资形成了资本。

根据人力投资论或教育投资论的观点,在激烈的国际竞争中,科学的创见、技术的熟练、生产者的才能等重要因素,对于经济发展所起的作用,不亚于增加物质资本和劳动力的数量。这些引起人们注视的各种因素,被称为"人的能力"。大力开发人的能力,是促进将来的经济发展的重要条件;而人的能力开发,则依赖教育的普及和提高。为了发展教育,扩充教育的规模和提高教育的水平,必须增加教育所需要的费用,这是促进生产发展的投资。

第二节　美国人力资源开发与经济发展

一、美国的教育与人力资源开发

(一) 美国教育与人力资源开发战略及其投入

美国从建国开始就注重教育,这也许与它的教育制度发展有密切关系。美国是一个由各种移民组成的国家,本土人即印第安人在 2019 年仅占美国人口的 1.3％左右。[1] 15世纪末意大利航海家哥伦布发现美洲新大陆,而西班牙最早到这里建立殖民地。1620年,英国的清教徒们怀着朝圣的心情,为追求宗教信仰的自由,乘着"五月花号"船横渡波涛汹涌的大西洋,终于抵达了美洲,以创建他们理想的新英格兰。他们抵达美洲大陆后,就立即考虑用什么方式让下一代既能继承传统文化,又能开拓新文化。广大移民认为,最有效的方式是创办乡镇学校,规定凡有乡镇的地方必须成立一所学校。这是美国公立学校由地方创办的萌芽。南北战争结束以后,在经济重建的同时,他们并没有忘记办教育的重要性,根据经济市场的需要办学,当时公立初等、中等及高等教育均已具有相当规模,凡有升学愿望的青少年均可入学。到了 19 世纪末,各州工商业更加蓬勃发展,义务教育同时也开始实施,任何人都有入学受教育的机会。由此开始,公立学校成为推动美国人力资源建设的最主要动力。

美国对教育的重视表现之一就是非常重视对教育的投入,2014 年,美国公共教育经费支出占国内生产总值的5.0％,[2]达到 8 674.057 亿美元。美国的教育经费来源是多方面的,但联邦政府、州政府拨款比重无疑最大。

(1) 就义务教育而言,美国实行 12 年制普及义务教育。6 岁以下的儿童由家长负责,

---

① https://www.census.gov/quickfacts/fact/table/US/RHI325218.
② 国家统计局. 国际统计年鉴 2019. 北京:中国统计出版社,2019.

或入托,或送幼儿园,或自行教养,满 6 岁便送进学校学习;或者按照教育法规定在家自行开展 12 年制的初级教育。美国义务教育投入的主体是联邦政府和地方政府,根据美国国家教育统计中心《教育统计数据摘要 2017》显示,联邦政府 2014 年对义务教育的投入比例为 11.2%,州和地方政府对义务教育的投入比例为 88.8%;[①]2015 年美国每个小学生教育支出占人均国内生产总值的比重为 19.9%。[②]

(2) 就公立大学而言,教育经费来自政府拨款、学生学费、捐款等。据《2008 世界经济发展报告》,在美国公立高等学校的年总经费中,州政府财政拨款占 41.7%,联邦政府拨款占 10.3%,地方政府拨款占 3.7%。[③] 由于上、下、官、民共同进行人力资本投资,美国适龄人口入学率特别是高等教育适龄人口的入学率在世界各个国家中处于高水平。2017 年美国小学生粗入学率达 101.8%,中学生粗入学率达 99%,大学生粗入学率 88.2%。[④]

(3) 就研发投入来说,2016 年美国研究与开发经费支出占国内生产总值的 2.7%,[⑤]达到 5 028.64 亿美元。据美国国家教育统计中心公布的数据,2017 年美国大学与研究所入学学生总人数约为 2 014 万人,[⑥]占其人口总数比重已达相当高的水平。

(二) 美国教育与人力资源开发对经济发展的贡献

哈佛大学詹姆斯对按时计酬工资的一些工人进行调查发现,在一般情况下,一个人只能发挥自己能力的 20%～30%,如能得到充分开发可发挥 80%～90%。教育与人力资源开发的巨大作用在美国经济发展中已充分凸显。

据统计,2017 年,美国劳动力人口中受过初等教育的比例为 41.4%,受过中等教育的比例为 57.5%,而受过高等教育的比例为 73.3%。[⑦] 与对教育与人力资源开发的重视相对应的是,美国的国民生产总值多年来一直居于世界首位。2017 年美国 GDP 总量达到 19.39 万亿美元,远远高于第二位的中国(12.24 万亿元);2017 年美国人均国民总收入达 58 270 美元,[⑧]是低收入国家 290 美元的 200.9 倍。[⑨] 2017 年,美国居民专利申请数量为 293 904 件,占高收入国家总量 831 986 件的 35.30%。[⑩]

---

① National Center for Education Statistics. *Mobile Digest of Education Statistics*, 2017. http://nces.ed.gov/pubs2018/2018138.pdf.

② 国家统计局. 国际统计年鉴 2019. 北京:中国统计出版社,2019.

③ 上海财经大学世界经济发展报告课题组. 2008 世界经济发展报告:全球化、区域经济与世界热点问题. 上海:上海财经大学出版社,2008:388.

④ 国家统计局. 国际统计年鉴 2019. 北京:中国统计出版社,2019.

⑤ 国家统计局. 国际统计年鉴 2019. 北京:中国统计出版社,2019.

⑥ National Center for Education Statistics. Total fall enrollment in all post-secondary institutions participating in Title IV programs and annual percentage change in enrollment, by degree-granting status and control of institution: 1995 through 2017. https://nces.ed.gov/programs/digest/d18/tables/dt18_303.20.asp.

⑦ 国家统计局. 国际统计年鉴 2019. 北京:中国统计出版社,2019.

⑧ 世界银行. 按图表集法衡量的人均国民总收入(GNI)(现价美元). https://data.worldbank.org.cn/indicator/NY.GNP.PCAP.CD? end=2018&locations=US&start=2006.

⑨ 国家统计局. 国际统计年鉴 2018. 北京:中国统计出版社,2018.

⑩ 国家统计局. 国际统计年鉴 2019. 北京:中国统计出版社,2019.

舒尔茨在 20 世纪 60 年代初出版的《人力资本投资》中指出,美国经济成就与其 20 世纪上半叶在人力资源方面的大量投资分不开。根据其人力投资收益率的计算结果,舒尔茨认为,美国 1929～1957 年,通过教育提高员工素质和培养人才所起作用约占经济增长率的 33%。爱德华·丹尼森(Edward Fulton Denison)在 20 世纪 60 年代的研究结果也说明了教育在美国经济发展史上所起的巨大作用。他的人力投资收益率计算结果表明:1929～1952 年,在美国的经济增长中,23%要归于劳动力受教育水平的增长。戴尔·乔根森(Dale W. Jorgenson)在 1984 年的研究报告中更清楚地展示了人力资源素质的提高是近几十年来美国经济发展的关键因素。《世界经济年鉴 2002/2003》卷报道,美国在 20 世纪 90 年代取得了举世瞩目的"新经济"成就,重新夺回并长期保持全球第一竞争力的桂冠,其原因在于美国的制度创新、制度均衡和企业管理创新。[①]

重视基础教育和人力资源开发,无疑是美国经济持续增长和竞争力不断提升的深层次原因。换一个视角,从经济增长的另一面经济危机及其所带来的经济停滞来看,科学技术及其应用,以及背后的支撑——劳动者的智力素质和专门人才的数量和质量,越来越来发挥着推动经济由"衰"转"兴"的催化剂的关键作用,而人力资源建设是实现这一转化的基础。1991 年 4 月 18 日,在美国经济持续恶化,失业率不断攀升的严峻形势下,白宫公布布什总统教育方略——《2000 年的美国》,号召美国人通过提高所有知识和技术,把"一个处于危机中的国家"变成"一个举国都是学生的国家","使美国的教育系统到 2000 年出现新的活力"。人才发展了,人力活跃了,经济才能搞活。对教育与人力资源开发的重视与大力投入,以及由此产生的雄厚的人力资本特别是智力资本,从一个侧面解释了美国经济每每总能从危机与停滞中迅速恢复,市场创新活力再一次被激发。1997 年东南亚金融危机、2008 年次贷危机,以及 2020 年爆发并席卷全球的新冠疫情,印证了危机中美国经济体的抗压与恢复能力,以及发展活力。新冠疫情虽然在美国最严重,但相对其他欧洲发达经济体,疫情中美国经济增长表现却是最亮眼的。

二、美国的企业人力资源开发

美国企业是世界上比较重视人力资源开发的企业,把教育培训作为一项投资而非成本。在 1991 年之后的 10 年间,美国企业用于职工培训的投资每年以 5%的速度递增,到 2002 年已占到全美教育投资的一半。1982～2001 年的 20 年,企业培训方面的支出从 29.5 亿美元上升至 19 310 亿美元,增长了 555%,同期美国雇员的人数仅从 1 亿人左右扩大到 1.35 亿人左右,增幅为 35%。2001 年,美国用于培训的总预算比 2000 年增长 5%。[②] 美国的大企业一般都设有自己的培训机构,常见的形式有培训中心、人力资源开发中心、公司大学等。我们可以从通用电气公司(General Electric, GE)来看美国的企业是如何重视人力资源管理与开发的。

美国通用电气公司是世界上最具有实力的跨国公司之一,2017 年按营业额排序名列

---

① 世界经济年鉴编辑委员会. 世界经济年鉴 2002～2003. 北京:经济科学出版社,2003.
② 杨菁,李曼丽. 当前美国企业培训的现状、特点及其对中国的启示. 清华大学教育研究,2002(2):14-19.

全球 500 强企业第 21 位,利润额达到 80.14 亿美元,雇员人数为 1.73 万人。[①] 美国通用电气公司之所以取得如此惊人的业绩,与其把人才的培训和开发放在重要的位置上是分不开的。

美国通用电气公司有一专门负责培训和开发各类经营人才的经营开发研究所,位于克劳顿大楼。公司每年向该研究所拨款约 10 亿美元。克劳顿研究所培养企业管理人员的规划分为两大类型,一种类型主要以目前未担任领导职务,但已作为培养对象的公司职员为主的初级人力资源开发;另一种类型是以包括董事在内的担任经理以上职务的管理人员为培养对象的高级人力资源开发。初级与高级人力资源开发又根据培养对象及教学内容的不同分别细分为 3 类和 2 类共 5 个不同的类别,形成阶梯式自上而下的长期培训规划和目标。

1. 初级人才开发

通用电气公司的初级人才开发包括三层:第一级,领导者基本素质培训与开发。学员通常是在通用电气公司工作 6 个月以上 3 年以下、经过考察被认为具有潜在领导素质的 20 岁左右的年轻公司职员。本级培训每年举行 16 次,参加者约 800 余人,培训时间一般为 1 周,主要是让受培训者学习掌握作为领导者所应具备的基本知识,例如相互交往的技巧,与不同国籍的同僚如何配合工作的方法,以及财务分析手法等。第二级,未来经理培训与开发。其学员是具有发展潜力,在通用电气公司内得到过 A 级评价的 25～30 岁的公司职员(获得 A 级评价的占评比范围人数的 10%～15%)。主要学习内容有:计划方案的决定方法、成功经营案例的学习、如何评价部下、财务知识等。第三级为高级班,主要培训对象是经理,他们平均有在通用电气公司工作 8～10 年的实践经验,另外应是具备持有本公司股票的资格者。据说,该级培训对象有 30% 不是美籍人。学习主要内容是经营战略的制定方法,怎样管理跨国公司,对当前本公司面临的课题如何拿出解决的方法等科目。本级培训班 1 年举办 7 次,每次 60～70 人,时间为 3 周。

2. 高级人才开发

通用电气的高级人才开发包括两层:第一级,全球经营者的培训与开发。主要培训人员是通用电气公司的现任董事,每年举办 3 次,每班 40 人,培训期为 3 周,一般要求至少有 8 年以上工作经验,制造、销售、日常运营、人事等部门的管理者均参加。学习内容主要是领导者行为、通用电气公司所面临的竞争环境、机构的变更、企业家所应具备的伦理道德、财务分析、战略合作的推进方法等。通用电气公司在人才教育培养中,特别是对高级管理人才培养方面最重视强调的是在实践中边干边学,因为这对今后公司的实际事业运营有重大的影响。本级培训者除理论学习外,还有实践课。学员分赴通用电气公司的海外分公司,与分公司经理探讨公司的运营情况,并以智囊者的身份提供参考意见和改进方法。最后,每一位学员都要在通用电气公司最高决策层 30 位领导者面前报告学习和实践的情况。第二级,高级董事培训和开发。每年举办一次,一次 40 人,时间为 3 周。一般至

---

① 国家统计局. 国际统计年鉴 2019. 北京:中国统计出版社,2019.

少要有在公司工作 10 年以上的经历。学习内容有跨国经营领导者所应具备的政治、经济、社会知识及最新形势动态、有关公司的经营发展前景等。作为通用电气最高等级的培训,学员还有一项独特的实践课,即由通用电气公司各个事业部的负责人作为赞助者拿出资金,委托学员将本部门提出的课题制作成具体的解决方案或计划。类似在实际中花钱请智囊团或咨询机构提供服务,以此提高学员的实践能力。

美国通用电气公司独特而卓有成效的人才培训和开发之道,使自己在全球跨国公司竞争日趋复杂、激烈的今天,取得了完全领先的优势,而且这个优势仍将不断扩大。

第三节　欧洲经济一体化进程中的人力资源开发

进入 21 世纪,欧洲人力资源开发面临着外部环境变化——经济全球化和欧洲统一大市场所带来的机遇和挑战。随着欧洲统一大市场的形成,欧共体和欧洲自由贸易联盟已构建起一个包括 19 个欧洲国家在内的欧洲经济区,其远景是建立一个包括西欧、北欧、东欧和地中海各国以及独联体部分国家的区域性经济联合体。欧洲统一大市场逐步取消了所有的贸易障碍,真正实现了人力资源、商品和资本的自由流动。

一、欧洲经济全球化趋势

欧洲经济在历史上一直很活跃,且一向是最大的直接外资接受地区。据联合国《2006年世界发展投资报告》数据,在过去几十年中,三极地区(欧盟、日本和美国)在全球外商直接投资(Foreign Direct Investment, FDI)流入量和存量中所占的份额一直在 60%～70%。然而,在三极地区内部,向欧盟转移的趋势非常明显。2003～2005 年流入三极地区的 FDI 中,欧盟的份额为 75%,而 1978～1980 年这一比例是 62%。在全球营业额最大的 100 家跨国公司中,来自欧盟的企业达 23 家。[①]

2008 年,美国次贷危机爆发,并迅速引发全球金融和经济危机,全球 FDI 流入量从 2007 年的 19 790 亿美元的历史最高水平下降到 2008 年的 16 970 亿美元,下降了 14%;2009 年这一跌势继续且势头加大,2009 年全球 FDI 流入量为 11 978 亿美元,下降了 29.42%。在 2009 年之后,全球经济开始逐步走出金融危机的笼罩,全球贸易也开始初步回暖。2010 年全球 FDI 流入量为 13 090 亿美元,2011 年为 15 244 亿美元,2012 年为 13 510 亿美元,2013 年达到 14 500 亿美元,2014 年达到 12 000 亿美元,2015 年达到 17 600 亿美元,2016 年达到 17 500 亿美元,2017 年达到 14 300 亿美元,2018 年达到 13 000 亿美元。2007～2018 年全球 FDI 流入量具体如图 3-1 所示。

与全球 FDI 流入量趋势基本一致,欧洲 FDI 流入量从 2008 年开始锐减,2010 年之后,尽管持续下降的欧洲流入量呈现好转态势,但仍举步维艰。2018 年,欧洲外商直接投资流入量还不到 2007 年的 1/10。相对应的是,2018 年,发达经济体的 FDI 流入量和流

---

① 国家统计局. 国际统计年鉴 2019. 北京:中国统计出版社,2019.

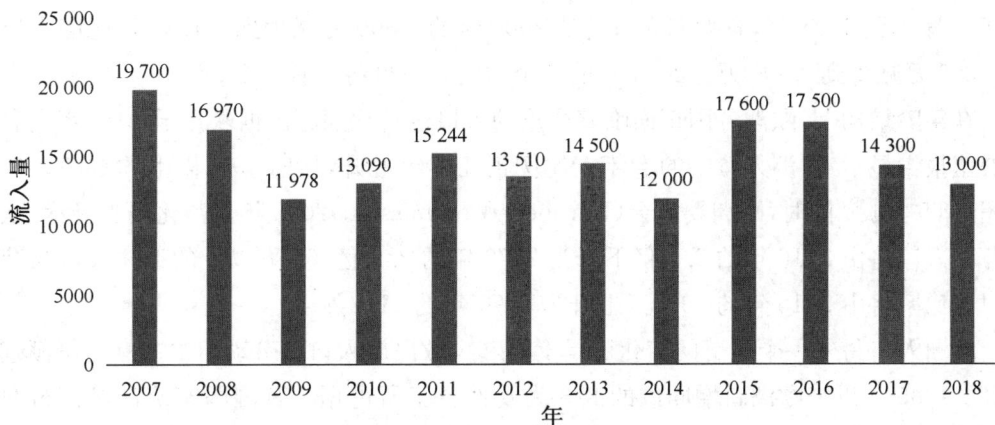

图 3-1　全球外商直接投资流入量

出量均只有 2007 年顶峰时期的一半。2018 年,流入发达经济体的全球 FDI 总额减少 27%,降至 2004 年来最低。其中,美国税改导致美国跨国公司海外资本回流美国,致使 2018 年欧洲吸引外资总量减半;受"脱欧"影响,英国外资流入也大幅减少了 36%。[①]

与 2008 年金融危机之后欧盟经济发展及其全球化波折相对照,近年来世界上许多一流国际企业的优秀主管通常主要来自像荷兰、瑞士、比利时、爱尔兰、瑞典、丹麦、芬兰等这样的欧洲"小"国。这些"小"国何以能孕育出国际性大企业?何以能培养出众多世界一流的优秀企业管理人才?毫无疑问,人力资源开发与管理体系为欧洲的经济发展提供了原动力。没有良好的人力资源基础,那些企业界璀璨的明星将不可能诞生,更不会如此耀眼。

二、欧洲人力资源开发与管理的挑战

欧洲的经济发展得力于其人力资源的开发与管理,但欧洲各国人口结构、市场环境、社会和企业管理的变化也给欧洲的人力资源开发与管理提出了新的挑战。

(一)人口结构的变化对欧洲人力资源开发的影响

人口结构的变化对人力资源开发与管理战略有着非常重要的影响。因为对于新进年轻员工和资深员工的管理方法是完全不同的,对本土员工和移民员工的管理方法也不可能一概而论,同样,针对女性员工设计得很成功的激励体系可能对男性员工就不起任何作用。在过去的数十年里,欧洲人口在数量、年龄、性别和民族结构上均发生了许多变化。

欧洲人口在数量上总体呈下降趋势。法国全国人口研究所主办的《人口与社会》月刊对欧洲人口一个时期以来的发展变化的分析结果显示,20 世纪 50 年代,欧洲人口的年平均增长率在 1% 左右,随后便开始不断下滑,到 80 年代已经降到 0.3%。在短暂回升之后又继续呈下降趋势,直到 1996 年出现负增长。另据联合国人口部《移民填补:人口下降和老化的解决方法》报告预测,到 2050 年,欧洲所有大国的人口都将减少,俄罗斯人口将从

① United Nations Conference on Trade and Development. World Investment Report 2019. https://unctad.org/en/pages/PublicationWebflyer. aspx? publicationid=2460.

1.45 亿减少到 1.21 亿,意大利人口将从 2000 年的 5 800 万减少到 4 100 万,德国人口将从 8 200 万减少到 7 300 万。2050 年的整个欧盟人口也将只有 4.2 亿。

在年龄结构上,欧洲各国正面临着严重的人口老龄化问题。据联合国 2019 年世界人口展望报告显示,欧洲人口中的老年人比例正在逐年上升,目前 19% 以上的欧洲人口年龄超过 65 岁。[①] 同时,欧洲委员会(European Commission)2018 年老龄化报告显示,欧洲的劳动人口将由 2016 年的 3.3 亿下降为 2070 年的 2.9 亿,65 岁以上的退休人口与劳动人口的比率将由 2016 年的 29.6% 上升为 2070 年的 51.2%。[②]

欧洲人口另外一个显著的变化就是女性和少数民族人口在劳动力中占有的份额越来越高。1985 年以来欧洲新增职位的 2/3 为女性员工所占据。英国国家统计局公布的最新数字显示,2018 年,英国少数民族人口占英国总人口的 3.7%,比 2011 年的统计数字有所增长。[③]

欧洲人口数量的下降将导致其在未来可能有必要接受大量的移民,以保持其人口规模和劳动力水平,如此必将给其人力资源开发与管理带来新的挑战。老年人口比例的增加将会导致企业和社会福利成本的增加,同时,外来移民人口的人力资源开发将面临不同文化、不同种族、不同语言,甚至完全不同的生活习惯的挑战,年轻员工的缺乏也将会使得人力资源开发过程变得复杂且推高报酬水平,这些都会使得企业人力资源成本上升,加重企业负担,影响企业的竞争力。欧洲就有很多企业曾考虑采取相关对策降低运营成本,如西门子公司就曾关闭其在德国的工厂,转而在美国、亚洲等人力资源成本相对较低的地区开办新厂,此类行为必将导致社会失业率上升的严重后果。女性员工的职业生涯设计与其家庭角色之间的调和,以及面向少数民族员工的特色教育培训和沟通将是欧洲人力资源开发与管理必须面对的新课题。

(二)市场环境的变化对欧洲人力资源开发的影响

欧洲统一大市场的形成带来的市场规模扩大、组织结构变革、贸易壁垒消除、国际竞争加剧等一系列环境的变化给欧洲人力资源开发管理提出了新的挑战:在人力资源自由流动的前提下,如何才能够有效地招聘、开发和留住人才?

在当前复杂而又激烈的国际竞争中,许多国家、地区和企业都试图通过规模经济来占领和控制产品的市场份额。要做到这一点,除了需要借助于各种各样的战略联盟、依托于发达的技术平台,还有一个至关重要的核心因素,就是人才的开发和培养,就是企业组织中具有复杂工作经验的跨文化复合型经营管理人才资本。柯林斯(David G. Collings)和斯库里恩(Hugh Scullion)等(2007)的一项研究表明,大多数欧洲企业未来将面临复合型跨国经营人才的短缺。由此,许多欧洲企业(包括 Fiat,Mercedes-Benz,Unilever,ICI,Ciba-Geigy 和 BP 等)纷纷调整其人力资源开发和维持的战略计划。开发计划,使员工获

---

① https://population.un.org/wpp/Download/Standard/Population/.
② European Policy Commission. The 2018 Ageing Report. 2018-05-25.
③ https://www.ons.gov.uk. 2019-12-04.

得必需的知识、经验和技能;维持计划,使掌握了对企业有用的知识和技能的员工留在企业内为企业服务,而不是为他人作嫁衣。

(三)社会的变化对欧洲人力资源开发的影响

近年来,对欧洲人力资源管理产生影响的主要社会变化体现在以下方面。

首先,工会的作用渐趋弱化。20 世纪 80 年代以前,欧洲各国的工会一直非常活跃地站在组织的对立面保护员工利益,欧共体最初的 6 个缔约国一致对工会在立法中的重要角色给予了充分的肯定。那时的工会不仅存在于企业之中,作用于企业管理的方方面面,同时也承担着广泛的社会责任。但是随着现在欧洲企业中员工与组织之间的关系由对立而变为合作,工会的作用也就渐渐弱化,这种趋势在英国尤为明显。

其次,立法的作用日渐增强。欧洲各国的劳工法规日臻完善,作用也越来越强。随着欧共体一体化进程的展开以及相关法规覆盖范围的日益扩大,欧洲各国间人才的跨国流动也将会变得越来越简单和方便。

第三,欧洲人对工作的态度在过去的十几年里也发生了很大的变化。人们希望在工作中能够更好地发展和实现自我,同时,也期望能够有更多的自由,这就是现在欧洲出现越来越多的兼职现象的原因。兼职对于组织来说,有利于提高组织人力资源的利用率并降低人力资源成本。而兼职对于人力资源本身来说,尤其是女性人力资源,就更为合适,因为这样她们就可以从容调和工作和家庭的矛盾。但兼职对于人力资源开发与管理,则是一个全新的、极富挑战性的课题。

(四)企业管理的变化对欧洲人力资源开发的影响

人力资源开发是企业管理中不可分割的一部分,因此管理的变化和人力资源开发的发展是紧密关联的。欧洲企业管理的变化对于人力资源开发的影响主要在于授权、信息技术的发展以及管理的灵活性三个方面。

显而易见,未来企业管理的决策权力将会越来越趋向于下放到基层,这就不可避免地会形成许多具有一定自主权的职能部门,相应的企业人力资源开发与管理也当然必须转换角色以适应这些新的变化。信息技术的发展使得组织产生了许多新的工作岗位,比如远程作业技术的发展就可以方便女性员工更好地协调职业生涯与家庭角色的冲突,但同时也给企业人力资源管理带来了新的挑战。管理的灵活性增强使得组织能够及时地对市场变化做出反应:管理的内部灵活性可以鼓舞士气,减少故意旷工现象;管理的外部灵活性则可以不断顺应宏观经济环境的变化而制定和调整组织战略,当然也包括人力资源开发与管理战略。

这些企业管理方面的变化引发了一系列欧洲人力资源开发与管理的创新,例如在对劳动力市场的管理上,员工不再受过去的国界的限制,从而促进了整个欧洲人力资源的流动与共享。Ruigrok 等[①]的研究表明,有相当多的欧洲企业极为重视人力资源开发与管理

---

① Winfried Ruigrok, Andrew Pettigrew, Simon Peck, & Richard Whittington. Corporate Restructuring and New Forms of Organizing: Evidence from Europe. *Management International Review* (Special Issue), 1999, 39(2): 41-46.

的创新并受益匪浅。

（五）欧洲的企业人力资源开发

欧洲的企业也非常重视人力资源的管理与开发，下面以联合利华公司为例，来看欧洲企业是如何进行人力资源管理与开发的。

联合利华公司的总部设在伦敦和鹿特丹，是世界最大的食品及其他消费品公司之一，2018年该公司的营业额超过601亿美元，在75个国家和地区雇用的员工超过15万人，总部的人员分别来自30个不同的国家和地区，大部分最高层经理都曾在两个或更多的国家和地区工作过。联合利华公司在人力资源开发计划中一个最突出的宗旨是要使本公司的经理人员在不同的国家或行业中得到磨炼，并发挥专长。

1. 联合利华经理人员的培训概念

联合利华公司对于经理人员的培训有其独到之处，培训"出炉"后的经理人员的概念为：拥有多国语言表达技巧，具有跨文化的好感和洞察力，并有谦虚的美德和强烈的交际欲望的人士。

2. 联合利华职业培训和开发

职业培训被视为联合利华公司获得长期成功的关键手段，它以在世界范围都适用的方针规定：未来的经理人员和高级官员应当深入各种生产领域或多个国家。职业应当解释为包括在各种岗位上工作的丰富经历的总和。例如，市场部经理应当有丰富的销售经历。

联合利华公司认为，管理生涯应当包括含有早先承担过一定职业与产生一定业绩的工作经历，由正式的培训对经验加以补充，每项工作都被认为既是一项要做的工作，也是一个开发个人能力与专长的好机会。

3. 联合利华外派经理的培训和发展

所有被派往海外的经理人员可以和他们的配偶一道参加联合利华公司在英国的国际概况中心举办的为期1周的短期培训。培训科目的内容都是围绕他们即将进入的新国家而特别设计的。另外，因为该公司在每个国家都设立了"联络经理"，在纳税、教育、当地风俗等方面都会给新来的经理人员提供有力的帮助。当员工在国外时，联合利华公司会给予他们强大的、不间断的支持。

4. 联合利华女雇员潜能开发

在世界级的跨国公司中，联合利华公司在开发女雇员的潜能方面所采取的政策是优越的和领先的。目前该公司已经采用的一些措施有：脱产培训、休产假妇女的周末学校、部分时间工作、较繁重工作的分担安排等。

联合利华公司强调开发全球领导的能力、提供世界级培训计划，以及在全球基础上安排组织学习。这些人力资源计划有力地帮助公司获得了开展跨国经营的辉煌业绩。

第四节　日本人力资源开发与经济发展

日本无论政府还是企业,都把通过教育培养人才放在极为重要的地位。日本前首相大平正芳曾明确地说,日本的经济腾飞和辉煌的成就,是依靠"人的头脑、进取心、纪律性和不屈不挠的精神这些无形的资源发展起来的"。这就是说,日本的决策者认为,开发物质资源,迅速发展经济,首先要把着眼点放在开发1亿多人口的人力资源上,积极培养和充分发挥人的智能,以实现"科技立国"的战略目标。开发人力资源,促进经济的发展,关键在于发展教育事业,通过教育培养人才。

东京大学著名管理学家石井教授说:"日本一些好的企业是由优秀的工人、优秀的技术人员、优秀的管理人员所组成的优秀技术集团。因此,他们能完成优秀的工作,制造出优秀的产品,使这些企业在产业界有竞争能力。"而这些"优秀"的基础在于教育,在于通过教育投资开发人力资源。

一、人力资源开发在日本经济发展中的战略作用

日本一位专家认为,"日本经济成功的原因固然很多,但根本原因是重视教育"。事实证明,人力资源开发或教育投资的重要性,确实不亚于生产投资。日本参照舒尔茨教育投资收益率的计算方法,就1930~1955年这一段时间进行了一次测算。推算的结果,在国民收入的总额部分中,约25%是由于增加教育资本而取得的。如以1955年为例,该年度国民收入总额为72 985亿日元,其中由于增加教育投资而增加的国民收入约为18 246亿日元,而本年度国家与地方教育费用总额约为3 720亿日元,那么教育投资的经济效益应为4.9∶1。

日本重视人力资源建设源于明治维新。从明治维新到第二次世界大战前(1868~1936年),日本不仅主张向西方开放,更主张从西方教育制度中吸取对日本有益的经验,派人到美国、欧洲留学的政策从未中断。日本从1917年开始在全国推行义务教育,这为日本的经济发展奠定了重要基础。当然,日本教育发展的另一重要特色是努力秉承民族传统及儒家思想,尤其强调对学生的道德教育,强调社会秩序、人际间的融洽以及对社会和国家的关心。日本将这些东方文化同西方文化教育结合为独特的日本教育,为其人力资源培养发展打下极其重要的基础。

尽管二战战败后日本经济已全面崩溃,日本本土几成废墟,但它的人力资源还在,主张发展教育以促进国家发展的政策还在沿袭。二战结束时,基于地少、人多、自然资源匮乏的国情,日本不失时机地提出了大力开发人力资源,实行"科技立国"的战略。由于日本高度重视教育,重视教育的经济效果,有效地推动了科技,进而推动了经济的迅速发展。到了1955年,日本经济就逐渐得到恢复,从1956年开始,进入了"高速增长"或"经济起飞"时期,并相继夺走了美国汽车、炼钢、造船、手表、照相机、家用电器等工业在世界上的优先地位。

从20世纪50年代到90年代,日本国内生产总值在全世界(不包括苏联和东欧)国内

生产总值总和的比例由 50 年代的 2% 左右上升到了 90 年代的 13% 左右。2001 年日本人均国民总收入 35 610 美元,高于美国,排名世界第四。[①] 2018 年,日本国内生产总值达 4.97 万亿美元,人均国民总收入 41 340 美元,[②]位居世界前列,远远高于世界平均水平。

二、日本人力资源开发的战略举措

为保证大力发展教育,开发人力资源,培养大批人才,日本采取了极为有效的战略举措。

(一)增加智力投资,注重教育投资的经济效果

日本的人力资源开发战略首先体现在其对教育投资的重视,在中央和地方政府的财政支出中教育经费的支出占有一定的比例。2016 年,日本公共教育经费占国内生产总值的 3.5%,这个数值从表面上看明显低于欧美其他发达国家的水准(具体数据见表 3 - 1 所示),但这并不意味着日本的教育投资薄弱。如果从全国教育经费占 GNP 的比例来看,日本 20 年来更是居于 6% 左右的高位。因此,日本教育发展的速度也是很快的,仅次于美国,居世界第二位。[③]

表 3 - 1　各国研究与开发及公共教育经费占国内生产总值比重

国家和地区	研究与开发经费支出 占国内生产总值的比重(%)		公共教育经费支出 占国内生产总值比重(%)	
	2010	2016	2010	2016
世界	2.0	2.2	4.6	4.8
高收入国家	2.4	2.5	5.4	5.2
中等收入国家	1.1	1.6	4.5	4.7
中国	1.7	2.1	—	—
日本	3.1	3.1	3.6	3.5
德国	2.7	2.9	4.9	4.8
美国	2.7	2.7	5.4	5.0

表源:国家统计局. 国际统计年鉴 2019. 北京:中国统计出版社,2019.

注:表格中 2016 年"公共教育经费支出占国内生产总值比重"中的世界、高收入国家、德国数据为 2015 年数据,中等收入国家、美国数据为 2014 年数据。

日本政府在不惜向教育投资的同时,还十分重视教育投资的经济效果。从日本的实际情况来看,教育投资的经济效果的主要标志,在于挖掘教育机构的潜力,通过各级各类

---

① 国家统计局. 国际统计年鉴 2003. 北京:中国统计出版社,2003.
② 国家统计局. 国际统计年鉴 2019. 北京:中国统计出版社,2019.
③ 李协京. 对日本教育财政制度和教育立法的若干考察——关于教育均衡化发展的制度环境. 外国教育研究, 2004(3):61 - 64.

学校教育和社会教育,培养大批各级各类的优秀人才,从而为提高整个社会的劳动生产率,促进国民经济的发展做出贡献。日本在战后所实行的第二次教育改革,首先是保证教育经费的重点使用。战后日本教育政策的重点是普及九年制义务教育,义务教育的投资比重始终保持在 50% 左右。如在 1997 年,日本的教育总经费当中,基础教育(这里指中小学校的义务教育阶段)经费所占比例为 45.1%,而基础教育经费的 97.9% 来源于国家和地方支出的财政经费。[①] 在保证义务教育的同时重视发展高中和高等教育,这一势头一直延续至今。2010 年和 2017 年日本各级教育费占总教育费的比重如图 3-2 所示。[②]

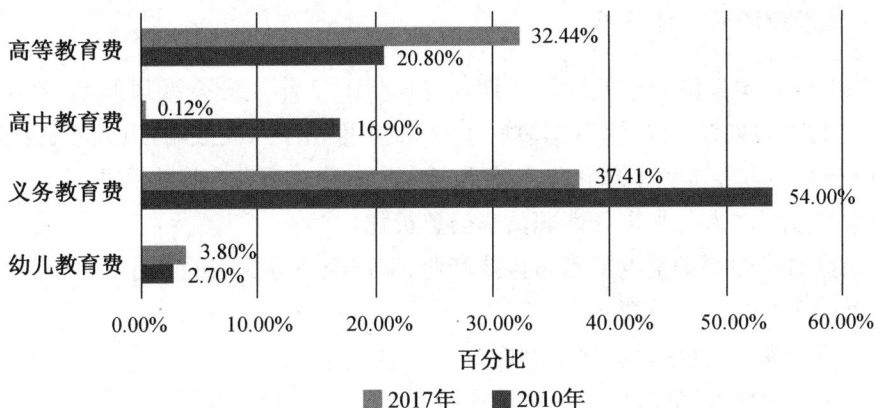

图 3-2　日本各级教育费占总教育费的比重

这些数字反映出,在教育投资的分配上,日本政府主要侧重于以九年义务教育为主的基础教育阶段,而对于高等教育阶段,除了给国立和公立学校一部分投资以及对私立学校的少量补助以外,其余大部分所需经费则是由学校通过收取学费等方式筹措。日本的这一教育投资政策,保证了从初等教育到高等教育的不同阶段的公共教育投入呈现出基础阶段雄厚、高级阶段则大幅度减少的金字塔型结构,使不同阶段和层次的教育得以由低到高地均衡发展。日本政府的财政投入主要支持和面向受益面最广泛的基础教育,这种做法也是符合有关法律规定的教育公平的原则的。[③] 2016 年,日本小学生粗入学率达98.2%,中学生粗入学率达 102.4%,超过了 100%,高等教育毛入学率达 63.6%。[④] 现在日本的劳动力素质在世界上被公认为是最好的,即文化水平高、技术能力强,这有力地促进了日本技术生产力的发展。

（二）重视教师队伍的建设,不断提高教师的质量和水平

日本政府认为,发展教育,提高教育效果,关键在于教师,因此,对于教师队伍的建设十分重视。战后一个时期以来,日本着重抓住以下几个方面,推进教师队伍建设:

---

① 周谊,陈珉.1955~1997 年日本教育经费的统计研究.外国教育研究,2002(12):42-44.
② 国家统计局.国际统计年鉴 2019.北京:中国统计出版社,2019.
③ 李协京.对日本教育财政制度和教育立法的若干考察——关于教育均衡化发展的制度环境.外国教育研究,2004(3):61-64.
④ 国家统计局.国际统计年鉴 2019.北京:中国统计出版社,2019.

（1）通过提高教师的社会地位与待遇,扩大师资来源。日本教师的社会地位很高,深受社会各阶层的尊重。教师工资待遇比一般国家公务员或其他职业人员要高。在应考教师中,每5位才能录取1人,竞争相当激烈。

（2）建立教师的培养和选拔制度。战后日本政府规定,各级教师一律由大学培养。任职教师还必须接受继续教育,不断提高。日本《教育公务员特例法》第19条规定:"教师为了完成其职责,必须要不断努力进修和提高教养。"政府还规定,资深教师和校长也要接受在职教育。

（三）振兴经济的人才战略

20世纪末,日本经济处于低增长时期,特别是1997年亚洲金融风暴后,经济有时处于负增长。为了振兴日本经济,日本政府于2002年推出了六大战略,以人才、技术、经营、产业创新、振兴地方经济和全球化为战略重点。其中有六项人才战略[①],即:

（1）大学改革法人化和事务性职员非公务员化。

（2）根据时代的要求重点培养高科技产业、知识经济等所需的人才。

（3）推动个性化学校教育。

（4）改革劳动、工资和社会保障制度。

（5）改革健康医疗制度。

（6）建立社会自学成才奖学金制度。

三、日本的企业人力资源开发

日本企业特别重视人力资源的管理和开发,我们从日本电气公司(NEC)来看日本的企业是如何进行人力资源管理和开发的。

日本电气公司是世界上最大的电子公司之一,它制造15 000种不同的产品。2017年营业销售额超过260亿美元,雇员超过11万人,其中24 000人在国外从事工作。日本电气公司今天所做的一向被视为其他跨国公司明天要效仿的是其强大的管理和技术人才库使得它始终能在同行中大放异彩。

1. 日本电气公司跨国人才开发的内容

早在1964年,日本电气公司董事长就规划日本电气公司的跨国经营蓝图。1980年,日本电气公司建立了专门进行跨国人才开发的日本电气国际研究所,旨在使日本电气公司更好更快地适应国际化的进程。研究所试图在以下几个方面做出贡献:第一,统筹公司范围内的跨国教育;第二,开发和支持海外员工;第三,在日本国内为日本电气公司的派出经理提供一系列完善的管理培训;第四,积累并有效地利用国际管理知识;第五,使管理培训和外语培训相结合。

2. 日本电气公司跨国人才开发的成效

日本电气公司一直不断加强它的人力资源开发培训,以辅助它的战略和全球化业务

---

①　经济日报.2002-06-19.

的开展。员工在进入日本电气公司后会得到较快成长的机会。一家咨询公司在数次调查大学生就业时发现,在日本本土理工科系的学生心目中,日本电气公司连续 5 年占据企业排行榜第一位。日本电气公司从专看电信局脸色吃饭的三流厂商,到取得骄人的成就,这一番"蜕变"中倾注了若干代技术人才、管理精英的智慧,是其跨国人才开发成功的例证。

3. 日本电气公司跨国人才开发的重点

今天的日本电气公司,始终将营造热烈的公司内部学习氛围放在首位,其重点的选择不是放在核心产品上,而是核心竞争力人力资源的聚集上。日本电气公司非常重视员工英语水平的提高,其认识到公司全员的英语水平对于全球成功是至关重要的,因为这门语言对于全球营销、科技信息的获得与利用、派出员工跨文化管理的水平的提高都是必不可少的工具。对于管理培训,日本电气公司突出的目标是使经理们在跨文化情况下依然能得心应手地工作。

正是由于日本电气公司对人力资源跨国开发方面的重视,它的核心竞争力的准备已经达到一个非常高的水平,而且一直作为同行业的领头羊。

第五节　改革开放进程中的中国人力资源发展

有人认为,中国最丰富的资源是人,最短缺的资源也是人。相较于西方发达经济体,中国人才短缺、劳动力整体素质低,开发智力、培养人才、全面提高民族的科学文化素质,这是建设中国特色社会主义的前提。

体现在经济发展上,人力资源开发是我国完善社会主义市场经济体制、转变经济发展方式与社会主义现代化建设的客观要求。改革开放之前,国家发展严重滞后,原因之一就是人才短缺、民众文化素质低。在最先实行开放政策的广州,对 150 家企业的调查研究显示:提高人的素质是搞好企业的核心。随着中国改革开放的深化和扩大,人力资源的问题日益凸显;当下,技术的日新月异,经济结构与经济发展方式转变,对生产力三要素的关键——劳动者素质开发提出了更高要求。大力发展教育,开发人力资源,提高劳动者素质,是一项十分基础而紧迫的任务。提高教育效益,也已被列为中国教育发展战略的重要内容。

一、中国的教育事业发展概况

(一)战略纲要

国家兴盛,人才为本;人才培养,教育为本。中国政府一直很重视教育事业的发展,几十年来新中国教育事业迅速发展,为国家培养了大批德才兼备的人才,基本上满足了社会主义建设的需要。但是,由于"左"的思想的影响,中国曾经片面地不适当地强调教育为"无产阶级政治"、为阶级斗争服务,而忽视了人的智力的开发和个性发展的需要,降低了教育质量。特别是"文化大革命"中发展到视教育为专政的工具,根本否定了人的个性发展、智力发展,大大阻碍了教育事业的发展。

中共十一届三中全会以来,特别是 1985 年发布《中共中央关于教育体制改革的决定》,各级党委和政府高度重视教育工作,把教育事业放在重要战略地位,大力改革和发展教育事业,取得了巨大的社会经济效益。此后,中共中央站在推进改革开放和现代化建设的战略高度,做出了人才资源是第一资源的科学论断,提出了人才强国战略;并且进一步指出教育在人才发展中的重要作用,提出科教兴国战略。《中共中央国务院关于进一步加强人才工作的决定》中指出,优先发展教育事业,加快构建现代国民教育体系和终身教育体系,促进新型社会的形成,努力把人口压力转变为人力资源优势。[1] 这一目标在教育部出台的《2003～2007 年教育振兴行动计划》中细化为具体的行动措施。

中共十七大报告(以下简称报告)提出推动社会主义文化大发展大繁荣,并且将优先发展教育、建设人力资源强国作为以改善民生为重点的社会建设,明确提出教育是民族振兴的基石,教育公平是社会公平的重要基础。报告提出:① 要全面贯彻各项中国共产党的教育方针,坚持育人为本、德育为先,实施素质教育,提高教育现代化水平,培养德智体美全面发展的社会主义建设者和接班人,办好人民满意的教育。② 优化教育结构,促进义务教育均衡发展,加快普及高中阶段教育,大力发展职业教育,提高高等教育质量。重视学前教育,关心特殊教育。更新教育观念,深化教学内容方式、考试招生制度、质量评价制度等改革,提高学生综合素质。③ 坚持教育公益性质,加大财政对教育的投入。④ 加强教师队伍建设,鼓励和规范社会力量兴办教育,发展远程教育和继续教育,建设全民学习、终身学习的学习型社会。[2]

(二) 教育投资

改革开放以来,国家很重视教育事业的发展,注意开发人力资源,教育经费投资占国家财政支出的比重逐渐上升。2019 年,中央和地方财政主要支出项目中教育支出 34 796.94 亿元,占国家财政支出的 14.57%。2018 年,全国教育经费总投入为 46 143.00 亿元,比上年的 42 562.01 亿元增长 8.41%。其中,国家财政性教育经费(主要包括公共财政预算教育经费、各级政府征收用于教育的税费、企业办学中的企业拨款、校办产业和社会服务收入用于教育的经费等)为 36 995.77 亿元,比上年的 34 207.75 亿元增长 8.15%。[3]

教育投资成果显现,各级各类教育事业都有不同程度的发展:

(1) 从基层抓起,普及中小学九年义务教育。2019 年,全国小学生在校生 1 0561.24 万人;初中在校生 4 287.14 万人;高中在校生 3 964.90 万人。[4] 小学学龄儿童净入学率达

---

① 中共中央国务院关于进一步加强人才工作的决定. http://www.xinhua.com. 2003 - 12 - 31.
② 胡锦涛. 高举中国特色社会主义伟大旗帜为夺取全面建设小康社会新胜利而奋斗——在中国共产党第十七次全国代表大会上的报告. 2007 - 10 - 15.
③ 国家统计局. 中国统计年鉴 2020. 北京:中国统计出版社,2020.
④ 中华人民共和国教育部. 2019 年全国教育事业发展统计公报. http://www.moe.gov.cn/jyb_sjzl/sjzl_fztjgb/202005/t20200520_456751.html.

到 99.9％,小学升学率达到 99.5％,初中升学率由 1990 年的 40.6％逐渐提高到 2019 年的 94.5％,高中升学率由 1990 年的 27.3％逐渐提高到 2019 年的 81.1％。①

(2) 扩大职业教育的规模。1986～2001 年的 16 年间全国职业教育财政投入共拨款 9 亿元。"十一五"期间中央财政对职业教育投入 100 亿元,重点用于支持职业教育实训基地建设,并投入 40 亿元加快建立中等职业教育贫困家庭学生助学制度;"十二五"期间中央财政每年投入 150 亿发展职业教育。② 2006～2013 年,中央财政安排中职国家助学金 472 亿元;2009～2013 年,中央财政安排中职免学费补助资金 289 亿元。③ 由于我国大力发展职业技术教育,并对贫困学生给予职业教育资助,近年来职业教育招生规模不断扩大。2019 年职业中学在校生达到 1 216.2 万人。④ 2019 年,全国中等职业教育(包括普通中等专业学校、职业高中、技工学校和成人中等专业学校)在校生达到 1 576.47 万人。⑤

(3) 培养出大批高级专业人才。20 世纪 80 年代全国培养本、专科毕业生 784 万人,硕士毕业生 17.7 万人,博士毕业生 6 000 人。1996 年研究生在校生人数为 163 322 人,其中博士生 35 000 人。2007 年,全国普通高等学校招收本、专科新生达 565.9 万人。2007 年普通高等学校在校生 1 884.9 万人,研究生在学人数为 1 195 407 人。⑥ 2019 年,普通高等学校在校生 3 317.9 万人,研究生在学人数为 286.37 万人,⑦均比 2007 年增长 30％以上。2019 年,全国普通高等学校招生 1 006.55 万人,研究生招生 91.65 万人。⑧

(4) 国际合作和交流不断加强。据统计,从 1978 年恢复派遣留学到 2018 年底,中国先后向美、日、英、德、法等近 100 个国家和地区派出 585.71 万人,学成回国的留学人员已达 365.14 万人。⑨ 随着国家的政治稳定,经济繁荣发展,越来越多的留学生学成回国。2016 年中国学成回国留学人员 43.25 万人,2017 年学成回国留学人员达 48.09 万人,2018 年学成回国留学人员达 51.94 万人。⑩

(5) 成人教育和岗位培训规模庞大。2019 年,全国成人高等学校毕业生为 213.14 万人,成人本、专科在校学生达 668.56 万人,成人本、专科招生达 302.21 万人。⑪

---

① 国家统计局.中国统计年鉴 2020.北京,中国统计出版社,2020.

② 教育部:中央财政每年投入 150 亿发展职业教育. http://www. chinanews. com/gn/2014/06－26/6322376. shtml.

③ 中华人民共和国教育部.十年 1.2 万亿:助推职业教育健康发展——教育部财务司有关负责人就职业教育财政投入答记者问. http://www. moe. edu. cn/publicfiles/business/htmlfiles/moe/s271/201406/170903. html.

④ 国家统计局.中国统计年鉴 2020.北京:中国统计出版社,2020.

⑤ 中华人民共和国教育部. 2019 年全国教育事业发展统计公报. http://www. moe. gov. cn/jyb_sjzl_fztjgb/202005/t20200520_456751. html.

⑥ 国家统计局.国际统计年鉴 2008.北京:中国统计出版社,2008:779－780.

⑦ 国家统计局.中国统计年鉴 2020.北京:中国统计出版社,2020.

⑧ 中华人民共和国教育部. 2019 年全国教育事业发展统计公报. http://www. moe. gov. cn/jyb_sjzl_fztjgb/202005/t20200520_456751. html.

⑨ 人力资源和社会保障部. 2018 年度人力资源和社会保障事业发展统计公报. http://www. mohrss. gov. cn/SYrlzyhshbzb/zwgk/szrs/tjgb/201906/t20190611_320429. html.

⑩ 国家统计局.中国统计年鉴 2020.北京:中国统计出版社,2020.

⑪ 中华人民共和国教育部. 2019 年全国教育事业发展统计公报. http://www. moe. gov. cn/jyb_sjzl_fztjgb/202005/t20200520_456751. html.

二、中国人力资源发展概况

（一）战略与途径

1. 人力资源开发是一项兴国之策

人力资源开发已纳入国家社会经济发展计划，在中央和国务院的统一组织协调下，中央、地方、全民办教育，各方面的积极性被调动起来，人力资源开发战略有计划地稳步实施。2010 年 4 月 1 日，中共中央、国务院印发了《国家中长期人才发展规划纲要（2010～2020 年）》（以下简称纲要）。纲要提出，到 2020 年，我国人才发展的总体目标是：培养和造就规模宏大、结构优化、布局合理、素质优良的人才队伍，确立国家人才竞争比较优势，进入世界人才强国行列，为在 21 世纪中叶基本实现社会主义现代化奠定人才基础。为了达成这个战略目标，纲要明确了人才队伍建设的三个主要任务：突出培养和造就创新型科技人才，大力开发经济社会发展重点领域急需紧缺专门人才，统筹推进各类人才队伍建设。同时，国务院明确了推动人才发展的 10 个重大政策和 12 个重大工程。[①]

2. 经济体制与人事制度改革

在中国由计划经济体制向社会主义市场经济体制转变过程中，人事和劳动制度改革不断深入，现代企业制度包括企业用人机制逐步建立并完善。

现代企业制度建立之前，人事和劳动制度改革已经开展，企事业单位劳动人事、绩效考评、工资分配、社会保险制度改革逐步推进并深入。在一系列改革措施下，人力资源充分发挥效率的市场经济环境逐步完善，促进了人才合理流动，劳动力供求关系调节收入分配的功能逐步增强，调动了员工的劳动积极性。

2003 年，中共十六届三中全会通过的《中共中央关于完善社会主义市场经济体制若干问题的决定》提出：按照现代企业制度要求，规范公司股东会、董事会、监事会和经营管理者的权责，完善企业领导人员的聘任制度。股东会决定董事会和监事会成员，董事会选择经营管理者，经营管理者行使用人权，形成权力机构、决策机构、监督机构和经营管理者之间的制衡机制，并同市场化选聘企业经营管理者的机制相结合。

2007 年，十七大报告提出要不断深化干部人事制度改革，着力造就高素质干部队伍和人才队伍。坚持民主、公开、竞争、择优的原则，形成干部选拔任用科学机制。加强干部选拔任用工作全过程监督。健全领导干部职务任期、回避、交流制度，完善公务员制度。健全干部双重管理体制。推进国有企业和事业单位人事制度改革，完善适合国有企业特点的领导人员管理办法。[②]

2016 年，国务院国资委印发《关于进一步深化中央企业劳动用工和收入分配制度改

[①] 新华社. 国家中长期人才发展规划纲要（2010～2020）颁布. http://news.xinhuanet.com/politics/2010－06/06/c_12188243.html.

[②] 胡锦涛. 高举中国特色社会主义伟大旗帜为夺取全面建设小康社会新胜利而奋斗. 在中国共产党第十七次全国代表大会上的报告. 2007－10－15.

革的指导意见》，对劳动、人事、分配三项制度改革提出了具体要求。2019 年，党的十九届四中全会精神也强调继续深化改革，完善中国特色现代企业制度。指出企业内部用工、人事、分配三项制度改革，事关企业走向市场和进入市场后的竞争能力。此后，国家有关部委就三项制度改革颁布了一系列文件。三项制度改革的目的就是要在企业内部建立一个员工能进能出、能上能下、收入能高能低的机制。企业内部基础工作搞好了，建立起了内部激励机制，在劳动用工的合理组合、不断变动中，形成优胜劣汰的机制，员工的积极性被充分调动起来，企业就会产生活力。

（二）中国企业应用型人才开发

从人才培养看，一个国家既需要一批合格的研究型人才，更需要大批合格的应用型人才。在经济发展上，中国既需要培养大批的经济学家，又需要造就大批企业管理家、实业家以及高技能的人才。中国的企业市场化改革后，都开始重视人力资源的开发。当然，由于企业所处的地区不同，企业的所有制不同，企业的行业不同等原因，企业的人力资源开发措施与力度也不同。下面我们具体来看大型集团企业海尔是如何管理和开发人力资源，以增强企业的整体效益。

海尔集团创立于 1984 年，从单一生产冰箱起步，拓展到家电、通讯、IT 数码产品、家居、物流、金融、房地产、生物制药等领域，成为全球领先的美好生活解决方案提供商。2018 年，海尔全球营业额达 2 661 亿元，同比增长 10%；全球利税总额突破 331 亿元，同比增长 10%；生态收入达 151 亿元，同比增长 75%。海尔已成功孵化上市公司 4 家，独角兽企业 2 家，准独角兽及瞪羚企业 12 家；在全球设立 10 大研发中心、25 个工业园、122 个制造中心；拥有海尔、卡萨帝、统帅、美国 GEAppliances、新西兰 Fisher&Paykel、日本 AQUA、意大利 Candy 等智能家电品牌，日日顺、盈康一生、卡奥斯 COSMOPlat 等服务品牌，海尔兄弟等文化创意品牌。[①] 海尔集团通过实施名牌战略、多元化战略、国际化战略、全球化品牌战略、网络化战略和生态品牌战略，取得了持续稳定高速的增长；海尔品牌价值不但稳居中国家电业榜首，而且在国际市场的美誉度也越来越高，其国际化经营驶入快车道，在国际市场赢得越来越多的尊重。

海尔的人力资源开发的目标、原则、机制与海尔集团的"人单合一"理念紧密相关。海尔集团首席执行官张瑞敏先生于 2005 年开创式提出"人单合一"："人"，指员工，其特征在于开放性，不局限于企业内部，任何人都可以凭借有竞争力的预案竞争上岗，此外，员工不再是被动执行者，而是拥有"三权"（现场决策权、用人权和分配权）的创业者和动态合伙人；"单"，指用户价值，"单"是抢来的，而不是上级分配的，同时，"单"是引领的，并动态优化的，而不是狭义的订单，更不是封闭固化的；"合一"，指员工的价值实现与所创造的用户价值合一。"人单合一"即每个员工都应直接面对用户，创造用户价值，并在为用户创造价值中实现自己的价值分享。[②] 在"人单合一"理念下，海尔关注人的价值、人的发展，强调

---

① https://www.haier.com.
② 人单合一模式研究院. http://www.haierresearch.com/home.

员工的价值最大化,让员工成为创新的主体,最终达到张瑞敏先生所说的"员工的价值实现与所创造的用户价值合一"的发展目标。

(1) 海尔人力资源开发目标——人的价值最大化。

"人单合一"理念下,海尔的人力资源开发目标是实现人的价值最大化。海尔在人力资源开发过程中坚持观念创新、制度创新;坚持创造一种公平、公正、公开的氛围,建立了一套充分发挥个人潜能的机制,在实现企业大目标的同时,给每个人提供充分实现自我价值的发展空间——"你能翻多大的跟头,就给你搭多大的舞台"。海尔的人力资源开发自一开始就是"人人是人才","先造人才再造名牌",并始终坚持帮助员工实现最大化的自我价值。"人单合一"鼓励每个员工成为企业家,认为每个员工都可以成为自己的CEO,每个员工都是自主的人,①员工可以自我实现、自我驱动、自我领导。当下,海尔企业内部已形成了了人人创业的企业氛围。

(2) 海尔人力资源开发原则——非线性发展。

海尔集团人力资源开发遵循的原则是促进人才的非线性发展,实行非线性的人才发展体系。该体系强调为企业员工提供多渠道的发展路径,激活人、释放人的潜能,以体现人的价值第一。非线性人才发展体系具有开放性、动态性、自主性、场景化、零级原则的特点。① 开放性指员工需自己把握住发展的机会,发展具有无限可能。通过用户提名、用户评价实现人才能上能下、能进能出的发展可能。② 动态性指员工可以随时了解自己在人才竞争力点阵中的位置,员工的工作绩效、获得的奖励等都会在竞争力点阵中有所显示。具体来说,海尔利用大数据技术建立了员工的"人才画像"系统,员工可以通过该系统实时动态地了解自己在企业内部、不同部门、不同年龄段的竞争力排名,即动态地显优显差,使企业和员工随时了解自己的能力水平,该系统也会为员工提供未来发展建议,企业也可以据此有的放矢地开展培训和人才开发活动。③ 自主性指培养员工"我要发展"的意识,形成发展的自我认知,集团内部会根据员工的需求提供资源支持。④ 场景化是指在企业活动的各个环节进行全方位的人才配置。如在招聘过程中考虑如何体现团队的多元化,进而招聘到具有不同特质、不同优势的人才组成多元化的团队。⑤ 零级原则指人才评价看重的是员工创造的价值而不是员工的资历,因此各个层次水平的员工只要创造的价值大,就可以获得同等的薪酬和奖励。

海尔内部为人才的发展提供小微主、链群主等不同的发展方向,通过多个渠道、多个项目和多种资源为员工的人力资源开发提供支持,为企业培养未来复合型的管理人才。

(3) 海尔人力资源开发的市场机制——员工创客化。

集团首席执行官张瑞敏在《新经济之我见》一文中指出:在新经济时代,人是保证创新的决定性因素。海尔提出"世界就是我的人力资源部",从海内外引才引智,为各类人才提供创新创业的平台。海尔提倡人人都应成为创新的主体,海尔员工创客化的发展思路正体现了这一精神。

"外部市场竞争效应内部化"。海尔认为:企业内外部有两个市场,内部市场就是怎样

---

① 胡国栋.海尔制(1):"中国时代"的组织管理理论.清华管理评论,2018(6):48-56.

满足员工的需求,提高他们的积极性;外部市场就是怎样满足用户的需求。在海尔内部,"下道工序就是用户",每个人都有自己的市场,都有一个需要对自己的市场负责的主体。下道工序就是用户,他就代表用户,或者他就是市场。每位员工最主要的不是对他的上级负责,更重要的是对他的市场负责、对他的用户负责。在此要求下,海尔提出企业平台化、员工创客化、用户个性化,打破常规企业以部门、生产线、固定渠道来划分员工业务的分配方式和薪资考核体系。海尔通过转化(事业转型)、吸收(外部加盟)、内生(内部创业)等形式生成不同紧密度的小微企业,如转型小微、生态小微、创业小微,进而让这些小微逐步进化成各类小微快速配置资源的平台,并根据用户订单的需求规模,按单竞岗,逆向实现按单聚散。在员工创客化的市场机制下,员工的潜能被激发出来,不断进行自我挑战,实现更高的自我价值。

与此同时,海尔也强调即时激励,充分挖掘和发挥内部员工的积极性。海尔为员工设立了金锤奖、金榕树奖、金网奖等,激励员工价值的发挥。

三、中国教育发展与人力资源开发利用的着力点

人力资源开发的现状在很大程度上制约了我国的经济发展,其中最突出的是阻碍了先进技术的引进、消化、吸收,削弱了我国经济的国际竞争力。长期以来,低劳动成本是我国竞争的优势,然而这种优势很大程度上被我国工人劳动生产率不高的劣势所抵消。进一步提高民众整体素质,强化人力资源开发,大力提高劳动生产率是我国经济发展的当务之急。当前,中国教育发展与人力资源开发利用需在以下几方面着力。

1. 提高各层次各方面劳动力素质

当前,相对于我国经济社会发展,无论是劳动力整体,还是各层次各方面的专业人才,接受教育的程度均偏低,高素质人才的供需矛盾凸显。

(1)劳动力整体素质偏低。全国就业人员中受过高等教育的比例偏低,大部分劳动力只受过小学和初中教育。在 2019 年全国月度的劳动力调查主要数据中,受过研究生教育者仅占 1.1%,大学本科占 9.7%,大学专科占 12.0%,高中占 18.7%,初中占 40.6%,小学占 15.7%,还有 2.2%的劳动力未上过学。[①]

(2)单位负责人受教育程度偏低。2019 年,单位负责人中受过大学专科教育者占 23.0%,大学本科占 21.9%,研究生占 2.8%,1/3 左右的单位负责人只受过初中及初中以下教育。[②]

(3)高技能人才缺乏。随着中国经济的发展和产业结构的升级,高新技术不断运用到现代企业的生产中,企业需要大量的高技能人才,但是,目前中国高技能人才供不应求的现象十分严重。

(4)专业技术人员的学历偏低。2019 年,专业技术人员中受过大学本科及以上教育

---

① 国家统计局.中国人口和就业统计年鉴 2020.北京:中国统计出版社,2020.
② 国家统计局.中国人口和就业统计年鉴 2020.北京:中国统计出版社,2020.

的只占 43.9%,大专占 29.5%,高中占 16.3%,初中占 9.3%,小学及未上过学占 1.1%。[①] 现有专业技术人员年龄老化以及知识老化也是比较突出的问题。具体数字见表 3-2。

表 3-2 2019 年劳动力人口、单位负责人、专业技术人员受教育程度分布

	未上过学	小学	初中	高中	大学专科	大学本科	研究生
劳动力人口	2.2%	15.7%	40.6%	18.7%	12.0%	9.7%	1.1%
单位负责人	33.3%				23.0%	21.9%	2.8%
专业技术人员	1.1%	9.3%	16.3%		29.5%	43.9%	

2. 加大企业人力资本投入

相对于研究型理论型人才来说,我国应用型人才和技能型人才更为缺乏。不少学科领域,在理论研究的水平上,中国与世界先进水平相差无几,而产业关键技术及产品质量的差距很大。这同中国企业对人力资本的投入不足有着密切关系。相比欧美跨国企业以及中外合资企业,中国企业对员工培训的投资力度是不够的,这种投资不足的结果会直接影响到企业人力资本储量。

3. 均衡研发人员地区间、企业间配置

截至 2019 年年底,上海、广东、江苏、浙江等经济发达的东部地区的研究与实验发展(R&D)人员占到了全国研究与实验发展(R&D)人员的 55.8%,而东北地区则只占到 6.6%;规模以上工业企业集中了全国研究与实验发展(R&D)人员总数的 62%,[②]其他中小型企业研发人员则较为缺乏。

4. 注重现有人才资源的使用效益

根据武赫的研究,我国人力资源开发可以分为七个区域:① 广东、山东、上海;② 浙江、江苏、北京;③ 天津、河北、辽宁、吉林、黑龙江、福建、河南、湖北、湖南、重庆、四川;④ 贵州、云南、青海、内蒙古、海南、西藏;⑤⑥⑦其他省份。①②③④省份人力资源开发相对比较高效,而⑤⑥⑦省份的人力资源开发效率都比较低下。[③] 桂绍明《中国区域产业专业技术人才资源使用效益研究》也得出了相似的结论。[④]

5. 培养外向型和国际经营管理人才

企业是否发达,是否有活力,不仅要看它在国内市场上的竞争能力,更要看它能否走向国际市场,成功地开展跨国经营活动。由国内市场走向国际市场,由国内企业发展成为跨国企业或全球企业,必须培养和造就一大批外向型经营和国际经营管理人才。欧美等大型国际企业,特别是近年来备受瞩目的荷兰、瑞士、比利时等一些欧洲小国,诞生了许多

---

① 国家统计局. 中国人口和就业统计年鉴 2020. 北京:中国统计出版社,2020.
② 国家统计局. 中国科技统计年鉴 2020. 北京:中国统计出版社,2020.
③ 武赫. 中国分省际人力资源开发效率测试. 统计与决策,2014(10):97-99.
④ 潘晨光. 中国人才发展报告 2009. 北京:社会科学文献出版社,2009:55.

一流国际企业,以及国际企业经营管理人才;全球财富排行榜上,国际企业职业经理人比重也日趋上升。

Conclusion

　　从经济学的角度,人力资本是为提高人的能力而形成的资本。在经济全球化和知识经济时代,相对于物质资本和劳动力的数量,人力资源开发所形成的人力资本即劳动力的质量,对经济发展所起的作用更为关键。

　　本章概要介绍了兴起于美国 20 世纪 50 年代的人力资本理论,特别是舒尔茨的人力投资理论;然后从实证角度分析美日的人力资源发展与经济发展的数量关系(人力投资收益),论述美日欧中人力资源开发的战略、特色与实施路径。

　　需要关注的是,中国的人力资源发展交织在经济改革开放整体进程中,是中国经济由计划体制向市场体制转变的一个侧面;欧洲人力资源开发面临着经济全球化和欧洲统一大市场趋势所带来的机遇和挑战。

Keywords

人力资本　　　　人力投资　　　　教育投资　　　　人力资源开发

Case-Study ◇◇

德国西门子公司独特的人力资源开发战略①

　　西门子公司是一家拥有 40 万名员工,以电子、电器为主产品的高科技跨国公司。目前西门子公司已在世界上 190 多个国家和地区设立了代表处,在 50 多个国家建有 400 多个生产厂家,仅中国就有西门子公司的合资和独资企业 39 家。2018 年《财富》杂志世界 500 强企业榜单中,西门子名列第 66 位。迄今为止,西门子已整整走完了 150 年的发展历程,据有关人士调查结果,欧洲的企业寿命通常都在 20～40 年,竞争者们在国际工商业大舞台上来去匆匆,似飞鸿踏雪,转瞬即逝,起落无迹。那么,西门子公司为什么能够一改故辙,与时俱进,不仅成功走出了一条长盛不衰之路,而且在强手如林、竞争激烈的今天仍然保持着一股强劲的发展势头令世人所瞩目呢? 这个问题的确耐人寻味,发人深思。

　　综观其发展历程,可以说,高度重视人力资源开发是其获得成功的关键因素之一。

　　该公司人力资源开发和管理呈现出许多显著的特点。

---

　　① https://www.sohu.com/a/251231021_99941381.

（一）人事部门地位高、有权威

各层的人事主管都是领导班子成员，人事总裁马力先生就是西门子公司董事会的董事。这样做，对于把人力资源管理与开发纳入企业经营总战略和总决策之中是非常有利的，有人曾经调查过欧洲1 000家大型企业，结果表明，50%以上企业的人事主管都是由董事兼任的，西门子公司的做法就是例证。欧洲出现这一特点不是偶然的，这与发展所处的时代背景有着直接的关系。有人曾对欧洲企业近几十年来的用人情况做过这样的分析：1945～1955年10年间，由于二战导致商品极度匮乏，企业大多从生产人员中选拔高层主管；1955～1965年10年间，由于市场饱和、产品滞销，企业大多注意从销售人员中选拔高层主管；1965～1975年10年间，由于合资经营、跨国经营的出现，财务问题日趋复杂起来，企业大多从财务人员中选拔高层主管；1975年以来，由于市场竞争加剧，人才问题越来越成为各种竞争之关键，因此选拔高层主管的注意力开始转向人力资源管理开发上来。

（二）实施"爱发谈话"制度

"爱发谈话"是西门子公司实行的一项人事制度，主题是"发展、促进、赞许"，德文缩写是EFA。在西门子公司40万员工中，有26 000名是高级管理者，实行年薪制，其余一律按工资税章表领取工资。

"爱发谈话"的对象是实行年薪制的各领域高级管理人员，谈话每年一次，成为制度。

"爱发谈话"由职员、上司、主持人三方参加。职员，即26 000名高级管理者；上司，即谈话对象的直接主管；主持人，通常是人事顾问。

这种"爱发谈话"是以谈心方式进行的，上司是主角，在谈话中处于主动地位，但是他不是以上司身份出现，而是教练角色，从心理上与职员构成伙伴关系，设身处地帮助职员分析优势劣势，帮助职员更好地实现个人的设想。职员在谈话中的任务是：客观分析自己的现状，找出自己的强项和弱项，提出培训进修的意愿，根据自己的兴趣、爱好、潜力以及目前所处的位置设计调整生涯规划，达到关心自我、拓展职能、确立目标之目的。主持人的任务是：协调谈话各方、咨询有关问题、提供市场信息。为了保证谈话效果，在谈话前，三方都要做好必要的准备，关键角色教练（上司）的准备必须充分，其中包括了解谈话对象当年完成任务情况、能力状况、有何要求等。这些情况可以事先通过问卷调查获取，具体项目有：企业能为职员发展提供什么样的可能性；对职员的能力、优劣势、目前状况、所在位置的评价意见。为了提高谈话能力，公司还组织了80名专家对800名谈话者进行专项培训，然后再由800名经过培训的谈话者去实施对26 000人的"爱发谈话"，谈话结果三方签字后归入人事档案，作为确定年薪、岗位变动、职务升迁、培训进修的重要依据。

在"爱发谈话"基础上实施的高级管理人员培训的针对性极强，缺什么补什么，参加培训者不是强迫而是自愿参加。

（三）大力开发国际化经营人才

西门子公司的业务几乎覆盖了整个世界。经济一体化和经营国际化程度之高都是其他企业不可企及的。西门子公司的战略是：把西门子公司的发展融入所在国的经济发展之中。为此，公司做出规定，选拔领导干部必须具有1至3年的国外工作经验，而且把外语以及对所在国家文化状况的了解作为重要条件。

（四）人才资源开发投资力度大

西门子公司的管理者认为：创新是公司的命脉，技术是造福人类的力量，领先的技术是立于不败之地的保障。因此，他们始终把人才开发、推动科技进步作为公司发展的首选之策。从世界上第一台指针式发报机的诞生到现代高科技太阳能芯片的生产，在100多年的科技发展较量中，西门子公司在同领域始终是一路领先。该公司现有员工中大学以上学历者已超过50%。

目前公司每年还要接收3 000名新大学生，仅用于这批学生的继续教育费，每年就要拨3亿马克。另外，公司每年还要投入70亿美元和45 000名人员专门用于研究与发展，以迎接本领域的挑战。

（五）着力于团队精神培养

这是西门子公司人才开发的一个最大特点。西门子公司的管理者认为，企业的未来在很大程度上取决于人才资源的开发，企业主应当通过与员工的真诚合作来增加公司的价值，要爱护自己的员工，在创造一个人就业机会的同时创造一个人的发展机会，努力培养员工对本企业的归属意识，把个人的发展同企业命运紧密地联系在一起。在西门子公司，企业主与员工的伙伴关系体现得非常充分。当外界问及西门子公司的员工在哪儿工作时，回答近乎异口同声：在西门子公司！这回答听起来似乎很平常，但就在这平常之中却展现出西门子公司员工热爱企业、视厂为家的主人翁责任感，这就是西门子文化所培养出来的西门子人。是西门子文化给企业不断注入了活力，使企业发展始终充满着生机。

Analyze：

1. 西门子公司的人才观是什么？请结合人力资本理论分析西门子公司的人才观。

2. 请阐述西门子公司人力资源开发的特点和具体措施，并结合本章内容，分析西门子公司的人力资源开发战略反映了欧洲人力资源开发的哪些特征。

3. 请结合本章人力资本理论以及欧洲人力资源开发的相关内容，分析西门子公司较大力度的人力资源开发投资有何理论根据。

4. 西门子公司的人力资源开发战略对我国企业有何启示？

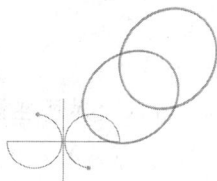

第四章　人力资源系统管理与组织发展

HRM System and Organization Development

Aim at ◇

- ◆ 了解人力资源的系统管理。
- ◆ 掌握组织发展的目的与方法。
- ◆ 掌握组织发展变革的压力与阻力。
- ◆ 了解跨国企业的组织发展。

Lead in ◇

华为的组织发展①

老徐现在负责的是华为某个大事业部的组织发展工作,工作很忙,压力也很大,他在华为工作时间也满5年了。在一次华为组织发展分享会上,他说:"每个组织都是一条鲜活的生命,它有自己的意志,我们身在其中,可能觉得自己应该最了解它,可是单个器官怎么可能了解全部身体? 大脑其实总在骗你。要真正了解一个组织,我们都要走很长很长一段路。"

在华为内部,大家都非常喜欢用丘吉尔的名言——"人们塑造组织,而组织成型后就换为组织塑造了我们"——来定义组织发展的工作。华为实际的组织发展工作内容,浓缩起来说,就两个词,一个叫"专业分工",另一个叫"基于分工后的相互合作"。

专业分工,这事看起来简单,做起来却非常的困难。它要求每个组织,在每个领

---

① https://www.hroot.com/d-9405896.hr.

域，都要把事情做得更透、效率更高、比别人更好。没有皮糙肉厚、胆大心细的品质，很难把专业分工这件事情做好。专业的人来了之后，接下来是团队怎么把握住这群各方面都很优秀的人，并一起带着团队前进，让他们相互高效合作，产生勇猛的战斗力，让所有人都有共同的使命、愿景、价值观这些东西。

关于这方面，华为高层要求每一位负责组织发展的小伙伴，都要去深读一遍《毛泽东选集》，还要写学习心得。老徐说他已经读了两遍，对他的组织发展工作的思考，确实有一些独特的帮助。

2018年7月，任正非在华为总裁办邮件中明确宣布了一件事：把原来在人力资源部具体管人的权限拿出来，建立一个总干部。总干部的职责很简单：管理和协调全公司的干部队伍，建立一个干部的后备平衡体系。所以，现在的华为人力资源体系，变化为员工体系和干部体系两个系统。这个政策上的变化，华为内部的HR做过讨论，一致认为组织发展部门就是华为的"插线板"，让干部体系和员工体系，都能通过组织发展的一系列举措，及时帮助各个事业部补充到专业人才，以及让专业人才通力合作，形成一个高绩效组织。

一般讲到冲突，员工总会想到它是有害的，所以要尽可能避开它。每个人都希望自己和外界和平相处，即便有了冲突，也会倾向于隐忍或者闭口不谈。但华为内部非常强调冲突，特别在开展组织发展工作的过程中，对冲突有不一般的要求。老徐说道，团队内部经常会说："有什么事情，把话说开了就好了"。这个"把话说开"，就是提倡冲突，大家即便争吵，但把问题都讲出来了那就有解决的可能性。在华为，现在领导们都非常强调大家去发现冲突，解决冲突。而组织发展工作中，最重要的四个关键字叫：动态平衡。平衡过程中就需要你去解决很多冲突问题。

老徐总结道，企业就像你在路上开车，左边的实线是僵化，右边的实线是失控。而卓越的管理者就能控制住组织的格局，把握手中的方向盘，解决一个个冲突，让企业组织能够顺利运行。

Focus on：
华为公司是如何进行组织发展的？

第一节 人力资源的系统管理

过去的人事管理与组织目标之间不存在直接的关系，人事管理计划和过程也没有直接服务于组织目标；反过来，也不靠组织目标帮助、发展、修改人事管理计划与执行过程。这种状况正如图4-1所示，人事管理的子系统各有各的目标，而与组织计划、目标不存在必然的从属关系。这就使得在实际工作中，供给人员的素质与组织的人力资源需求水平不相符，产生"供不应求"的矛盾。事实确实如此，很多单位的人事部门负责人对整个单位的目标不明确，因此，无法将人力资源培养计划与单位的大目标有机地结合起来，更无法配合本单位的长远规划做出相应的人力资源培养改革计划。

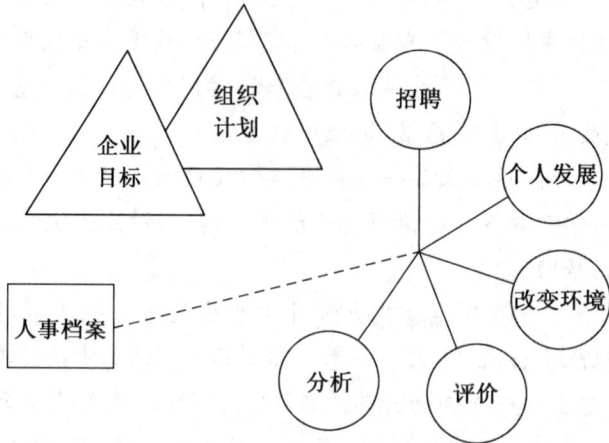

图 4-1　传统人事部门的功能

为了适应组织未来发展的需要,笔者在此介绍美国人力资源管理教授弗雷德里克·舒斯特(Frederick E. Schuster)博士设计的人力资源管理系统模式。[①] 这一模式正是将各子系统与组织目标紧密结合的结果。如图 4-2 所示,人力资源管理靠组织的输入,反过来,它又为组织和个人带来输出。人力资源管理系统包括计划、运行、反馈循环、技术预报、市场预报、财政预报、劳动力市场预报,以及组织所能将公司计划过程综合为目标的预报等子系统。这些子系统要配合整个组织系统计划过程,并为整个组织目标做出各自的贡献。

人力资源管理系统首先要弄清整个组织的目标,并将组织目标作为人力资源管理计划的依据。人力资源管理计划实施的首要任务就是为组织配备人员,并按照组织的要求改变内部环境;然后要确定内部各部门每一职工的岗位责任,建立组织发展系统、奖励系统、交流沟通系统以及劳资关系系统。根据这样的人力资源管理系统,所有子系统的计划和行动都应相辅相成,而不应该相互重叠或相互冲突。

在整个执行和循环过程中,都应产生两种结果:一是组织结果,即提高生产效率,包括产品和服务;二是个人结果,即满足个人需要,个人满意感增加,个人得到发展,工作动力得以增强。即使有时产生的结果不那么令人满意,但是任何人力资源管理系统都应为组织和个人输出这两种结果而服务。

人力资源管理系统到此还没有完成,它还应在对个人和组织绩效评估的基础上进行控制和自我调节。这样,个人和组织输出结果将进入评估和奖励系统,然后再进入分析与控制系统。组织评估将组织的原先目标与输出结果进行比较,个人评估也将个人的目标与个人输出结果相比较,看其是否达到预期效果。初步评估,应考虑影响输出结果的外部环境和目标的质量,并对组织和个人绩效做出最后评估。管理者应根据评估结果对个人的绩效给予奖赏。

---

① Frederick E. Schuster. *Human Resource Management: Concepts, Cases, and Readings*. Reston: Reston Pub. Co., 1985.

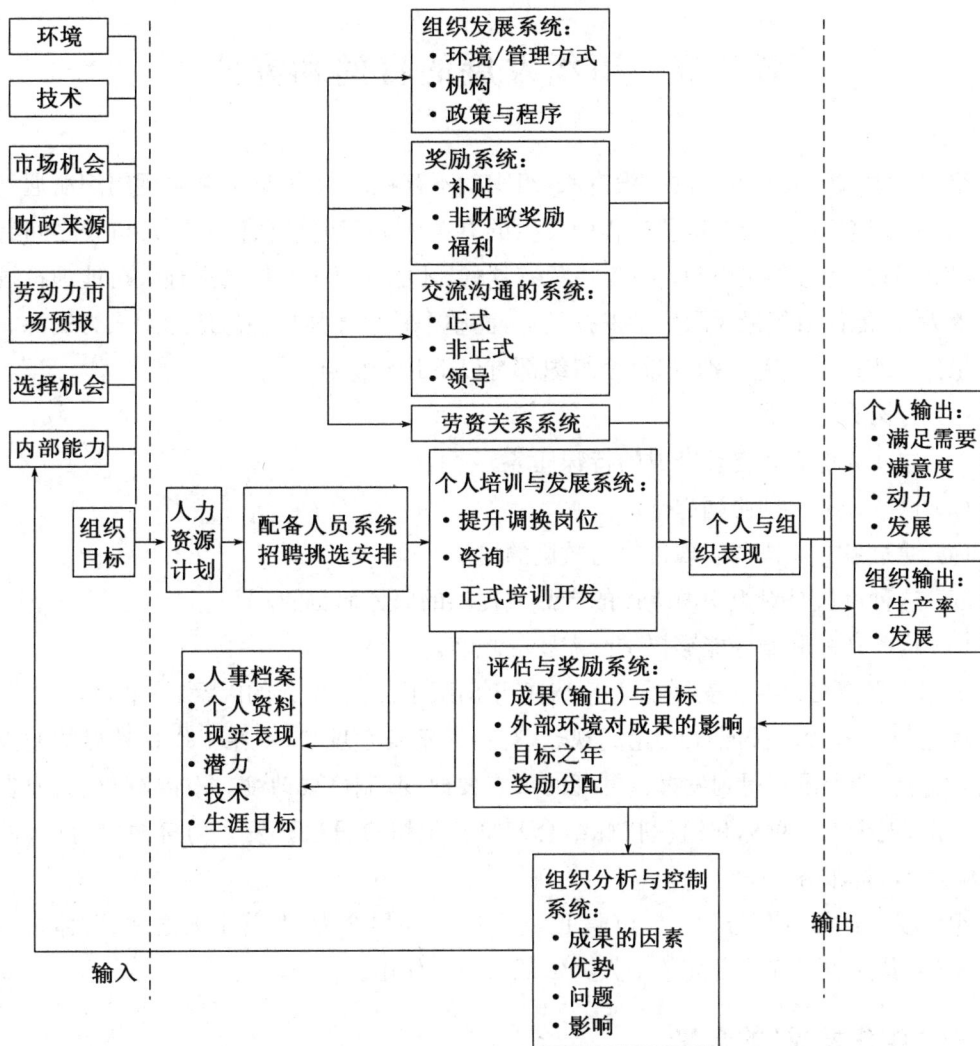

图 4-2 人力资源管理系统

评估结果将作为输入进入分析系统,分析系统再对评估结果做出分析,找出产生其结果的原因、优劣和问题。分析系统的输出将进入人事档案和内部能力预报。

按理说,人力资源管理系统的每一计划、执行和反馈循环将增加输出,并提高组织能力。

人力资源管理系统模式可以帮助管理者刻画出人力资源管理系统中的各子系统之间的关系,并能决定从计划到执行的每一步骤,时刻检查各子系统和项目是否在向组织目标方向努力。只有将人力资源管理作为一个管理工程系统来考虑,才能增强组织的战斗力,充分发挥人力资源的作用,为组织目标做出贡献。

第二节 组织发展的目的和方法

组织是由人组成并管理的。没有人,组织就不存在。的确,建立和管理组织所遇到的挑战、时机及挫折总是与在这些过程中发生的有关人的问题息息相关。人与人之间有差异,我们的管理者必须认识到这一点。只有这样,才能使每个具体的人最大可能地挖掘自身的潜力,才能使组织最大限度地发挥效益,而整个社会才能最理想地运用人力资源。

虽然组织形式千差万别,但每个组织都有以下几个特点:[①]

(1) 有构成组织的人。

(2) 这些人都有各自要完成的特殊任务。

(3) 这些任务必须协调起来。

(4) 通过各专业协调实现价值与效用的增值。

(5) 这种增值是对组织所生产的产品或提供的服务而言的。

(6) 这些产品和服务能够提供给需要的顾客。

美国学者道格拉斯·麦格雷戈于 1960 年出版了《企业中人的因素》一书,提出了著名的 X 理论和 Y 理论。按照 Y 理论的观点,有些人不安心现状、不愿工作是外界的原因造成的,人的创造力没有得到发挥。管理的重点要改变,制度要改变,职能要改变。要发挥人的才干,把个人的目标和组织目标结合起来。组织应设法开发人力资源,挖掘人的潜力,为组织目标服务。[②]

组织发展的目的是帮助每一位职工发挥才干,竭尽全力,改善个人之间、群体之间的工作关系,其总体目标是提高整个人力资源系统的作用。

一、"组织发展"的含义

什么是"组织发展"? 它的内涵是什么?

组织发展(Organizational Development,OD),是提高组织能力的一套技术措施。它的基本目标是改变组织气候环境和组织文化,以便向个人逐渐灌输如开放、信任等行为价值观。每一个组织都有自己的目标(如以具有竞争性的价格提供产品和服务),这些目标都是通过对外部环境的观察,针对某些顾客尚未满足的需要来制定的。没有人,组织就起不了作用。因此,组织需要人,而人也需要组织,只有人才能使组织得到发展。组织的成功与否在很大程度上取决于如何对人进行选择、培训、管理,使每个人都能充分发挥自己的作用,提高组织的战斗力。对企业来说,也就是提高生产效率的问题。

正如著名的组织发展专家温德尔·弗伦奇(Wendell L. French)指出的,组织发展是

---

① Wayne F. Cascio. *Managing Human Resources*. New York:McGraw Hill,1986.

② Stephen P. Robbins,Mary Coultar. *Management*. 5th ed. 北京:清华大学出版社,Prentice Hall International Inc.,1998.

指通过计划和长期努力,提高组织解决问题的能力,以及在行为科学家咨询顾问的帮助下,提高适应外部环境变化的能力。[①]

在正常情况下,组织发展所关心的是组织的协作能力,解决组织内部冲突和矛盾,建立合作的目标,改变组织价值观和组织文化,提高组织效能。组织发展属于应用行为科学学科,是比较新的研究领域,目前在西方国家以及工业发达国家,如美国、日本、英国、德国、荷兰、挪威、瑞典等国,都已发展起来。

组织发展的基本出发点是改善整个组织的职能,一旦整个组织的战略决定后,其中必定包括组织发展和管理发展。管理发展,即个人培训与教育发展计划,旨在提高个人管理能力。因此说组织发展是宏观的发展方式,而管理发展是微观的发展方式。图4-3显示了人力资源管理的组织发展与管理发展之间的关系。

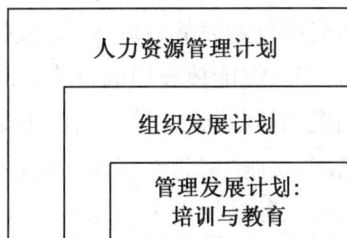

图4-3　人力资源管理分层图

如图4-3所示,人力资源管理计划包括组织发展计划和管理发展计划。组织发展与管理发展之间的主要区别是,组织发展集中关注的是组织及其工作气候环境;而管理发展是指对个人的培训与教育。如果我们能理解"工作气候环境"的意思的话,就能理解组织发展的重点。

如同我们生活在自然界气候中一样,我们在人的行为和组织环境的"气候"中工作。这种"气候"也许会给我们提供动力、刺激和激励,促进人力资源的发展;也许会给人们带来压制、障碍、挫折,阻止人力资源的发展。组织环境的"气候"是无形的,人们可以感觉到,但看不到摸不着,它影响着组织内每一个人的情绪和表现。组织环境气候包括许多因素,如个别领导的管理方式与领导作风、组织的管理办法、个别领导的价值观以及对整个组织的影响。正规的组织管理方法包括规章制度、政策、组织机构体制、工资奖金报酬制度等,非正规的组织管理方法包括行为规范、信念、价值观、态度等,此外还有交流沟通系统以及所有其他管理系统。

二、组织发展的目标

企事业单位开展组织发展计划有各种各样的目标,但企业单位组织中最主要的组织发展目标有以下几种:

(1)提高组织的能力,可用企业盈利、革新方法、市场股份等指标来衡量。

(2)提高适应环境的能力,指组织内成员是否愿意正视组织中出现的问题,并且能帮助组织有效地解决这些问题。

(3)改善组织内部行为方式,包括人际、组际合作关系,信任和支持程度,沟通系统的开放性和完整性,广泛参与组织战略计划决策等。

---

① Wendell L. French. Organizational Development Objectives, Assumptions and Strategies. *California Management Review*, 1969.

（4）增加组织内成员的工作热情、工作积极性和满意程度。

（5）提高个人与群体在计划和执行中的责任程度。

三、组织发展的三种主要方法

虽然组织发展有许多方法，但是这里着重讨论管理文献中三种最受欢迎的方法。

第一种是库尔特·利温（Kurt Lewin）的三步模式（Three Step Model），即"解冻"（Unfreezing）、"改变"（Changing）、"重新冻结"（Refreezing）。[①] 在利温的模式中，"解冻"是指当明显的挑战或严重的问题要求组织做出变化时，组织有能力即时做到这一步。"改变"是指组织能放弃旧的行为，而接受新的行为，以解决组织的问题。"重新冻结"是指加强和巩固新的行为，使它们成为组织新的行为系统的一部分。组织聘请咨询顾问专家介入组织，实施"实验室培训"等技术都是直接出自这种模式。

第二种是拉里·格雷纳（Larry Greiner）的过程顺序步骤模式（Sequential Stages in the Process Model）。他的研究发现，除非变化是按照特殊顺序步骤进行的，否则这种组织变化是无效的。他还认为，这种变化必须是由外部压力或外部促进因素给组织上层管理领导带来的，然后由上层领导做出决策。这种顺序步骤包括组织发展顾问专家的介入，设计新的解决问题的办法，试行新的解决方法以及积极地加强和巩固新的方式。[②]

第三种是哈罗德·莱维特（Harold J. Leavitt）的相互作用变量模式（Interacting Variables Model）。[③] 这种模式与利温和格雷纳的模式完全不同，不强调步骤或阶段的组织变化，而是考虑组织系统中不同部分的变化，即他所说的"相互作用的变量"。他将组织确定为四种相互作用的变量，即任务、机构、技术和人。如图4-4所示。

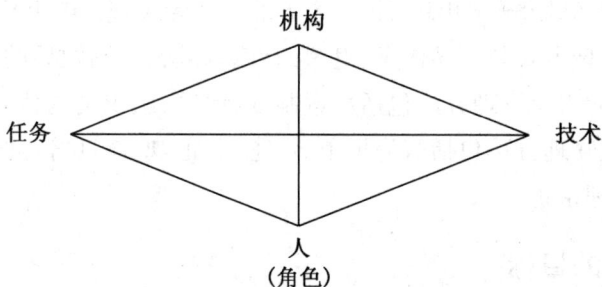

图4-4 组织的四种相互作用的变量

图源：Harold J. Leavitt. *New Perspectives in Organization Research*. New York：John Willey and Sons，1964.

莱维特的这一模式有两个特点使管理人员感兴趣：第一是四种变量是相互作用的，也就是说，只要四种变量中的任何一种变化，就会自动引起其他变量起变化，也许其中一些变化是无法控制的或不想要的。因此，在计划和执行变化过程中，管理人员必须不仅集中

---

① Kurt Lewin. *Field Theory in Social Sciences*. New York：Harper and Row，1951.

② Larry Greiner. Patterns of Organization Change. *Harvard Business Review*，1967，45(3).

③ Harold J. Leavitt. *New Perspectives in Organization Research*. New York：John Willey and Sons，1964.

注意所需的变化,而且也要注意其他变量变化所带来的影响。第二是变化可以从四种变量的任何一种开始,但究竟从哪一种开始必须根据管理人员对整个形势诊断后来决定。

四、实施有效的组织发展计划

虽然西方国家有各式各样的组织发展的具体战略,但是"行动研究模式"(Action Research Model)是组织发展过程的中心。这种"行动研究模式"是温德尔·弗伦奇(Wendell I. French)根据行为科学家们关于组织发展计划的理论提出的。[①] 该模式包括被聘的行为科学家顾问与委托组织之间的广泛合作、资料的收集、对收集情况的讨论以及计划等。图4-5总结了行动研究模式的一些关键步骤,如诊断、资料的收集、委托组织的反馈、资料情况的讨论、行动计划和行动等。

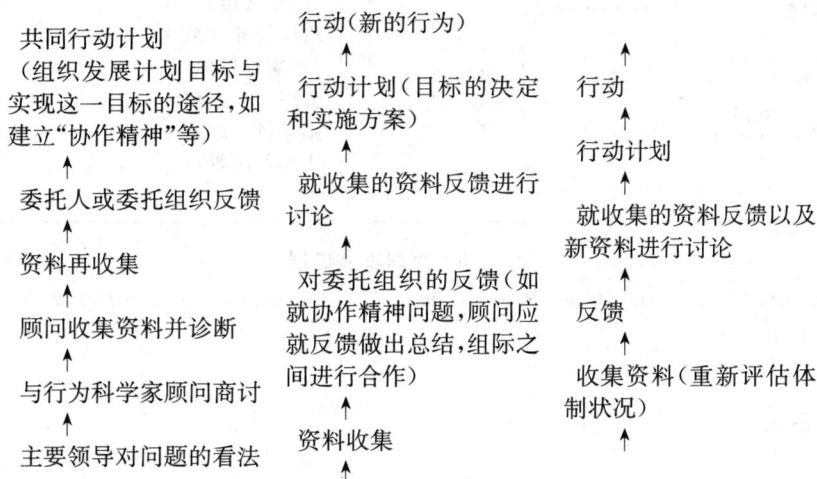

图4-5 组织发展行动研究模式

图源:Wendell I. French. Organizational Development Objectives, Assumptions and Strategies. *California Management Review*, 1969.

组织发展的初始目标和战略主要从对目前组织所碰到的人际和组际之间决策、信息沟通等问题的仔细诊断开始,行为科学家与主要领导(如公司总经理、工厂厂长、学校校长等)共同讨论该组织存在的问题,对下属进行访问,全面了解情况。最重要的是起初的诊断必须倾听委托组织所反映的意见,并针对组织要求急需解决的问题去收集资料。实践证明,行为科学家顾问与组织必须紧密配合,才能真正帮助组织解决问题,促进组织发展。

尽管组织发展实践者们对组织发展的具体战略和介入有许多不同看法,但是他们都同意,在真正的组织发展战略中,行动研究模式的每一基本步骤都必须进行。

弗雷德里克·舒斯特(Frederick E. Schuster)教授提出的组织发展步骤包括介入与资料收集、组织诊断、资料反馈与讨论以及行动介入(见图4-6)。组织发展实践者之间

---

① Wendell I. French. Organizational Development Objectives, Assumptions and Strategies. *California Management Review*, 1969.

的区别在于组织发展过程中所采取的技术措施。

从图4-6可以看出组织发展过程的步骤。下面介绍每一步骤的主要内容以及常见的技术措施。

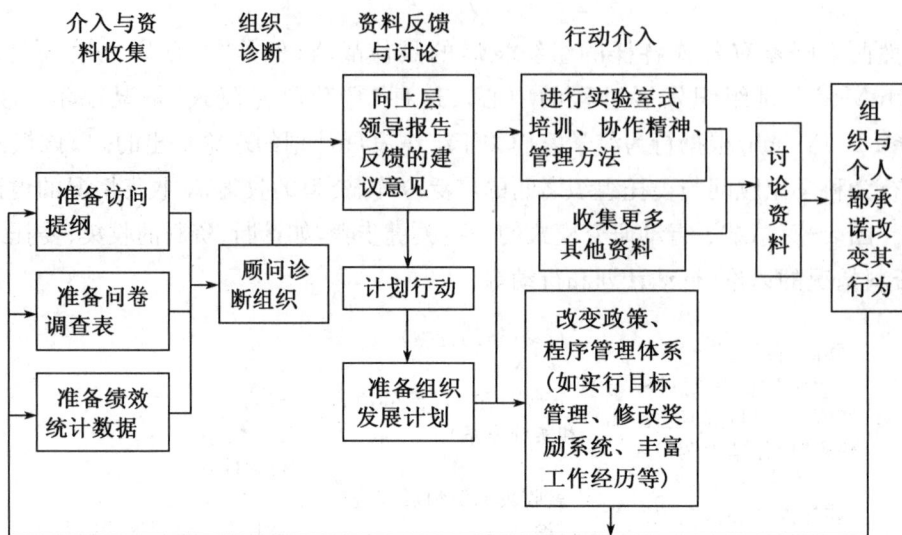

图 4-6　组织发展过程

图源：Frederick E. Schuster. *Human Resource Management：Concepts，Cases，and Readings*. Reston：Reston Pub. Co.，1985.

（一）介入

组织发展是由组织内部或外部咨询顾问介入开始的。这类顾问在西方国家有时也称为"改革代理人"（Change Agent）。这些顾问通常与该组织没有永远的联系。聘请组织外部顾问的长处是，他们与该组织机构无联系，与组织的领导无关系，这样可以客观地对待组织中存在的问题。在西方一些大的组织机构中也有组织发展顾问，这是一种趋势。这些顾问是公司上层管理组织中比较独立的组织，他们同那些外面请来的顾问一样，与公司各部门以及生产单位一起工作。虽然他们不像外面请来的顾问那样客观地看问题，但是他们的优点是，他们对该组织比较熟悉，了解组织发展过程中问题产生的前因后果。不管是内部的还是外部的顾问，通常都是由上层领导聘请进入组织，并帮助组织找出有关组织成员之间协作和有效工作的能力差距等组织问题。

（二）收集资料

顾问的首要任务是收集资料，以便确定组织中的具体问题，并确定组织是否还能起到有效运行的作用。收集资料一般采取两种方法，即访问法或面谈了解、问卷调查。许多人通常将这两种方法一起使用，也有些人只用其中一种方法。

所谓访问法，是指调查研究者与访问对象进行面对面的谈话，从而达到收集资料的目的。访问过程是由访问者提出问题，受访问者根据其提示反映情况。访问法可分成正式访问和非正式访问。前者使用深层结构化或统一标准化的调查表格进行访问资料采集；后者使用简单的调查表，只提出一些较笼统的公开性问题，进行资料收集。前者在采集资料时，应注意取得对方的信任与合作；同时，调查者在引导、发问、追问、记录及使用访问工具等时，都要尊重对方，这样才能获得准确完整的资料。非正式访问的种类主要有：

（1）重点访问。集中于某一经验（对象）及其影响的调查。

（2）临床访问。为收集特定经验的过程及其感情与动机等资料所做的访问。

（3）非引导访问。由访问者提出笼统的问题，只作鼓动，而不作建议，任凭受访者自由地表达其心理经验。

在组织发展过程中，一般由顾问与组织的上层领导个别进行，至少是主要领导以及他们的助手。根据单位组织的大小以及时间的多少，也要与几位中层领导面谈访问。如果这些访问调查还未找出组织中潜在的问题，还得与单位的各分部、各单位的负责人面谈。

虽然访问面谈的方式各有不同，但顾问一般要进行13个小时的非正式访问。访问面谈一般问这样的问题："你怎样评价整个组织的有效性？""你是否认为该组织内有什么具体障碍阻止着整个组织、部分组织以及你自己工作的进步？""你在该组织内经历了哪些挫折？""你认为该组织需要做哪些改革？"顾问对每一个人的谈话都要采取保密态度，否则没有人跟他们谈知心话。此外，凡上层领导提出的主要问题应汇总后向组织内其他成员报告。

收集资料的第二种方法是问卷调查。所谓问卷调查，是指调查者根据课题的要求设计问卷，而后由被调查者自己填写答案。由于要求自填答案，所以问卷应用范围多限于文化水平高的被调查者。设计问卷时，要注意措辞，定义要准确，使填表人容易理解，还要注意问题先后顺序的排列。

问卷通常有问答或"是非"选择题两类，前者称为问答卷，后者称为选择卷。两者各有其优缺点。前者的答案详细周全，但分析时则花费时间较长，而后者则相反。在组织发展过程中，采取问卷调查的优点是，可以向更多的领导进行调查，而且，顾问花的时间少。问卷调查一般是向组织成员了解该组织人力资源管理是否有效的看法。问卷调查表上一般不要求写名字，以便大家坦率地表达自己的意见。问卷调查表的每一问题下面列5种答案让填表人按照自己的看法任选一种：① 从来不；② 不经常；③ 有时；④ 经常；⑤ 总是。提出的问题，如在这个组织里：① 有足够的交流，各组之间信息畅通；② 职工的技术和能力被充分有效地利用；③ 整个组织目标和我所工作部门的目标具有挑战性；④ 我的工作令人满意并很有收益；⑤ 我已取得了我所需要的将我的工作做好的培训；⑥ 领导职务是凭能力取得的；⑦ 工资奖励的分配比较公平合理。此调查内容摘自舒斯特的"人力资源指数"问卷调查表。

（三）组织诊断

组织发展过程的下一步是，顾问与组织的上层领导初步弄清该组织当前的形势和存在问题。这一步主要是听取上层领导对收集资料的反馈意见，顾问也谈他们对组织内存在的问题的看法。初步诊断的目的是使顾问决定组织发展过程的下一步骤，并征得该组织上层领导的同意。

组织发展中最突出的问题是用什么样的标准程序来诊断组织的问题。下面介绍一种公认的诊断标准程序,具体见图 4-7。

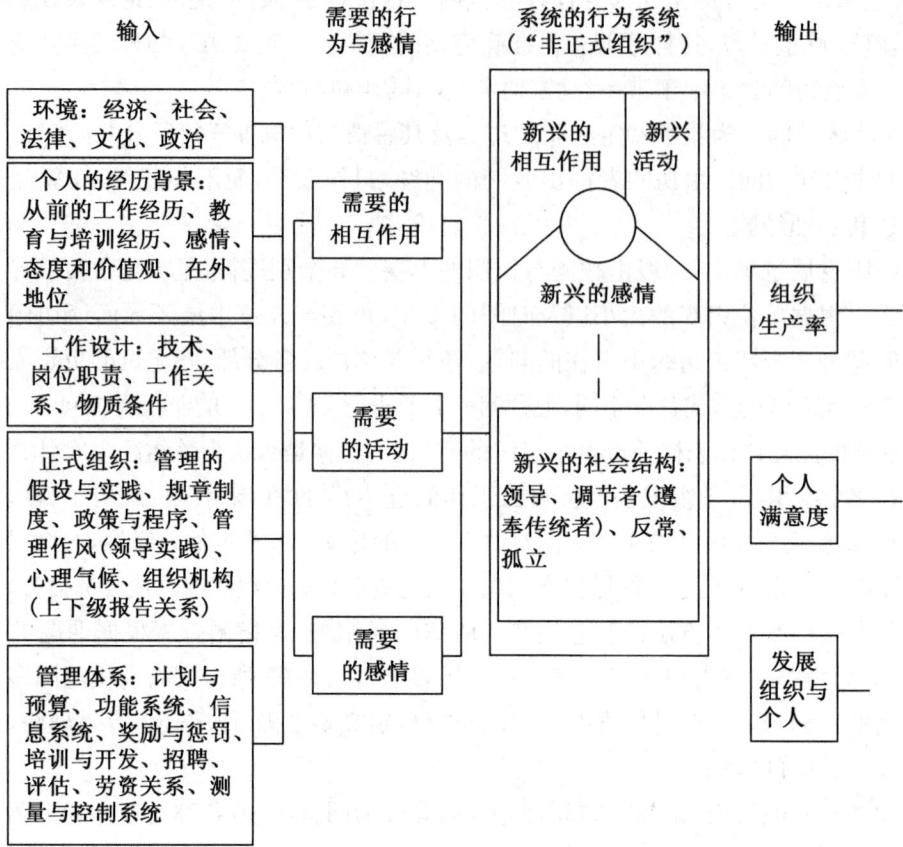

| 输入 | 需要的行为与感情 | 系统的行为系统("非正式组织") | 输出 |

图 4-7 工作群体行为:外部与内部系统因素之间的关系

图源:Frederick E. Schuster. *Human Resource Management:Concepts, Cases, and Readings*. Reston:Reston Pub. Co., 1985.

(四)资料反馈与讨论

这一步也许会与组织诊断有些重复,但这是一个详细讨论的过程。顾问将访问了解和问卷调查的材料总结报告正式向该组织领导汇报,让他们做具体讨论,确定组织所关心及存在的问题。领导们要考虑需要为该组织发展做些什么,将采取什么样的战略。这一步的目的是使组织准备实行组织发展的具体措施。

(五)行动介入

在组织发展过程中,大部分行动介入一般都是行为导向介入,即为影响个人和组织行为所设计的。但是与组织发展理论相一致的介入也有机构介入,即改革组织体系、岗位职责、技术或工资奖金报酬制度。在美国,行动介入技术有以下四种。

(1)实验室培训(Laboratory Training)。指为个人和组织创造一种实验室的气氛,使个人和组织在这种气氛中学习和发展新的行为。

（2）团体建立(Team Building)。指通过培训，建立团队，培养团队精神，提高组织成员之间以及组际之间的协作能力，引导大家共同努力，为实现组织目标而奋斗。

（3）管理方格图(Managerial Grid)。指美国工业管理界广泛运用的一种管理风格培训。它是指让组织成员了解别人的管理风格、人际交流能力等。这种管理行为的风格是由关心人和关心生产来衡量的。

（4）目标管理(Management by Objectives)。它既是一种管理的原则，又是一种管理方式，有时被称为成果管理。彼得·德鲁克对目标管理的精辟论断是：管理组织所遵循的一个原则是"每一项工作都必须为达到总目标而展开。任何企业都必须成为一个真正的协作体，把个人的努力凝合成为共同的努力。企业中的每个成员的贡献有所不同，但是大家都必须是为了一个共同的目标。他们的努力都必须朝着同一方向，他们的贡献联结在一起必须产生出一个完整的东西，没有漏洞，没有摩擦，没有不必要的重复劳动。"[①]许多组织发展实践者愿意将目标管理作为组织发展行动介入的一种具体战略。

根据舒斯特教授对美国的 500 家大公司的研究，差不多有一半的公司利用"组织发展过程"。采取"组织发展"措施的公司中，有大约 91％的公司认为，通过组织发展可以使组织成功地实现组织目标。组织发展是人力资源系统管理的具体体现，因为组织发展的中心是改善整个系统的功能作用。它通过运用行为科学知识对组织进行有计划的干预介入，自上而下地努力，使组织有效健康地发展。

第三节　组织发展变革的压力与阻力

在当今国内外变化万千的环境中，管理者需要很好地分析影响他们组织的重要变化的各种因素，做出对策。

一、组织发展变革的压力

组织面对未来的发展变革将会遇到以下几种主要的压力，如图 4－8 所示。

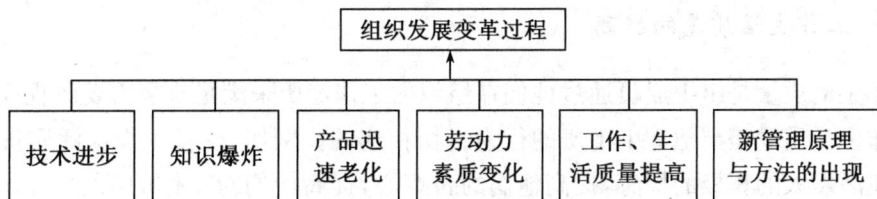

图 4－8　组织发展变革的主要压力

---

① 杜拉克.杜拉克管理应用词典.王霆,弓剑炜,等译.北京:九州出版社,2002.

（一）技术的不断进步

当今,技术变革的速度比以往任何时候都快得多,在各领域各阶层的工作中都有技术的变革和进步。在不久的将来,企业将只需要很少的职工从事重复性的常规工作。随着信息技术的发展,上层管理者对中层管理人员的依赖程度将会减少。他们将更多地注意组织目标的确定、长期计划的制定和外部环境关系的处理等。要实现这一切,那种传统的结构,由总经理一人来进行管理就不现实了。为了能做出复杂的决策,总经理要联合包括各种专家在内的参谋人员共同进行决策或者通过经理班子来展开决策过程。

（二）知识的爆炸

社会所积累的有用信息以不断增长的螺旋式上升的速度发展膨胀着。经营组织既刺激知识的爆炸,知识又反过来影响着经营组织的发展。各类组织均要求文化水平较高的职工来担负日益复杂的工作,知识的爆炸对管理者提出了新的挑战:① 发现和传播组织中早已存在的知识;② 要求和提出新的知识;③ 把知识转化为有益的产品和服务;④ 管理人员要具有高度的知识。

（三）产品的迅速老化

当产品的生命周期缩短时,各组织必须相应地缩短从产品设计到投产的时间。因此,为了使组织能在未来的环境中继续生存和发展下去,就必须给予组织,至少赋予某下层组织一定的灵活性。这种随市场变化的或具有灵活性的组织,可以允许管理者把人组织成几个小群体,便于根据情况制定发展战略、深入剖析目标对象。这种类型的组织结构除了使企业更具有灵活性和适应性外,还能使企业对预测系统所搜集到的信息迅速做出反应,采取新的经营形式,鼓励更多的人参与决策。

（四）劳动力素质的变化

不仅劳动力的成分和价值在不断变化,而且劳动力在组织之间的流动性也进一步加大,对员工开放的计划更促使工人们从一个企业流动到另一个企业。

（五）工作生活质量的提高

工作生活质量是组织成员通过他们在组织的工作经历来满足自身需要的程度。一个人的工作生活质量是与他们上下班的行为密切相连的。例如,改善工作生活质量之后可以更好地激发人的积极的情感,提高他们的自尊心,提高他们对工作的满意感,并使其更加勇于为实现组织目标而做出贡献,进一步增进人的身心健康,减少烦恼,可以使作为个人和作为组织成员的生产者通过改善工作生活质量得到更多的发展。

（六）新的管理原理与方法的出现

在日本,许多公司其卓越的管理系统使生产率得到了较大的提高。日本管理当局的基本方针是把人力资源看作组织最重要的资产。日本的公司是以综合的战略和方法来进行管理的(如图4-9)。

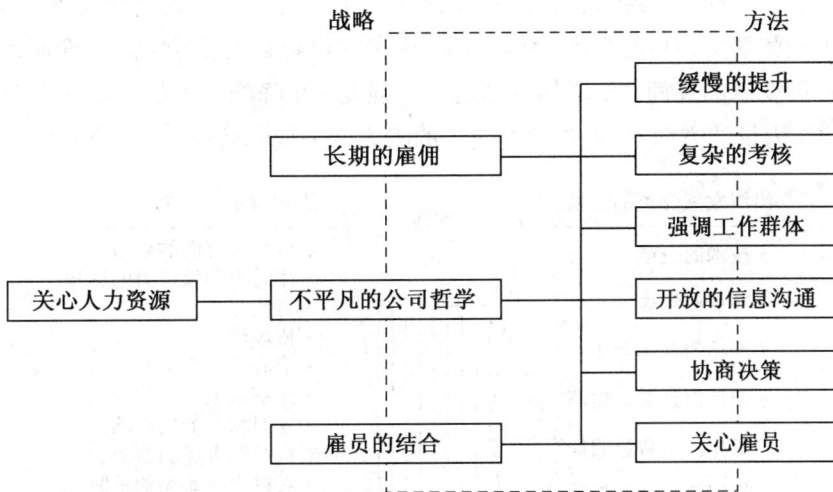

图4-9 日本公司的综合战略

企业在国际市场中需要有效的竞争,对于管理者和组织来说,又进一步增加了压力。

二、组织发展变革的阻力

当今,绝大多数的管理者,深切关心的是为了适应不断变化的环境,应采用什么样的发展战略的问题。一个国家的组织和社会的变革问题绝不是孤立的。它们反映前面所提到的某些变革的基本压力。成功的管理者正在不断探索一种既能适应环境的变化,又能预测和积极地影响环境变化的具有灵活性的组织结构。这需要系统地、有计划地改变工作条件,建立各种相互关系以及信息沟通系统等,与未来能预测的和不能预测的要求相适应。组织发展变革的阻力来自个人和组织两个方面,具体如图4-10所示。

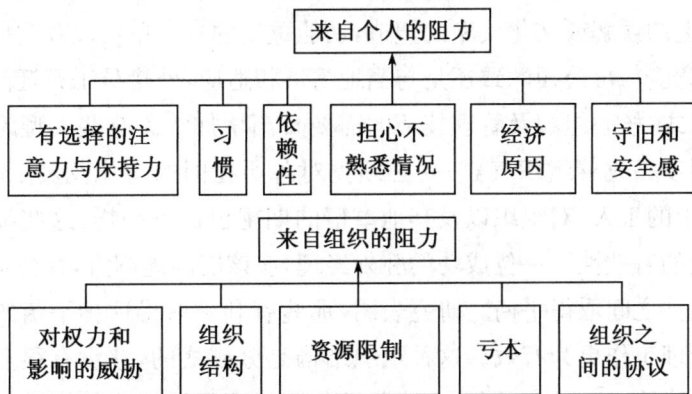

图4-10 组织发展变革的阻力

社会心理学家库尔特·勒温(Kurt Lewin)提出了观察变革步骤的方法。这种方法为管理人员提供了一个很有用的行动方向。勒温认为变革不是一种静止状态,而是不同方面的力量相互作用的结果,是一种动态平衡。任何一种状态均是一部分变革的阻力,要求保持原来固有的状态,而另一部分是推动变革的动力,反对那些阻力。综合这两组力量如图 4-11 所示。一种阻力经常会抵消好几种变革压力的效果。为开创发展变革的局面,管理者必须调整现实力量的平衡,换句话说,现实的均衡必须要"解冻"。管理者可以通过下述方法开创变革的局面:① 增加变革压力的强度;② 降低阻力的强度或安全地把阻力转移;③ 改变力量的方向,也就是说把变革的阻力变为变革的压力(推动力)。

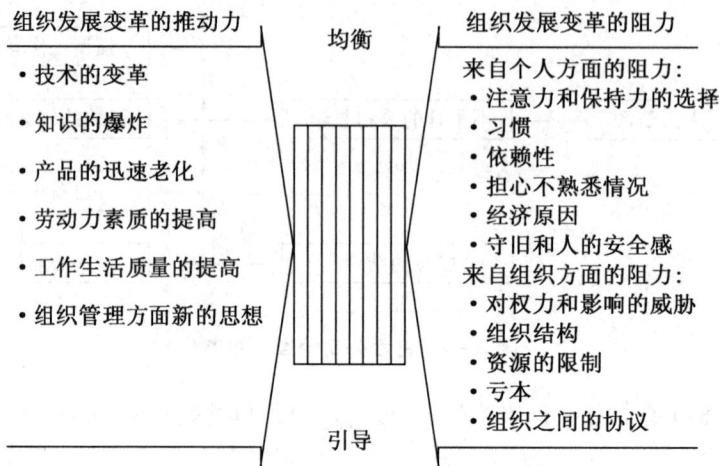

组织发展变革的推动力　均衡　组织发展变革的阻力

- 技术的变革
- 知识的爆炸
- 产品的迅速老化
- 劳动力素质的提高
- 工作生活质量的提高
- 组织管理方面新的思想

来自个人方面的阻力:
- 注意力和保持力的选择
- 习惯
- 依赖性
- 担心不熟悉情况
- 经济原因
- 守旧和人的安全感

来自组织方面的阻力:
- 对权力和影响的威胁
- 组织结构
- 资源的限制
- 亏本
- 组织之间的协议

引导

图 4-11　组织发展的综合力量

第四节　跨国企业的组织发展

企业国际化的不断发展,在管理及组织方面产生了许多新问题与新困惑。一般而言,这些问题大多是由于文化与环境背景不同而产生的,如法律规范,不同文化背景下的组织设计问题,文化上的误解或文化典型的塑造,功能重复的多个单位以及它们之间的紧张关系,组织制度究竟应与母公司一致还是与当地情形相适应,外籍员工升迁问题及策略性调度主管的升迁方式,核心组织及管理技巧的需要日渐增加等。有些大型跨国企业想要设计出一套激励制度去改善组织气氛,就必须先对各所在国的文化及员工心态有所了解。同时,不同社会中的工人,对组织以及其他事情的期望也都不一样,这些都影响各种组织发展或管理制度的有效性。一位成功的驻外经理,应该能因地制宜,在公司总部的意愿和东道国当地的条件之间取得平衡。研究表明,那些有利于取得这种平衡的组织结构能使得驻外经理的管理工作更为有效。这种组织结构是分权式的,它没有很多的条条框框和一成不变的清规戒律,能适应不同的环境与条件。经理所要解决的难题是寻找最适合他或她的战略组织形式。发展适当组织形式的问题由于以下两个原因而显得更加困难。

(1)当产品本身变化以及市场发展时,与该产品有关的战略可能也要发生变化,对这种变化的方向需合理地做出判断。这些变化不仅使经理面临如何让组织适应其现行战略需要的问题,还引发了对这些需要的未来变化进行追踪的问题。

(2) 适合于企业内的一种产品系列的组织形式可能与同一企业内适合于另一种产品系列的组织形式极为不同。

实际上,职能组织在一段时间里通过调整为可见的种类而得到发展。当种类发展时,通常首先通过非正式的、渠道之外的调整来处理这个新问题。当最后做出正式调整时,这种调整受到了先于它存在的结构和必须被容纳在组织中的人的极大影响。典型的例子是,国际分部中的生产和销售专家发现,他们自己不得不越来越多地与各种国内产品分部的对手进行协商。情报必须交流,计划必须协调。相应的内在特征的各种因素开始将国际分部分开:① 与其他分部之间信息频繁流动的内在特征,引起发送者和接收者之间联系的减少;② 大型企业组织的内在特征,产生分部内部信息交流效率降低的问题。按产品系列划分的组织发现,它们的产品集团在特定国家或地区按照相互冲突的目标经营,仅仅是由于每个地区产品集团中的信息交流的低效率;以地区为基础的组织发现,地区间产品战略的协调令人很不满意。

某些企业主要通过经营试验和失误得出最理想的形式是混合型这一结论。在这种组织中,有些职能在所有产品和地区间进行协调,有些产品在所有地区间进行协调,而其他产品则主要由一些地区进行协调。这种组织类型如图 4-12 所示。

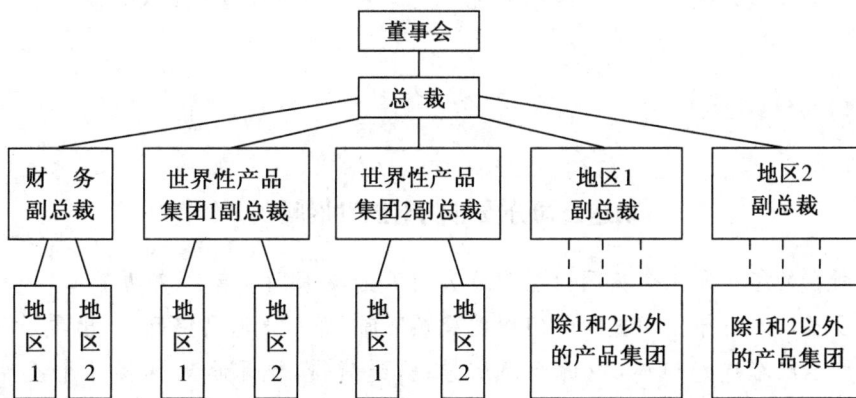

图 4-12 海外扩张发展到高级阶段的混合组织

当然,图 4-12 中尚有许多组织问题有待明确。例如,一个常见的问题是,形势需要时,如何在某些特定地理区域内协调企业的活动。在图中的不同部分,对该组织的不同方面很难得出孰优孰劣的结论。例如,在每个全球性产品分部中,承担地区职责的经理是否比承担职能职责的经理更优越;或反之,是否职能经理更优越。实际上,不同的分部对这个问题的答案是不同的;而且,在任何分部中答案会随所提问题的类型不同而不同。有关企业经营程序的各种惯例可以被正式编纂,否则它们可能被非正式地维持。

因此,国际企业的组织没有也不可能有一种完善的标准形式,成功的应变需要不断地重新设计组织结构,使其具有与目标和任务保持一致的能力。

Conclusion

人力资源管理系统模式由美国人力资源管理教授弗雷德里克·舒斯特(Frederick E. Schuster)博士设计,是将各子系统与组织目标紧密结合的结果。

组织发展的目的是帮助每一位职工发挥才干,竭尽全力,改善个人之间、群体之间的工作关系,其总体目标是提升整个人力资源系统功能,基本出发点是改善整个组织的职能。组织发展变革存在压力和阻力,压力主要来自技术的不断进步、产品的迅速老化、劳动力素质的变化等6个方面;阻力则来自个人和组织两方面。

此外,本章探讨了跨国企业组织发展最理想的形式——混合型,即有些职能在所有产品和地区间进行协调,有些产品在所有地区间进行协调,而其他产品则主要由一些地区进行协调。

Keywords

人力资源管理系统   组织发展   人力资源管理计划

Case-Study ◇

制造公司分支部门组织发展问题[①]

客户所在的组织是一个美国大型制造公司的分支部门。部门有两个工厂,都是生产重型电器设备的。当布伦南被聘为组织发展顾问时,部门正遇到些麻烦,出现了一些质量和控制问题。顾客抱怨连连,投诉产品质量差,送货慢,比承诺时间慢几个星期甚至几个月。

在布伦南到部门几个星期前,公司总部的一个高级副总刚考察过该部门的高管团队,高管团队一共有六人。公司副总非常清楚问题所在,对当时的情况极为不满。考察快结束时,他宣布,除非部门在六个月内发生"翻天覆地"的变化,否则就撤销它。这一最后通牒意味着将有1 000多人失业,当然也包括部门的高管团队。尽管该部门两个工厂的工人都参加了工会,但是如果公司副总觉得有必要,他就有权撤销这个部门,这个决定也得到了上级的支持。

在危机爆发前几个月,部门总经理已经采取了一系列措施,试图解决问题。他与高管团队召开多次会议以解决问题;解雇了生产部的负责人,换上了更有经验的人;他抽出时间与一线的管理人员和工人进行车间交谈,让生产工程师抓紧实验,寻找更好的工艺方

---

① 根据哥伦比亚大学组织发展课案例改编。

法;他甚至召开全体员工大会,呼吁他们努力工作。会后,部门内随处可见张贴的标语:"努力成为公司分支部门中的佼佼者"。但是,这些做法收效甚微。

总经理还向公司员工关系部和培训专家寻求帮助。其中一位专家到部门考察过几次,最终认为聘请一个在组织发展方面有经验的外部顾问或许有帮助,于是他联系了布伦南,并安排了一次实验性的考察。

布伦南的第一次考察,也就是公司副总考察并下达最后通牒几个星期后,包括以下几个方面:

(1) 与总经理进行长谈;

(2) 简单地观察大部分生产流程;

(3) 与部门高管团队正式会谈,以便提出问题,找出症结所在;

(4) 讨论提出的行动方案,建议从公司上层开始。

布伦南对高管团队的每个人单独进行访谈,并向他们集体汇报访谈过程中诊断出的问题,之后共同决定下一步方案,他们都赞同布伦南的建议。

几个星期以后,布伦南开始对高管层的 6 个成员进行访谈,每个人大概一个小时。他们指出了问题的多种原因,有一些人的观点互相矛盾。显而易见的是,尽管大家大体上都理解部门的目标,但都不清楚目标的首要任务具体是什么。此外,还有一些人际关系的问题,比如市场部负责人和员工关系部负责人之间的矛盾(市场部经理认为员工关系部经理缺乏说服力,员工关系部觉得市场部经理太吹牛)。

部门决定在距部门 90 英里远的一个宾馆里召开一次为期两天半的场外高管会议,弄清楚部门的首要任务是什么,同时消除一些人际关系上的矛盾。

会议很成功,预期目标都已经达到,大家明确了关键问题所在,并提出了改进方案。布伦南将组织中存在的问题抽丝剥茧,最后终于找到了具体症结所在,这一组织存在的关键问题是两大主要职能部门——工程部和生产部缺乏合作。

制造公司分支部门下设市场部、财务部、工程部、生产部、员工关系部五大部门,是按照职能来划分的。按职能划分的一个主要优点在于组织责任的清晰,由于分工明确,且在一个单一的部门内,各部门的专业知识有机会得以不断累积,而缺点则是责任分工过于细致。市场部只做市场,生产部只做生产,二者很少有机会交流,因此在工程部和生产部之间出现了问题。设计工程师认为生产人员没有完全按照计划书进行,生产人员则认为设计师没有考虑到生产设备的老化问题。由于设备原因,生产人员无法按照设计师的计划书要求达到合理误差,双方都将产品质量和公司不能按期交货的原因归咎于对方。

这类冲突在按职能划分的组织中很常见。这种组织的优点非常明显,但同时需要在不同部门之间进行合作和沟通。此外,日常生产的压力,让管理人员很难在部门之间发生冲突的时候抽身去明确诊断当时的情况。管理人员花了很大工夫去救火,但是治标而不治本,而作为没有被日常事务缠身的外部顾问则会更加客观地看待问题。因此,布伦南作为这个部门顾问的第一个角色就是诊断医生。

接下来就是要处理内部的冲突。一个月后,大家又召开了一次场外会议,参会人员包括工程部的六位负责人员和生产部的六位负责人员。这些人大部分都是工程师,有些是工程部的设计工程师,有些是在生产线上的生产工程师。设计工程师将设计蓝图交给生产部门制造指定的电器设备,这两个部门本应该密切合作,但生产部门的人员一再抱怨设计误差过于严格,他们那些老化的机器根本完成不了。如果要满足设计规划书的要求,就必须采购新的设备,但是成本上又不允许。"另外,"他们还说,"那些搞设计的家伙们从来就没进过商场的门,他们怎么知道我们是否按照他们的规格做呢?"

他们反映的这些意见和态度很有代表性也很常见。在这样的组织中,部门之间不可能有更多的交流。不同部门之间保持一定的距离,以保护自己的利益,这是很常见、很自然的。

布伦南采取了一个标准的组织发展跨部门问题解决模式,与两个部门共同合作,以理解并弄清它们的区别。布伦南将两个部门暂时重新组合为三个跨部门的四人小组,制定了明确的行动方案,并让他们按照方案处理部门间存在的问题。这一模式的目标就是明确提出问题,让相关各方都了解存在的问题,从而更有效地解决问题。最初是让双方都谈谈如何看待自己的部门和对方,接下来,分析两个部门存在的问题,最后,重组后的部门成员共同研究减少冲突的计划和解决问题的方案。

解决冲突的程序如下。

参加人员:生产部(6人),工程设计部(6人)。

第一步:提出看法。每个部门的6个人成为一组,与另一个部门的成员分开,分别列出三点,即我们如何看待自己,我们如何看待对方,我们认为对方如何看待我们。

第二步:交换看法。12个人在一起,每个部门的小组向对方部门的小组展示本部门列出的看法。

第三步:找出问题。使用第二步提供的信息,两个小组再次分开,找出两个部门之间存在的主要问题。

第四步:交换问题。每个小组向对方展示自己小组列出的问题。

第五步:问题合并。整个小组两个部门的所有代表将两个单子合并成一个。

第六步:排列重点。12个人一起将问题的重要性由大到小排列。

第七步:集体解决问题。整个参与人员重组为三个跨部门的暂时问题解决小组。每个组由4个人组成,2个生产部的人,2个工程设计部的人,选择3个最重要的问题中的1个问题进行讨论,找出解决办法的方案。

第八步:总结陈词。每个小组分别向另外两个小组陈述各自解决办法的方案。

第九步:后续计划。12个人最后的活动就是落实解决方案的计划。

这个跨部门会议的召开直接引出了下一个环节,一个亟需关注的问题就是生产部团队内部缺乏协调。对于同样的设计生产问题,设计工程师证实,他们很难从生产部不同的人中得到相同的答案。

所以,咨询的下一步就是帮助生产部的高层进行一次团队建设会议。

跨部门协调会议召开大概两个月后,布伦南与生产部的生产工程师和主任召开了为期两天的团队建设会议,制定了生产的具体目标,列出生产部的首要问题,明确了角色和责任,还处理了一些人际关系上的冲突。

　　此时,布伦南已经跟这个部门断断续续接触了9个月,与生产部的团队建设会议结束之后,他认为自己已经开始觉察出部门问题的真正原因,在那之前,布伦南主要还是处理问题的症状而不是根源。比如说,他注意到,一线的管理人员对那些小时工没有实质上的奖励,他们只会口头上喊几句:"干得很漂亮,爱丽丝"或者"继续好好干,乔",但是仅此而已。而且,偶尔还会用一些消极的做法,比如威胁他们,如果干活达不到标准,就让他们回家待一两个星期,不给他们钱,而这种做法又是工会合同允许的。

　　小时工的工资是按天支付的,产业工程师算出一天8小时内固定工作量的平均生产效率,这一制度并没有对生产出更多产品的工人进行额外的奖励。

　　布伦南向部门总经理提议改革奖励制度。当提出这个建议的时候,他激动得满脸通红,并解释道,几年前,"按天工作制"正是公司现在的总裁亲自制定的,总裁并不相信奖励机制。部门总经理说得很清楚,他不会向他的大老板、公司总裁建议废掉这种制度。布伦南同最初与其联系的员工专员进行确认,证实这一制度的确是总裁制定的,改变这个制度不太可行。

　　听到这个消息以后,布伦南感到很沮丧。他以为终于找到了公司或者部门在生产方面存在的根本问题,然而,这一根源却不能深入挖掘。布伦南坚持,在整个问题解决的过程中,如果部门总经理不愿意改变整个公司的工资制度,至少可以改变小时工的奖励制度,但是公司仍然不愿意迈出这一步。

Analyze:

1. 为什么部门总经理采取了一系列措施却收效甚微?

2. 工程部和生产部冲突的原因是什么?布伦南是如何解决两个部门间的冲突的?

3. 案例中制造公司分支部门组织发展问题的根源是什么?

4. 结合激励相关理论及绩效相关知识,谈谈奖励制度该如何改革。

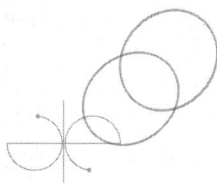

第五章　国际企业组织学习

Organization Learning in Multinational Companies

Aim at ◇◇

◆ 了解组织学习与学习型组织。
◆ 掌握组织学习相关理论。
◆ 了解国际企业跨文化组织学习。

Lead in ◇◇

IBM 的组织学习[①]

IBM 拥有良好的支持学习和自我发展的企业文化,不断投资员工教育,使员工随时随地都处于学习的环境中。学习已经刻入 IBM 的基因,并成为公司战略的驱动器。早在 1918 年公司创建之初,IBM 就成立了第一期顾客培训班;1925 年 IBM 成立了教育中心。在 20 世纪 90 年代 IBM 摆脱困境的过程中,学习发挥了至关重要的作用。正是 IBM 先进的学习体系和机制,使公司在短短 12 年时间内,完成了由 IT 制造公司向全球性服务公司的成功转型。

经过近一个世纪的持续发展,IBM 在学习上的投入每年高达 7.5 亿美元,员工每年投入的培训时间达到 1 700 万小时(平均每位雇员 55 小时),其中 47% 的培训已经通过在线方式完成。作为全球最大的咨询和 IT 企业,IBM 分公司遍布世界各地,拥有员工超过 30 万人。团队在工作时,经常跨国合作,这促使 IBM 在协作学习、知识分享和应用方面具有成熟的管理实践经验。

---

① https://mp.weixin.qq.com/s/3n-alQbquRu99deu91AvZg.

IBM 学习的框架体系把企业学习分为四个层次：从信息中学习、从互动中学习、从协作中学习和从体验中学习。

第一层次是从信息中心学习，员工通过互联网，参与网络讲座、在线浏览网络图书与参考资料，通过读、听、看，实现概念认知及理解；第二层次是从互动中学习，员工通过多媒体，完成自我指导式学习，在人机互动游戏上实现教练和模拟，通过亲自体验与尝试帮助员工实现程序理解及应用练习；第三层次是从协作中学习，员工相互协作，通过实时虚拟教室、虚拟会议、虚拟团队，与他人讨论并共同实践，得以分析并解决问题；第四层次是从体验中学习，员工通过面对面的方式，得到专家辅导，集中进行案例学习，完成角色扮演等任务，员工与导师聚在教室，分享经历，建立团体关系。

IBM 不同部门面临着不同的学习挑战和要求。公司的领导者试图在企业层面整合这些学习要求和知识目标。IBM 学习团队的专家将学习应用于三个层面，获得相应的成果。当学习者从这些层面来行动时，公司通过以下三种方式来提升商业价值。

1. 个人发展。确保员工对变化的世界做好应对准备是 IBM 的使命。公司关注于知识、技能和素质，提升以市场价值为导向的员工技能。通过强化员工的专业能力，获得优化的、低成本的劳动力资源。

2. 团队学习和相关知识。公司关注于调整和采取行动，确保团队与新的方向保持一致。公司驱动并加速团队行动，对基于团队的创新给予确认。IBM 基于定义好的规则体系设立了 15 个专业方向。各层级、各专业方向的雇员能够互相协助。出色的团队学习使每个成员能比单独工作创造更多的价值，并提升企业绩效。

3. 变革型学习和相关知识。公司关注于能激发新视角和想法的创新，将新想法实施于重要的课题，优化 IBM 的生存空间。

目前，IBM 正致力于将学习模块置入人力资源管理体系中，开发并学习在人才管理、职业生涯发展和人员配置方面的应用。这样可以更好地激励和发展员工，建成更完善的 IBM 全方位学习体系。

Focus on：

IBM 公司是如何构建学习框架体系的？

第一节　组织学习与学习型组织

在《骑虎难下：变革时代的经营》[①]一书中，作者欧文写道："曾有一段时间，企业的管理任务是制造产品和获得利润，而现在，企业更重要、更根本的任务是成为一个有效的学习型组织。虽然这并不意味着产品和利润不重要了，但如果没有持续的学习，产品和利润将无从谈起。"在新的知识经济时代，随着经济全球化、市场一体化和管理柔性化的发展和

---

① Harrison Oven. *Riding the Tiger：Doing Business in a Transforming World*. Abbott Publishing, 1992.

变革,不同国家和种族的人们虽然拥有迥异的文化、价值观,但日益趋向融合,不同员工可能相隔万里,但共同服务于一家国际企业。全球化的趋势引发了经济与社会多种力量的重新组合,不同权利与义务,不同文化和价值观的融合也将带来新的挑战与机遇。面对这样的挑战与机遇,一个组织如果不能通过快速、有效的学习去适应环境的变化,那么其灭亡必将是为期不远。只有那些能够及时转变以更迅速、更精确把握变革的企业才能够获得成功。目前在这方面的研究文献主要有两大类:理论研究性和实践探索性。理论研究性文献注重于对学习过程的研究,实践探索性文献则注重于对学习型组织构建的研究,前者主要讨论的是组织学习,后者则是学习型组织。

一、学习型组织的提出

20世纪90年代,现代管理理论研究迎来高潮,集中体现在两本著作中:一为彼得·圣吉(Peter M. Senge)所著的《第五项修炼——学习型组织的艺术与实务》,[①]另一为哈默(M. Hammer)与钱皮(J. Champy)所著的《公司再造》。[②] 这两本书中所撰述的管理理念与管理方法被称为管理的革命。

美国麻省理工学院教授、著名管理学家彼得·圣吉在《第五项修炼》中提出,为了提高组织素质,要建立一种新的管理模式——学习型组织(Learning Organization)。在该书中,圣吉系统、细致地分析了学习型组织的内部结构和运作规律,他认为:学习型组织是21世纪全球企业组织和管理方式的新趋势。这是因为当今的社会与经济环境具有高度的不确定性、动态性和复杂性,传统的等级科层制管理模式已显陈旧,无法适应新的形势,而新的学习型组织强调授权、自主管理、自我学习、富有弹性、反应灵活。从社会发展的角度来看,工业化社会的发展日趋成熟,人类社会物质财富日益丰富,人们的工作观发生了深刻变化。追求物质层面的工作价值观向追求精神层面的转变,使学习与工作的融合成为可能。从时代发展来看,在知识经济时代,知识将成为创造财富的主体。破除旧的思维方式、管理理念的束缚,获取知识和应用知识的能力,即组织、团队和个人的学习能力将成为竞争力的关键。

二、组织学习与学习型组织

根据字典对于"学习"的定义——"获得知识或技能",学习包括两层含义:一是技能学习,即知道怎么做;二是知识学习,即为什么要这样做。长期以来,心理学、语言学、教育学和其他领域的学者就人类的学习活动进行了深入的研究,他们在揭示人类本身认知能力的限制的同时,也发现了人类对新知识接受能力的无限性。许多学者对组织学习的研究是基于认知和行为的关系而进行的:阿吉里斯(Argyris)和谢恩(Schon)认为学习只有在

---

① Peter M. Senge. *The Fifth Discipline—the Art and Practice of the Learning Organization*. Random House Business Books, 1990.

② Michael Hammer, James Champy. *Reengineering the Corporation: A Manifesto for Business Revolution*. Nicholas Brealey, 1993.

新的知识转变为不同的、可以重复的行为时才会发生；①皮格特（Piaget）认为组织学习的关键在于适应性互动，即对环境变化的认识导致了人类的思维发生变化；②柯伯（Kolb）认为组织学习过程中的知识是通过经验交流而产生的；③而圣吉则在系统动力学研究基础上提出如何通过五项修炼（自我超越、改善心智模式、建立共同愿景、团体学习、系统思考）的学习整合打造学习型组织，并特别强调了系统思考在学习型组织构建中的关键作用。④

在对学习型组织和组织学习的研究中，许多学者把学习型组织和组织学习混为一谈，认为可以互换使用。⑤ 其实，"组织学习"的中心词为"学习"，"学习"在此术语中为名词性，而"组织"则作为形容词修饰中心名词"学习"，其意在于研究何种学习。对于这个问题的答案可能有经验性学习、实习性学习、个人学习、团队学习以及组织学习等。相反，"学习型组织"的中心词为"组织"，"组织"在此用作名词，而"学习"则用形容词修饰限定中心词"组织"，其意在于研究"何种组织"。对于这个问题的答案可能有一个好的组织、一个高效的组织、一个衰落的组织、一个蒸蒸日上的组织、一个学习型组织等。

综合国内外相关文献，目前普遍为学术界所接受的关于组织学习和学习型组织的定义为：

组织学习，即组织的学习过程。主要研究组织中的个人、团队以及组织本身如何学习的问题，组织的学习过程可以归结于现在发生的组织行为的变化，也可以归结于组织潜在的未来应用能力的增强。这两方面伴随着认知的发展变化而完美结合于组织学习。

学习型组织，即使得组织向期望状态发展的学习活动所发生的地方。因此，一方面学习必须由个人向团队并进一步向组织转变，另一方面又必须归结于行为的改变。如果没有最终行为的改变，真正的学习就没有发生。

第二节　组织学习理论

一、组织学习理论的提出与发展

组织学习的概念是阿吉里斯和谢恩于 20 世纪 70 年代提出来的，其本意是指"发现错误，并通过重新构建和调整组织而进行修正的过程"。⑥ 长期以来，对组织学习的研究主要在经济学和管理学两个学科内进行，前者把组织学习归结为商业活动数量上的增加，而后者则把学习等同于组织效率的持续提高，这两者都过于注重组织学习的效果而忽略了组织学

---

① C. Argyris, D. A. Schon. *Organizational Learning：A Theory of Action Perspective*. Reading, M. A.：Addison Wesley，1978.

② J. Piaget. *Structuralism*. New York：Basic Books，1970.

③ D. A. Kolb. *Experiential Learning：Experience as the Source of Learning and Development*. Englewood Cliffs，New Jersey：Prentice Hall，1984.

④ 彼得·圣吉. 第五项修炼——学习型组织的艺术与实务. 第 2 版. 郭进隆译. 上海：上海三联书店，1998.

⑤ 如 Crossan and Guatto（1996），Boje（1994），Nevis et al.（1995）in Ortenblad（2001）都提出这样的观念。

⑥ C. Argyris, D. A. Schon. *Organizational Learning：A Theory of Action Perspective*. Reading, M. A.：Addison Wesley，1978.

习动态过程的真实含义。① 对组织学习内涵的研究在 20 世纪 90 年代随着知识经济时代的来临才开始突破过去的限制,许多学者对组织学习问题进行了探讨,取得了一系列新的进展。

组织学习作为组织获取核心竞争力和可持续发展能力的重要手段,是一个动态的过程:就组织学习发生的方式来看,包括单环学习、双环学习和三环学习三种模式;从组织学习发生的载体来看,主要有个人、团队和组织三个层次;从组织学习过程本身来看,则分为直觉感知、解释说明、归纳整合和制度化四个子过程。心理学、语言学、教育学等领域的学者对人类学习活动过程的研究由来已久,他们在揭示人类本身认知能力有限性的同时,也发现了人类对新知识接受能力的无限性,如皮格特(Piaget)对儿童认知发展过程的研究② 勒温(Lewin)对人类行为训练的研究③等。他们的贡献在于揭示了人们作为一个个体或团队如何进行学习。对于组织学习这样一个系统的动态复杂过程,许多学者习惯于先分割再组合的思维模式,这是当代社会学研究思潮的主流,在许多研究中非常恰当且必要,但另一方面,分割却也使我们丧失了更深入观察整体形成的要素——组成分子之间的互动关系,以及这种关系间的相互作用所形成的复杂现象,即圣吉(Senge)的"动态性复杂"④的机会。

二、组织学习模式:单环学习、双环学习与三环学习

一个组织的学习能力是组织得以生存和可持续发展的动力。很多学者就组织学习本身进行研究,提出了单环学习、双环学习以及三环学习这三种学习模式。

单环学习是指组织在察觉问题的存在后,依其既定的行为规范和政策进行整改以达成组织目标的过程。⑤ 在此过程中,面对变化和暴露出的问题,组织并不能对其既定的固有政策、目标以及心智模式进行调整,因此,单环学习实质为一种僵化的不灵活的单向学习过程,其所关注的问题仅在于:"我们是否做对了?"

双环学习是指组织可以在调整其现行的政策、规范和目标的基础上处理所暴露出的问题的过程。⑥ 换句话说,双环学习本身即为一个动态的过程,其在组织本身现有的知识和能力基础上,通过对一些带有共性的问题的处理,产生新的政策、目标以及相应的心智模式,并以此作为解决未来可能发生的共性问题的指导。⑦ 就双环学习而言,其成败的关键一方面在于组织对防御性心理和行为障碍的克服,另一方面则在于组织中进行建设性自由对话和沟通的能力。⑧ 显而易见,双环学习可以促进和增强组织在新的复杂环境下

① John A. Peare Ⅱ, Richard B. Robinson, Jr. *Management.* Random House Inc., 1989.

② J. Piaget. *Structuralism.* New York: Basic Books, 1970.

③ Kurt Lewin. Resolving Social Conflicts and Field Theory in Social Science. *American Psychological Association*, 1997.

④ 彼得·圣吉. 第五项修炼——学习型组织的艺术与实务. 第 2 版. 郭进隆译. 上海:上海三联书店,1998.

⑤ C. Argyris, D. A. Schon. *Organizational Learning: A Theory of Action Perspective.* Reading, M. A.: Addison Wesley, 1978.

⑥ John A. Peare Ⅱ, Richard B. Robinson, Jr. *Management.* Random House Inc., 1989.

⑦ R. Snell, A. Man-Kuen Chak. The Learning Organization: Learning and Empowerment for Whom?. *Management Learning*, 1998.

⑧ C. Argyris, R. Putnam, & D. Mclain Smith. *Action Science: Concepts, Methods, and Skills for Research and Intervention.* San Francisco, C. A.: Jossey-Bass, 1985.

的适应和生存竞争能力,但对于大多数组织来说,双环学习的实现并非易事,其过程中总是会遇到来自方方面面的障碍和阻力。① 双环学习所关注的问题是:"我们做得是否对?"

三环学习所考虑的是组织结构和战略层面上的变革。② 三环学习的基础是集体智慧。三环学习将组织所遇到的各种各样的问题及其解决过程中得到的经验在宽度和深度上进行拓展和整合,并在此基础上进行组织结构和战略的变革,开发出新的技能和能力。三环学习所关注的问题是:"我们是否能参与战略、目标等的变革?"

相对于单环学习,双环学习尤其是三环学习更注重于变革和创新。随着组织学习本身的层次越高,学习过程越来越复杂,遇到的阻力和障碍就越来越多,其实施的难度也将越来越大。

三、组织学习过程

组织学习过程一般包括直觉感知、解释说明、归纳整合以及制度化这 4 个子过程,③组织学习从一个子过程到另一个子过程之间是自然过渡的,因此,很难精确定义组织学习各子过程的始点和终点。组织学习一般始于组织中个人的探索,一旦获得成功,最终将会在组织中得到推广和应用。

（一）直觉感知过程

直觉感知是组织凭借组织中个人的经验及其内在的潜力对外界环境变化的认识过程。此过程能够影响组织中个人的行为,并在组织中的个人试图与他人发生联系时会作用和影响到他人。作为组织中最基本的学习过程,比较为大家所接受的关于直觉感知的定义是"一种对过去的行为模式的再认识过程。"

直觉感知在很大程度上表现为一种潜意识的不自觉的学习过程。个人直觉感知的结果是对未来可能性的一种感觉,或对潜在的可能发生的事情的一种直觉判断。个人在探索学习过程中获得的经验是一种隐性知识,本身具有很强的主观性并且深深扎根于个人的特殊经历。因为没有一种语言可以用来描述潜在的直觉,所以很难对其进行显现、检视和解释。直觉感知可能影响和引导个人的行为,但却很难与他人共享。个人唯有通过想象和隐喻才能够和其他人就其直觉感知进行沟通。很多学者已经注意到了隐喻在个人就

---

① C. Argyris, D. A. Schon. *Organizational Learning Theory, Method, and Practice*. Reading, M. A.: Addison Wesley. 1996.

② R. L. Flood, N. R. A. Romm. *Diversity Management: Triple Loop Learning*. New York: John Wiley and Sons, 1996.

Chicester Wiley, R. Snell, & A. Man-Kuen Chak. The Learning Organization: Learning and Empowerment for Whom?. *Management Learning*, 1998.

I. R. Georges, Arjen Van Witteloostuijn. Circular Organizing and Triple Loop Learning. *Journal of Organizational Change Management*, 1999.

③ M. M. Crossan, Henry W. Lane, & Roderice E. White. An Organizational Learning Framework: From Intuition to Institution. *Academy of Management Review*, 1999.

其直觉感知与他人沟通中的关键作用。特索卡斯(Tsoukas)认为,①隐喻使得信息得以从相近的已知领域传递到一个全新的完全未知的领域,即从已知到未知,从我们可以用共同的语言来解释和分享的现实,到那种尚不能用确切语言来描述的想象空间。隐喻,标志着解释说明学习过程的开始。

(二)解释说明过程

解释说明是通过语言或行为来解释直觉感知所得的学习过程。这个过程使相关的语言从无到有,并得以渐渐地发展。直觉感知过程主要在于潜意识的想象空间的发展,而解释说明过程则开始了有意识的个人学习。语言在解释说明过程中起到了极为关键的作用,它不但使人们能够解释他们的感觉及基于感觉的想法,而且能够描绘出其间明晰的关系。

解释说明过程与个人和组织所处的环境是紧密关联的。个人心智模式在受到所处环境影响的同时,也引导着解释说明的学习过程。正如威克(Weick)所说,②人们潜意识中往往倾向于"见其所信",而不是"信其所见"。不同的个人基于其固有的心智模式对于同样的刺激会有不同的反应,同样的刺激对于不同的个人也就会引致不同的结果。这种不同并不是因为信息本身质量的不确定性而引起的。对于团队而言,即便是高质量的对称信息也会在其成员中引致不同的甚至是完全相左的多种结果。这种差异是个人对目标事物的理解不同所致,有望在解释说明的学习过程中通过良好的沟通得到解决。

语言不但在个人形成其心智模式的过程中极为重要,而且也是个人认同于组织共识的关键。解释说明是形成和提炼常用的组织术语、产生组织共识的学习过程。通过对话和沟通,形成大家所共同认可的术语和行为规范,原本模棱两可的甚至是完全相对立的问题也可能得到解决。随着个人学习所得在解释说明的过程中得到团队的承认,归纳整合即成为可能。

(三)归纳整合过程

归纳整合是在个人间通过相互的沟通而达成共识、采取一致行动的过程。在此过程中,主要通过对话和共同参与的行动来发展共识。解释说明的组织学习过程在于个人的心智模式和行为的改变,而归纳整合的组织学习过程则主要在于通过个人间的沟通、相互适应以达成组织行为的一致性。语言作为一种沟通工具,不仅可以帮助组织和个人保留所学知识,还可以帮助组织成员进行交流,并在交流中碰撞和激荡思维,产生新的知识。通过沟通,语言得到进化。基于不断进化的语言所产生的对话,一方面使得个人、团队和组织间的互动成为可能,另一方面也使得组织成员间的共识得以形成和发展。

归纳整合过程开始时是随机的、非正式的,但一致的行为一旦重复发生并越来越有规律,越来越为组织中成员所认可和接受,其将会变为一种制度,即制度化。

---

① H. Tsoukas. The Missing Link: A Transformational View of Metaphors in Organizational Science. *Academy Management Review*, 1991.

② K. Weick. *The Social Psychology of Organizing*. Reading, M. A.: Addison Wesley, 1979.

（四）制度化过程

制度化是为了确保来自个人或团队的学习成果在组织内得以传播和发展的过程。制度化是组织消化和吸收个人学习成果的一种方法。随着制度化过程的深入,组织日益成熟,自发的个人和团队学习将会被组织范围内的组织学习所取代。组织学习过程由直觉感知、解释说明、归纳整合而至最后的制度化,学习主体由个人到团队,再由团队到组织,其间关系虽然是递进的,但其连贯性却越来越差,尽管基本的学习过程如直觉感知、解释说明、归纳整合是连续的,但制度化过程的明显变化却是不连续的。因此,很多组织中系统、结构或原则的变化被解释成激进的变革,而不是自然的循序渐进的演变。

制度化过程使得组织学习区别于个人和团队学习。其潜在的前提假设为:组织不只是一群个体的集合,因而组织学习与个人、团队学习之和的简单累积是完全不同的。尽管组织中的个人有进有出,团队也有聚有散,但其所学并不一定会随之来去和变化。因为有些学习是与整个系统、整个组织战略密切相关的,是与组织特有的信息系统基础分不开的。新兴组织中由于缺乏组织记忆而少有系统的原则和规定,规模小,沟通顺畅而开放,个人学习和团队学习在年轻的组织中极具影响。然而,随着组织的不断发展成熟,个人和团队之间的互动和沟通就会渐渐为规范的组织学习模式所取代。

四、组织学习过程模型

组织与人极为相似,是一个极为复杂的系统。不可否认,组织也有其认知和记忆系统,也会慢慢地根据环境的变化而改变或保持某种行为、某种思维模式、某种价值观或标准。组织中的个人、团队构成了无数个相互间有着千丝万缕联系的组织单元,整个组织系统也就表现为一种无尺度网络结构。

研究组织的学习过程,必须从组织网络结构的基本单元——个体学习开始,尽管组织学习并不依赖于组织中特定的某一个体的学习,但是任何一个组织的学习总是直接地或间接地通过组织中的若干个体进行的。[①] 因此,研究组织学习过程必须立足于个体学习理论。然而,以组织学习是通过其中的个体进行的为借口,而认为组织学习只是其中全部个体学习的累积,这个观点也是错误的。[②] 组织中的个体不仅包括个人,同时还包括组织

[①] C. M. Fiol, M. A. Lyles. Organizational Learning. *Academy of Management Review*, 1985.

Daniel H. Kim. The Link Between Individual and Organizational Learning. *Sloan Management Review*, 1993.

Davide Nicolini, Martin B. Meznar. The Social Construction of Organizational Learning: Conceptual and Practical Issues in the Field. *Human Relations*, 1995.

[②] J. W. Barrow. Does Total Quality Management Equal Organizational Learning?. *Quality Progress*, 1993.

D. H. Kim. The Link Between Individual and Organizational Learning. *Sloan Management Review*, 1993.

S. A. Mohrman, A. M. Mohrman. Organizational Change and Learning. In: J. R. Galbraith, E. E. Lawler Ⅲ (Eds.). *Organizing for the Future: The New Logic for Managing Complex Organizations*. San Francisco, C. A.: Jossey-Bass, 1993.

Davide Nicolini, Martin B. Meznar. The Social Construction of Organizational Learning: Conceptual and Practical Issues in the Field. *Human Relations*, 1995.

Mary M. Crossan, Henry W. Lane, & Roderice E. White. An Organizational Learning Framework: From Intuition to Institution. *Academy of Management Review*, 1999.

中部分个人基于各种原因组成的团队。从这种意义上讲,组织学习过程包括三个层次:个人学习、团队学习和组织学习。

(一) 基于个人学习层次的组织学习模型

根据丹尼尔·金(Daniel H. Kim)的研究,①个人的学习过程包括四个步骤:观察、评估、计划和实施。组织学习过程始于组织中个人的特定经历及对其详细的观察。在对观察所得进行有意识或无意识的反思和评估的基础上,设计或构思得出抽象的理性认识,然后通过在现实世界中的实践检验,再取得新的感性认识,依次反复,循序渐进。通过这样的循环往复,个人的经验和知识得以更新和发展。无疑,这种更新和发展将会形成个人的新的心智模式。组织必须鼓励个人层次上学习所得的经验和知识的共享。只有这样,组织学习才能真正成为一种个人与组织之间的互动过程。基于个人层次的学习,丹尼尔·金构建了整合的组织学习模型(如图5-1所示)。

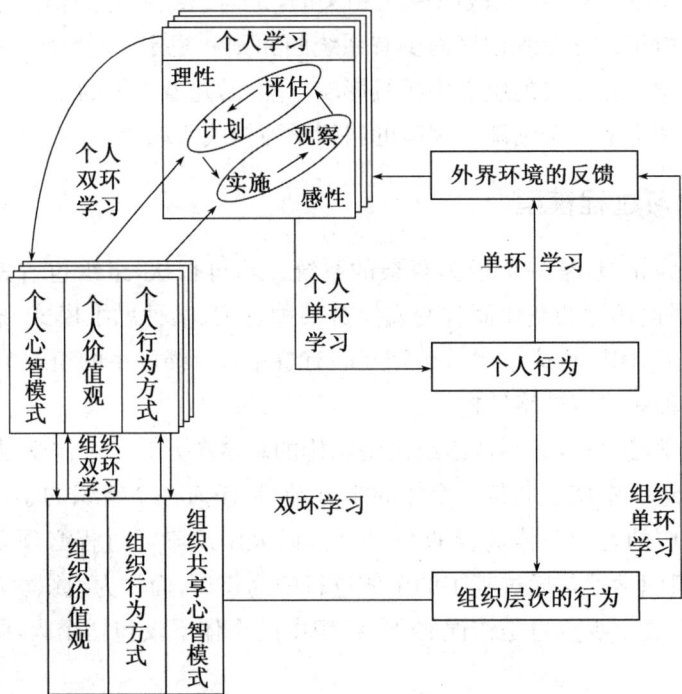

图5-1 基于个人层次学习的组织学习模型

图源:Daniel H. Kim. The Link Between Individual and Organizational Learning. *Sloan Management Review*, 1993.

从图5-1可以看出,组织学习的过程始于组织中的个人学习。通过组织学习过程,个人的心智模式变化将会散布于整个组织并为组织所共享。这种共享的心智模式将会影响组织的行为,这些组织行为又将会形成一种影响个人学习过程的组织氛围。因此,组织

---

① Daniel H. Kim. The Link Between Individual and Organizational Learning. *Sloan Management Review*, 1993.

学习过程可以看成是一个复杂交织而循序渐进的、永无止境的过程。①

在这个模型中,丹尼尔·金表述了单环学习和双环学习的不同。根据阿吉里斯和谢恩的理论,单环学习发生在个人或组织将其行为的结果与已建立的标准相比较这一情况下,以求最大程度减少其间的差距。而双环学习则是个人和组织定期检视标准,以确保其适用可行。因此,单环学习表现为单一的回馈循环,一旦确认差距的存在,此循环就会引致对个人和组织行为的调整。双环学习包含有两个回馈循环,其结果一方面是依据既有规范和标准对行为本身进行质询和调整,另一方面则是对既有规范和标准的发展和提高。

丹尼尔·金模型的不足在于没有说明从个人学习到组织学习的过渡,忽视了个人、团队和组织等3个学习层次间的动态联系,而这种联系恰恰是解释组织学习过程的基础。

（二）跨层次组织学习过程动态模型

克劳森(Crossan)等人1999年提出的组织学习系统模型对个人、团队和组织3个不同层次的学习间的动态联系做出了详细的解释(如图5-2所示)。

克劳森等人提出的动态模型清晰表述了组织学习过程所包含的4个子过程及其所依托的组织层次:4个组织学习子过程(直觉感知、解释说明、归纳整合和制度化)依托于3个组织层次(个人、团队和组织)。

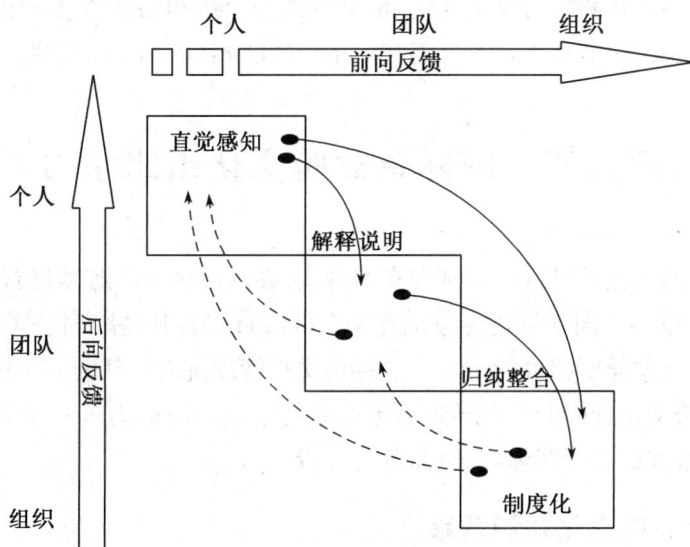

图5-2　组织学习过程的动态模型

图源:M. M. Crossan, H. W. Lane, & R. E. White. An Organizational Learning Framework: From Intuition to Institution. *Academy of Management Review*, 1999.

---

① E. Wenger. Communities of Practice. The Social Fabric of a Learning Organization. *Healthcare Forum Journal*, 1996, 39(4): 20-26.

我们可以发现,并不是每一个层次都会有这 4 个组织学习子过程发生。直觉感知过程只发生在个人层次,制度化过程则只发生于组织层次,解释说明过程介于个人和团队层次之间,而归纳整合过程则介于团队和组织层次之间。这是一种循序渐进的学习过程,在各层次间相互溢出和关联。随着跨层次学习的不断深入,就会产生对消化吸收新学内容(前向反馈)和开发利用已学内容(后向反馈)的需求。通过前向反馈的学习过程,新的知识和行为由个人到团队,进而对组织产生影响。同时,通过后向反馈的学习过程,已学到的东西由组织到团队和个人,影响组织中团队和个人的行为和知识。

基于丹尼尔·金和克劳森的组织学习模型,我们对组织学习过程可以有一个全面的认识:首先,单环学习反馈仅仅意味着行为的变化,双环学习反馈则意味着心智模式和行为两方面的变化。团队和组织层次的心智模式共享要求个人之间、个人与团队之间、个人与组织之间以及团队之间、团队与组织之间的互动。这种互动不但对个人和团队层次的行为会产生影响,而且会影响到随后的针对具体目标的解释说明和归纳整合的组织学习子过程。其次,组织学习过程的本质就是共享和整合组织中的知识,而组织中的各个团队,则成为共享和整合过程的桥梁和核心。第三,个人作为组织无尺度网络结构中的一种特征节点,其作用也不容忽视。组织共享心智模式的变化也有可能是基于组织中某个或某几个极具影响力的个人的心智模式的变化而达成。反之,组织共享心智模式的变化也可能直接作用于组织中的个人,对其思维方式和行为准则直接产生影响。同样,组织中极具影响力的团队的认知和行为发生变化,也会导致整个组织层次发生变化。这两种情况清楚表明了团队和组织的知识也有可能会产生于团队和组织学习的边缘。

第三节　国际企业跨文化组织学习

面对国际间的文化差异这一客观存在的现实,在国际企业的跨国经营过程中,跨文化包容就显得尤为重要。国际管理专家瑞克斯(Ricks)认为:凡是跨国公司的失败,几乎都是因为忽视了文化差异所招致的结果。这种跨文化管理挑战对任何一个国际企业都是存在的现实问题,跨文化管理的失败导致国际企业的组织学习能力这一企业核心竞争力源泉的丧失,甚至最终的企业解体,已绝非危言耸听。

一、国际企业跨文化知识转移

随着组织行为学的发展,人们逐渐将社会文化(Social Culture)、民族文化(National Culture)或地域文化(Regional Culture)与企业文化(Corporate Culture)、组织文化(Organizational Culture)或内部文化(Internal Culture)区分开来。就跨文化的角度而言,国家文化(或社会文化、民族文化、地域文化)的差异、企业文化(或组织文化、内部文化)的差异以及职业文化(或团队文化)的差异,均可能是国际企业内部跨文化差异的主要来源。从社会文化的差异来看,西方强调个性和创新,而东方更强调集体和稳健;从企业文化的差异来看,处于成长阶段的企业表现为积极的创业文化,成熟阶段的企业表现为稳健的守业文化;从团队文化的差异来看,西方推崇标新立异,而东方则比较能接受和谐中庸。

跨文化背景下基于知识的国际企业理论和基于资源的国际企业理论是一脉相承的,只是前者把资源具体化为企业的知识,这正体现了知识经济时代的特征。斯图尔特(Thomas A. Stewart)在其《知识资产:组织的新财富》一书中认为,在企业所拥有的所有资产中,最重要的是知识资产,如技能、能力、专业经验、文化、忠诚等,它们决定着企业是否能够获得成功。[1] 企业的有形资产价值在使用过程中会贬值,而对于知识资产,通过传播和使用其价值会增值,不使用反而会贬值。基于知识的国际企业战略的形成必须以企业中不同文化背景的团队和个人的能力为起点。组织中的团队和个人通过他们的能力创造价值的途径大致都是这样两个方向:外在的和内在的知识转移。[2] 从组织的角度看,知识转移即为有效的知识共享和组织学习的过程。

跨文化知识转移可以为国际企业创造价值,是国际企业知识战略的支柱,其目标是提高国际企业组织、团队和个人的行动能力,如图 5-3 所示。国际企业组织的知识转移一般包括 9 个方面:个人之间的知识转移,个人向外部结构的知识转移,从外部结构到个人的知识转移,从个人能力到内部结构的知识转移,从内部结构到个人能力的知识转移,外部环境之间的知识转移,从外部结构到内部结构的知识转移,从内部结构到外部结构的知识转移,内部结构之间的知识转移。

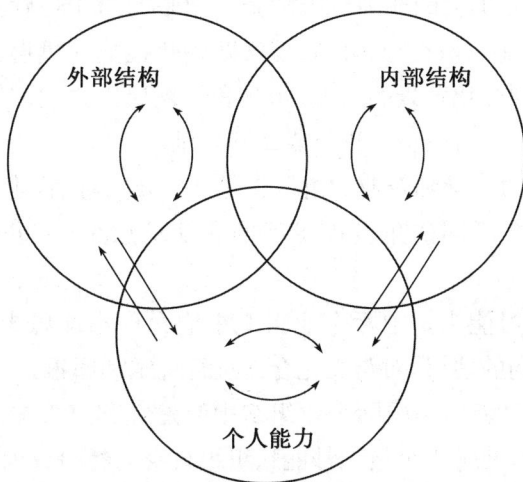

图 5-3　国际企业组织的知识转移模型

这种知识转移的过程就是国际企业组织的学习过程,既包括组织内部个人、团队和组织3 个层次的转移和学习,又包括母子公司之间知识转移的学习过程。这过程对于子公司而言是组织内部与外部的转移,而对于整个国际企业而言,却是内部结构之间的知识转移。

---

[1] Thomas A. Stewart. *Intellectual Capital: The New Wealth of Organizations*. Currency, 2001.

[2] 举例来说,如果汽车公司管理者引导他们的员工向内部努力,他们就会创造出有形的结构,比如机器和工具,以及无形的结构,比如更好的流程,产品的新设计。如果向外部努力,他们在创造有形的东西如汽车之外,还会创造出无形的结构,如客户关系和新的经验。

二、国际企业竞争优势的源泉——跨文化组织学习能力

国际企业拥有的竞争优势可能有很多,但这些竞争优势并不能都算是核心竞争力。一项竞争优势要成为核心竞争力,必须具备以下几个条件:第一,要具备充分的用户价值。也就是它必须能够为用户提供根本性的好处或效用。第二,应具备独特性。如果企业专长很容易被竞争对手所模仿,或通过努力可以很快建立,它就很难给企业提供持久的竞争优势。专长的独特性和持久性在很大程度上由它赖以存在的基础所决定。那些内化于企业整个组织体系、建立在系统学习经验基础上的专长,比建立在个别专利或某个出色的管理者或技术骨干基础之上的专长,具有更好的独特性。第三,应具备一定的延展性。也就是说,它应该能为企业打开多种产品市场提供支持,对企业一系列产品或服务的竞争力都有促进作用。

国际企业获得核心竞争力的途径有多种。从内部而言,有卓越的技术和价值创新能力、专业化的经营管理能力、良好的治理结构、与时俱进的伦理能力及独特的企业文化等;从外部而言,有企业间的知识联盟、优势互补的并购及忠诚而稳定的顾客群等。从根本上讲,正如有"全球第一 CEO"之称的杰克·韦尔奇所称:"企业最终的竞争优势在于其学习能力。"国际企业核心竞争力的不竭源泉在于其跨文化组织学习能力。

具体而言,国际企业跨文化组织学习能力包括:

(1) 创造跨文化学习机会的能力。国际企业面临的跨文化管理问题既是一种挑战,也是一种机遇。国际企业应该在跨文化管理实践中化挑战为机遇,在跨文化融合中不断创造学习机会,鼓励不同文化背景的个人、团队和组织层次之间的互帮互学,给员工足够的学习时间,对那些努力学习的员工进行表彰和奖励。

(2) 跨文化沟通能力。国际企业的组织文化应该鼓励对话,建立起员工、团队和组织之间的信任,鼓励从各个不同的角度提出问题和征求意见,并进行公开而坦诚的意见反馈。

(3) 合作和团队学习能力。国际企业组织中应允许不同思想和思维方式的团队存在,并在工作中采纳不同的建议,对跨文化合作进行肯定和回报。

(4) 学习成果的分享能力。国际企业组织中应建立和完善绩效评估系统,建立起合理的学习成果分享机制,使每一个员工都能从组织自身的经验教训中受益,实现学习成果在工作中的应用整合。

(5) 建立共同的愿景。人们共同设立、拥有和实现一个共同的愿景,鼓励开拓进取和创新精神,工作中适当授权,鼓励经过深思熟虑后的适当的冒险,责任与决策权力相关联。

(6) 组织与环境的融合能力。国际企业应关注环境的变化,鼓励从组织整体和全局的角度考虑问题,并通过工作实践的调整使组织与社会文化环境形成一个共同体。

(7) 为组织学习提供战略性引导的能力。国际企业的领导应从企业战略上支持和引导组织学习,辅导和帮助下属,在组织内营造跨文化学习的氛围,以确保组织的行动与其价值观相一致。

Conclusion

彼得·圣吉(Peter M. Senge)所著的《第五项修炼——学习型组织的艺术与实务》和哈默(M. Hammer)与钱皮(J. Champy)所著《公司再造》中所撰述的管理理念与管理方法被称为是管理的革命。《第五项修炼》提出学习型组织(Learning Organization)这一新的管理模式,强调授权、自主管理、自我学习,富有弹性,反应灵活。组织学习是一个动态的过程,根据其发生的载体可分为个人学习、团队学习和组织学习;根据其发生的方式可分为单环学习、双环学习和三环学习。

此外,本章探讨了跨文化知识转移的目标和过程。跨文化知识转移的目标是提高国际企业组织、团队和个人的行动能力。国际企业组织的知识转移的过程即是其学习过程,一般包括个人之间的知识转移,个人向外部结构的知识转移,从外部结构到个人的知识转移等九个方面。

Keywords

学习型组织　　　　　组织学习　　　　　　组织学习模型
组织学习过程　　　　跨文化组织学习

Case-Study ◇

华为公司的国际化①

2019 年华为已然成为全球领先的信息与通信解决方案供应商。1987 年成立后,华为在第一个十年里主要侧重于中国市场,打造了过硬的研发能力和低成本生产能力。

一直到 1997 年,华为才以在俄罗斯成立合资公司的方式迈出了全球化的步伐。其全球化战略是先进入竞争压力稍小的市场,然后再进入西欧和美国等更成熟的市场。凭借精心设计的战略和全力以赴的全球卓越运营,华为已发展成为非常成功的全球化企业,产品和解决方案已经应用于 170 多个国家和地区,服务于世界 1/3 以上的人口。截至 2019 年年底,该公司共拥有来自 170 个国家和地区的超过 19 万名员工。华为海外中高层管理人员本地化比例达 22%,全部管理岗位管理者本地化比例达 29%。华为凭借推进全球统一的核心价值观和引导式的本土化战略巧妙地将各国人才收入囊中。

(一)印度华为的"公开日"

印度华为的引导性战略卓有成效。华为鼓励员工在评审中尽可能全面地表达出自己

---

① 符海艳. 华为如何管理海外员工. IT 时代周刊,2003.

的意见,但是印度员工的个性特点却是尽管考虑全面,但却不一定会提出很多意见。为此,华为印度研究所里每月选定一天为"公开日"。在公开日里,所有员工都可以直接对领导和各级项目主管人员提意见。最初,印度员工出于生性谨慎而很少愿意主动表态。但是,在中国员工的感染下,印度员工也开始大胆表达自己的意见了。比如,将平时上班服装改为休闲类服装的建议就是由印度员工所提。

(二)外派和海外员工的合作

对于华为外派员工来说,真正富有魅力的并不是公司提供的丰厚待遇,而是通过在海外的历练和经验积累,使个人业务能力得到提升。以印度为例,印度拥有世界上最先进的软件开发技术,华为印度研究所的所在地班加罗尔市,可说是世界有名的"硅谷",众多著名IT企业皆把实验室设在此地。在这里,华为员工能接触到在国内无法真正接触的先进技术。

同时,中方员工通过与印度员工的合作,也更能促进双方的技术交流。印度人擅长软件开发和项目管理,而中国员工则擅长系统设计和体系结构。所以,华为的许多项目,都是由华为中方的软件开发人员和印度软件开发人员共同承担。对于华为而言,这是一种快速培训软件技术开发人员的有效途径。

在华为的海外机构,华为人都在努力创造这样一种氛围:在公司内部不论国籍,不分种族,大家都是华为的员工。随着中外两种不同文化的不断碰撞,然后两者又在华为文化的熏陶下互相融合,华为公司也逐渐呈现其多元化、国际化的特征。

(三)鞭长能及:统一的管理平台

华为实行全球化一致的管理和工作流程,对海外30多个分支机构的管理都是基于公司统一的管理平台。就此而言,华为对全球各地员工的管理是公开并一视同仁的。并且华为不遗余力地建立了一套基于IT的全球通信网络,从而推进不同分支机构和业务部门间的积极合作。华为在170多个国家的300多家分支机构中都部署了该网,使得不同地区间的通信变得很容易。例如,在非洲工作的员工能拿起电话打给南美洲的同事寻求帮助,无须总部的任何协调。该全球网络的信息在不同时区和不同业务部门间快速传达。

Analyze:

1. 在华为,中国员工和印度员工各有什么特点?

2. 华为文化是如何改变印度员工的?

3. 华为的跨文化整合有哪些措施?

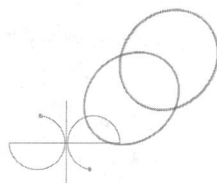

第六章　全球经济一体化对
人力资源管理的挑战

Global Integration and the Challenges to HRM

Aim at ◈

◆ 了解国际企业的发展给现代组织带来的变化。
◆ 了解国际企业的人力资源管理战略。
◆ 掌握人力资源管理的发展态势。
◆ 掌握国际企业人力资源管理面临的挑战与应对策略。
◆ 掌握国际企业的外派人员管理。

Lead in ◈

雀巢公司的人力资源管理①

　　雀巢公司创始于 1867 年,是全球最大的食品公司,于世界 500 强中名列前 50 位,其规模之大已到了无法确切统计其产品种类和数量的程度。8 500 种食品、饮料和医药用品均使用雀巢这一品牌,加上各种不同的包装、规格,雀巢公司产品的种类已有 22 000 余种。雀巢之所以如此成功,与其独特的人力资源管理息息相关。

　　人员招募。从公司内部晋升是雀巢的政策,但该员工必须具备该职务所需的专业技术和技能。当需要从外部招聘人才时,则遵照雀巢招募与发展的基本原则:雇佣具有适当的专业背景与特质的男性或女性,给予组织长期生涯发展的规划。选取的标准应在工作说明书和应征者的背景资料内界定,要特别注意的是应征者的个性应与雀巢文化相符合。雀巢还热心资助大学社团的活动,如文艺会演、英语角等。公司

---

① 雀巢公司的人力资源管理.人才资源开发,2008(4):102.

还乐于在大学做专题报告,向大学生赠送公司资料,传播公司文化,以吸引优秀的人才在未来加入雀巢。

激励与参与。雀巢认为激发员工的动力不只是报酬、福利和升迁,还必须提供给他们一个支持、信任、沟通、合作及激励的工作环境。员工们对于能及时得到上司的反馈感到十分满意。雀巢公司是全球性的大企业,因此各地区员工的经历和期望各不相同。公司为那些愿意外出工作的员工提供良好的晋升机会。作为世界第一的食品公司,员工们称"我们为自己生产的产品而自豪"。

薪资报酬。雀巢设计了一套薪酬政策以招募、激励及留住表现优异且对公司的成功有贡献的员工。刚进公司的员工在试用期内可获得丰厚的报酬,这使雀巢本就十分优厚的工资待遇更具竞争力。此外,员工们还可选择公司提供的多种保险计划。

培训员工。它是每位经理人的责任,透过绩效管理中的目标设定及员工绩效评估可使每位经理有机会和部属讨论其改善计划、训练需求和发展的方向。生涯管理建立组织内持续学习的文化——不论是透过在职训练还是组织内外的训练,都可以使员工对于公司目标的达成发挥最大的贡献力,也可以提供其个人自我和专业方面的成长机会。生涯管理的规划应随时随地予以建立,以符合个人的期望和公司对专业人才的需求。生涯管理的要素包含:建立需要在职经验和专业知识的项目工作(如,生产力小组、任务小组或工作小组);跨功能的委任;建立策略事业专才;水平式和垂直式之委派;短期外派有潜力的人才至国外三至四年,以充实其经验。传承管理者有责任来建立有能力、有效能的领导团队以确保公司长期目标的达成,而这需要一套有效且因时制宜的传承管理与发展制度来配合。

Focus on:

雀巢公司在人力资源管理上有哪些创新?

第一节　全球经济一体化给现代组织带来的变化

当今全球化、国际化浪潮席卷了商业世界的各个领域,为了实现长期成长,企业不得不在更大的舞台——世界市场竞争,与此同时,经营环境的差异又迫使企业根据当地的地理位置、习俗、口味等调整其产品和服务。企业的国际化经营意味着其必须追求全球战略一体化与市场活动当地化的统一。[①] 传统的国际经济格局发生了重大的演变,国际间的人力资源管理成为国际企业发展给组织变化带来的新课题。

一、全球跨国企业现状

跨国公司是世界经济全球化的构建者、主体实施者,截至 2019 年,全世界目前有 5 万

---

① 朱舟.企业国际化经营与战略性人力资源管理.经济管理,2001(4):59-65.

多家跨国公司,世界高新技术企业占比超过 90%,它们是社会进步的推动力。[1] 所以,一个国家跨国公司数量的多少,质量的高低,直接关系到这个国家在世界经济的地位和影响力。[2]

(一) 全球海外直接投资现状

根据联合国贸易和发展会议公布的资料,2018 年全球海外直接投资余额为 30.9 万亿美元,比上年减少 4%。2018 年全球外国直接投资流量仍然处于下降趋势,降幅为 13%,从 2017 年的 1.5 万亿美元降至 1.3 万亿美元,这也是全球外国直接投资流量连续第三年下滑。具体来看,流入发达经济体的全球外国直接投资总额减少 27%,降至 2004 年来最低。其中,美国税改导致美国跨国公司海外资本回流美国,致使 2018 年欧洲吸引外资总量减半;受"脱欧"影响,英国外资流入也大幅减少 36%;另外,美国外国直接投资流入量缩水 9%,为 2 520 亿美元,但美国仍是全球最大外资流入国。

与发达经济体全球投资流入量锐减相比,2018 年流入发展中经济体的全球外国直接投资呈现小幅增长态势,增幅为 2%,达到 7 060 亿美元。由于流量增加,再加上发达国家的异常波动,流入发展中经济体的流量在全球流量中占比创新高,增至 54%。

流入东南欧转型经济体及独联体的 FDI(外国直接投资)连续第二年呈下滑态势。流入该地区的投资减少 28%,降至 340 亿美元。这次下降的主要原因是该地区最大的东道国俄罗斯的流入量减少一半,从 260 亿美元降至 130 亿美元。[3]

随着生产力的不断发展,各国海外投资的流向与形式呈现多元化趋势。发达国家的海外投资则继续保持增长势头,很多发展中国家也纷纷加入海外投资的行列,它们不仅是投资接受国,也开始进行大量的海外投资。以金砖国家为例,2018 年,5 个金砖国家(巴西、俄罗斯、印度、中国和南非)占到世界人口的 41.2% 和 GDP 总量的 23.7%。根据联合国贸发会议发布的《世界投资报告》,2018 年,金砖国家对外投资流出量共计 2 612.19 亿美元,同比减少 25.83%。其中,中国对外投资流出量为 1 298.30 亿美元,同比减少 17.98%,占金砖国家全部投资流出量的 76.90%。[4]

(二) 全球并购现状

近年来,全球跨境并购呈现持续增长趋势。自 20 世纪 90 年代以来,全球企业跨境并购无论从数量上还是规模上,都保持着高速增长的态势,并在一系列并购活动中,培养出一大批跨国企业。根据联合国贸易和发展组织发布的《世界投资报告》,2018 年全球跨境并购交易额增长 18%,从 2017 年的 6 940 亿美元增至 8 160 亿美元。这主要是因为美国

---

[1] 王媛媛. 论跨国公司的经营与管理. 现代商业,2020(7):172-174.

[2] 张笑宇. 一个国家跨国公司的数量和质量,直接关系到国家在世界的地位. 经济观察报. 2019-12-01.

[3] United Nations Conference on Trade and Development. World Investment Report 2019. https://unctad.org/en/Pages/Home.aspx. 2019-06-12.

[4] United Nations Conference on Trade and Development. World Investment Report 2019. https://unctad.org/en/Pages/Home.aspx. 2019-06-12.

跨国公司的海外公司不再受税收措施的限制,从而获得大量流动资金。

全球国有跨国公司的数目保持稳定。2018 年国有跨国公司接近 1 500 家,基本与 2017 年持平。欧洲国有跨国公司数占全球总数的比例略高于 1/3,亚洲发展中经济体的国有跨国公司数占比为 45%,其中中国占 18%。全球规模最大的 100 家跨国公司中,国有跨国公司的数量从 15 家增至 16 家。其中,来自中国的国有跨国公司有 5 家,来自发达国家的有 11 家。报告显示,2018 年国有跨国公司的并购活动大幅减少,国有跨国公司的并购交易额占全球交易总额的 4%,而 2008～2013 年期间国有跨国公司并购交易额的年均占比超过 10%。[①]

(三)全球人力资源流动现状

随着跨国公司的迅速发展,国际间人力资源的流动越来越多,成千上万的管理人员到国外去指导生产经营,受聘于海外公司,到其他国家开展商务活动。在美国的各大公司中,1/3 是由外国人担任总经理;在欧洲,大公司中由外国人担任总经理的占 1/4;而在发展中国家里,由外国人把持公司经营大权的现象更为普遍。

二、中国国际企业的发展

中国自实行经济体制改革和对外开放以来,企业的跨国经营经历了从无到有、从小到大的发展历程。据海关总署发布的数据,2018 年,我国外贸进出口总值 30.51 万亿元人民币,比 2017 年增长 9.7%。其中,出口 16.42 万亿元,增长 7.1%;进口 14.09 万亿元,增长 12.9%;贸易顺差 2.33 万亿元,收窄 18.3%。[②]

(一)中国吸引外资现状

中国政府一直鼓励外商到中国投资。据统计,2018 年中国吸收外资创历史新高,达 1 390 亿美元,占全球吸收外资总量的 10% 以上,全球排名仅次于美国。据悉,2018 年,外国投资者在中国新成立超过 6 万家公司,比 2017 年增加 70%;2018 年 7 月以来,对部分行业外资持股限制取消或放宽,推动制造业外资流入增长 20%,占中国总流入量的 1/3。[③]

中国积极有效地利用外资和先进技术,进一步完善投资环境,办好外商投资企业,努力根据产业政策吸引更多的投资。

1990 年中德签署协议,合建中国最大汽车合资企业——上海大众汽车有限公司(以下简称上海大众),项目总投资为 42 亿元人民币,中德双方出资的比例为 6:4。这是中国参与国际分工合作的又一重要标志。公司全员劳动生产率超过 17 亿美元,在国内首屈一指,在全世界行业汇总中也具有相当的竞争能力。桑塔纳轿车已遍布中国城乡各地,保有量居国内第一。上海大众生产的发动机已有 3 万余台远销德国市场,装在新高尔夫轿车上。原本上海大众的合资合同到 2010 年到期,鉴于上海大众在自身发展和市场竞争中的出色表现和巨大成功,中德合资双方已于 2002 年提前续签了延长合营合同,将合作期限延展至 2030 年。①

在跨国界、跨文化、跨时代的大背景下,上海大众中外双方精诚合作、开拓进取。自 1985 年以来,公司曾连续 8 年荣获中国十佳合资企业桂冠,八度蝉联世界最大 500 家外商投资企业榜首,并连续 9 年被评为全国质量效益型企业。在发展经历中,上海大众创造了中国轿车业的多项第一。

中国已经成为全球外商直接投资的重要目的地,跨国公司在华投资数额增长,《财富》杂志公布的世界 500 家最大的跨国公司中,大部分都在中国进行了投资。《财富》杂志 1997 年排名前 30 的美国公司中,已经有 21 家在华投资。其他 9 家公司多数是服务业或烟草公司,因中国政策限制而没有投资。列入《财富》杂志的日本最大的 19 家工业公司,已有 18 家在中国投资。《跨国公司投资中国 40 年报告》显示,2018 年中国吸收外商投资 1 349.7 亿美元,居全球第二位。② 这些事例说明,中国与其他国家合资是成功的,外商在中国投资的前途是广阔的。

从总体上说,中国的营商环境持续改善。这几年中国在不断加强基础设施建设和改善硬件环境的同时,在立法方面已经制定和颁布了一系列的涉外经济法律、法令、法规和条例。例如:2019 年年初,中国颁布了新的《外商投资法》,建立了外资准入前国民待遇加负面清单模式,并宣布了一系列投资便利化以及市场开放的措施,这些都有利于进一步吸引外资。此外,对中外合资企业、合作经营企业和外商独资企业,中国政府尽量赋予必要的自主经营管理权。

（二）中国对外投资现状

当今的外国投资不仅是指日本、美国、西欧国家向其他国家投资,中国以及其他发展中国家也加入对外投资阵营,积极发展海外子公司,进行国际经营的新内容。中国于 20 世纪 80 年代初开始在国外直接投资,30 多年的发展,截至 2018 年年底,中国超 2.7 万家境内投资者在全球 188 个国家（地区）设立对外直接投资企业 4.3 万家,全球 80% 以上国家（地区）都有中国的投资,对外直接投资 1 430.4 亿美元。在全球对外直接投资流出总额同比减少 29%,连续 3 年下滑的大环境下,中国略低于日本（1 431.6 亿美元）,成为第二大对外投资国。中国在全球外国直接投资中的影响力不断扩大,流量占全球比重连续 3 年超过一成,2018 年占 14.1%,较上年提升 3 个百分点;2018 年年底存量占 6.4%,较上年提升 0.5 个百分点,皆创历史新高。③ 中国国有跨国公司也持续表现出对世界经济

---

① 赵曙明.国际企业:人力资源管理.南京:南京大学出版社,2016.

② 汪垠涛.《跨国公司投资中国 40 年报告》发布,跨国公司投资主要瞄准中国市场.红星新闻.2019-10-19.

③ 商务部,国家统计局和国家外汇管理局.2018 年度中国对外直接投资统计公报.http://www.mofcom.gov.cn/article/i/jyjl/e/201909/20190902899692.shtml.

价值体系的助力与担当。联合国贸易和发展组织发布的《世界投资报告》也指出,2018年,中国国家电网、中国化工集团、中国五矿集团等 3 家国有跨国公司,新列入联合国贸易和发展组织数据库中前 100 强跨国公司名单。中国已经有中国远洋运输股份有限公司、中国海洋石油总公司、中国国家电网公司、中国化工集团公司、中国五矿集团公司等 5 家国有跨国公司上榜跨国公司 100 强,2019 年它们分别位居榜单的第 40 位、56 位、62 位、67 位、97 位。[①]

(三)全球化趋势及其带来的企业管理挑战

国际企业、跨国公司对一个国家的经济发展是很重要的。通过国际化经营,不仅可以与别国建立政治、外交等友好关系,而且能促进经济的腾飞。当然,国际化经营也会带来一些问题,如:自 2018 年以来,日本对美国的贸易顺差给美国经济带来了严重影响。日本的汽车制造业、电子工业冲击了整个美国市场。但是,企业与经济的国际化、全球化将是不可避免的。随着"国际化社会"的临近,将会有更多的国家在这方面采取更多的行动——主动的,或者被迫的;宏观的,或者微观的;大规模的,或者小范围的;成功的,或者失败的……国际化经营确实将是不可逆转的世界潮流。

面对国际国内新形势,越来越多的企业走出国门加入跨国经营的行列,同时也吸引了很多外商来华进行合作经营。这意味着我国将在更大范围内和更深程度上参与国际经济合作与分工,预示着我们将全方位、高层次地融入全球化时代的进程。由于企业跨国经营,其组织与业务活动超越国境,经营环境与国内有很大的差异,各国的政治经济体制与文化历史背景不同,这一系列复杂性深刻地影响着国际企业的经营管理,特别是国际化人力资源的管理。跨文化的管理者一定要客观地认识和理解文化差异的存在,深入、系统、全面地研究企业中的多元文化对人力资源管理的影响,善于在不同文化的结合点上创造出新的管理模式,以求实的态度、超前的意识和创新的思路开拓人力资源管理的新局面。[②]

第二节 国际企业的战略人力资源管理

近年来,伴随着越来越激烈的经济全球化竞争,战略管理的一个显著的变化就是从关注企业绩效的环境决定因素转为强调企业的内部资源、战略与企业绩效的关系。由于人力资源的价值创造过程具有路径依赖和因果关系模糊的特征,其细微之处竞争对手难以模仿,所以,企业的人力资源将是持久竞争优势的重要来源,有效地管理人力资源,而不是物质资源,将是企业绩效的最终决定因素。这一研究显著提高了人力资源在形成竞争优势方面的地位,促进了从提高企业竞争力角度对人力资源管理的研究,并直接导致战略人

---

① United Nations Conference on Trade and Development. World Investment Report 2019. https://unctad.org/en/Pages/Home.aspx. 2019-06-12.

② 赵丽君,赵晓冬.跨文化背景下国际企业人力资源管理研究.价值工程,2006(2):75-78.

力资源管理的兴起。

国际企业的战略人力资源管理主要从跨国公司的全球战略角度来探讨有效的人力资源政策组合,是战略人力资源管理理论在跨国管理背景下的拓展,所以这里首先谈谈战略人力资源管理。

一、战略人力资源管理

在 20 世纪的最后十年中,人力资源管理一个重要的变化是把人力资源称为组织的战略贡献者,人力资源管理正在逐步向战略人力资源管理过渡。而对于人力资源"战略",一些学者认为战略人力资源管理的本质是一种"关系",即人力资源管理实践和系统与组织绩效之间的关系;还有一些学者认为战略人力资源管理的本质是一种"适应性",主要包括内部适应性(水平适应性)和外部适应性(垂直适应性),即人力资源管理实践和系统与组织竞争战略之间的适应性。查德微克和凯培利把战略人力资源管理中的"战略"定义为"人力资源管理实践和政策与组织输出之间的关系"。[1] 而杜莱瑞和德蒂认为战略人力资源管理实践包括 7 方面内容:内部职业机会、正规培训体系、业绩测评、利润分享、就业安全、员工意见投诉机制和工作设计。[2]

在战略人力资源管理的研究方法中,有 3 种较为普遍的研究方法。第一种方法是把战略人力资源管理对组织绩效的贡献联系起来加以考虑,关注人力资源管理对企业绩效的影响;第二种方法是在组织的竞争环境中考虑人力资源战略选择以及这些战略选择对组织人力资源管理子系统的影响;第三种方法是确定组织战略和人力资源管理实践和政策之间的"适应"程度,从而考虑这些适应性对组织绩效的影响。[3]

一般来说,可以根据人力资源管理战略在企业发展中的时效、企业在人力资源战略管理中的作用、企业变革程度以及管理方式,将人力资源管理战略分成如表 6-1 所示的几种类型。

表 6-1　人力资源管理战略类型

按人力资源战略在企业发展中的时效分——常见类型 A
• 累积型人力资源战略:企业以长期的观点来考核衡量人力资源管理工作,因此较重视内部员工的培养和人才的发掘,通过严格的筛选从内部获取适任的人才,以终生雇佣为原则,同时以公平原则对待员工。员工晋升速度慢,依据员工的工作层次和工作年限确定薪酬
• 效用型人力资源战略:以短期的观点来考核衡量人力资源管理工作,因此提供较少的员工培训机会,企业职位一有空缺随时填补,非终生雇佣制,员工晋升速度快,采用以个人为基础的薪酬支付方式
• 协助型人力资源战略:介于累积型和效用型之间,个人不仅需要具备技术能力,同时在同事之间要有良好的互动协作关系,至于培训,员工个人负有学习责任,企业则只是提供协助而已

---

[1]　C. Chadwick, P. Cappelli. *Alternatives to Generic Strategy Typologies in Strategic Human Resource Management*. Greenwich, C. T.: JAI Press, 1999: 11-29.

[2]　J. E. Delery, D. H. Doty. Modes of Theorizing in Strategic Human Resource Management: Tests of Universalistic-Contingency, and Configurational Performance Predictions. *Academy of Managemen Journal*, 1996, 39 (4): 802-835.

[3]　赵曙明. 人力资源管理理论研究现状分析. 外国经济与管理, 2005(1).

（续表）

按企业在人力资源战略管理中的作用分——常见类型 B
• 投资战略：企业通常聘用不同类型的员工，以提高企业弹性和使用多样专业技能，同时企业与员工通常建立长期工作关系，注重培训和提高，员工工作保障较高，企业通常十分重视员工，视员工为投资对象
• 吸引战略：企业为控制工资成本，员工人数以最低限度为目标。由于工作的高度分化，员工招聘和录用都较为简单，培训费用也较低，企业与员工的关系纯粹是直接和简单的利益交换关系
• 参与战略：企业将很多决策权力放到基层，使大多数员工能参与决策，从而提高员工的参与性、主动性和创新性，增强员工的责任感和归属感
按企业变革程度以及管理方式分——常见类型 C
• 家长式人力资源战略，主要特点有：① 集中控制人事的管理；② 强调次序和一致性；③ 硬性的内部任免规定；④ 重视操作与监督；⑤ 人力资源管理基础是奖惩与协议；⑥ 注重规范的组织结构与方法
• 开发式人力资源战略，主要特点有：① 注重开发个人和团队；② 尽量从内部招聘；③ 大规模的发展和培训计划；④ 运用"内在激励"多于"外在激励"；⑤ 优先考虑企业的总体发展；⑥ 强调企业的整体文化；⑦ 重视企业绩效管理
• 任务式人力资源战略，主要特点有：① 非常注重业绩和绩效管理；② 强调人力资源规划，工作再设计和工作常规检查；③ 注重物质奖励；④ 同时进行企业内外部招聘；⑤ 开展正规的技能培训；⑥ 有正规程序处理劳动关系和问题；⑦ 重视战略事业部的组织文化
• 转型式人力资源战略，主要特点有：① 企业组织结构进行重大变革，职务进行全面调整；② 进行裁员，调整员工队伍结构，缩减开支；③ 从外部招聘骨干人员；④ 对管理人员进行团队训练，建立新的"理念"和"文化"；⑤ 打破传统习惯，摈弃旧的组织文化；⑥ 建立适应经营环境的新的人力资源系统和机制

表 6-2　企业变革程度对管理方式及人力资源战略的影响

变革程度	管理方式	人力资源战略
• 基本稳定，微小调整	• 指令式管理为主	• 家长式人力资源战略
• 循序渐进，不断变革	• 咨询式管理为主，指令式管理为辅	• 开发式人力资源战略
• 局部变革	• 指令式管理为主，咨询式管理为辅	• 任务式人力资源战略
• 整体变革	• 指令式管理和高压式管理并重	• 转型式人力资源战略

二、国际企业的战略人力资源管理

舒勒（Schuler）和道林（Dowling）等认为，所谓国际企业的战略人力资源管理实际上就是在考虑了企业多国战略活动以及企业国际经营目标情况下有关企业人力资源管理职能、政策、实践等相关问题的企业人力资源管理理论。[①] 当然，企业国际人力资源管理本身也是企业战略决策必要组成要素，同时也对企业国际战略的实施起到关键性影响作用。

---

① R. S. Schuler, P. J. Dowling, & Helen De Cieri. An Integrative Framework of Strategic International Human Resource Management. *International Journal of Human Resource Management*, 1993, 4(4): 717-764.

基于上述认识,舒勒等综合其他学者的研究成果,提出了如图6-1所示国际企业的战略人力资源管理的整体框架模型。

从模型中可以看出,舒勒等紧紧抓住国际企业有别于国内企业的核心问题,即考虑企业全球战略条件下的海外子公司的当地适应性问题,并认为全球化与当地化这对矛盾性因素、子公司间联结及其内部运作,是影响跨国公司人力资源管理的最重要的战略构件。而对国际企业人力资源管理而言,所谓联结问题的战略实质就是控制与多样化,内部运作战略本质则是当地敏感性和战略适应性问题,并由此决定了国际企业人力资源管理的职能、政策与实践的决策和选择。而最终对企业人力资源管理决策的优劣判据则应该由其对企业国际战略目标的达成效果来决定。从图6-1中还可看出,舒勒等认为,除了上述主线以外,还有一些被称为"外生"和"内生"因素也对国际企业人力资源管理策略的形成有着重要的影响和修正作用。

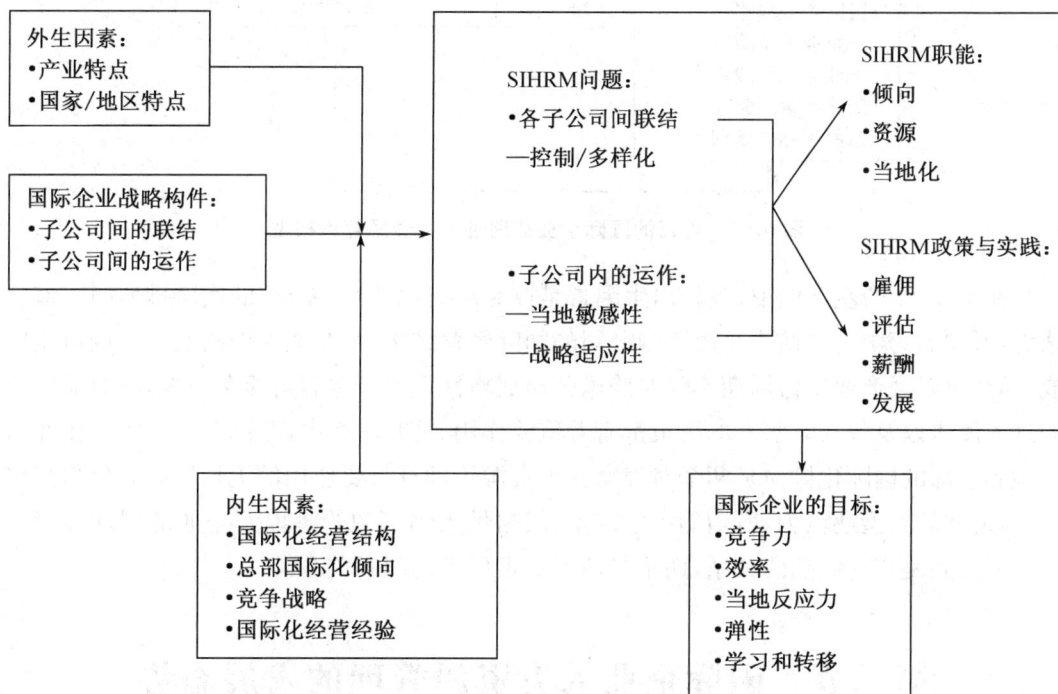

图6-1　国际企业战略人力资源管理整体框架模型

图源:R. S. Schuler, P. J. Dowling, & H. De Cieri. An Integrative Framework of Strategic International Human Resource Management. *International Journal of Human Resource Management*, 1993,4(4):717-764.

道林在1999年的文章中对上述整体框架做了进一步的修正。他认为,企业组织间的网络和联盟关系已经对跨国公司的人力资源管理产生了重要的和不可忽视的影响,因而应该考虑加入外生因素之中;另外企业的外生因素不仅像图6-1模型那样可对企业人力资源管理有直接的作用,对企业的内生变量和企业的战略目标同样也产生直接的影响和作用,如图6-2所示。①

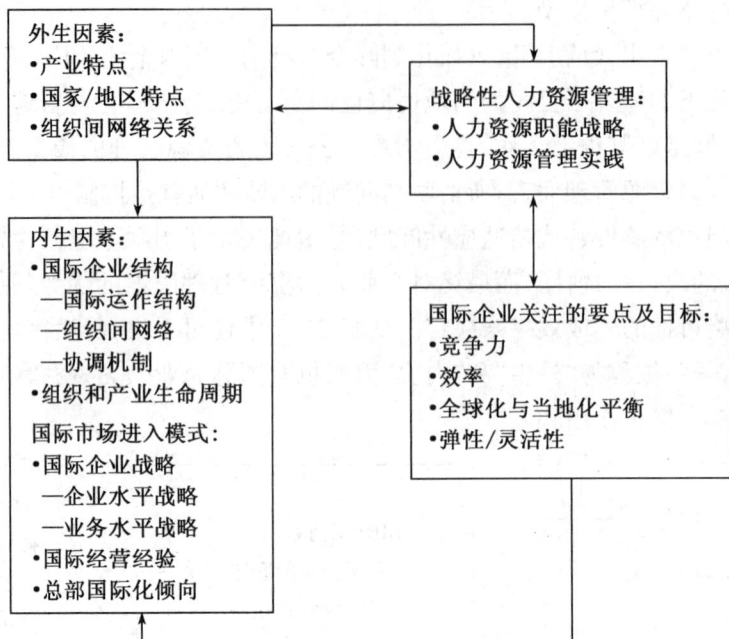

图 6-2　修正的国际企业战略性人力资源管理模型

在图6-2的左下框中,各种内生因素是按照从"有形"到"无形"的次序排列的。道林认为,所谓的跨国公司结构是由跨国公司的国际经营结构、组织间的网络及其协调机制构成;而企业以及产业生命周期不仅对跨国公司战略性人力资源有着显著影响,同时对公司的进入模式以及各战略水平的决策都有着重要作用。图6-2中,跨国公司的国际化经营经验和总部的国际化倾向是两个对战略人力资源管理有重要作用的无形因素。值得指出的是,道林的模型还认为,所谓的内生因素、战略性人力资源管理以及企业的国际经营目标三者之间是相互影响的关系,而不是前者决定后者的因果关系。

第三节　国际企业人力资源管理的发展态势

随着经济全球化和一体化发展趋势的强化,人力资源的配置已不仅仅局限于本国或本地区域内,人力资源流动及配置呈现全球化加速状态。基于这样的时代背景,国际人力资源管理不论是理论研究还是具体实践操作都可能呈现出许多新的发展趋势。本书将国际人力资源管理发展态势分为国际人力资源发展的总态势和具体态势,分别从宏观角度和微观角度展示了未来国际人力资源发展的形势走向。这样既可以从整体上把握国际人力资源管理的发展变化,也可以从细节上了解其变化内容。

---

① P. J. Dowling. Completing the Puzzle: Issues in the Development of the Field of International Human Resource Management. *Management International Review*, Special Issue 1999,39(3): 27-43.

一、国际人力资源管理发展的总态势

(一)人力资源管理理念上的变化

随着国际国内市场竞争的白热化,越来越多的组织,尤其是企业已经充分认识到人才的竞争是企业竞争的本质,人才的差距最终决定了组织间的差距。作为知识经济社会的战略性资源,人力资源的重要性已经不言而喻。纵观国际社会,不论是重视市场配置资源基础性作用的欧美国家企业,还是强调集体主义和团队精神的日本企业,对人力资源管理的重视度都不断提高,人力资源管理在组织中已经处于重要的战略性地位。与此同时,人力资源管理积极推进自身改革,改革的深度和广度不断提升。全球范围内,组织相互学习和借鉴,互通有无,广泛吸收国际先进经验,不断提升人力资源管理水平,更好地实现对人力资源的管理,为组织战略目标的实现奠定最为坚实的智力基础。

在人力资源管理过程中,对于员工的认识评价,更加偏向于基于责任承担、自我管理与控制、主观能动性等导向。同时,将员工视为企业最为宝贵的财富,在管理过程中能够真正贯彻落实以人为本的管理理念,关心、尊重、理解、信任员工;由传统的监督与控制向领导与激励转变,在制度完善的基础上更加讲求人性化管理及柔性管理,最大限度地调动、激发和发挥员工的积极性、创新性,开发其内在潜能,提高员工对于组织的向心力、凝聚力及归属感,以更好地为组织发展做贡献,实现两者的共同发展。不难看出,思想观念上对于人力资源认识的正确性与科学性,在很大程度上直接影响着人力资源管理工作的有序开展。对于我国来讲,受传统计划经济体制下惯性思维及行为模式的影响,管理过程中对人力资源的认识仍存在一定的偏差和误区,而只有真正从思想和观念上改变对员工、对人力资源的认识,才能真正地实现我国人力资源管理水平的提升。

(二)人力资源管理战略性加强

在人力资源管理职能重新回归直线管理职能,以及人力资源管理各项职能不断分化的同时,人们越来越意识到人力资源管理的重要性,并对其地位进行了重新界定。在许多著名跨国企业中,人力资源管理的职能不再单纯地局限于维持、辅助方面,其工作重心不再是应急性地管理与处置企业员工或雇员问题。相反,当前基于战略全局和整体的人力资源管理系统的整合与管理已经成为企业或组织获得竞争优势的核心工具。无论是范围还是深度,战略性人力资源管理逐渐从理论走向实践,人力资源管理正在逐步成为与各个层面管理人员都息息相关、密不可分的事情,在企业战略的决策过程和发展策略的拟定中,人力资源管理部门的参与更为积极。无论是雇员的招聘、配置、培训开发、使用,还是激励管理等,都被视为直接关系企业发展的重要战略举措。因此,随着企业管理战略伙伴角色的不断强化,人力资源管理要更加趋向于前瞻性、系统性、目标导向性,人力资源管理部门除了要对组织的经营及部门对人才的要求、员工的需求、客户的需要等进行全方位、多层次地了解与把握外,更应将人力资源管理置于组织经营系统中,将人力资源战略与组织总体经营战略紧密结合起来,为实现组织经营目标,如提高盈利能力、改善质量、提升品牌价值等,提供最为有力的人才支撑。同时,通过对人的管理实现与其他管理职能的良好互动和有机结合,实现组织绩效的最大化和组织的可持续健康发展。另外,战略性人力资源管理的实现不仅需要获得组织高层领导与管理者的支持,还要有能够促进其实现的相应的工具或组织基础架构等。[①]

二、企业人力资源管理发展的具体态势

(一)人力资源功能的重要性日益提升

越来越多的组织把注意力集中于它们的雇员,考虑并制定相关计划以充分发挥人力资源的效能,在职能称谓上"人力资源管理"快速取代"人事管理"。在影响一个组织成功地转向更高生产率和竞争力的进程中,人力资源功能的重要性日益提升,人力资源管理已经逐渐成为决定组织管理的重要方面,人力资源管理状况成为识别企业实力的重要指标。对人力资源管理者也提出了更高的要求,人力资源管理专业化不断得到强化,现代组织内的人力资源管理部门及其人员同时承担着多种角色与职能。因此,面对新的要求,要更好地发挥人力资源管理的积极性,需不断提升人力资源管理人员的专业化技能,不仅要了解熟悉组织各项活动内容,同时要能够积极主动地吸收各种先进的人力资源管理理念、方式、手段等。人力资源管理人员兼具职能性和战略性角色,要具备理论基础和实践能力。

(二)组织向集中管治、分散工作转变

组织内部分散化已是当前的一大趋势。在组织分散化,尤其是许多大企业和超大型企业内部分化为数量较多的利益中心、项目团队和主动工作小组的同时,人力资源却呈现出集中化的反向运动态势,换言之就是政策和控制的集中。组织正在更好地了解如何构建和控制自身,以便给予下层更多的自由权限来开展工作。全体组织首脑成员正逐渐成为政策制定者、顾问、策划及绩效评估师,剩余的工作都留给其他人员。

(三)内部持股及其影响

企业内部股份的持有者由高层经理人扩展到企业中层经理人乃至员工,人力资源所有者成为混合权益持有者。员工持有企业内部股份更有利于调动员工工作的积极性,增强员工的归属感,提高企业的凝聚力,吸引优秀人才,保持人力资源规模。美国众多的公司,如美孚石油公司,在雇员持股计划方面已经走在前面,西欧、澳大利亚、韩国和中国台湾地区也紧随其后。

在这种情况下,一方面,人力资源所有者平时从企业中定期取得固定的报酬,体现为固定权益索取者;另一方面,由于企业在一定程度上对人力资源具有排他性的占有性,企

---

① 王利红.国际人力资源管理发展趋势分析.化工管理,2011(7):58-60.

业合法地占有了人力资源的超额效用即利润,人力资源的所有者相应应该拥有剩余索取权。所以,企业赋予人力资源所有者的权益类型,介于固定权益和剩余权益之间。

(四)学习与创新是组织经久不衰的关键

在现代社会中,组织能够持续发展的关键取决于两个重要方面:一是学习,二是创新。两方面都与人力资源管理中的培训、激励和组织文化建设密不可分。学习主要是针对组织成员,创新则是从组织管理的角度出发的。组织成员的学习包括三方面:一是技术水平的提高,主要指新技术、新科学等硬件的运用;二是价值观念的转变,主要指思维模式、管理意识等软件的更新;三是综合能力的培养,主要指决策能力、协同能力和应变能力的提高。学习已经渗透到组织管理的各个方面,是组织发展与创新的必不可少的前提条件。另一个重要方面在于创新,"不革新则是现有组织衰退的最大原因"(彼得·德鲁克),一个组织能否创新很大程度上决定了一个组织的成败。

(五)人员招聘方式趋于多元化,"以人为本"观念进一步发展

新时期企业人力资源服务既可以外包,也可以向外提供,而不再局限于企业内部。例如,可以利用猎头公司和公营或私营的就业中介机构协助企业实施人力资源的招募和选用,也可以借助社会专门培训机构或管理顾问机构为企业进行培训,并提供广泛的交流机会。"以人为本"的业绩培训流程的含义是:把人当成企业中最具活力、能动性和创造性的要素,把提高人的素质及其激励水平作为人力资源管理的基本职责。其首要要素是开创一种积极的协调沟通关系,然后要求人力资源经理对员工进行培训、职业辅导,并努力培养员工的自尊、开发人的潜能,最后还要建立各种奖励政策作为配套机制,以鼓励员工增强其责任感并取得成果。

(六)发展弹性化工作制

未来的人力资源管理将突破传统的工时制度,把激励导向式的薪资策略和自助餐式的福利政策相结合。针对技术研究开发人员的独特性,采取弹性工作时间与工作分享等措施,允许员工自行调整工作时间,以此吸引人才和激发工作积极性。所谓自助餐式的福利政策,就是公司给予员工一定的福利点数,员工可以在点数范围内随意挑选自己需要的福利项目,包括个人福利、有偿假期等,满足员工福利需求的多元化,实现福利效用的最大化。[①]

---

① 赵庆梅,石承业.国际人力资源发展六大趋势.中国人才,2002(4):35.

第四节 国际企业人力资源管理面临的挑战及其策略

一、国际企业人力资源管理发展面临的挑战

(一)激励与保持员工"国际意识"的挑战

面对全球化的趋势,国际企业的人力资源管理必须拓展对人力资源的界定。组织所依靠的是掌握知识、技术和能力的人,无论他们是组织内部的,还是组织外部的,都是企业的人力资源,他们将知识带进企业,会对企业的绩效产生影响。人力资源管理需要掌握新的技能和采用新的政策来配置这些人力资源,获取详细的外部人才信息,改善企业间员工的信息共享,同时也需要重新考虑以往的激励机制,组织结构死板以及不适应的管理构架很难激励员工产生"国际意识"。许多企业,特别是一些中型企业,由于在国内经营阶段取得了一定成绩,因此在国际化进程中就习惯于原来那种针对国内环境所设立的组织结构及人力资源系统,而不愿进行革新。中国有句俗话:人心齐,泰山移。如果企业员工的"国际意识"没有被激活,没有形成共同的"国际意识",即便其他工作准备得很充分,企业国际化也只能是"雷声大,雨点小",这样的企业国际化势必将是非连续的、短命的海外冒险行为。

(二)转移国内人力资源竞争优势的挑战

人力资源国际化问题的起源可以追溯到雷蒙德·弗农(Raymond Vernon)用于解释对外直接投资的产品生命周期模型理论。"向国际市场进军"就意味着把国内竞争优势转向国际市场。国际化进程实际上也就是把国内的优势转向国际市场,并使之成为基于当地特定情况的竞争优势的过程。国际化加快并拓展了竞争,而且动摇了以前的国内优势,其表现在人力资源管理中也是一样的。国际化进程中的人力资源竞争已经超越了基于单一企业和国家人力资源相关政策下的竞争。人力资源具有动态性这一特点使国内人力资源竞争优势向国际化转移成为可能,然而人力资源更具有能动性这一特点也使得人力资源远离不适宜的人力资源政策下的企业和国家。在以人为本的社会竞争中,如何有效地占有人力资源是国际化进程中企业人力资源管理的一个重要挑战。

(三)构建与完善企业人力资源信息网络的挑战

随着信息技术在社会经济生活中的推广和深入应用,信息化已经成为实现高效管理及战略性管理过程中的关键途径和重要手段。具体到人力资源管理领域,在人力资源管理越来越受到重视和日益成为管理的主要内容的条件下,信息网络在人力资源管理领域的应用更是一个焦点,人力资源信息网络在企业顺利推进与发展国际化中扮演了重要角色。然而对企业而言,构建与完善人力资源信息网络需要付出巨大的机会成本。这主要

是由于传统人力资源管理框架中并没有涉及人力资源信息网络化问题,以至于人力资源网络化的边界很难在企业中达成共识,而恰恰是人力资源信息网络边界的界定对正进行国际化的企业是至关重要的,无论在国内开展业务,还是在海外拓展业务。新情况下的人力资源网络化进程已经成为人力资源管理的又一重要挑战。

(四)转变员工学习观念的挑战

企业国际化进程中为减少交易成本和风险,会面临与其他企业进行联合或合作的问题。联合在此时对企业经理人来说构成一种心理上的挑战,因为联合对那些习惯于企业内部等级制度管理模式的经理人来说难以接受,这些人很容易滋生民族中心主义倾向。实际上联合在企业国际化进程中更应看作向合作伙伴学习的机会。新的环境下员工如何转变学习观念给人力资源管理带来三个方面的挑战:一是如何培养经理人从与其地位平等的合作伙伴那里学习;二是如何使员工适应合作型学习;三是如何在企业内部构建一种非民族中心主义的职业发展系统。在跨国经营的背景下,只有转变员工学习的观念才能迎合企业发展的要求,这对人力资源管理而言又是一项艰巨的任务。

(五)"管理继承"问题的挑战

在企业国际化过程中,"管理继承"问题很容易出现。虽然企业目标的实现与企业所处的特定外部环境密切相关,但在实际的企业目标实现过程中,管理者和员工却受原有的管理制度、价值理念、组织结构和管理模式的制约,以至于很难结合特定外部环境来完成预期的目标。企业国际化进程中的外部环境是复杂、多样和易变的。正是由于"管理继承"现象的存在,使得企业在国际化进程中内部交易成本上升,从而影响企业的竞争力。从整体上看,企业提高竞争力从根本上取决于生产系统的效率高低和运作这个系统的人。为了适应国际化竞争要求,只有不断适应人们行为和环境变化的管理系统,才能帮助企业在国际化竞争中取得优势。

(六)跨文化冲突的挑战

文化差异是客观存在的,它不仅表现在民族文化、国家文化、区域文化的层面上,同时也会表现在组织文化、企业文化和职业文化层面上。若对文化差异处理不当就会引起文化冲突,进而影响组织绩效。企业国际化进程中不可避免要向海外派遣人员,在多元文化团队中,成员间由于不同文化背景往往不能很好沟通,或者不能适应彼此的价值观而使个人关系紧张,组织涣散,失去凝聚力。如意见不统一时中国人往往采取隐晦或者暗示的方式,一般不会激烈争辩,但是西方习惯公开表达想法包括反对意见。[①] 此外,一些企业的片面文化观念,即一味强调企业文化高于国家间的文化差异,使得企业不可避免地会面临跨文化冲突问题。这实际上是忽略异域文化的影响力而片面地认为自己的企业文化至高无上所造成的,这种企图忽略异域文化影响的做法是非常错误的。综合以上,正是由于各

---

① 苗军,王茹.企业国际化经营的人力资源挑战及对策.经济研究参考,2013(70).

国在文化、法律、政策等方面存在很大不同,跨国经理必须调整人力资源管理政策和方式以适应公司所在国的国家文化、商业文化和社会制度,这被视为企业国际化进程中人力资源管理的又一挑战。[①]

二、应对人力资源管理挑战的策略

(一)面对"激励与保持员工'国际意识'"的对策

诸多企业的经历已经证明,有效激励员工的"国际意识"是企业国际化进程中人力资源管理的第一步,对企业完成国际化并保持竞争优势是至关重要的。有效激励员工"国际意识"与国际化战略的其他部分,如组织结构改变、人力资源管理的调整是分不开的。如果企业组织不能随着国际化进程而做相应改变,那么以前国内组织结构就很有可能成为企业国际化进程中的一种无形负担,而且这种负担在国际化进程中经常被忽略而越积越大。即使员工再忠心,组建适应国际化组织结构的过程也会给人力资源带来许多问题,这主要表现在:一是缺乏入职就具有国际化经验的员工,并且缺少丰富员工国际化经验必需的国际业务;二是进行国际化业务并没有从国内业务中挑选最优秀的员工,而是担心这样做会有损国内业务,因此选用相对缺乏业务经验的人去处理刚刚起步的国际业务;三是当业务进行国际化时,由于面对一个崭新的市场,对国际化所需技能只是从短期着眼,没有从长远角度来考虑国际化所需技能的复杂、多样性,并没有真正理解国际化所需的技能;四是仅仅认为组织中一些员工需要具备"国际意识",并且应该接受培训,而没有认为国际化是全体员工共同的责任。

意识到原有组织结构和人力资源政策对激励员工"国际意识"的障碍,从而对现存的组织结构和人力资源系统进行必要改变是明智之举。实际上,从长期来看,国际化企业需要培养具有足够"国际意识"和国际经营能力的员工,这样才会使企业在以后的国际化纵深发展阶段获得巨大动力。相反,缺少相关方面的努力,在企业国际化进程中,由于员工不能很好地适应国际化趋势要求,将会给企业在后续发展过程中带来诸多麻烦。

(二)面对"转移国内人力资源竞争优势"的对策

国际化加快并拓展了竞争空间,动摇了以前的国内优势。在此形势下,企业人力资源管理需要适时转移,符合国际化要求。一般而言,"所有权优势"是影响国际化的一个主要因素,体现在人力资源管理方面,也就是企业需要拥有足够的高质量的人力资源。有效的人力资源政策对企业获得人力资源"所有权优势"是必不可少的;同时企业国际化进程中国内竞争优势(如人力资源)进行转移需要以企业母国作为基础。企业母国的教育、培训、R&D方面的情况对企业国际化进程中人力资源的影响是巨大的。这一点就全球范围看,发达国家较发展中国家具有绝对的优势,主要表现在发达国家具有很难被他国(主要是发展中国家)模仿的较完善的国内学习网络和相对健全的、配套的法律体系等无形资

---

① 刘帮成.企业国际化进程中人力资源管理的挑战.国际经贸探索,2001(3):59-62.

产,这或许正是波特所说的企业竞争的高级阶段表现在国家竞争优势的差异上。

因此,就发展中国家而言,健全人力资源相关法律、法规,普及各种初等教育、中等教育、技术教育,以及重点支持高等教育,是保障企业国际化进程中人力资源来源的重要举措。

(三)面对"构建与完善企业人力资源信息网络"的对策

网络理论有助于解释企业的国际化怎样开始以及如何发展。所有企业内员工无论在水平或垂直方向都应该自由流动,以适应信息网络社会的需要。因此在国际化进程开始之前,应进行人力资源信息网络方面的投资,并且努力通过人力资源信息网络识别海外机会。许多中小型企业的研究表明,网络化相当于一种学习资源,在人力资源管理中起着重要作用,特别是通过人力资源信息网络可最有效地调用企业内部人力资源。当然,建立人力资源信息网络是个耗时的过程。同时,还必须克服文化冲突,就这一点来说,构建企业人力资源网络存在巨大机会成本。然而从长期来看,结合企业自身情况及时、准确地界定人力资源网络边界、构建人力资源信息网络是国际化进程中企业不可回避的问题。

(四)面对"转变员工学习观念"的对策

在新环境下,全体员工都应积极转变学习观念。实际上,企业国际化进程中的联合,双方或多方交换的不是有形资源,而是一种基于信息的无形能力。合作是一种策略性市场战术,避开了恶性竞争,其最终目的仍然是与合作者竞争。因此,合作可以看作是一个过渡阶段,那种"同行是冤家"的理念应适当做些调整。

当然,合作中的学习不能取代企业与合作者抢夺市场机会的时机,必须清晰认识到学习是具有目标性的,即努力通过合作在减少交易成本和风险的同时,从合作者那里学习其核心竞争能力,同时保护自己的优势以防被他人模仿。在整个过程中人力资源政策应该为有效的学习做好铺垫。例如:西方企业人力资源系统在日本失效有诸多原因,其中很大部分集中反映在缺少员工的参与和正确的学习态度,特别是许多以前过度崇尚个性的西方企业的组织结构、人力资源系统及人力资源管理实践导致的员工有效学习问题,已经被公认是企业国际化早期阶段的重要障碍。

总之,把联合看作是向合作者学习的一种途径是明智的,当然这其中需要依靠联合参与方的良好人际交往,而这种非正式的人际交往不可能在真空中发生,正规、有效的人力资源管理决定了参与方的人际交往和相互学习的有效性。

(五)面对"管理继承"的对策

企业国际化进程中面临的挑战是多方面的,仅仅是组织结构的调整是不够的,更重要的是需要新的管理理念。解决企业国际化进程中"管理继承"的复杂问题,从人力资源管理方面来说,主要是通过灵活的团队管理。问题的实质是经理人对国际业务信息的不确定性。团队管理可以通过提出不同的观点和思路来进行面对面的交流,这是企业人力资源信息网络化,更是团队管理的有力支持:一方面可以通过网络构建员工之间的关系以及培养共同的价值理念;另一方面通过过滤、删减许多模糊信息提高管理效率和效能。当然团队管理的人员必须具有国际意识和适应跨文化的交际能力。人力资源管理要特别注意追求员工的国际化,不能只关注员工的国际化背景,更重要的是判断其是否具有国际化所需的能力,同时在人力资源管理实践中应判断员工是否具有狭隘的民族中心主义倾向。通过团队管理,力争使"管理继承"现象的发生降到最低。

(六)面对"跨文化冲突"的对策

跨文化冲突问题会使企业国际化进程中内部交易成本上升,这主要表现在对外派人员的选派、培训及支付报酬方面,这些成本的增加使得管理的有效性大大降低。就减少跨文化冲突而言,培训应该是人力资源管理的有力工具。培养跨文化能力,一要认真审视企业母国文化和异域文化;二是找出两者之间的差异,避免进行以自我文化为标准的文化批判。同时,培训中应该强调员工对人际关系的洞察力、员工对文化的敏感性、交际沟通、团队管理与工作的能力。然而,许多公司培训外派人员时间较晚,以致只能走马观花地对目标国家进行模糊培训,以适应企业国际化的需要。实际上,这种"临时抱佛脚"的做法是不会有多大效果的,企业国际化进程中需要的是真正具有全球意识和文化敏感性的员工。

实际上,对于培训员工这个具体问题而言,员工的海外度假都可视为一种有效的方法。在国内的不同环境下工作也有助于培养员工的跨文化能力,员工不必跨越国界,企业母国的不同地区、民族差异以及阶级、年龄、性别的组合等都是员工提高跨文化能力的机会,这一点,对准备进行国际化或正进行国际化的我国企业来说很有借鉴意义。

第五节　国际企业的外派人员管理

一、外派、外派人员、外派任务类型和外派人员类型

(一)外派和外派人员

所谓外派就是指跨国公司总部派遣母国人员到国外下属机构进行一段时间的任职,期满后母国人员返回母国总部。这一概念包括两个维度,即时间维度和地域维度。时间维度是指外派必须达到一定的期限。外派期限通常是在 6 个月以上且 5 年以下,因为如果外派期限过短,就可以理解为工作出差,而如果外派期限过长,就可以理解为永久性定居。地域维度指的是外派必须是从一个国家派遣到另一个国家,而不包括同一个国家内的人员调配,例如美国跨国公司把一名工程师从洛杉矶调配到华盛顿,这就不属于外派的范畴。

外派人员是指接受母国公司总部的派遣,前往公司总部所在国以外的国家接受某一技术或管理职位的任职,且任期期限至少在 6 个月的母国公民或第三国公民。

（二）外派任务类型

根据 Harvey 和 Novicevic(2002)[1]的观点,可以将外派人员所担任的任务分为三种类型,即协调型任务、计算型任务和创造型任务。协调型任务常常表现为以下形式,如市场开发计划,改变海外分支机构的组织结构,选择海外供应商等。这类任务要求在母国组织和东道国分支机构之间有着协调良好的组织互动,外派人员应当起到边界勘测人员一样的作用。计算型任务具有更强的结构性,成功完成这类任务要求外派人员已经具有完成任务所需的知识和能力。这类任务的模糊性较低,起点和终点都非常明确。尽管大多数计算型任务的程序性相当强,可能要求外派人员付出相当大的努力,但是它们对外派人员与他人之间协作程度的要求较低。创造型任务没有确切的,也没有设定的程序可以找到现成的答案,它们的完成取决于外派人员是否具有创造性的思维和视角来发掘能够为他人所接受的答案。这类任务的工作方法可以有很多选择,因为完成这样的任务需要检索大量的信息来源。因此,衡量这类任务的绩效是非常困难的。

（三）外派人员类型

基于不同的外派任务,可以将外派人员分为以下四种类型,即结构复制者、解决问题者、操作者与首席执行官(Hays,1974)。[2] 结构复制者是指外派人员负责在东道国下属机构建立与跨国公司的其他地方相类似的机构,例如,会计部门、营销框架或者生产体系等。解决问题者是指外派人员负责分析和解决具体的运作问题。操作者则负责在现有的经营机构中推动任务的执行。首席执行官则主要负责监督和指导整个东道国下属机构的运作。

二、外派人员管理

（一）外派人员管理的目的

1. 国际企业角度

对国际企业而言,其实外派的目的是为了完成特定的工作任务和培养人才。

（1）完成特定工作任务。国际企业主要是通过外派人员实现对东道国子公司市场/管理或其他方面的领导、监督/控制等,具体表现在以下几个方面:① 可以加强对海外子公司的控制。国际企业母国通过任命外派经理可以有效地控制高层管理者的位置,而在较低职位上任用东道国或第三国人员,这样便于母公司通过高层管理间接地控制子公司的生产和经营,有利于母公司的整体统筹规划。② 可以加强对先进技术和管理经验的垄

① M. Harvey, M. M. Novicevic. The Role of Political Competence in Global Assignment of Expatriate Managers. *Journal of International Management*, 2002, 8(4).

② R. D. Hays. Expatriate Selection: Insuring Success and Avoiding Failure. *Journal of International Business Studies*, 1974, 5(1).

断。在国际企业的生产经营过程中,应用先进技术和管理经验会对东道国产生一定的技术扩散效应,而通过外派经理则有利于技术和管理经验的保密,从而保持国际企业在该领域的垄断优势,降低生产经营的风险。③ 可以保证产品和服务的标准化。选用外派经理有助于监督和管理生产过程,确保产品达到特定的生产标准和质量要求,以保证与母公司产品和服务的标准相一致。④ 可以减少雇员流动,降低培训成本。外派经理的职业生涯主要受母国文化的影响,在工作上受母公司指派,对母公司有较大的忠诚度和依赖度,因此,外派经理会保持在东道国工作的相对稳定性。⑤ 国际企业选用外派经理会降低在东道国搜寻符合公司要求的人员的成本,减少培训成本,尤其当东道国的管理/技术和教育水平明显低于母国时更是如此。

(2) 培养人才。国际企业可以通过外派培养管理者的综合能力,提升其全球领导能力。

2. 外派人员个人角度

就外派人员个人而言,其接受并执行外派的目的包括职务提升和个人发展两个方面。职务提升就是通过外派锻炼自我,提升能力,为回国后在母公司升职打好基础;个人发展就是通过外派开阔自己的视野,积累经验,打造自己的核心竞争力。

（二）外派人员管理的特点

与国内一般人力资源管理相比,外派人员管理具有以下特点:

(1) 管理对象的特殊性。国内人力资源管理的实施对象是国内员工,而外派人员管理的对象则主要是指受母公司指派经营和管理海外子公司的管理人员以及技术专家,其工作和生活地点在国外。

(2) 人力资源管理所涉及的内容复杂。国内人力资源管理所从事的工作不外乎人力资源战略、人力资源规划、招聘、选拔、培训、薪酬、绩效、职业生涯管理和劳动关系等,而外派人员管理除了履行上述职能外,还要考虑外派人员跨文化适应问题、课税以及回任配置问题。

① 跨文化适应问题。母公司需要强化对外派人员的跨文化培训,以促使其能尽快适应海外子公司的工作和生活环境,因此,外派人员培训具有独特性。

② 课税问题。众所周知,不同国家有着不同的个人所得税课税模式,包括分类所得税、综合所得税和分类综合所得税三种。如何使得同一国家在不同东道国的驻外人员所负担的税赋公平,以减少驻外人员的税赋负担,这是外派人员管理的一大难题。

③ 外派人员的回任配置问题。完成外派任务,外派人员还面临着回任配置问题,包括回任岗位问题、回任家庭问题、薪资问题、重返适应问题等。

(3) 外派人员的个人生活成为人力资源管理的内容。外派不仅是个人工作的变动,而且外派的整个过程涉及个人生活的变动,从选拔、培训、到任、在任、回任等。因此人力资源管理部门必须和员工家庭有深层次的互动和接触,甚至包括说服员工的家庭,使家庭成员了解驻外的相关信息,包括当地情形、公司职员、薪酬情况、回任期限等,使得家庭成员成为外派人员的坚强后盾。

（4）外派地人力资源管理环境的差异。因为海外子公司的环境与母公司不同，母公司对工作地点不同的外派人员的人力资源管理制度和政策也会有所不同。

（5）面临诸多的风险和外部影响。由于涉及不同文化环境，人力资源管理需要面临更多的不确定因素，例如东道国政治经济环境的变化、发达国家重视工会的力量和作用等。

（6）管理过程需要广阔的国际视野。由于各国的文化差异，外派人员需要在异文化环境中有效开展工作，必须具备开放心态、国际视野和跨文化的人际能力与管理能力。

（三）外派人员管理的内容

基于外派管理的目的和特点，外派人员管理的内容主要包括两个方面。

（1）外派人员的跨文化管理。外派人员的跨文化管理是指外派管理流程，包括三个阶段：出国前准备阶段、出国任职阶段和回国重新安排阶段。

第一阶段为出国前准备阶段，主要内容涉及招聘选拔、培训开发以及家属工作。第二阶段为出国任职阶段，涉及培训开发、家庭的安置定居、外派人员薪酬、绩效管理等；第三阶段为回国重新安排阶段，包括经验交流、岗位安排、升职等内容。

（2）外派人员的知识管理。外派人员在从事国际化经营中获得了丰富的经验和知识，包括显性知识和隐性知识，成为跨国公司的知识性资产，对于提高组织知识水平、完善组织知识结构、实现组织更大发展具有重要促进作用。因此，随着知识经济和全球化竞争的日趋激烈，从知识管理的角度重新审视外派管理，成为跨国企业的共识。就知识管理而言，重点应当是通过知识转移，促成企业核心竞争力的形成。

知识转移的概念源自创新研究领域。通过技术的国际转移能够帮助企业积累有价值的知识并促进技术扩散，从而缩小地区间的技术差距。知识转移包括知识传递和知识吸收两个过程。知识转移涉及知识发送方和知识接收方两个主体，客体是知识，客观条件是传输的途径，目标是能够利用知识来指导行为；接收知识意味着对信息的充分理解并能够据此采取行动。知识转移的基本要素包括知识源、转移渠道、信息、接受者和情境，这些要素相互作用来影响知识转移的效果，知识转移过程分为四个阶段：初始阶段是原单元识别可以满足对方要求的知识；实施阶段指双方建立适合知识转移的渠道，同时原单元对拟转移的知识进行调整以适应新的情境；整合阶段指接受单元对知识进行制度化并使之成为自身知识的一部分。无论是在海外子公司还是母公司，外派人员一直处于不同的文化情境中，知识转移也是在一定的情境中，外派管理需要根据知识转移和情境的关系来实施。

三、外派失败

（一）外派失败的概念

随着海外业务重要性的日益加强，跨国公司的经营成败在很大程度上取决于公司的外派人员。然而，相当多的海外派遣以失败而告终。外派失败已经被看作一个长期存在且反复出现的现象。外派失败主要体现在三个方面。第一，跨国任职的驻外人员无法完成任务,或未完成使命提前回国。第二,海外经理的业绩水平普遍低于期望水平。第三,能够胜任海外工作的员工在外派结束归国后,(一年内)选择离职或跳槽。

(二)外派失败的成因

1. 个人的原因

(1)外派人员自身能力不足。外派人员需要具备专业技术能力、外语能力、处理人际关系能力,并对东道国文化及法律有充分的了解。这些能力中,如有一项欠缺都可能导致外派任务的失败。此外,跨国公司在选派驻外人员时,除应考虑外派人员的技术和管理能力,还应充分考虑到外派人员的文化适应能力。外派人员失败比率高,究其原因,大部分是由于外派人员自身不能接受差异文化,不具备跨文化管理的能力,当外派人员无法适应新环境的时候,就会感到沮丧、厌烦、压力大并产生不满情绪,当这种不满累积到一定程度,一些员工就会要求提前回国,就算勉强留下来也无法达到预期的绩效。

(2)配偶及家属不能适应新环境。配偶及家属不支持也是外派失败原因之一。根据1995年美国国际公司的调查,员工拒绝外派任务,48%是配偶不支持,27%是子女问题。由此可见,家庭因素是影响外派成功与否的重要因素。一旦配偶的工作,或小孩的教育出现问题,他们不支持亲人外派,这必然给外派人员的情绪带来极大的影响,严重的会分散注意力,工作热情下降,影响工作效果。

2. 企业原因

(1)外派人员选择不恰当。一名员工在母国公司表现优异,并不代表他(她)在国外工作也会有同样优异的表现。许多跨国企业在挑选外派人员的时候,主要考虑专业能力和东道国的工作需求,而没有充分考虑到该员工对差异文化的接受能力,以及跨文化调整与适应能力。一名在国内业绩优秀的部门经理可能因为不了解东道国的风俗习惯而丢失客户,甚至可能因为打招呼时的用语不当而得罪供应商。

(2)外派目的不明确。外派员工的目的无外乎:拓展海外市场,处理子公司的棘手事件,培养具有国际管理能力的经理,或是发配不受赏识的下属去偏远国家。而员工接受外派原因则有:丰厚的报酬,展示自己的能力,获得海外工作的经验,为自己的职业生涯奠定更好的基础。由此可见,企业与员工在外派和接受外派的动机上存在着差异。很多公司外派失败的原因是员工在接受外派之初,不明确自己被派出的目的,被派出之后发现自己的想法和公司的意愿有很大差距,造成心理上的不满,最终员工不能如期完成任务。

(3)缺乏有效的跨文化培训。被选为外派人员的员工都是经过层层选拔,严格挑选出的"精英"。这些人才是通过考核和评估,最终被认为是最符合的人选。在这种情况下,外派工作的失败,很大一部分原因是跨国公司对外派人员的培训不到位。

(4)外派人员归国安置失当。归国的外派人员,由于长期在海外生活和工作,已经不太能适应国内的社会环境和企业内部的人文环境,这种逆文化冲突会对归国员工带来生活上的不适和工作上的压力。并且,很多归国员工在回国一段时间内都不能被合适地进行岗位安置,使得员工在心理上造成很大的落差。在这种情况下一些员工选择辞职,或是跳槽。公司不能妥善处理外派归国人员,导致了归国人员流失。

3. 社会原因

造成外派失败的社会原因主要是东道国同母国的文化差异。文化的差异主要体现在东道国的政治环境差异、法律环境差异、语言差异和社会人文差异。这些差异会对外派人员的工作和生活造成困扰。具体表现在,外派人员以往在国内的工作经验和管理方法,可能在东道国根本不起作用。受政治环境的影响,外派人员需要同东道国的官员建立良好的互动,在不一样的人文背景下,掌握同客户、批发商的相处模式。

(三)外派失败的后果

无论何种形式的外派失败,都会对企业和个人造成不利影响。其中,对于跨国公司,外派失败造成的损失主要有:① 人员外派付出的高额人力资本;② 公司的总业绩和绩效下降;③ 损害母公司同东道国的关系;④ 干扰母公司的海外发展战略;⑤ 归国人员流失等。

对于被派遣的员工,外派失败将会造成个人及职业双重打击。外派失败对外派人员个人造成了一定的负面影响,主要表现在:① 对于个人,外派失败不可避免地伤害了员工的自尊心和打击了其工作信心;造成员工家庭的不稳定;归国后受到的"逆文化冲击"与外派失败的心理压力等。② 外派失败往往会严重损害员工职业生涯的发展;在本行业领域因外派失败而声誉受损;降低员工在归国后的工作积极性;不愿再对其他外派人员提供经验或者帮助等。

第六节　中国企业的对外投资与人力资源管理

随着不断上升的劳动力成本、日益加大的环境资源压力以及正在抬头的国际贸易保护主义的影响,中国企业对外投资在持续增加。2014 年中国对外投资规模接近吸收外资规模,成为中国企业走出去新的分水岭,企业国际化运营进入新阶段。

一、中国企业对外投资的新趋势

随着中国企业"走出去"步伐日益加快,对外投资额的持续增长成为中国投资实力最直接的印证。目前,中国企业对外直接投资将逐步逼近甚至会超过外商投资规模,一批优秀的大企业海外并购步伐明显加快。比如,联想集团通过收购 IBM 的 PC 部分成为全球第一大 PC 生产商,百度公司也越来越多地出现在巴西、泰国和埃及等市场,大连万达集团、华为公司、美的集团、新希望集团等也有诸多兼并收购动作。中国企业正进行快速地国际化发展,业务也逐步多元化,并呈现出一些新趋势。

(1) 既注重量的提升,又关注质的提效。

据中国与全球化智库日前发布的《中国企业全球化报告(2020)》蓝皮书:2013 年中国

约有 1.53 万家企业走出去。2014 年中国对外直接投资额达 1 029 亿美元,首次突破千亿美元,同比增长 14.1%,继续保持世界第三位;同年中国实际使用外资金额 1 195.6 亿美元,同比增长 1.7%。到 2017 年,中国对外投资额为 1 582.9 亿美元,同比下降 19.3%,但仍处于历史第二高位。2018 年上半年,中国对外投资总体处于较为活跃的区间,境内投资者实现非金融类直接投资 571.8 亿美元,同比增长 18.7%。2018 年,中国企业在全球外国直接投资出现下滑的背景下实现对外直接投资 1 430.4 亿美元,虽然同比下降了 9.6%,但降幅比 2017 年有所收窄。中国企业在全球的投资占全球外国直接投资存量的比重为 6.3%,仅次于美国和荷兰。① 按照目前的发展趋势,中国将很快成为净对外投资国。另外,该报告指出,中国企业过去对外直接投资热衷能源资源的传统驱动形式正在发生转变,目前逐步形成了能源资源驱动、市场驱动、技术驱动等多种投资驱动并存格局,越来越多的中国企业涉足国外高科技领域投资,追求高附加值投资。值得注意的是,越来越多的中国企业通过对上下游产业链的控制,开始注重在全球范围内进行产业整合,中国企业正在从产业链的参与者向主导者转变。

(2)民企海外并购较活跃,并购数量与规模均超过国企。

《中国企业全球化报告(2020)》指出,受一系列监管政策、海外市场对中国企业并购审核趋严等因素影响,中国企业海外并购有所降温,并购规模大幅下降:2018 年,国企海外并购 64 起,同比下降 36.6 个百分点;民企海外并购 310 起,同比下降 33.6 个百分点。两者相比,民企海外并购更为活跃。随着中国对企业海外并购政策由严格监管向引导规范转变,2019 年上半年中企海外并购有回暖势头,国企和民企分别发生 134 起和 260 起。

(3)制造业占中国企业对外直接投资的半壁江山。

信息传输、计算机服务和软件业表现稳定。《中国企业全球化报告(2020)》显示,2018 年以来,中国企业对外直接投资发生在制造业的数量最多,占比达 49.6%;信息传输、计算机服务和软件业占总投资案例的 15.4%,其中,阿里巴巴、腾讯、网易、京东等中国互联网企业都有不俗表现。《中国企业全球化报告(2020)》称,中国企业在电子商务领域已经取得了技术优势,随着云计算、大数据等技术的发展和应用,中国企业在跨境电商行业将迎来更多投资机会与发展机遇。②

(4)对"一带一路"沿线国家和地区的投资积极推进。

中国企业对"一带一路"沿线国家和地区投资积极推进,成效显著,占中国企业对外投资比重稳步增加。2018 年,中国企业对"一带一路"沿线的新加坡、老挝、越南、印度尼西亚、巴基斯坦、马来西亚、俄罗斯、柬埔寨等 56 个国家实现非金融类直接投资 156.4 亿美元,同比增长 8.9%,占中国企业非金融类对外直接投资的 13%。

总之,随着中国经济国际话语权的进一步提升以及强大的外汇储备支持和"一带一路"等互联互通战略实施,中国企业国际化已经是大势所趋,对外投资和吸收外资的双向平衡"实现相互兼顾和包容性发展",也将为全球的共同发展起到"中国作用"。

---

① 王辉耀,苗绿.企业国际化蓝皮书:中国企业全球化报告 2020.北京:社会科学文献出版社,2020.
② 王辉耀,苗绿.企业国际化蓝皮书:中国企业全球化报告 2020.北京:社会科学文献出版社,2020.

二、中国企业在对外投资过程中的人力资源管理重点

中国企业在国际化进程中,既获得广阔的发展前景,也面临着经济全球化、信息网络化、社会知识化、人才国际化、货币电子化、人口城镇化,以及企业管理广泛变革等多领域的挑战。企业要获得持续竞争的优势,需要在人力资源管理中做好以下四个方面的工作。[①]

(1) 努力提升领导人全球视野。

一个成熟的世界级企业,应注重培养具备全球视野的领导人。通用电气的韦尔奇(Jack Welch)是20世纪最杰出的CEO,他提出,要把最聪明的人送往世界各地,培养他们成为主宰通用电气未来命运的全球化领导者。在他的管理下,通用每年投入领导力开发的费用高达十几亿。管理学大师彼得·德鲁克在1998年也提出,未来只有两类经理人,一类是具有全球视野的经理人,另一类是下岗的经理人。全球视野、战略眼光、跨文化管理,是全球化时代领导力的重要组成部分。[②] 因此,中国企业在"走出去"过程中,要重视增强领导团队的国际化视野。全球化需要领导者从全球政治、经济、科技等角度来思考如何谋划企业的未来发展,并在此基础上构建企业的运作模式、核心价值观和文化。

(2) 建立科学有效的国际化人才管理机制。

中国企业应该抓住当前的发展机遇,尽快建立国际人力资源的科学管理模式,完成管理转型,实现提升国际竞争力的目标。中国企业首先要突破原来固有的模式和观念,注重人才管理手段细化、标准化的建设,创新思路,寻找更有效的人才管理模式来实现国际化战略。其次要建立新的全球激励机制以及相应的人才晋升和流动制度,来适应新形势下的企业战略。此外,应顺全球文化背景下的人力资源管理职能,促进不同文化之间的沟通和信任;同时也要借鉴成熟的跨国公司的先进做法,结合中国企业的特色和管理优势,创立适合中国企业发展的国际人力资源管理模式。

(3) 着力培养和吸引国际化知识型人才。

在新的全球经济中,竞争能力将越来越多地依赖于创新能力。谁能成为全球的、柔性的、创新型的和拥有丰富社会关系资源的企业,谁就能拥有更为强大的能力和竞争优势。[③] 人才追逐资本的现象将为资本追逐人才现象所取代,素质越高、越稀少、越热门的人才将获得更多的工作机会和报酬。面对国际竞争,中国企业获得成功最主要的制约因素就是国际化知识型人才的缺乏。因此,培养和吸引人才是中国跨国公司发展的关键,国际化知识型员工的管理理应成为企业人力资源管理关注的重点,知识的创造、传递、应用和增值成为人力资源管理的主要内容。[④][⑤]

---

① 赵曙明,苏明.构建面向全球化的中国人力资源管理理论.南京社会科学,2013(11):1-6.
② 赵曙明.为未来,培养领导力.中国人力资源开发,2013(22):23-24.
③ 赵曙明.中国人力资源管理三十年的转变历程与展望.南京社会科学,2009(1):7-11.
④ 赵曙明.鸟瞰HR,赵曙明有话要说.人力资源,2005(10):28-31.
⑤ 赵曙明,高素英,耿春杰.战略国际人力资源管理与企业绩效关系研究.南开管理评论,2011(1):28-35.

（4）加强全球范围内的有效沟通。

中国企业在对外投资过程中，应尽快在内部建立全球化信息和知识系统，使得组织成员能够对来自全球各地的信息和知识进行充分的分享和整合。同时，要强化跨文化培训，从而能够有效地加强全球企业内部多个单位之间的沟通，实现真正意义上的全球整合体。

Conclusion

跨国公司作为世界经济全球化的构建者、主体实施者，在世界经济中发挥了重要作用。随着全球经济一体化的深入发展，人力资源流动及配置呈现全球化加速的态势。2014年，中国对外投资规模接近吸收外资规模，成为中国企业走出去的分水岭，企业国际化运营进入新阶段，面临人力资源国际化战略挑战。

国际企业的战略人力资源管理包含着两种知识：一是人力资源管理战略化，即战略人力资源管理；二是国际企业的人力资源管理。企业从关注企业绩效的环境决定因素转为强调企业的内部资源、战略与企业绩效的关系。

国际人力资源管理的发展态势包括了总态势和具体态势两个方面。其中，总态势体现在国际人力资源管理理念上的变化和战略性加强的变化。具体态势表现在人力资源功能的重要性日益提升；组织向集中管治、分散工作转变；实行开放式管理；学习与创新促进可持续发展；人员招聘方式趋于多元化，"以人为本"观念进一步发展和实施弹性化工作制。

Keywords

| 国际企业 | 战略人力资源管理 | 挑战与对策 |
| 外派人员管理 | 外派失败 | |

Case-Study ◇

TCL 的国际化人力资源挑战[①]

改革开放之初，TCL 一穷二白，在仓库里起步创业：在前十年（1981～1991年）中实现最初始状态的规模积累；1992～1998年，摸着石头过河，TCL 用自己勇于实践的历程诠释了什么是改革，靠自己按照市场规律摸索向前，高速发展伴随着曲折的改革，完成中国制造具有代表性的改制，率先成为现代企业制度规范下的具有竞争力的中国制造企业，

---

① 赵曙明,陶向南,周文成. 国际人力资源管理. 北京:北京师范大学出版社,2019:49 - 52.

实现企业的高速成长；1999 年之后 TCL 大胆突破，经过国际并购—遭遇挫折—绝地重生，TCL 布局全球架构和竞争力之路虽然险象丛生，但成功化险为夷，为中国企业走出去开了先河，积累了宝贵经验。

目前，企业所处的竞争环境正快速地向全球化的方向发展。世界 500 强中约有 80%的跨国公司涌入中国，凭借品牌优势、资金实力和雄厚技术，在中国市场大展拳脚。越来越多的国内公司通过向海外出售产品、在其他国家建厂以及与外国公司缔结联盟等手段进入国际市场。中国加入 WTO 以后，企业面临着国内市场竞争国际化、国际市场竞争国内化的情况，作为国内家电行业的知名企业，TCL 率先扛起了振兴民族工业的大旗。2003 年年底，TCL 集团与汤姆逊合并重组，并制定了《TCL 集团战略发展规划和 2010 年远景规划》，明确了创建世界级的中国电子企业的发展愿景，提出了企业今后的发展方向是迈向国际化，参与世界经济大循环，在全球化竞争的大气候中打造世界级的中国品牌！

人力资本现已成为企业最重要的资本之一，要参与国际化市场竞争，企业人力资源的国际化便成为 TCL 集团推进国际化战略的关键环节和重要途径。

（一）人才国际化和国际化人才

"人才国际化"：一是人才构成国际化；二是人才素质国际化；三是人才活动空间国际化。

随着经济全球化和区域一体化的加速，企业间的竞争表现为企业核心竞争力的比拼，而人力资源已成为构筑企业核心竞争力的重要因素。对于大举开拓海外市场的 TCL 集团来说，企业所需要的员工的综合素质、对海外市场的适应能力都将有所提升。并且，随着集团海外业务的增长，各分支机构对东道国本地化人才的需求必将随之增加。目前，TCL 集团外籍员工占集团总人数比例为 17%，未来 3～5 年，这一比例将进一步提高，这为 TCL 集团人才的选拔、培训提出了前所未有的挑战。

人才国际化战略离不开国际化人才。TCL 集团的发展愿景决定了其对员工素质的高要求：不仅应具备出色的专业技能和管理能力，还要具备良好的自我激励、自我学习能力、适应能力、沟通能力和团队合作精神。

据 TCL 集团人力资源总监虞跃明先生介绍，为提高集团管理人员的素质，适应人才国际化战略的要求，TCL 采用内部提升和外部引进并重的人才战略。一方面，对现有的各级管理人员进行国际化企业经营运作能力的系统提升，有计划地选派部分人员到海外企业交流任职或到国际一流的商学院学习等；另一方面，以全球化视野，搜寻、吸纳具有国际化经营背景的高级管理人才和研发人才，迅速补充到关键岗位，并在国内引入具有潜质和一定经验，尤其是有外资企业工作经历的各类专才，作为国际化人才的后备队伍，加以培养锻炼。

2004 年 6 月 2 日，TCL 集团于广州召开了题为"成就梦想——创建具国际竞争力的世界级企业"的新闻发布会，宣布集团 2004 年"国际化"人才引入计划，计划招聘 2 200人，专业涉及电子、信息、机械、营销、财会和人力资源等，招聘对象为有海内外知名企业工作背景和丰富经验的中高级人才，其中不乏事业部研发中心总经理、海外区域销售总经理等高级职位。目前，招聘已陆续在美国纽约、硅谷和中国珠江三角洲、环渤海湾、长江三角洲等地举行。中高级职位占本次招聘的近40%,研发型人才近70%,TCL汤姆逊项目和TCL移动通信的人才需求占到了60%。

（二）应对人力资源国际化带来的管理挑战

企业进入国际市场随之带来了大量的人力资源管理问题,而且只要企业想赢得竞争优势,它们就必须重视这些问题。一旦企业做出了到全球舞台上去进行竞争的选择,它就必须想办法去管理那些被派往国外的雇员,以及建立一种行之有效的体系,使得具有不同文化背景的员工认同企业文化,并在这一文化框架下有效地开展工作。

（三）雇员管理

面向国际化的企业集团所要面临的雇员问题,较之国内企业要复杂得多。一方面,作为多元化企业集团,如何才能在既不丧失各个事业群的灵活性,又能掌控整体发展方向的情况下整合集团雇员管理体系?另一方面,进入海外市场的企业中必须有一些熟悉该国政治、文化、法律等方面的专家,而这通常要求企业必须雇用一名或多名东道国的本土雇员;企业还必须雇用许多"内派雇员"(在公司总部中工作的来自不同国家的管理者),以促使集团决策的国际化;此外,企业很可能还要从非母国的其他国家选派管理人员到另外的国家从事工作。

据虞跃明先生介绍,目前TCL的人力资源管理体系分为集团总部、各事业本部、各下属企业三个层次。其中多个事业本部的人力资源管理模式各不相同,有的采取"矩阵式"的管理,即一个事业本部设一个人力资源中心,横向联系各个事业部,纵向联系下属企业,实行人力资源派出制,被派出的专员接受直线经理和人力中心的双重领导,目前看来这种运作相对来说有一定难度。有的采用直线职能制,即本部有一个人力资源部,各下属企业设有相应部门,目前仅这一级的人力资源经理就将近百人,大家各有一套工作方法,这样一来虽然人员比较庞大,但是运作起来却相对比较简单。他强调,"人力资源体系的搭建一定要因人、因时、因地,当三者都能协调一致的时候,这个体系就是有效的。"

目前,TCL集团海外市场已覆盖东南亚、南美、中东、非洲、大洋洲等地区的多个国家。在海外员工的选用上,为增加各地分支机构的主动性和灵活性,应付市场环境变化,TCL采用了"因地制宜"的管理方法。集团总部首先做出一套人力资源管理方案框架,由分支机构细化并实施。在人才的选用上,由当地负责人视东道国人力资源素质而定,并根据具体情况对东道国本土雇员进行相应培训,以使其尽快融入公司的工作。同时,依据东道国法律、风俗习惯与生活方式等要求,确定符合当地情况的薪资福利结构与工作时间;依该国的工作习惯,制定评估标准,依据实际业绩加以考核。集团总部人力资源部门经常派出工作人员到各分支机构工作、指导,以确保各分支机构与集团总部人力资源部门的协调统一,保持较高的运作效率。

（四）克服文化差异

面向全球化市场的企业还必须认识到,它们所面临的这些市场并不是母国市场的一种简单对应。企业必须对当地的文化保持高度的敏感性,并且努力在这种文化框架之间开展工作而不是与之相对抗。例如,麦当劳公司就非常重视通过雇用已经接受公司价值观的人来强化文化之间的相似性。因此,一方面,企业需要带着它们自己的总体哲学进来,然后再把它们融入到当地的文化或市场之中去;另一方面,企业需要通过有计划的招徕、培训等手段让来自不同文化的雇员认同自己的企业文化及价值观,尽快地融入企业的日常工作中。

多元化移民文化的价值观一直是 TCL 的骄傲,TCI 倡导"尊重学识、注重才能;鼓励创新、允许失败;敬业诚信、团队协作;包容文化、兼收并蓄",在进入全球市场时,这一企业文化将有利于来自不同文化背景的员工尽快地融为一体,有效地开展工作,进而转化为强大的企业竞争力。

TTE 是 TCL 与汤姆逊合并整合后的跨国公司,目前在全球拥有研发人员 1 200 名,无论是哪个国籍的员工,都是 TTE 的一分子,将在各自的岗位上发挥才能并承担相应的责任。在制定 TTE 的薪酬标准时,企业综合了多方面因素,包括国际市场、国内市场,以及 TCL 集团和汤姆逊的自身情况,以使来自不同国家、在全球不同地点工作的员工产生薪酬公正感。同时,对于那些在海外市场工作的中国员工,企业还须提供一定的奖金及激励,从而鼓励他们努力克服到一个陌生的环境中去工作和生活所必然面对的各种困难。

Analyze:

1. TCL 国际人才战略是基于什么环境背景? TCL 制定了哪些具体措施吸引国际型的人才加入?

2. TCL 的组织结构如何调整? 集团总部与分支机构人力资源部门职能如何界定?

3. TCL 如何应对实行人力资源国际化战略所带来的一系列问题与挑战? 根据您的预测,效果如何?

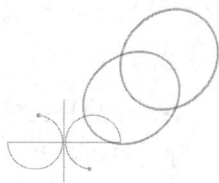

第七章　国际企业人员招聘与选拔

Recruitment and Selection for International Business

Aim at ◇

◆ 了解国际企业人员招聘流程和操作。

◆ 熟悉国际企业招聘遇到的挑战和对策。

◆ 掌握国际企业外派人员的甄选标准和甄选流程。

◆ 了解归国人员管理的重要性以及管理流程。

Lead in ◇

英特尔公司的员工招募①

英特尔(Intel)公司成立于 1968 年 8 月,50 余年来,坚持产品创新,引领市场。最初是以生产电脑存储器为主,后由于日本半导体企业的冲击,而被迫转以芯片生产为主。芯片在电脑中的运用主要是中央处理器(CPU),它是电脑的核心部件。目前,英特尔是世界上最大的芯片生产商。2019 年 7 月 22 日,英特尔公司以 21 053.00(百万美元)利润,荣获 2019 年世界 500 强最赚钱的 50 家公司第 15 名。2020 年 1 月,2020 年全球最具价值 500 大品牌榜发布,英特尔排名第 55 位。2020 年 5 月 18 日,英特尔位列 2020 年《财富》美国 500 强排行榜第 45 位。

(一)英特尔公司的两个支撑点

(1)占领制高点,即占领必争之地,创得先机,先发制人。英特尔在 1980 年代末高薪聘请了一批著名电子专家组成"超前决策智囊团",研究和预测 20 世纪 90 年代

---

① 进入英特尔,这颗奔腾的心——看英特尔的招聘. 新浪网.

初世界半导体市场的发展趋势。智囊团的报告指出,90年代初,计算机将加速微型化。价格低廉、安装使用和携带都方便的微机将广泛运用于办公室和千家万户。英特尔因此意识到对CPU的性能要求将大大提高,因为CPU体现了电脑先进技术的关键,同时这也正是英特尔的特有专长。为此,英特尔先后投资30亿美元用于加速研制微型而高性能的芯片,这次将着眼于"产业的关键"的产品定位贯穿于其后的经营决策中。1994年,英特尔开始进入网络产品的生产。网络产品主要分为小型工作组织、中型部门级和大型骨干级。工作级是所有网络最基本的组成部分。英特尔因而决定将其网络产品的聚焦点集中在工作组中,以领导工作组网络市场的发展,从而影响到整个网络市场的发展。1995年,英特尔已占领网卡市场的44%,成为世界第二大网卡生产商。

(2)产业标准的建设者。电脑行业的专业化分工水平高,产品要顺利推入市场,除了性能优越外,获得其他软硬件制造商的支持是最关键的。电脑行业的游戏规则之一是"符合产业标准"。英特尔公司华裔副总裁虞有澄说:"在高科技行业中,要想害一个人,就让他创造市场新标准。"

(二)招聘体系

宝洁公司前任主席侯活·摩根斯说过:"世界上没有单独存在的市场发展技巧,若说一家公司了得,其必然在各方面都一样出色。"同样,英特尔公司的成功与其在组织管理、研究开发等方面的努力是紧密联系的。特别是以建立"团队精神,事事平等"为核心的企业文化,为公司的发展奠定了坚实基础。英特尔在IT业的地位,就像众所周知的那则广告"给电脑一颗奔腾的芯"。从8088到一度在国内掀起热潮的X86直至现在的PentiumII,英特尔作为一家主流CPU提供商,在IT业内的位置不可替代。那么,像英特尔这样一家举世闻名的国际化的技术研究与开发公司,在招聘方面有何特色原则?

(1)英特尔聘人的首要条件:企业文化认同。客户第一,自律,质量,创新,工作开心,看重结果,这是英特尔的企业文化和企业精神。英特尔聘人的首要条件就是,你要认同这个精神与这个文化。这也是英特尔的凝聚力所在。在培训中,会不断强调这种文化,奖励机制也会体现这种文化。

(2)英特尔聘人的独特渠道:员工推荐。英特尔的招聘渠道很多。其中包括委托专门的猎头公司帮英特尔物色合适的人选。另外,通过公司的网页,你可以随时浏览有哪些职位空缺,并通过网络直接发送简历。只要英特尔认为你的简历背景适合,你就有机会接到面试通知。还有一个特殊的招聘渠道,就是员工推荐。它的好处首先在于,现有的员工对英特尔很熟悉,对自己的朋友也有一定了解,基于这两方面的了解,他会有一个基本把握,那个人是否适合英特尔,在英特尔大概会不会成功。这比仅两个小时的面试要有效得多,相互的了解也要深得多。英特尔非常鼓励员工推荐优秀的人才给公司,如果推荐了非常优秀的人,这个员工还会收到公司的奖金。当然,进人的决策者是没有奖金的。如果因为人情招了不适合的人,决策者会负一定责任,所以决策者会紧紧把握招聘标准,绝不会出现"裙带关系"。

(3)英特尔招聘大忌:"掺水"简历。发到英特尔的简历基本上是中英文对照或者是全英文书写的。如果你想要吸引公司注意,首先简历写作要清晰明了,其次就是主要工作经历要与申请职位相关。至于简历是否有创意,是否新颖,并不重要。当然,做得好会让人印象深刻,"第一眼"的作用不能轻视,别致的简历会让我们觉得这个人做事很用心、很聪明。但这毕竟不是广告公司招聘,创意不是第一位的,我们注重的还是这个人根本的能力与工作经历。英特尔作为一家跨国公司,面试时对英语会有一定考核。因为英语是英特尔的工作语言,日常用语、文件写作、技术用语以及与亚太区的合作都是用英文,员工不一定语法多好、语音多漂亮,但必须能用英语在工作中交流。

(4)面试。面试通常是一个小时,经理会以讨论的形式考察应聘者是否具备必需的技能,因而提问很有目的性。例如"你为什么要来英特尔?""对自己的前途预测如何?"这些问题有标准答案吗?回答自然是 NO。经理们希望听到真实的回答,无论对错,因为每个人的情况都会不同。

(5)英特尔承诺。有头脑的人在这里不会受挫。创新,对于我们这个行业来说非常重要。因此,英特尔给员工创造很多机会,允许员工冒险,鼓励大家走得更远,当然,事先我们要收集信息,预测可能的结果。因此,在英特尔,员工有机会贯彻自己的想法。英特尔是一个很平等的公司,在这里不会有很多层的经理,每一个员工都可以在自己的级别上做出决定,不用什么事情都去请示。这样的情况在英特尔是不会发生的:你很有头脑,却在上司那里受挫。也许有时你不确定,拿计划去跟你的经理谈,通常他会鼓励你勇于尝试,而不是泼你冷水。善于创新的人,在英特尔总会有更多的机会、更好的待遇。

(6)英特尔培训。给你人情味的帮助与支持。英特尔有专门的新员工培训计划,比如上班第一天会有公司常识的培训:各部门的规章制度,在什么地方可以找到你要的东西等。然后由经理分给你一个"伙伴",你不方便问经理的时候随时都可以问他,这是很有人情味的一种帮助。英特尔会给每位员工一个详细的计划,第一周、第二周、第一个月、第二个月你分别需要做到什么程度,你可能需要什么样的支持,都可以照着这个做,公司也会随时追踪。新员工在三到九个月之间,会有一周关于英特尔文化和在英特尔怎样成功的培训。另外,公司会有意安排许多一对一的会议,让新员工与自己的老板、同事、客户有机会进行面对面的交流。尤其是和高层经理的面谈,给了新员工直接表现自己的机会。

Focus on:

如何评价英特尔公司的招聘方式?

第一节　国际企业人员招聘

一个企业从创立、发展壮大直至走出国门发展成为一个国际企业,意味着它将在一个复杂的国际环境下面临着更大的挑战,它对精明的雇员的需求越来越迫切,而它所面临的选择也越来越多元化。它可以选择母国人员、东道国人员，还可以选择其他国人员。

一、招聘概述

（一）招聘的概念

一个组织在填补职位空缺之前，必须要去找到这样一类人，他们是能够胜任这个职位，而且也是想要这份工作的人。招聘（Recruitment）是企业获取所需人才的主要手段和渠道，是企业为了生存和发展的需要，根据工作分析和人力资源战略规划的数量、质量与结构要求，通过信息的发布和科学的甄选（Selection），获得本企业所需要的合格人才，并安排他们到企业相关岗位上工作的过程。

员工招聘建立在企业人力资源规划和工作分析两项基础工作之上。人力资源规划决定了需要招聘的职位、部门、数量、时限、类型等因素，工作分析则对企业中各职位的任务、职责和所需的能力、素质、要求等进行分析，为招聘提供了主要的参考依据，同时也为应聘者提供关于该职位的详细信息。尽管招聘有时可能会非常花钱，但是很多企业已经把招聘看成和其他人力资源相关职能（如薪酬、考核）一样的重要和系统化的重要职能。在未来几年，招聘的重要性和紧迫性将会越来越突出。随着知识经济的发展和企业之间竞争的加剧，争夺人才，尤其是争夺那些对企业核心竞争力有重要意义的人才，将是企业人力资源部门的主要工作之一。从近些年的企业招聘实践可以看到，不仅在高科技人才领域，而且在一般制造业的高技能人才领域，都会出现劳动力短缺的问题，而这与同时存在的包括高校应届毕业生在内的大量人才的"供过于求"并不矛盾，这种现象说明，招聘和甄选对企业人力资源工作提出了更高的要求。

（二）国际企业招聘的特殊内容

国际企业招聘依据其不同的选聘标准而有区别，主要有如下两种招聘标准。

1. 对母国外派人员或第三国人员的招聘标准

当代国际企业在选聘海外高层经理时，越来越重视海外工作经验和跨国经营管理的才能。现在许多跨国企业往往把有前途的年轻经理人员派遣到国外工作，以及时获得跨文化的管理经验，使他们在年富力强时能担任需要这种经验的高级管理职务。具体说来，在母国或者第三国选聘人员时，影响跨国企业外派成功与否的关键因素有以下几项。

（1）专业技术技能。它包括技术技能、行政技能和领导技能。

（2）交际能力。它包括文化容忍力和接受力、沟通能力、对模棱两可的容忍度、适应新行为和态度的灵活性、对紧张的适应能力等。

（3）国际动力。它包括外派职位与原职位的对比程度、对派遣区位的兴趣、对国际任务的责任感、对职业发展阶段的吻合程度等。

（4）家庭状况。它包括配偶愿意到国外生活的程度、配偶的交际能力、配偶的职业目标、子女的教育要求等。

（5）语言技能。它包括口头和非口头的语言交流技能。

对所有的外派任职而言,令外派成功的因素并非同等重要,每个成功因素的重要性取决于四个方面的任职条件。这些条件是任职时间的长短、文化的相似性、需要与东道国雇员沟通的程度、工作复杂度和工作责任的大小。例如,相对于美国与中国台湾或法国与沙特阿拉伯之间的文化相似性,日本与韩国之间的文化相似性更高。因此,在选派前往中东或亚洲的法国或美国外派人员时,更需要强调家庭因素、交际能力和语言技能。

2. 对东道国人员的招聘标准

国际企业若在当地选聘员工,除了要注重他们的能力、经验之外,还特别要注意各个国家不同的文化背景因素。如美国很注重雇员的技术能力,而在印度、韩国、拉丁美洲等国家和地区则常常出现重裙带关系轻技术的现象。按照西方人的观点,积极主动、毛遂自荐的申请人可能得到比较高的评价,但在一个高集体主义的文化中,这种"卓尔不群"的行为则使其很难与其他员工融洽相处。

国际企业的员工需要适应不同文化环境的合作伙伴,需要具备较强的心理素质和自我调节能力。具备较强心理素质的员工可以给国际企业带来的好处是:提高工作效率、节省培训开支、改善组织气氛、提高员工士气、提高组织的公众形象、增加留职率、改进生产管理、减少错误解聘、减少赔偿费用、降低缺勤(病假)率、降低管理人员的负担等。

二、国际企业人员招聘政策

如何冲破重重阻碍,在复杂多变的环境下为合适的岗位安排合适的人员,成为国际企业用人的关键。企业应该将自身情况和外部环境相结合,选择适合自己的人员配备政策。国际企业利用四种方法决定人员配备:民族中心法、多中心法、地区中心法、全球中心法。不管哪一种方法都能够反映总部最高层管理者的国际经营的管理哲学。对每一方法做深入研究很重要,因为每一项都对国际招聘和选拔有重要意义。

(一)民族中心法

所谓的民族中心法是指在国际企业中所有关键岗位都是由母国的工作人员担任,很多国际企业在国际化初期都采取这种策略。例如,飞利浦公司曾一度由荷兰人包揽海外子公司的重要职位,这些人被其他同事戏称为"荷兰黑手党"。

使用母国人员担任海外分公司管理职位的优点有以下几个方面:

(1)这些人长期接受公司的管理培训,具有当地管理者所不具备的管理和技术方面的优势。特别是在当地缺乏国际企业所需要的技术与管理专家时,外派人员就会成为国际企业的唯一选择。

(2)这些人通常长期为总公司服务,非常熟悉公司的战略、业务流程、管理方式及企业文化,清楚公司的全球经营目标及产业特征,熟知公司的产品和技术特征,有利于国际企业国际化初期业务的顺利进行。

(3)母国人员对公司的忠诚度要高于当地管理者,并且在与公司总部沟通方面不会存在任何障碍,有助于总公司直接控制其海外分公司的业务决策,并监督决策的执行情况。

（4）有助于企业保持"国外形象"。在一些国家中，如在发展中国家，外国形象常有利于公司市场营销战略的实施。一些研究者发现，在一些发展中国家，一旦产品和服务贴上了外国标签，就很容易受到当地消费者的青睐。[①]

但是，民族中心法也有许多缺点，主要包括：

（1）这种政策限制了东道国人员的晋升机会，可能引起士气的下降和人员流动频繁。

（2）驻外经理适应东道国的环境需要很长一段时间，在此期间母国人员会做出错误或不当的决策。

（3）母国人员和东道国人员的待遇差距过大时，东道国人员可能认为是不公平的。

（4）对许多驻外人员来说，一个关键的国际职位是新的地位，是权力、生活水平的提高。这些变化可能影响驻外人员对其当地下属的需要和期望的感知程度。[②]

（二）多中心法

多中心法的人员配备政策是指招聘东道国公民管理当地的子公司，而母国人员在母国总部任职。只要公司能够有效地达成经营目标，就能够让东道国的管理者以他们所熟悉的管理方式自主管理分公司业务。

实践证明，许多国际企业在海外分公司的中低层管理职位上大量使用当地管理者，这是因为以多中心法配置人力资源，能够给国际企业带来很多好处：

（1）聘用东道国人员可以消除语言障碍，避免驻外经理人员及其家庭的适应问题，并免除昂贵的文化适应等培训开支。

（2）聘用东道国人员可以避免一些敏感的政治风险。

（3）聘用东道国人员费用不高。

（4）聘用东道国人员易保持子公司管理的连续性，避免民族中心法中可能出现的重要经理离职而对国际企业产生巨大影响。

当然，采用多中心法配置国际企业的人员，也存在一些缺点。一方面，由于存在语言障碍、文化差异以及国家忠诚观念等冲突，东道国管理者在个人价值观、管理态度等方面可能与母国公司管理者有很大差别，这些都容易使总部与子公司产生隔阂，进而导致总部难以控制子公司。另一方面，多中心法也会影响到母国和东道国经理人员个人的职业发展，在多中心安排下，子公司经理很少有机会到国外获得国际经验，也无法晋升到子公司之外更高的管理层；而母公司经理由于不外派，很少直接从事国际经营，因而只能获得很有限的国际经验，常常缺乏全球视野，长期下去不利于母公司制定战略决策和进行全球资源分配。[③]

① Yoram Zeira. Management Development in Ethnocentric Multinational Corporations. *California Management Review*，1976，18(4)：34-42.

② 林新奇.国际人力资源管理.第3版.上海：复旦大学出版社，2017.

③ 姜秀珍.国际企业人力资源管理.上海：上海交通大学出版社，2008.

（三）地区中心法

地区中心法是地区中心政策。Heenan 和 Perlmutter 将此定义成在多国基础上的合理化功能组合。具体的组合将伴随着公司商务及产品的战略性质变化而变化，然而就国际企业来讲，一种方法是按地理区域划分其经营，人员在地区间流动，如一家法国公司按照地理位置可以将其经营范围划分为美洲区域、欧洲区域和亚洲区域三部分。亚洲区域的管理人员可以从中国调动到日本，从韩国调动到印度，但很少有人从新加坡调动到德国和比利时。这些来自国外的管理者被称为"第三国人员"。在存在政治和历史渊源的东道国，第三国人员可以有效地解决企业和当地员工之间的矛盾，因此，地区中心法适合用于政治和竞争威胁阶段。[①]

采用地区中心法配置人员可以给国际企业带来很多好处，包括：具备同一地区国籍的经理人员对东道国环境有良好的适应性，一些"第三国"管理者可能比"母国"经理更容易适应当地文化等环境；同时相对于聘请母国人员，雇佣特定区域内的东道国人或者第三国人担任管理者，可以节省人员工资方面的支出；此外，如果雇佣特定区域内的第三国人来管理海外子公司，"第三国人"通常能够从一个"外来人"的视野，更好地理解母公司的政策，避免可能存在的价值观冲突。

当然，地区中心法也存在缺陷。虽然地区中心法较多中心法更接近于全球中心取向，但是仍然维持着各地区相对独立运作，因而在某种程度上限制了国际企业的全球立场；另外，对于经理人员的个人职业发展而言，虽然地区中心法在一定程度上开阔了当地经理人职业生涯前景，但仅仅也只是把职业"天花板"转移到地区的层面上，人员虽然能够晋升到地区总部但却很少能晋升到母国总部。

（四）全球中心法

全球中心法是摒弃地区差异，整合全球资源，不考虑国别，在整个范围内选择最合适的人员担任职位。经济全球化迅猛发展，国际企业人力资源的来源渠道已超出了国界、洲界的限制，全球人力资源开发成为国际企业获得人力资源的最佳选择。因此，全球中心法适合处于国外成熟期和稳定增长期的国际企业。

国际人力资源管理研究者 Heenan 和 Perlmutter（1979）以多国企业为研究对象，根据不同的人力资源配置哲学，指出要能够实现全球中心法的人员配置，国际企业需要具备下列一些基本的前提条件：无论总部还是子公司都会获得高素质的员工；国际经验是高层管理者成功的条件；有很强潜在能力和晋升愿望的经理可以随时从一个国家调到另一个国家；高素质和流动性的人具有开放的思维和很强的适应能力；那些开始不具有开放和适应能力的人到国外工作后可以积累国际经验。

采用全球中心法配置人力资源有一些重要的优点，即能够最大限度地优化资源配置，可以在全球范围内组建一支国际高层管理人员队伍，特别是能够克服多中心法下存在的

---

① 赵曙明，陶向南，周文成. 国际人力资源管理. 北京：北京师范大学出版社，2019.

缺点。采用全球中心法的不利之处在于：① 公司试图在全球范围内配置人力资源可能会遇到障碍，这是因为人员在不同国家和地区间流动往往都存在一定的限制，如各国的移民政策等限制。② 全球中心法下配置人力资源还可能导致高昂的培训以及重新安置等各类成本的增加。③ 国际企业为了成功地实现全球中心法人员配备政策，还需要能够集中控制并自由配置公司全部的人力资源，这样也会影响子公司的管理独立性，或许会引起子公司的抵制。

三、国际企业人员招聘的新特点——人力资源本土化

在公司国际化发展初期，国际企业经常采用民族中心法的人员配备方法。伴随着公司在国际化经营过程中获得的经验以及对其他国家的文化的了解逐步增加，企业就有可能采取多中心法或地区中心法人员配备方式。而当公司发展到国际化高级阶段，成为真正的全球公司时，就有可能采取全球中心法配备人员。

实际上，本土化趋势愈演愈烈，即使是一直以来喜欢任用母国人员的日本企业，这种趋势也日益明显。为了保证国际企业本土化的顺利进行，企业可以培养东道国管理人员，或招聘当地经理人。

（一）导致人力资源本土化的主要原因

赵曙明、彼得·J.道林、丹尼斯·E.韦尔奇等（2002）研究指出，近 20 年来，虽然各个国家在跨国经营的人力资源管理战略的选择上各有特点，但仍有一个共同而又明显的特征，即人力资源本土化。导致人力资源本土化的主要原因有两个。

（1）典型的民族中心法具有明显的缺陷：它将本国开发的人力资源管理战略直接移植到海外子公司中，派遣本国人经营海外子公司往往忽视了东道国环境条件的重要性，在实施中常需要较高的成本，而且民族中心法也和东道国政府关于管理人员本土化的希望相矛盾，不利于改善同当地政府的关系。由于这些弊端的存在，越来越多的国际企业逐渐放弃纯粹的本国中心，向雇佣当地人担任子公司经理的国家中心主义靠拢。

（2）采取地区中心法或全球中心法的跨国公司雇佣的经理人员不限于母国和东道国，也可来自第三国，即不分国籍，但真正采用区域或全球中心主义的国际企业不太多，几个因素限制了这两种策略的使用：首先，东道国要求外国的子公司任用他们的当地人，常常采用限制政策来达到其目的；第二，成本太高，该政策需要在大范围内进行招聘，大量的经理及家属的语言培训、文化定向培训、家庭迁徙、国外津贴开支等较多。

（二）人力资源本土化经历的三个阶段

对于国际企业来说，本土化真的是根本吗？本土化真的是其终极的经营模式吗？随着国际企业的发展，将来会不会有更好的战略来替代它？对此学术界和实务界都在争论。

根据赵曙明、彼得·J.道林、丹尼斯·E.韦尔奇等（2002）的研究，国际企业在东道国的发展、壮大及其人员的本土化一般要经历以下三个阶段：

首先，刚进入时，由于国际企业还不熟悉当地劳动力市场，当地经理的成本优势也还

并不明显,国际企业对东道国文化背景的不了解也使得对当地经理的选拔较之海外经理风险更高,因而本土化程度较低。

其次,随着国际企业对东道国劳动力市场的熟悉,选择当地经理的成本相对于海外经理而言愈来愈小,而且随着经验的丰富和培训的深化,当地经理也可以被派去做以前海外经理做过的事情,例如向新雇员传递管理经验及组织文化等,因而当地经理的贡献加大,企业更倾向于选择当地经理,本土化程度逐步提高。

最后,当本土化程度高到一定程度,企业成功进入东道国市场之后,往其终极目标——全球化的方向发展时,本土化程度又开始有一定程度的回落,企业更倾向于在全球范围内挑选合适的经理。这是因为在这一阶段,由信息高速公路、网络经济带来的高效沟通,使得企业选择全球经理的成本下降,因而国际企业选择海外经理时将不再局限于国籍,而是从全球范围内挑选最适合的人选。此时,选择当地经理的优势不再突出,企业本土化程度因此而下降。此时,国际企业内部更多地体现了一种文化融合的倾向,多元文化并存和碰撞,给企业带来无限的生机和文化互补的优势。这就回到了最初的问题,企业需要的是顶级的雇员,能给企业带来最高利润的雇员。一旦复杂的经营环境和科学技术的高速发展带动的新经济使得全球招聘成本不再居高不下时,国际企业会更侧重以职位的需要来聘请最合适的人员,而不是更侧重国籍。

(三)如何保证国际企业本土化的顺利进行

为了保证国际企业本土化的顺利进行,企业可以采用培养东道国管理人员,或招聘当地经理人的方式。但是,为了保证公司目标的一体性,应当在内部人员无法填补职位空缺时再进行外部招聘。

1. 培养东道国的管理人员

驻外经理人通常在母公司接受培训,而东道国经理人很少有机会参与类似的培训计划。他们主要通过在工作中获得的经验来学习,或参加为数不多的几次咨询研讨会和讨论会强化学到的知识或技能。由于外国子公司无法经常派管理人员参加正式的培养计划,所以它们常常缺乏充分的资源为子公司提供广泛的内部培训。同时,东道国人员很少以第三国驻外人员的身份再被派往其他国家,所以他们在跨文化环境中的工作经验很有限。鉴于以上情形,国际企业想要实现本土化,应该重点培养东道国管理人员。尽管这项活动投资巨大,但对公司的长远发展非常有益。

2. 招聘当地经理人

招聘当地经理人最可靠的方法是从他们即将管理的外国子公司内部提拔,也有部分公司邀请当地中介公司来招聘和筛选外部应聘者。对于高级职位,区域人力资源部门常常建立协作甄选委员会,由了解空缺职位及其要求的子公司经理人组成并完成相应的招聘工作。

3. 在华国际企业的本土化策略

当前在中国开设分支机构的欧美国际企业已有数万个,而且本土化的程度相比较来说还是挺高的。在欧美国际企业中,有超过其总人数80%的中国员工为其工作,如沃尔玛(中国)公司、微软(中国)公司、IBM(中国)公司等全世界著名的国际企业中,中国员工的数量超过90%。[①] 考虑到国际企业经营成本以及文化差异导致的问题,国际企业采取的是人力资源本土化的人才策略,这两方面的原因引起的一系列经营管理等方面的问题成为影响国际企业长远发展的瓶颈因素。

国际企业的本土化策略极大地降低了公司的经营成本。以往的国际企业中,员工大多以母国派来的为主,如前面所言,外派人员的成本较高,尤其对欧美国际企业而言。如今,竞争日益激烈,降低成本成为各大国际企业提高自身实力及经济效益的途径之一。所以,利用人力资源本土化策略,在相同的岗位上,欧美国际企业能够聘用中国本地员工大大降低人力成本,这是国际企业采用本土化策略的一个重要原因。

国际企业的本土化策略能够减少甚至消除文化方面的冲突。欧美国际企业代表西方文化,与中国企业和员工沟通时面临跨国文化的障碍,这种跨国文化所带来的障碍不但表现在语言沟通方面存在困难,而且体现在管理模式、绩效考评、提拔升迁等方面,这会导致企业经营管理困难。这种文化差异同时也成为人力资源本土化的原因之一。许多欧美企业在中国期望利用人力资源本土化的策略,减小其与中国市场之间的隔阂,使做出的决策能够符合中国市场的实际情况,能更好地管理本地的员工和业务活动,构建更加本土化的企业文化,以便更好地适应东道国的市场。所以,在华企业普遍认为加深企业中国本土化程度是企业提高竞争力的关键,这在一定程度上也承认了大部分中国的本土员工具备适合国际公司的知识技能和管理经验,能够与国际企业顺利沟通。

四、国际企业人员招聘的操作

人员的招聘和甄选的国际化不仅仅指人员对象的国际化,而且是选聘方式的国际化。但是,尽管不同的国家有不同的文化,不同的企业有不同的做法,各个国际企业的选聘标准和方式不尽相同,但其目标却是一致的,即招聘到最优秀的人才。所以,不同之中又包含着许多相同或相似。

(一)高级管理人员招聘的程序

国际企业招聘高级管理人员的工作,一般注重以下三个程序。

1. 初步面试

初步面试通常由公司的人力资源部主管主持进行,通过双向沟通,使公司方面获得有关应聘者学业成绩、相关培训、相关工作经历、兴趣偏好、对有关职责的期望等直观信息,同时,也使应聘人员对公司目前的情况及公司对应聘者的未来期望有个大致了解。面试结束后,人力资源部要对每位应聘人员进行评价,以确定下一轮应试人员的名单。具体操作是:① 就应聘者的外表、明显的兴趣、经验、合理的期望、职务能力、所受教育、是否马上能胜任、过去雇佣的稳定性等项目从低(1分)到高(10分)打分;② 就职务应考虑的优缺

---

① 赵曙明,陶向南,周文成. 国际人力资源管理. 北京:北京师范大学出版社,2019.

点,如对以前职务的态度、对生涯或职业期望等做具体评议,应聘者提供的书面材料也供评价参考。

2. 标准化测试

由公司外聘的心理学者主持进行。透过测试进一步了解应聘人员的基本能力素质和个性特征,包括其基本智力、认知思维方式、内在驱动力、管理意识、管理技能技巧等。目前,这类标准化测试主要有 16 种人格因素问卷、明尼苏达多项人格测验、适应能力测验、欧蒂斯心智能力自我管理测验、温得立人事测验等。标准化测试的评价结果,只是为最后确定人选提供参考依据。

3. "仿真测验"

这是决定应聘人员是否入选的关键。其具体做法是,应聘者以小组为单位,根据工作中常遇到的问题,由小组成员轮流担任不同角色以测试处理实际问题的能力。整个过程由专家和公司内部的高级主管组成专家小组来监督进行,一般历时两天左右,最后对每一位应试者做出综合评价,提出录用意见。"仿真测验"的最大特点是应聘者的"智商"和"情商"都能集中表现出来,它能客观反映应聘者的综合能力,使企业避免在选择管理人才时"感情用事"。

(二)一般人力资源招聘的具体做法

对于国际企业一般人力资源招聘的具体做法,大体可以归纳为以下几个方面。

1. 丰富人才信息

要保证选聘活动的成功,企业首先建立自己的人才库,尤其是对高级管理人员和高级技术人员更是如此。建立人才库的目的就在于,任何时候公司出现职位空缺,都能在最短的时间内找到合适的候选人来填补。如果总是等到需要的时候再去寻找候选人,就可能花很长时间也找不着合适的人员;或者不得不降低对人才的要求,以便尽快填补职位的空缺。为了做到这一点,公司必须经常性地对人员的需求情况进行分析,提前发布公司的招聘信息以吸引人才,而不应等职位上出现空缺之后再去考虑吸引人才。尤其对于那些关键的职位或劳动力市场供不应求的职位,更应该早做准备。

现在,发布招聘信息的渠道多种多样,包括公司的主页、各种招聘网站、人才招聘会、校园招聘会、猎头公司、员工推荐和其他的广告媒体。一般来说,可以在公司的主页上开辟一个专栏来发布公司的招聘信息,最好能把公司所有职位的招聘信息都放上去并注明全年招聘,而对那些近期需要招聘的职位可以单独注明。招聘管理的网络化是未来发展的趋势,这一点从在线招聘市场的发展已初见端倪,依据艾媒咨询公布的最新数据,2013~2020 年,美国在线招聘市场逐年保持着 50% 的增长速度。随着网络招聘形式越来越深入人心,网络化的招聘管理工作也必然会扮演越来越重要的角色。至于其他媒介,则应该针对每一种媒介自身的特点,根据所招聘职位的特殊要求、成本和效果来确定采用哪种媒介。但不管选择何种媒介,一定要让人感觉到公司能给他们提供富有挑战性的工作,能为他们创造理想的工作环境,并提供良好的福利待遇,以吸引他们愿意来公司工作。

一旦获得有关应聘者的有关材料后,公司认真对待,详细了解应聘者各方面的信息,并确定进一步评价的人选。然后,根据评价的结果来决定是否录用。如果应聘者表现特别优秀,而公司又确实没有相应的职位空缺,就应该把应聘者加入公司的人才储备库,以便公司将来有职位空缺时能及时与应聘者联系上。

2. 优化人才指标

一般而言,招聘人员总喜欢根据应聘者的学历和工作经历等来进行判断。这往往有失偏颇。所以,在进行选聘之前,进行科学的分析,来确定应聘者的哪些特征对于出色地完成工作特别重要。

优化评价指标是十分重要的。首先,明确公司希望任职者所承担的任务角色,即公司需要任职者从事哪些方面的工作。一方面要考虑任职者近期需要从事的工作;另一方面也要根据公司业务发展的需要,考虑一段时间之后任职者需要从事的工作。

然后,就可以通过对该职位的上级、前任、同事和客户进行访谈,来找出任职者要完成工作任务所必须应付和处理的关键事件。比如,市场经理可能必须应付和处理的关键事件包括:对竞争对手意外的产品降价做出反应;做出产品的市场定位;招聘、培养和留住有潜能的产品经理等。

接下来,根据关键事件,就可以确定对应聘者的评价指标,即胜任特征(Competency)。比如,需要某方面的技术知识;知道如何去激励员工;具备较强的分析能力等。同时,还需要考虑这些评价指标能否支持公司文化。另外,还应根据应聘者即将进入的工作团队的综合指标,适当调整对应聘者的要求。考虑到迅速变化的竞争环境和团队工作模式,一般还应考虑加入学习能力、团队合作和创新能力等评价指标。

3. 注重评价方法的信度和效度

不管采用什么评价方法,都应该考察评价方法的信度(评价方法的一致性程度)和效度(评价结果的准确性程度),并确保信度和效度达到一定的标准。[①]

公司把人员招聘进来以后,整个选聘过程还有重要一环没有完成——对选拔效果的评估。应该对所选聘的人进行一段时间的跟踪,来看看他们测评过程及结果与实际的业绩是否具有较高的一致性。通过这种评估,可以发现我们所定的评价指标是不是合适,现存的评价方法是不是可靠和准确,进而改进评价指标,完善评价方法。

五、国际企业人员招聘过程中常用的评价方式和手段

从国内外的研究和实践来看,在人员选聘过程中常用的评价方式和手段主要有以下几种:

(1)自传数据(Bio-Data)。也就是我们常说的求职申请表。某在华跨国烟草公司在这方面做得就不错,其设计的申请表不仅搜集了应聘者的一般信息,而且要求应聘者详细写出几个过去发生的,能反映其主动性、合作精神和团队合作等的事例,以便对应聘者的

---

① 林新奇.跨国公司人力资源管理.北京:清华大学出版社,2015.

主动性、合作精神和团队合作等进行初步的评价。然而,很多公司却往往忽视求职申请表的作用,只要求应聘者提供比如年龄、教育背景等背景性资料,而没有搜集与评价指标有关的信息。

(2)测验(Test)。常用的测验主要分为智力测验、兴趣测验和人格测验三类。比如,韦克斯勒成人智力量表,Strong-Campell 兴趣量表,以及用得比较多的卡特尔 16 种人格因素测验(16PF)、梅耶斯-布赖格人格测验(MBTI)、图片投射测验等。选聘高级人员一般只采用人格测验;而选聘初级人员则通常同时采用三种测验。

(3)面试(Interview)。为提高面试的准确性和可靠性,一般应采用结构化面试,也称标准化面试或控制式面试。结构化面试是根据所制定的评价指标,运用特定的问题、评价方法和评价标准,严格遵循特定程序,通过测评人员与应聘者面对面的言语交流,对应聘者进行评价的标准化过程。由于结构化面试吸收了标准化测验的优点,也融合了经验型面试(非结构化面试)的优点,其测验结果比较准确和可靠。研究和实践表明,在面试中最好采用行为性的问题,即具体了解应聘者过去是怎么做的,并运用 STAR 法(Situation:什么情景;Task:什么任务;Action:采取了什么行动;Result:得到了什么结果)进行追问,以判断和保证应聘者回答的真实性。

(4)情境模拟技术。情境模拟技术是指将应聘者置于某种模拟或者现实的工作情境中,通过对应聘者的观察来进行评价的一种方法,其评价结果通常具有较高的预测性。目前,使用得比较多的情境模拟技术有:无领导小组讨论、公文框、工作样本、演讲和商业游戏等。但是,由于情景模拟技术对评价者的要求高,同时成本也比较高,一般主要用于中高级管理人员的选拔。

第二节　国际企业人员选拔

在国际经营过程中,如何找到愿意接受国际委任,并具有与职位相吻合的专业知识、技能与管理能力的人才,是国际人力资源管理所面临的一个重要挑战。因此,对国际企业来说,如何建立科学有效的甄选系统,选择最佳人员担任海外分公司管理职位,并完成母公司规定的绩效,也是亟待解决的问题。

一、选拔的一般概念

人员选拔是指从应聘者中选出最适合组织岗位要求的人的过程,包括初步筛选、笔试、面试、情境模拟、心理测试、体检、个人资料核实等内容。人员选拔分受训人员和教训人员两种。受训人员必须具备需要性和可训性的条件;教训人员一般请有关专家担任。而选拔人员所依据的信息主要可以分为两大类:一类是知识、技能、能力;另一类是人格、兴趣、爱好。

选拔是企业对应聘者或所需职位的候选人进行甄别、遴选的过程,它不仅包括了对企业要求、职位信息和应聘者信息的详细调查、研究与比较,而且包括了对各种各样的甄选技术、方法、程序的选择与运用。也就是说，选拔过程本身就要求科学、严谨、客观和公正。

二、国际企业人员甄选的信度和效度

首先，我们必须先解释清楚甄选的信度和效度问题，因为这两部分是国际公司能够选拔到合适人员的前提。较高的信度和效度会为企业甄选带来很大的便利，降低驻外失败的比率。

随着在全球的扩张，国际企业花在评估海外工作人员文化适应能力方面的时间和精力越来越多。John Ivansevich(1999)等学者研究表明，许多公司在这方面所犯的最大错误就是选择仅具备技术能力的人，而忽略这些候选人的人格特点以及他们的家庭支持。如果派驻一位员工到国外工作但是最后却以失败告终，那么这将给企业带来巨大的成本，这些成本包括重新安置费用、成产率的损失、重新招聘以及支付给外派失败员工的遣散费用。所以我们希望采用的测量方法会产生可靠、一致和准确的结果。一旦我们使用这些数据进行人员甄选预测，可以确保这些是建立在可信而准确的数据基础之上。这里给出信度的定义，即甄选过程中进行测量所得分数的可靠性、一致性和稳定性程度。

效度在甄选过程中同样重要。以测量手指中指的长度为例，如果我们的测量工具能够准确且可靠地测量候选人的手指中指长度，但是我们发现候选人的手指中指长度和候选人的实际工作绩效却没有关系，那么这个测量工具就是一个可靠但没有效度的工具。由此我们可以把效度理解为一个人利用某种测量工具得出来的测量结果与实际的工作绩效之间的相关性程度。效度又可以划分为内容效度和效标关联效度。效标关联效度表现为测试分数与实际的工作绩效之间存在着明显的相关关系。而内容效度则是要证明在测试中所提出的问题、所涉及的问项或者所设置的难题，能够很好地代表实际的工作情境。这里我们重点介绍效标关联效度。效标关联效度有两种类型，即预测效度和同步效度。如果对所有求职者就某一特征进行测试，然后录取部分候选人，这一特征和候选人的实际工作绩效之间的相关程度就是预测效度。而测量所有在职者的某一特征与其工作绩效之间的相关程度就是同步效度。

对效度的说明我们以百盛餐饮集团为例。该集团采用的是预测效度。在对候选人进行测试的过程中，百盛集团测量了候选人对海外岗位的兴趣、人格特征等七个指标。多次的外派经历后，公司发现，他们不能挑选那些纯粹是对到海外工作感兴趣的人，也不能挑选那些仅仅具备技术能力的人。相反，他们应该关注候选人是否具备必要的人格特征，尤其是他们适应不同环境的能力，以及是否能够获得家庭的支持，这对他们在国外工作能否取得成功是非常重要的。这是通过将候选人的特征和其实际工作绩效相比较得到的结果。根据这种现象我们可以得出结论，对百盛国际餐饮集团而言，候选人的人格特征、适应能力以及家庭的支持是与候选人实际工作绩效相关的重要特征。

三、国际企业人员的甄选程序

在确定了甄选标准之后，我们需要对国际人员的甄选程序进行选择。最常用的程序有测试和面试两种。近十年来，国际人力资源管理学者们还开发了很多理想的调整模型，从而帮助解释影响有效适应海外任务的各种因素。接下来将详细地讲述这些甄选程序。

（一）测试程序

虽然很多公司在招聘国内管理者时采用测试程序，但在选择海外管理人员时却很少启用这种程序。在一项对 127 名驻外人员进行测试程序的调查研究中，有 102 名员工所在公司没有启用测试程序，未采用比例高达 80％，出现这种现象，我们不得不分析其背后隐藏的原因，导致企业在海外招聘中不采用测试程序的原因有以下几种。

（1）海外业务和国内业务相比，管理难度大，管理绩效提升慢。而测试和预测成功的结果是密不可分的，但由于海外业务自身的复杂性和困难性，在海外业务中衡量管理绩效毫无用处。

（2）测试成本较高，对测试人员的专业素质要求高。

（3）过去的经验证明测试法并不能改善选择程序。也就是说，如果这种过程对结果没有作用，那么我们可以将其直接删除。我们现在用候选人在国内的表现和我们自己的观点来考察他潜在的适应能力。我们的海外经验可以使我们对候选人在海外成功的可能性做出准确的判断。

测试程序在中国的价值有限，中国的教育体制是主要的影响因素。因为中国的管理人员都在大学接受过分析问题的训练，但是这种训练并不包括分析无明确答案的开放性的问题。所以同样地，心理测试和西方的评估中心训练法在中国也并不十分有效。因此，国际企业在中国采用测试程序必须谨慎，通过这样的测试程序很难辨别中国申请外派的人员是否合适海外的工作。

（二）面试程序

面试是国际企业常用的筛选人才的方法。有学者曾指出："由高级管理人员对候选人（和他们的配偶）进行广泛的面试最终证明仍是最好的甄选方法。"邓[1]的研究也支持了这类观点。在她所调查的美国国际企业中：如果招聘管理者，52％的公司对候选人及其配偶进行面试，47％的公司只对候选人进行面试。如果招聘技术人员，40％的公司都对候选人及其配偶进行面试，59％的公司只对候选人进行面试。德国公司采取和美国公司类似的方式：如果招聘管理者，41％的公司对候选人及其配偶进行面试，59％的公司只对候选人进行面试。如果是招聘技术人员，以上的百分比分别为 62％和 39％。根据这些调查结果，邓得出如下结论：

这些数字表明和技术人员相比，管理型的职位和当地社会有更广泛的联系，配偶对国外环境的适应能力对其在国外的成功非常重要。但即使是技术岗位，也有一部分公司对候选人及其配偶进行面试。这就支持了其他研究人员的观点，即国际企业越来越认识到该因素对其在国外业绩的重要性。

---

① R. L. Tung. Selection and Training Procedures of U. S. , European and Japanese Multinationals. *California Management Review*, 1982，25(1)：57 - 71.

面试的方法也多种多样。许多国际企业发现，外派人员和本土人员一同进行员工面试，筛选的结果非常有效。因为两种人员对面试者的关注点不同。外派人员更多关注的是面试者从事当地工作的技能以及语言能力等，而本土人员主要关注面试者对当地文化的理解。双方的关注点正好相互补充，因此他们一同到场有助于企业识别合适的管理人员。

（三）调整模型

近年来，国际人力资源管理学者们开发了很多理想的模型，从而帮助解释影响有效适应海外任务的各种因素。如曼登霍尔和奥都提出的"四维方式"——自我导向尺度、感性尺度、他人导向尺度、文化抵触尺度，不仅仅根据候选经理在国内的记录来预测他们的能力，而且试图将个别行为趋向与可能的国际行为相联系。这些调整模型奠定了有效地选择驻外人员的理论基础。

在母国人员赴国外任职之前，公司会对外派人员进行培训。但国外真实的环境与外派人员之前的了解不尽相同，初到国外，这种不现实的感觉会使外派人员感到不适。但是面对新环境，出于本能，人总是充满了新鲜感和好奇心，不断地幻想以后的美好生活。随着在国外生活的时间增加，外派人员对新环境的认识不断加深，认识到他与国外环境的根本区别。同时由于文化、国籍的不同，外派人员终会在某一时段认识到，在国外环境中，自己终究是一个外乡人，缺乏归属感。在这时，外派人员会不断探索适应新环境的方法，在新的工作环境中摸索新的工作方式，并在不断的成功和失败中总结经验，创建个人理论模型。最终，外派人员在不断的实践中会总结出自己的新行为、新技能，寻找到个人、工作需要和新环境之间的平衡。

四、国际企业人员的选拔标准

合适的甄选标准是挑选合适员工的前提。对那些负责甄选外派人员的人来说，面临最大的挑战就是确定合适的甄选标准，成功的预测已成为公司开展这项关键活动必须考虑的因素。美国著名学者韦恩·卡肖认为，国际企业的人事选择标准包括技能、态度、个性、动机和行为五个部分。还有学者认为驻外候选人的个人特征与业绩息息相关。我们还应该注意到甄选过程是个人和公司双向选择的过程。一个有发展前景的候选人可能由于个人原因（如家庭）或环境因素（如感觉到难以适应某一特定文化环境）而拒绝外派任务。

（一）专业能力

当然，个人的工作能力是一个重要因素。因此，专业能力和管理能力是基本条件。事实上，研究结果一致表明，国际企业在甄选外派人员过程中把相关的专业水平作为重要的考虑因素。例如，希克森发现甄选员工是根据其专业水平和在国外居住的意愿进行的。[1]

---

[1] A. L. Hixon. Why Corporations Make Haphazard Overseas Staffing Decisions. *The Personnel Administrator*, 1986, 31(3): 91-94.

门登霍尔、邓巴和奥都总结说,虽然在国际上成功还有其他一些重要因素,美国公司似乎只注重唯一的选择标准——专业能力;[①] McEnery 和 DesHarnais 对密歇根州 40 家公司的调查表明,工作或专业能力是最重要的选择标准。[②] 在调查斯堪的纳维亚的国际企业的报告中,帕克曼和戈特森都强调外派人员的专业能力。[③] 最近,对英国和德国的跨国公司的研究也表明,大多数公司主管根据专业能力选择员工。[④]

为此,我们应该注意到,虽然专业能力(或缺少这种能力)并不能决定外派失败与否,但工作的相关能力可能影响驻外人员顺利完成任务后是继续留在所在国还是与公司一起返回。例如,McEnery 和 DesHarnais 等学者的研究揭示了工作自主性是影响驻外人员调迁的重要因素。工作性质可能会影响个人专业水平的发挥,或与其他因素相结合而导致员工工作表现不佳,甚至提早回国。

(二)跨文化的适应能力

驻外人员工作的文化环境是决定他们成功的重要因素。已有文献表明,某些特质已经可以预示驻外人员能否成功。虽然这些特质并不能保证驻外人员的成功,然而没有它们,失败的可能性会更大。除了显而易见的专业能力和管理能力以外,驻外人员还需要跨文化的适应能力,使其能在新环境中工作。国际企业在另一个国家能否成功很大程度上依赖于驻外人员适应那个国家文化的能力。这些能力包括:文化移情能力(以当地人的思维方式思考)、适应性、外交能力、语言能力、乐观的生活态度、情绪的稳定性和是否成熟。[⑤] Murray 认为,尽管管理或专业能力是驻外人员成功的基本要求,他们仍需有实践能力和应变能力。[⑥] 实践能力是指在国外成功运用管理和专业技术的能力,而应变能力则使员工在国外生活舒适或者至少能生存下来。因此,专业能力预示成功与否这一标准有局限性,专业能力并不能帮助个人适应新环境,处理新问题,这也包括与外国同事的有效合作。因此,驻外人员的成功往往取决于候选员工自身的品质和特性。

实际上,虽然跨文化适应能力很重要,但我们很难对此做出精确定义,更不要说在这方面评估候选者的适应性了。我们必须考虑各个方面,比如候选者的个性,对外国人的看法,与外国人的交往能力等。就像邓[⑦]等人的研究报告指出的那样,跨国公司意味着公关能力是驻外人员选择的重要标准,但公司很少通过正规程序评估候选人的公关能力,如由

---

① M. E. Mendenhall, E. Dunbar, & G. Oddou. Expatriate Selection, Training and Career-pathing: A Review and a Critique. *Human Resource Planning*, 1987, 26(3): 331 – 345.

② J. McEnery, G. DesHarnais. Culture Shock. *Training and Development Journal*, 1990: 43 – 47.

③ I. Bjokman, M. Gertsen. Selecting And Training Scandinavian Expatriates: Determinants of Corporate Practice. *Scandinavian Journal of Management*, 1993, 9(2).

④ E. Marx. International Human Resource Practices in Britain and Germany. London: Anglo-German Foundation for the Study of Industrial Society, 1996.

⑤ 赵曙明. 企业人力资源管理与开发国际比较研究. 北京:人民出版社,1999.

⑥ F. T. Murray, A. H. Murray. Global Managers for Global Businesses. *Sloan Management Review*, 1986, 27(2): 75 – 80.

⑦ R. L. Tung. Selection and Training Procedures of U. S. , European and Japanese Multinationals. *California Management Review*, 1982, 25(1): 57 – 71.

高级经理或通过心理测试做出决定。但从以上论述来看,测试程序并非必不可少。

（三）家庭因素

关于家庭对于外派人员影响的研究有很多。例如,H. De Cieri,P. J. Dowling 和 K. F. Taylor 等学者在研究了澳大利亚 58 位外派回国经理的调动对伴侣心理冲击后发现,伴侣对外派决定的影响力与他们对外派前与外派后早起生活的满意度有关。更重要的是,公司提供的帮助越多(尤其在外派早期),外派人员的伴侣对调迁心理适应性越强。同样,Black 和 Stephens 在调查了在日本、中国台湾和香港工作的 220 个美国驻外人员及他们的配偶后得出结论,配偶是否支持国际外派与他们自身的适应性有关,配偶的适应性与驻外管理者的适应性紧密相关。这些结论说明了甄选过程中应考虑家庭因素。

但事实上,公司在甄选过程中仍然忽视配偶和家庭因素,或者敷衍了事。布罗斯特调查了 25 个欧洲的国际企业后发现,仅 16％的公司在甄选过程中与候选者的配偶交谈。

对于国际企业不愿意过多考虑家庭因素的原因,我们可以推测出,西方文化重视公私分明,因此公司可能不愿意涉及员工的个人生活问题。如有些澳大利亚公司不考虑配偶是因为他们认为这超越了公司的职能范围。我们在实际工作中发现,重视家庭的关键作用的国际企业可能采用些非正式方式,如邀请驻外员工夫妇参加宴会或让他们与在相关国家曾经生活的夫妇交流。公司不愿意干涉员工的私生活这一想法虽能理解,但却限制了国际企业甄选出最合适的驻外夫妇。

（四）国家/文化因素

子公司所在国是一个重要的决定因素。有些国家和地区被认为是"艰苦的指派地"——指远离大城市或现代化设备的边远地区和对身体有很大危害(如曾经历过战争)的地区。家属随行会成为国际企业不愿承担的额外责任。公司一般都不愿意把女员工派到中东或东南亚等地区。事实上,有些国家甚至不允许女性工作。这些因素会导致公司选用当地员工而不是由本部派遣人员。

（五）国际企业因素

国际企业在甄选前可能会考虑驻外员工和当地员工的比例,这主要是受其人员配备理论的影响。然而,有些情况下,企业的具体经营需要聘用比一般情况下更多的母公司所在国员工和其他国员工,这就会影响选择的比例(母公司所在国员工,其他国员工,子公司所在国员工的多少)。其他的环境因素包括:

（1）相关的运行方式。选择员工到一个国际性合资企业中工作可能涉及当地合资人的主要投入问题,并且受到已达成的协议中规定的有关选择程序的限制。

（2）工作的持续时间。如果某一项工作只要 3～6 个月时间,那么家属一般都不愿随行,所以,家庭因素在选择决定中将不再成为主要因素。

（3）驻外工作中所需要的专业知识。如果一项工作本质上只是要培训当地职员,那么国际企业会把培训技能作为选择的标准。

Y. Zeira 和 M. Banai 研究指出必须考虑环境因素的影响,他们认为拓宽选择的因素,并将子公司所在国的环境考虑在内,将使国际企业有可能根据驻外人员将来的工作环境和必须面对的实际情况甄选需要外派出去的母公司所在国的员工。他们指出,这将会更好地预测出候选人在子公司所在国的适应能力。

(六) 语言

语言是人与外界沟通的基本工具。尤其对于外派人员来说,第二语言的能力常常与跨文化的适应能力联系在一起,进行有效的跨文化沟通的主要障碍是语言差异。例如,一个西班牙的国际企业,以西班牙语作为工作语言,选派一个经理到墨西哥去管理新的分公司,而另一个以英语作为工作语言的西班牙国际企业选派一个经理到美国子公司,它所遇到的语言问题就是前一个企业所没有的。对后者而言,流利的英语就显得很重要了。

语言在甄选过程中作为环境因素与通用工作语言所起的作用有关。在某种程度上说,大部分国际企业,无论有意识还是无意识,都采用一种通用工作语言使得报告体系和程序规范化。也许这对美国、英国、加拿大和澳大利亚的国际企业选择本国员工影响不大,因为它们的工作语言与母语相同。然而,它已成为那些将英语作为工作语言的非英语国家的国际企业甄选本国员工的一个影响因素,除非员工是被派往说多种语言的国家工作。

但是,根据我们以上讨论的其他甄选标准,从国际企业的角度上说,驻外人员的语言能力排在其他所需的能力之后。赵曙明研究指出,确定驻外人员甄选标准时需注意,不要为语言流利程度所迷惑。一个候选人能讲流利的所在国语言并不意味着他或她就是这份工作最好的人选,候选人必须有足够的技术及管理技能。Fixman 关于美国国际企业对外语要求的研究可以解释这一观点。她采访了来自九个不同规模、不同类型公司的员工后发现,人们很少认为外语技能是影响国际管理成功的重要因素,而是普遍认为语言问题是机械的、易处理的,可以被独立解决。

(七) 各个标准的内在联系

以上所谈的有关驻外人员选择过程中所涉及的个人和环境因素在实际工作中是相互联系的,例如,Gregersen 和 Black 在讨论工作任务与留在国外的意愿的重要性时,就将工作中的挑战与文化适应能力相联系。他们认为,一旦驻外员工已经掌握或几乎完成了所指派的工作,其他影响因素就会出现并显得相对重要。例如,如果工作要求并不高,并且无须花费很多时间,那驻外人员就有时间去注意家庭在适应不同文化的过程中遇到的困难。这些困扰一旦与工作中缺乏挑战性联系在一起就会被扭曲,因此可能就会导致提前回国或工作表现不佳。这样使得制定和使用适宜的甄选标准更为困难,而这些标准对于预测驻外人员在国外的工作业绩很有帮助。

第三节　归国和职业问题

归国是回母国者面临的挑战,这种挑战被称为归国冲击或者反文化冲击。人们往往能够预料到在一个新的国家里会生活不一样,但是很少会有人对回母国后面临的适应问题有所准备。反文化冲突主要表现在,需要重新适应母国的工作环境、生活环境和组织文化。需要指出的是,需要在驻外人员回国前的 6 个月开始认真计划他们归国后的重新安置。接下来本书将从工作及社会等方面分析个人对归国的反应。驻外的结果往往通过跨国公司如何补偿其在人力资本上的投资和在归国问题上知识能力的转换加以评估。

一、归国的过程

在完成了国外任职后,国际企业通常会将驻外人员召回国,但并不是所有的驻外人员在国外任职完后都会回国。有的驻外人员愿意成为国际企业跨国经理队伍中的一员,这样他们就会被连续分派跨国任职。当跨国经理队伍的成员被分派到母国国内任职时,可以将之视为"另一个岗位"而非归国。有时跨国经理队伍中的成员或者"骨干"只有在要退休的时候才会面临归国的问题。

(1)准备阶段。包括做好将来的计划和收集新岗位的信息。国际企业有可能会在驻外人员回国之前提供一张清单(如注销银行的账户以及处理账单)。驻外人员及其家属也会为回国做好充分的准备。然而,我们发现,国际企业不像重视出国前培训那样重视归国前的准备。最好的情况就是在出国前培训中涉及一些关于归国的问题。

(2)搬家阶段。将个人的东西托运回国内,并与同事和朋友道别。许多国际企业都会利用搬家公司或者搬家咨询人员来处理驻外人员出国或回国搬家的事宜,并且这有可能写在公司人力资源管理的政策中。根据福斯特的调查资料,搬家公司或者搬家咨询人员为驻外人员搬家提供帮助,可以减弱驻外人员及其家人因回国而产生的不确定感、压力和生活中断的感觉。

(3)过渡阶段。指在临时住处先安顿下来,然后再安排住宅和子女的学校,以及做一些其他方面的事情,如重新申请驾驶执照、申请医疗保险和开设银行账户等。有些国际企业在这个阶段也会请搬家咨询人员来提供帮助。

(4)重新适应阶段。指要面对反向文化冲击和职业生涯的情况。在归国的四个阶段中,重新适应阶段似乎是人们了解得最少并且处理得最不好的阶段。

二、对归国的个人反应

像跨文化适应一样,归国过程也是一个因素相互作用的过程。我们将主要因素归为两类:工作相关因素和社会因素。

7

（一）工作相关因素

这类因素主要围绕着国际外派带来的职业发展前景、个人国际经验所带来的价值观、应付新角色的要求以及归国后经济利益和地位的受损。下面将逐一对这些因素进行阐述。

1. 对职业生涯的担忧

绝大多数驻外人员接受跨国任职的两个主要原因是考虑到它对职业发展的价值和经济上的收入，因此，对职业生涯的担忧成为导致归国问题的一个主要原因。

首先，现有大部分国际企业对驻外的工作人员并不提供归国后的保证。由于缺乏工作安全感，对于职业发展的担忧在归国前就发生了。如果职业发展结果没有得到认可，很可能使驻外人员延缓归国。

其次是担心国外工作的这段时期会遭到隔离和忽视。这与很多因素有关：驻外人员与母国公司的联系次数、驻外人员所处的职位、驻外人员是否清晰地认识到其回国后能得到的工作。信息的匮乏会增加担心的程度，驻外人员会担心公司计划的不恰当，这样他们就会被安排在一般的岗位上。

最后就是归国后工作场所的变化。与母国同事关于公司变化的非正式沟通会加剧担忧的程度。也许公司正处于一个重大的重组过程，或者处于合并或者收购后的余波中，或者卖掉一些部门的业务单位。这些变化都伴随着工作的削减，因此会使得驻外人员更加担心。

2. 工作调整

一方面是归国后的职位。可能对于某些人来说晋升是一个主要目的，围绕着未来工作和职业生涯的担忧可能会变成现实。从前的同事变成你的上司，而自己实际上却被降级了。如果归国者在国外职位很高，而归国后发现自己职位低了很多，情况就会恶化。随之而来的问题是，回国后的职位是否符合驻外回国者对其职业生涯的期望，尤其是因其出国已经对家庭造成了相当大的影响，例如配偶不得不中断其职业生涯。

另一方面是对国外工作经验的低估。职业发展很重要，同时通过国外任职而得到晋升意味着国际经验很重要，也很受公司推崇。但对于某些人来说，回国后的职位只是工作调动而不是升职。很多人做的都是与他们在国外工作获得的经验毫无关系的工作，这时便会产生在国外经验被低估的感觉。

3. 应付新角色的要求

虽然归国者主观上愿意回到国内工作，但是由于他们的观念仍然受到国外任职角色的影响，所以仍然存在着需要重新适应的问题。一般来讲，驻外人员归国后不能适应母国的五个因素主要可分为：在国外工作的时间长短、对归国后工作的不切实际的期望、工作灵活性的降低、工作地位的下降、归国时和归国后对雇主所提供的帮助不满意。

在国外任职时间的长短也是影响归国适应的一个非常重要的因素。一个人离开国内的时间越长，回国时所面临的重新适应的问题就越多。另一个相关的因素可能是前面所提及的归国者在所谓的"临时岗位"上适应时间的长短。"临时岗位"作为过渡是可以接受的，但是归国者被作为临时者的时间越久，他就越担心自己的未来，对国内的工作和母公司的忠诚度就越低。其他因素如工作单位的变化也会对重新适应产生影响。归国者经常通过正式的或非正式的渠道获取国内组织变化的信息，尤其是在组织处于大规模重组和裁员时期。国际企业的技术革新也许会使归国者的技能和知识落伍。一位挪威的归国者描述了自己的反应："所有的一切都变了。我没有足够的知识，我不会用电脑。"除非国际企业与驻外人员保持充分的联系，否则，回国时归国者就会对这些变化束手无策。而且当这又与其他一些与工作相关的问题绞在一起的时候，会使归国者的工作适应变得更加困难。

4. 地位和薪水的降低

跨国任职通常可以看成是一种晋升。因为它赋予驻外人员更大的自主权、更多的责任（因为国外子公司通常规模较小），驻外人员处于高层管理阶层并且在地方社会群体中角色突出等，因此驻外人员的地位随之提高。有些驻外人员用"首脑"来形容他们在国外任职时的地位。但回国以后，归国者仍希望在国内的公司担任相当于国外的职位，但事实上，归国者只是被当做众多经理主管人员中的一员。这种变化会导致归国者重新适应的问题。

另一个相关的问题是取消了驻外人员的补贴。通常情况下，员工回国后的生活要比他们从前在国外的生活差得多，名义的薪水通常要低一些，另一个因素是归国经理也许买不起和自己几年前出售的住房相似的住房。也就是说，回国后住房条件的降低会对归国者的适应产生负面影响。

（二）社会因素

回国后，驻外人员熟悉国内的环境这一事实也许能够帮助他们轻松地过渡，至少对文化的适应不会像出国那么麻烦。然而在国外工作的经历会使驻外人员以及其家庭在社交和心理上产生距离感。如果驻外人员在国外的职位很高，并且经常与当地的社会名流和企业精英接触，那么他们在回国后也许会产生某种失落感，而在经济上薪金的减少、住房津贴和其他相关利益的损失更会加剧这种感觉。

1. 家庭适应

需要强调的是，当涉及配偶和子女时，每一位家庭成员将面临着重新适应的问题。甚至对某些人来说，归国就像一次大的震动，就像在出国时按了暂停键，希望国内的生活保持不变，但是归国后发现生活并不是静止不变的。正如在国外碰到的问题那样，也许有人过于美化了回国后的生活，而回国后不得不面对现实——接受正反两方面的影响。例如在国外时，也许有些东西看上去很贵，但是回国后，需要面对国内比以前更高的通货膨胀。国内的生活也许看起来沉闷又乏味，也许会开始怀念已经失去的国外生活。如果回国后，家庭收入减少了，这种反应会加剧。当然，收入下降的程度取决于配偶在国外是否工作，回国后又能否迅速找到合适的工作。

2. 社会网络

对国内变化的感觉一般取决于一个家庭对国内发生的事件是否一直保持了解。美国和英国驻外人员可以通过卫星电视的新闻栏目,如美国的有线电视和英国广播公司以及全球性的报纸,很容易知道国内发生的事。互联网也为驻外人员提供了一种与国内保持联系的途径。

而重新构建社会网络十分困难,尤其是当一个家庭回国后去了另外一个州或城市,即使回到以前的地方,驻外人员也经常发现他们的朋友搬走了,归国者的配偶也会发现,他们的朋友去工作了,因此没有时间参加一些社会活动。孩子们也会遇到归国的困难。回到国内的学校后,他们要重新被同学们接纳,但他们已经不了解当下流行的运动和时尚。

3. 对配偶职业生涯的影响

配偶在重新寻找工作时会碰到困难,特别是配偶从前在国内或者国外没有工作,但是现在由于归国适应的问题或者家庭环境的改变而希望在外面找到一份工作。在寻找工作的过程中,一些消极的境况会伤害到配偶的自尊,再加上重新适应的过程,甚至会把两人的关系弄得很紧张。对于那些出国前有工作的配偶来说,能否重新获得与过去自己的职业或者专长相关的工作,与出国时间的长短、国内失业率的高低以及个人的特征都有关系。

三、国际企业的反应

对于那些意欲最大化国际工作的利益,创造一个大的内部劳动力市场的国际企业来说,应重视对归国过程的管理。一个设计良好的归国过程对于达到以上目标非常重要,原因有三个:员工的留任和职业期望、投资回报以及知识转换。

(一)员工的留任和职业期望

国际企业如何对待归国人员会对员工当前和将来的需求产生很大的影响。归国人员回国的岗位显示国际企业对国际经验的重视程度。如果归国人员得到了提拔或者担任的岗位与其国际经验紧密相关,国际企业其他成员会认为国际任职对职业发展是有益的。相反,如果国际企业并不看重外派人员在国外的绩效,导致绝大多数的归国人员离职,会使得人们认为在组织中接受国际任职对于未来的职业发展是一个高度风险的决定,这样国际企业很难吸引人员接受国际任职,长此以往会对国际企业产生负面影响。

在某种情况下,公司可能会选择成为"国际巡游者"的职业经理人而不是从公司内部选拔人员派往国外任职。这些职业经理人至少在两个不同的国家、两个从事无关业务的公司工作过。这样做可以降低成本,可对支付费用进行管理,同时也不存在归国行为。采用这种方式有两个主要缺点:受派人员对公司了解不深;国际企业在选择和控制被委派的职业经理人方面存在困难。

(二)投资回报

进行人员外派的成本是很高的,尤其是从一些发达的第一世界往外派送时,因此国际企业会尽可能地雇用当地的人员来实现地方化,但不是所有的岗位都可以或者适合地方化。由于外派客观上是不可避免的,所以问题是组织如何在不考虑任期和形式的情况下获得国际外派的利益。对该项投资所获回报的分析应包括对于财务和非财务数据的成本收益分析,这些数据是依据外派的目的来测量的。确定直接成本相对来说比较容易,这是因为重置成本、一个详细制定的薪酬体系和其他国际外派人员的权利是可以计算的;而简洁的、无形的非财务的成本则很难计算,这包括外派人员未完成任务或绩效低下的非直接成本以及未使用的机会成本。

计算国际外派利益的金钱价值同样是一个挑战,因为一些无形资产,如知识和技能转换、管理能力的发展和人际关系的建立是看不见的,而且因人而异。很难测量智力、社会和人力资本的利益,从一个成功的归国过程中所获得的知识和能力的增长。

（三）知识转换

在当前的国际商业活动中,公司的经理们所强调的一个普遍观念是整合不同背景的观点和实践以发展和维持竞争优势。国际外派是达到这个目标的重要方法。就归国人员的损耗率我们可以得出以下几个结论:知识转换被认为是一种单方面的行为。外派人员被派往国外担任职务,他们在预派的岗位上的绩效决定了效果。对于知识和能力的转换是在当地的岗位上发生的,也是不可移植的。外派人员归国后会被安排不同的职务。

出于发展的需要,一些外派人员会被调往公司的总部。例如,由于一些经验是个人所特有的,因此公司总部将这些人员调回以分享知识和信息。在总部的沟通对个人是有利的。将其他国家员工从一个子公司调往另一个子公司也是出于同样的目的。要使得跨国人员的流动有利于各种观点和最佳时间的融合,需要公司有一个有利于促进信息和知识分享的环境。

Conclusion

国际企业人力资源配置方式包括四种形式:民族中心法、多中心法、地区中心法和全球中心法,这四种国际企业招聘政策及其优缺点存在差异。为了顺应人力资源本土化趋势,企业可以通过培养东道国管理人员或招聘当地经理人等方式保证国际企业的本土化。

跨国企业招聘高级管理人员的工作,注重三个程序:初步面试、标准化测试、"仿真测验";跨国企业招聘一般人力资源具体做法有:丰富人才信息、优化人才指标、注重评价信效。人员选聘过程中常用的评价方式和手段主要包括:自传数据、测验、面试、情境模拟技术。国际企业在招聘和选拔管理者时,甄选标准包括:专业能力、跨文化的适应能力、家庭因素、国家/文化因素、跨国企业因素和语言等方面。

跨国公司的驻外人员在归国的过程中,一般要经历准备阶段、搬家阶段、过渡阶段和重新适应阶段。一个设计良好的归国过程对于国际工作的利益最大化至关重要。

Keywords

国际企业	人员招聘	人员配置	人员选拔
甄选程序	选拔标准	归国安置	留任
离职风险	归国项目		

Case-Study ◇◇

培养自己的人才——壳牌石油公司的人员招聘

荷兰皇家壳牌集团于 1907 年成立,是由英国的壳牌运输和贸易有限公司和荷兰皇家石油公司合并组成。壳牌石油同世界许多国家和地区均有业务关系,这是其他石油公司难以比拟和抗衡的优势。壳牌石油在 2010 年就有超过上万名的高级国际员工,这一点超过很多跨国石油公司。

壳牌石油的业务进入中国的时间非常早,早在 1889 年就进入了中国市场。中国改革开放以后,壳牌石油对中国的投资不断追加。企业不仅在中国设有多个办事处而且设有 10 多家独资和合资企业,在数以千计的员工中,大部分人是中国国籍。

"一般情况下有两种选择,要么是招聘年轻人,没有什么工作经验但有巨大潜力;要么是招聘有工作经验的人。"壳牌大中华公司前任员工计划和开发部经理沃特·博斯(Wouter Bos)这样说。

是后者吗?在香港负责人事工作两年,博斯亲见两次公司重组:从壳牌香港公司到壳牌大中华公司,到最近的壳牌亚洲东北公司。最后一次变动是在 1998 年的 5 月 1 日完成的,包括壳牌公司地区总部从香港迁到北京,博斯本人期满调回伦敦。

壳牌公司华南地区综合事务经理戴维·李(David Lee)认为,公司正从组织的地区概念转向市场等级结构。"在每个等级的市场中,我们都会指定经理负责全中国的贸易。"

壳牌公司"培养自己的人才"仅有一个目的——培养一批值得信赖的当地管理队伍,全面经营其在中国的公司。"本地化和职业生涯发展进程需要相当细致而明确的管理,首先是制定总体目标。"博斯说。壳牌公司的总体目标明确声明,在一定期限内,其在中国的公司不再有特殊薪水的驻外人员。第二步是安排合适的候选人到每一个特定岗位上。

在结构变动期间,壳牌公司适应中国人力资源要求的措施仍保持不变。总部仍坚持原来的目标。"我们做了明确的决定,由公司自己教育和训练 99% 的本地员工,"博斯说,"我们愿意培养自己的人才。"

(一)"白纸"法

正如毛泽东曾说过的:在白纸上可以画出最美的图画。与那些更成熟的应聘者相比,公司更愿意选择那些年轻的候选人,因为前者被认为有定型的经历,无法引导他们来学习西方企业的有效管理。

"大多数年龄大一点的都有复杂的历史，"博斯说，并指出近一段历史中的政治运动，以及对身在其中的人的必然影响困扰着这些年长一点的人。"我发现很难理解诸如'文化大革命'对个人的影响，这会造成我所熟悉的现实与他们所熟悉的现实之间的鸿沟。在工作环境中填平这种鸿沟太困难了！"他说，他指的是领导风格以及对其他人的信任程度。

对计划经济体制下国营单位的工作经验也存在疑问。博斯说，"即使地方高级管理人员有20年管理当地国营单位的工作经验，他得问他自己，其真正价值是多少，（计划经济下）中国国营单位20年的经验可能只相当于壳牌公司2年的经验。"

（二）严格评定学生

既然公司决定招聘那些有潜力的可以培养的人才，那么，什么样的才能足以吸引人呢？"你要得到所需要的人，"博斯说，"这意味着选择好大学。"

雇主们招聘大学毕业生采用很多办法来发布信息，从通过职业对话的宣传册、录像带，到见习空缺职位。壳牌在中国的招聘程序中也使用各种媒体手段。公司通过资助大学的体育活动、捐赠图书和举办小型竞赛来发现学生的潜在才能。"尽管简单，但很有价值。"博斯说。

公司发现，在中国，即使是最好的努力有时可能既不方便，也没有什么价值。例如，参加竞赛或求职申请方法也许并不总是自由或公正的。"在荷兰，学生们根本不必担心他们的教授会加以阻挠，如果学生们愿意，教授们可能会给他们提供工作机会。"博斯说。但过去由于办学体制上的限制，中国的大学对学生参加招聘会或申请外资公司的暑期见习工作还有一定的制约。但现在，无论是学生个人的选择还是雇主挑选合适的学生，这种制约都减少了。外资公司可以直接到大学招聘学生，不再需要外资企业服务公司（Foreign Enterprise Service Corporation）。

越早接触候选人，挑选的任务越艰巨。仅在中国南方，公司现在每年联系的学生高达3 000人，但只有很少量的职位空缺。"一开始就定好挑选目标，"博斯说，"我们提供关于职位和公司的有关信息，这是自我选择的影响因素，我们希望有人替我们做出判断。"

但是，自我选择并不能完成工作的全部，公司每年收到800封左右的求职信。回复求职信使招聘工作的难度更大。"中国学生往往把求职信看作一种行政性的表格，写上姓名、联系电话和考试成绩。他们还没有意识到表格上的信息是用来解释并显示他们的智力和思维，说明他们如何适合这份工作的。"为了帮助申请人，壳牌公司的现场展示会强调，申请人有必要花些时间和精力来完成最初的表格。"我们对你住在哪里不感兴趣，我们只关心你如何优秀。"

（三）公司的甄选标准

公司常常根据经验来调整甄选标准。例如，对沟通能力的评价已经降低。"理论上讲，沟通技巧是评价候选人的一项很好的指标，但实际上，如果应聘者的母语不是英语，而面试人又不会说当地话，应聘者的得分肯定低于其应得的分数。"

还有不少选择标准也已退出了招聘程序，包括"想象力""现实感"和"决断性"。"想象力与表达有关，我们必须有创新性，从问题的不同角度去设想，因为我们以前已经面对它们了。"博斯说道,他对用国外招聘者评价中国候选人品质的能力表示异议。类似的原因可以来解释程序中剔除了"现实感"这一指标:"我们经历的现实与候选人所处的现实大不一样,可能正相反。"博斯补充说。

总而言之,十条标准已降到了三条:能力,评价智力能力;业绩,旨在帮助测试个体如何运用智力能力;关系,如果个体无法处理工作中的各种关系,再聪明或是再有雄心都无济于事。

Analyze:

1. 壳牌公司如何从高校招聘既有一定素质又有发展潜质的学生? 学生的发展潜质如何界定?

2. 请根据本章所学理论,评价壳牌公司在中国地区的甄选标准。

3. 壳牌公司如何保障人才招聘的信度和效度? 哪些经验值得借鉴?

4. 自己培养员工具有哪些优势? 需要具备哪些条件?

第八章　国际企业的培训与开发

Training in Multinational Companies

Aim at ◇◇

◆ 掌握国际企业培训的理论基础。

◆ 了解国际企业培训的对象。

◆ 掌握国际企业培训的方法。

◆ 了解国际企业的领导力开发。

Lead in ◇◇

西门子高效卓越的企业培训[①]

为发展，而不是为工作而培训。

——西门子公司培训宗旨

西门子设计了三大类高效卓越的企业培训形式：新员工培训、大学精英培训、员工在职培训。

（一）新员工培训

新员工培训实际是德国职业教育体制里的第一职业培训（学徒制），即工人在上岗前必须经过专门的学习及在岗实践，通过一系列考试拿到相应证书（手工业协会颁发，欧盟认证），才能拥有正式进入西门子公司的敲门砖。

西门子早在 1922 年就拨专款设立了专门用于培训工人的"学徒基金"。现在公司在全球拥有 60 多个培训场所，如在公司总部慕尼黑设有韦尔纳・冯・西门子学

---

① https://mp.weixin.qq.com/s/CQzTQfRZgj9B6i_fn-Fp9w.

院,在爱尔兰设有技术助理学院,它们都配备了最先进的设备,每年公司都会出一笔高昂的培训经费。目前在西门子接受第一职业培训的学徒,大约占员工总数的5%,毕业后可以直接到生产一线工作。

第一职业培训保证了员工一进入公司就具有很高的技术水平和职业素养,为企业的长期发展奠定了坚实的基础。

（二）大学精英培训

西门子计划在全球招收大学生,针对这些宝贵的人才,西门子也制定了专门的计划。

西门子注重加强与大学生的沟通,增强对大学生的吸引力。公司也与各国高校建立了密切联系,为学生和老师安排活动,并无偿提供实习场所和教学场所,举办报告会等。

进入西门子的大学毕业生首先要接受综合考核,考核内容既包括专业知识,也包括实际工作能力和团队精神,公司根据考核的结果安排适当的工作岗位。此外,西门子还从大学生中选出30名尖子进行专门培训,培养他们的领导能力,培训时间为10个月,分3阶段进行。

第一阶段,让他们全面熟悉企业的情况,学会从网络上获取信息;

第二阶段,让他们进入一些商务领域工作,全面熟悉本企业的产品,并加强他们的团队精神;

第三阶段,将他们安排到下属企业（包括境外企业）承担具体工作,在实际工作中获取实践经验和知识技能。

目前,这个大学精英培训计划为西门子储备了大量管理人员,大部分人都有海外就业的经验。

（三）员工在职培训

人既然是最主要的力量,知识和技术必须不断地更新换代,这样才能追上大环境发展的步伐并超越之。实际上,新员工和大学精英培训计划,聚焦于员工在进入西门子前后的这一阶段。而更重要的,对于现有在职员工,西门子的投入也绝不吝啬。在西门子那令人咋舌的培训投入中,几乎有60%是用于员工在职培训。

西门子员工的在职培训和进修主要有两种形式,即西门子管理教程和西门子员工再培训计划,其中管理教程培训尤以独特和有效闻名。

西门子员工管理教程分五个级别,各级培训分别以前一级别培训为基础,从第五级别到第一级别所获技能依次提高。具体为:西门子企业文化、自我管理能力、个人发展计划、项目管理、了解及满足客户需求的团队协调技能。

培训内容根据管理学知识和西门子公司业务的需要而制定,随着二者的发展变化,培训内容需要不断更新。

通过参加西门子管理教程培训,公司中正在从事管理工作的员工或有管理潜能的员工得到了学习管理知识和参加管理实践的绝好机会。这些教程提高了参与者管理自己和他人的能力,使他们从跨职能部门交流和跨国知识交换中受益,在公司员工间建立了密切的内部网络联系,增强了企业和员工的竞争力,达到了开发员工管理潜能、培养公司管理人才的目的。

西门子的人才培训计划从新员工培训、大学精英培训到员工再培训,涵盖了业务技能、交流能力和管理能力的培育,保证了公司新员工具有较高的业务能力,为大量的生产、技术和管理做好人才储备,使员工知识、技能、管理能力不断更新和提高。因此,西门子长年保持着公司员工的高素质,这是西门子强大竞争力的来源之一。

Focus on:

西门子公司是如何进行企业培训的?

第一节　国际企业培训的理论基础

培训作为科研课题,先在心理学与科学管理领域进行。美国古典管理学家、科学管理之父弗雷德里克·泰勒(Frederick W. Taylor)早在1911年就出版了《科学管理》一书。[①]泰勒认为,企业管理层不懂得用科学来进行管理,不懂得工作程序、劳动节奏和疲劳因素对生产率的影响。尤其是工人缺少培训,没有正确的操作方法和合理的工具,大大影响了劳动生产率的提高。为了改进管理,泰勒于1880年在米德维尔钢铁公司进行试验,系统地研究和分析工人的操作方法和劳动时间,后来逐步形成了"科学管理"制度。在这以后,一些学者也相继发表了关于培训的介绍文章和理论专著。雨果·芒斯特伯格(Hugo Munsterberg)于1913年出版了《心理学与工业效率》一书,书中首先提出将心理学应用于工业生产领域的原理与原则,着重探索环境、生理、心理等因素对工业生产中人的劳动效率的影响,研究人机系统的最佳配合、环境因素的影响、劳动的科学组织、职业生涯的选择、教育培训、安全生产、群体管理等问题;并且还着重讨论公务员以及第一次世界大战军人的选拔与培训问题。[②]维特尔斯(M. S. Viteles)在1932年出版的《工业心理学》一书中就有专门章节讨论培训的问题。[③]但是,将"培训与发展"纳入工业与组织心理学进行系统研究是从20世纪60年代开始的。1961年,麦格希(W. McGehee)与赛耶(P. W. Thayer)合著出版了《企业与工业中的培训》一书,他们提出的三种分析法应用于企业选拔合格人员、编制培训计划、设计培训方法等,至今仍然是学者们研究的热门课题。所谓三种分析法是组织分析、任务或经营分析和人员分析。[④]组织分析强调对整个组织与组织目标、资源与资源的分配等方面的分析,其目的是为实现组织目标而制定有关具体培训单位、项目和内容的战略。组织分析后,势必带来任务分析,其目的是决定工作运行过程的活动以及完成任务的工作条件。人员分析则是掌握哪些单位的人员需要接受培训,培训的内容是什么。

---

①　Frederick W. Taylor. *The Principles of Scientific Management*. New York: Harper and Row, 1911.

②　Hugo Munsterberg. *Psychology and Industrial Efficiency*. Easton, P. A.: Hive, 1973.

③　Morris S. Viteles. *Industrial Psychology*. New York: Norton, 1932.

④　W. McGehee, P. W. Thayer. *Training in Business and Industry*. New York: John Wiley and Sons, 1961.

戈德斯坦(I. L. Goldstein)于 1974 年出版了《培训:计划发展与评估》一书,他采用解决问题的方法研究需要的评估,以及通过什么样的模式可以获得培训系统中的信息等问题。[①] 1986 年戈德斯坦改编《培训:计划发展与评估》一书,新版书名改为《组织中的培训:需要评估、发展与评价》。[②] 在新版著作中,除了讨论需要评估与评价、培训技术等问题外,他还着重讨论了培训系统与社会系统之间的联系问题。1989 年戈德斯坦主编了《组织中的培训与发展》一书,系统地总结了工业和组织心理学、组织行为与管理、培训与发展的研究结果,阐明了培训的发展、应用、评估等一系列理论问题。[③] 1990 年弗农·汉弗莱(Vernon Humphrey)在《培训与发展季刊》上发表了题为"全组织的培训"的论文,提出从整个组织考虑"集体培训"的理论。他认为一个单位或一个组织应该从整个单位或组织的角度去考虑培训计划。他在文章中所说的"集体"(Collective)意指组织,尤其指那些复杂的组织。培训即是教育,是教与学的过程,学习是改变行为的过程,集体培训是改变复杂组织的行为过程。他在文章中提出了一种集体培训模式(见图 8-1)。集体培训与个人培训的主要区别在于首先对组织进行分析,然后再进行个人分析,这样从总体考虑培训,目的是使个人培训最终为组织目标服务,以提高组织的效率和效益。[④]

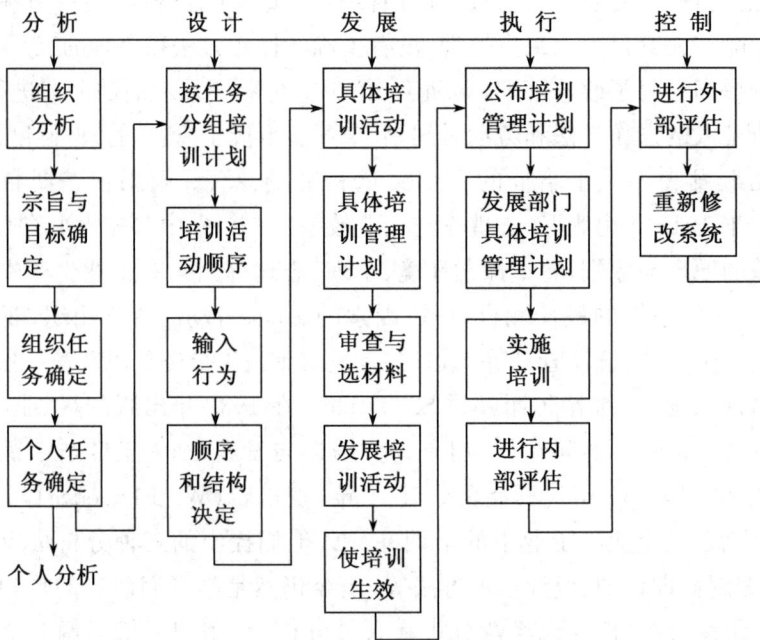

图 8-1 集体培训模式

汉弗莱从组织的角度分析培训,他认为任何组织都有 6 个组成部分,即组织目标、机构、人员、设备、程序和资源。组织目标是组织的基础,没有这个基础,组织就不会存在。

① I. L. Goldstein. *Training:Program Development and Evaluation*. Monterey, C. A.:Brooks,1974.

② I. L. Goldstein. *Training in Organizations:Needs Assessment*, *Development*, *and Evaluation*. Monterey, C. A.:Brooks,1986.

③ I. L. Goldstein. *Training and Development in Organizations*. San Francisco:Jossey-Bass,1989.

④ Vernon Humphrey. Training the Total Organization. *Training and Development Journal*,1990,31(10).

组织机构是为了实现目标而建立的具体机构,但实现目标不仅仅靠这些正式的组织机构,还得靠非组织机构。人是实现组织目标最关键的因素,要使人才为组织服务,必须进行培训和管理。设备是用来完成目标和任务的工具。程序是组织的"自动储存器"。资源是组织的血液,它包括资金、财产、时间、技术等。只有通过分析整个组织因素,进行集体培训,才能使整个组织行为为组织目标服务。总之,人才培训从宏观上讲必须与社会、经济和科技发展协调一致,因而人才培训的总体目标必须根据社会、经济和科技发展目标及目前人才培训的水平和能力制定。从微观上看,人才培训是为本单位服务,为提高生产率而进行的活动;对职工而言,培训能提高技能,开发潜力,增加对工作的满意度,更好地为组织做出更大贡献。

从国外一些学者关于培训的理论可以看出人才培训的重要性。培训是通过学习获得工作所需的技术、技能的活动,如培训打字、学习一门外语等。一般而言,学校与社会给人们提供了基础教育,工作单位为他们提供工作所需的技术、经验培训。培训是提高职工知识水平、技术能力、社会行为的有计划的手段,通过培训职工,单位的效率与效益也得到提高。

培训计划对国家、组织以及个人都很重要。要提高全民族的文化素质,参加世界竞争,国家必须重视培养和开发人才。一个团队也是如此,就像想要提高球队的整体水平,首先必须提高球队所有队员的水平以及教练的水平。组织要发展,必须首先提高组织成员的水平,调动他们的积极性。人才培训要建立在人才预测的基础上,但预测的人数及其在各行业、各层次的分布与需要培训的人数及其各行业、各层次的分布并不一致,这是因为实际上已经有很多人才正在工作着,虽然随着时间的推移,他们的年龄、专业、职称等都发生变化,但只要未来仍然在工作,那么培训计划就应将这些人才考虑进去。从组织的角度看,组织需要对新职工进行职前岗位培训,同时也要对老职工进行培训,以使他们更新知识和技术,为今后组织的发展开发和储备管理人才与技术力量。从职工的角度看,个人需要培训,以使个人的知识和技术得到更新,为更加复杂的工作做准备,为今后个人生涯发展计划服务,使个人适应组织的发展形势。培训也是适应现代科学技术革命的需要。如为了适应计算机时代的要求,实现会计电算化,会计人员必须学会计算机操作技术;再者,许多公司已经跨出国门,在海外办企业、办公司,会计人员还必须学习国际财会知识,掌握所在国的财务制度、法律,因此,组织必须对会计人员进行培训。

第二节　培训的对象

虽然人人都可以被培训,所有职工都需要培训,大部分人都可以从培训中获益,但由于组织资源有限,不可能提供足够的资金、人力、时间做漫无边际的培训。因此,不一定把所有职工都培训到同一个层次或同等水平,或安排在同一时间培训,组织必须有指导地确定单位亟须培训的人才,根据组织目标的需求挑选被培训人员。

一般而言,组织内有三种人员需要培训:

第一种是可以改进目前工作的人,目的是使他们能更加熟悉自己的工作和技术。员工通过培训获得新方法、新技术、新规则,使其工作质量和工作效率不断提高,从而提高企业效益。

第二种是那些有能力而且组织要求他们掌握另一门技术的人,并考虑在培训后,安排他们到更重要、更复杂的岗位上。一般会通过培训提高其解决和处理问题的能力、市场经营调查的能力、人际关系与组织协调能力等。

第三种是有潜力的人,组织期望他们掌握各种不同的管理知识和技能,或更复杂的技术,目的是让他们进入更高层次的岗位。一般培训目的在于提高其思想素质和管理水平,使之更新观念,改善知识结构,适应组织的变革和发展。

总之,培训对象是根据个人情况、当时的技术、组织需要而确定的。

西方国家一般将职工的技能培训分成三种,即技术、人际关系和解决问题的培训。许多培训计划都是针对职工技能中的一种或多种进行的。

所谓技能的培训,就是通过培训提高职工的技术能力。不论是管理人员,还是普通工人,都要进行技术技能的培训。如随着计算机进入办公室、家庭,职工与管理人员都必须接受计算机的操作培训,以适应办公自动化、信息国际化的要求。日本公司就强调系统的再培训。来自一个领域的工程师在进入另一个领域时,必须接受新领域的培训。

所谓人际关系能力①,是指个体发展各种亲密关系的能力,在企业中,即指通过培训提高人与人之间的合作交往能力。几乎所有职工都是某个工作单位的一员,每个人的工作绩效多多少少都依赖同事们的通力合作。这就需要职工学会理解,学会人与人之间的沟通,以减少彼此间的冲突。日本公司就非常强调通过培训,使职员之间建立协作精神和以公司为家的集体主义精神。

所谓解决问题的能力,就是通过培训,提高发现和解决工作中出现的实际问题的能力。这种培训计划包括加强逻辑推理能力,找出问题,探讨因果关系,挑选最佳解决问题的办法等内容。日本公司也很强调通过培训,使公司每一位职员提高解决问题以及创新的能力。许多公司有自己的技术学院用以开发员工的创造力。公司所有员工,上至高级管理者,下至普通技工,一直把接受培训作为工作的一部分。日本公司的员工不仅接受本职培训,而且接受同级职务的一切岗位培训,甚至首席长官也必须接受各个方面的培训,以提高解决问题的能力。

各个组织必须建立长、中、短期培训计划,确定今后需要哪一方面的人才。人力资源管理部门将组织的计划汇总,然后进行分析、考证,评估招聘所需人才的可能性和可行性,并根据组织的现有能力计划培训项目,以弥补招聘的不足。因此,培训计划应与整个组织的总计划、总目标相一致。如图8-2所示,根据组织分析,决定组织培训的需要,确定其所需培训人员,建立培训计划。

---

① 王英春,邹泓,屈智勇. 人际关系能力问卷(ICQ)在初中生中的初步修订. 中国心理卫生杂志,2006(5).

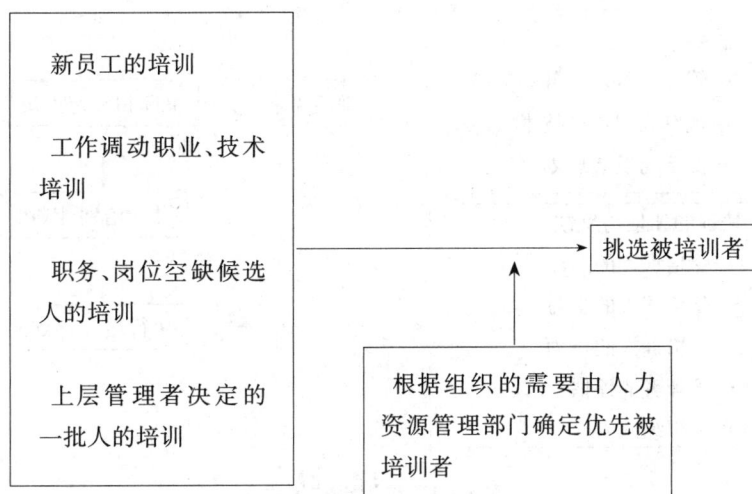

图 8-2　确定被培训人员计划

决定组织内哪些人需要培训,可以通过以下几种方法进行:

(1) 个别面谈。

(2) 问卷调查。

(3) 分析个人的一贯工作表现和绩效情况。

(4) 管理需求。

(5) 观察员工工作时的行为表现。

(6) 工作分析与岗位职责分析。

(7) 考评结果。

(8) 外部咨询。

(9) 组织发展协作会议。

(10) 评估中心。

组织要根据需要、现有资源、被培训人员的具体情况考虑培训项目计划。选择被培训人员时必须考虑两个问题:

(1) 这样的培训能否使组织受益?

(2) 这样的培训能否帮助职工提高素质,发展技能,使其成为组织难能可贵的有用人才?

单位组织建立培训系统,可根据如图 8-3 所示的模式进行。

通过建立培训系统,管理者确定培训计划,为职工提供职业生涯发展的机会,其好处有四点:

(1) 确保获得组织所需要的人才。职业生涯发展机会不但和人力资源规划有一致性,而且也是人力资源规划的自然扩充。在人力资源的规划过程中,提出组织未来需要哪些人力资源,而职业生涯发展机会则使员工的需求和抱负能与组织的需求结合起来,因此,未来组织所需人才必须按组织需求进行培训。

输入：
- 管理人员对任务的分析
- 现有人力资源技术
- 变革与发展规划

培训的评估与反馈：
- 受培训人的态度
- 受培训人的学习
- 受培训人的行为
- 管理者的评估
- 组织绩效

确定需求 → 挑选和确定人员 → 设计培训计划 → 执行培训计划

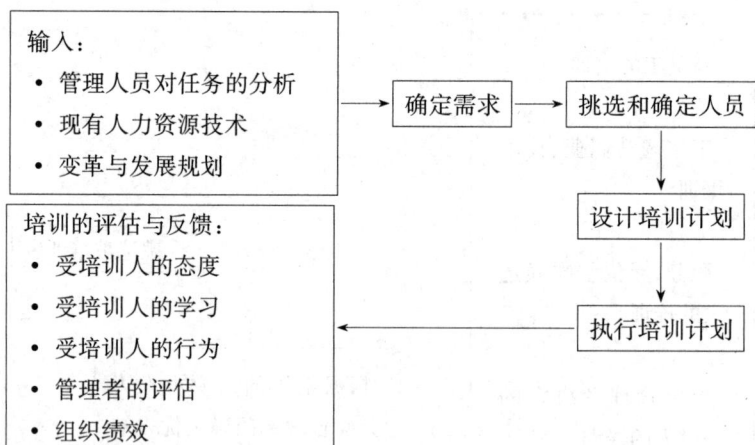

图 8-3 培训系统模式

（2）增加组织的吸引力以留住人才。一个组织中真正优秀的人才并不是很多，因此，优秀人才成为各组织争相招聘的对象。这样的人才比较喜欢能关心他们并考虑他们未来的组织，如果组织对他们的职业生涯发展有所考虑的话，他们对组织的忠诚和信赖度就会有所提高。

（3）使被保护的成员有成长和发展的机会。有的组织中有妇女、少数民族成员，尤其是国际企业、外向型企业的外国公民以及其他被保护的群体成员，组织的培训计划可以使人相信组织并不歧视他们，而是一视同仁。

（4）减少职工的挫折感。职工受的教育越多，他们对工作的抱负也就越高。但任何组织都不可能满足所有职工的需求，在理想和现实不一致时会导致职工的挫折感。因此，通过思想政治工作、心理咨询和培训，可以使职工增强信心。

第三节　培训的方法

培训的方法要根据培训的人数、培训的专业及单位现有的师资、设备、资源等方面的情况而定。培训计划可以采取多种形式：在业余的时间学习，在职培训或脱产培训，甚至可以安排职员专门系统地学习，获得高一级的学位。培训项目也应根据各类人员的不同情况和专业要求而定，如管理人员、技术人员、办公室行政人员、工厂或其他生产线上的人员等，应该采取不同的培训方法和内容。培训项目有许多，下面列举一些主要的培训方法。

一、新职工的培训

在新员工报到后，必须进行入厂、入校或入公司教育，在西方国家称这种教育为"引导"（Orientation），即对新员工的工作和组织情况做正式的介绍，让他们了解并熟悉单位的历史、现状、未来发展计划，他们的工作、工作单位以及整个组织的环境，单位的规章制度、工作的岗位职责、工作操作程序，单位的组织文化、绩效评估制度和奖惩制度，并让他们认识将一起工作的同事等。此外,培训还要建立传、帮、带的师徒制度,使新员工更快地熟悉环境,了解工作操作过程和技术,让他们知道,如果碰到困难和问题,应该通过什么渠道来解决。

许多组织,特别是大规模的国际企业,都有正式的教育引导活动和培训。在日本,不论是政府部门还是工厂、公司,每年 4 月 1 日招聘新员工时都会组织这类培训。由领导和人力资源管理部门对新员工进行职前教育引导,让他们了解组织文化、公司文化,介绍单位的情况,参观单位的主要设施,认识工作同伴等。成功的职前教育引导不论是正式的还是非正式的,其目的是让新员工尽快从局外人顺利地成为单位的一员,让他们轻松愉快地进入工作岗位。

二、在职培训

最常见的在职培训有两种,即工作轮换和见习。工作轮换是指将某员工安排到另一个新的工作岗位,横向调整工作,目的在于让员工学习各种工作技术,使他们对于各种工作之间的依存性和整个单位的活动有更深刻的了解。见习是新职工向年长资深的有经验的老职工学习的一种培训方法,通过老职工的指导和示范及新职工的观摩、实际操作来学习新的技术和技能。

另外一种在职培训是带职到学校或公司学习,尤其是管理人才的在职培训,一般采取这类方法。现代社会中,管理日益重要。世界上发达国家把科学、技术、管理称为现代化社会鼎足而立的三大支柱。生产力包括劳动者、劳动手段、劳动对象三个物质要素,也包括科学、技术、管理三个非物质要素。非物质要素中的科学和技术必须物化在三个物质要素中,才能成为现实的生产力。管理与科学、技术不同,它不是物化在三个物质要素中,而是通过它把三个物质要素合理、有效、科学地组织起来。如果管理水平高,组织得好,则可能取得事半功倍的经济效益;如果管理水平低,组织得不好,则可能使三个物质要素力量抵消,造成经济效益低下,甚至导致零效益。可见,三个物质要素必须借助于管理组织,才能成为有效的社会生产力。"科技是第一生产力",但如果没有较高水平的管理予以合理有效组织,科技就不能很好地发挥作用。正因为如此,世界上各发达国家都十分重视管理人才的在职培训工作,以不断提高企业的生产效益。

国外管理人才的在职培训始创于美国。美国麻省理工学院率先于 1931 年举办了为时 1 年的青年管理人员在职讲习班;后来哈佛大学管理学院将这类培训正规化,现在的"哈佛高级管理人员讲习班"即此类在职培训。现在许多发达国家也纷纷建立管理人员在职培训网络,以企业、高校和政府三位一体的形式,不断扩大在职培训人员的数量和范围。

20 世纪 60 年代以后,法国许多大学和高等商业学校为了加强同企业界的联系,直接为企业服务,纷纷建立管理人员的培训中心。例如法国经济与商业科学高等学校的分校实际上就是一个培训中心,每年培训 3 000 名管理人员。特别要提到的是法国的"企业之家"。在法国,"企业之家"指的是一种特殊的高等学校,由力量比较弱小的中、小企业联合投资建成,根据企业发展需要培养人才。"企业之家"一方面从初高中毕业生和失业者中招收学员,另一方面在职技术人员也是其学员的重要来源之一。"企业之家"完全根据企业需求制定人员培训计划,培训时间短的可为 1 周或 10 天,长的可达 5 年或更长,甚至可采取终身学习的方式,累积学分,逐步升级,最后根据学制的不同,颁发国家承认的相应学历。学员毕业后,"企业之家"会安排他们到所签合同的企业实习。如果学员是企业委培的在职员工,则实习一般不在本企业,而是在其他企业,以便让学员了解同行业的情况,拓宽视野。

日本企业界也非常重视管理人员的在职培训,它们的企业管理人员分为高、中、低三个层次。企业对各层次管理人员都制订有强制性的学习计划。一些企业规定高层管理人员每年培训 3～4 次,每次 1 周,内容侧重于全局性经营管理;中层管理人员每年培训时间累计为 2 周;低层管理人员每年培训时间累计为 4 周,内容侧重于管理技术改进。日本大企业职工的晋升顺序是系长-课长-次长-部长-公司会长。每名管理人员晋升前、后各有一次强制性学习,内容包括如何管理下属、熟悉管理章程和新的工作环境等。

当前,世界各发达国家管理人员在职培训的教学内容和方法依国别和举办机构而异,但总的看来,有以下几个特点:

(1)管理人员培训班除大学举办以外,还有各企业委托大学举办和企业自办等形式。目前各国出现一种新型模式,即管理人员培训班由大学和企业联合举办。这种培训班由大学提供师资和设备,由企业投资并输送学员。国外学者认为,这种培训班可以充分发挥双方的长处,取得较好的效果。

(2)管理人员在职培训的学习时间长短不一,灵活机动。如美国密执安大学的经理班,它只要求学员集中住宿 5 天,学习会计、经济学、经理的职能、市场营销、国际企业、法律等 10 门课程,使学员对各方面的知识都有一些概括的了解。一般说来,在职培训时间较长的中、高级管理人员培训班,教学内容与战略问题有关;期限较短的低层管理人员培训班,重点是解决一两个技术问题。

(3)培训以更新管理人员的知识和提高管理人员的能力为主。各国的管理人员在职培训班,一方面开设最新知识课程,如计算机科学、信息系统论等,以促进和帮助管理人员的知识更新,使他们跟上不断变化的形势;另一方面开设管理专业课程,如管理与组织发展、定量分析、经济分析与决策、市场营销管理、决策学、战略计划等,以提高管理人员的业务能力。一些在职培训注重开设社会心理学和行为科学等课程。他们认为,作为管理人员,除了提高管理能力外,还得做好人的工作,懂得如何利用人力资源和激发下级的积极性,处理上下左右之间的关系。

(4)在职培训班的师资来源多渠道。国外这类培训班的师资不但有大学教授、企业高级管理人员,而且还有政府官员和从国外或国际机构聘请的兼职教授,其目的是使学员获得多方面的知识,具有世界级经济眼光,以适应不断国际化的经济发展要求。

(5)中小企业管理人员的在职培训越来越受重视。由于新技术的发展带来了新兴中小企业的繁荣,国外管理人员的在职培训改变了过去只招收大型企业管理人员的做法,重点招收中小型企业经理,专门为他们举办在职培训。随着世界经济区域化、集团化、国际化、全球化的发展,各国都在加强在职培训,我们也应借鉴外国培训在职管理人员的做法和经验,完善我国在职管理人员的培训制度。

三、脱产培训

脱产培训的方法是让职员离开工作岗位到大学或其他单位或在本单位专职学习一段时间,一般半年、1 年或更长时间。美国出现了不少企业自己办大学的现象,如国际商业机器公司(IBM)于 1985 年在纽约州桑伍德市开设的企业技术学院,通用电气(GE)于 1956 年在纽约州哈得逊河谷创立的克劳顿培训中心,已故王安先生在麻省泰恩格斯波洛市创办的王氏研究院等,都是为企业脱产培训人员提供的学习场所。脱产培训的目的是提供专门的科技教育课程,方法包括课堂教学、影视教学或模拟教学等。课堂教学特别适合于给职员传授专门知识,可有效提高员工技术以及解决问题的能力;影视教学适用于示范技术;模拟教学可提高职员协调人际关系和解决问题的能力,可以采取案例分析、角色扮演等进行。复杂的计算机模式也属于模拟教学的一种。国外的实习培训和辅导培训(Vestibule Training)也属于模拟教学。这种培训的形式是让职工在与实际工作完全相似的场所进行培训,学习日后工作所需的知识和经验。如美国许多大型连锁店以模拟营业场所的方式,教授其收款员如何操作计算机、记账机,学习如何接待顾客等。

四、支付学费的培训

这种培训方法是鼓励职工利用业余时间到附近的大学去进修。经过单位同意,职工可结合本职工作去大学继续深造,但只对那些取得合格成绩的人报销学杂费。

五、学徒式培训

学徒式培训是由一位有经验的领导或员工在工作岗位上对资历尚浅的员工或新员工进行培训的方法,受训者一般通过观察有经验员工的工作过程,进行实际操作练习,从而掌握该项工作技能,是在职培训的一种形式。学徒式培训主要表现为师带徒培训、指导、实习等形式。具体操作包括:企业提供受训者工作手册,培训师了解受训者学习规律,并制定正规学习或培训计划和执行方案,对培训的有效性进行改进。这类培训最常用于工艺及技艺工方面,因为只有经过长时间观摩学习才会熟能生巧。学徒需要在技师直接指导下不断练习才能熟练,培训期一般在 1～3 年。

六、合作培训

合作培训结合了课堂培训与在职培训两种类型。这种培训具有多种形式。一种形式通常被称为"从学校到工作的过渡",它帮助培训对象熟悉相关工作,尽管他们仍在学校,或刚完成正规学校教育。这种培训可以通过高校或社区大学进行。

雇主、工会及政府机构普遍采用的另一种合作式培训是学徒式训练,其为员工提供了在具有特定技能的员工指导下获得工作经验的机会。美国劳工部对培训的特殊要求、设备、时间范围以及熟练程度都有明确的规定。合作式培训的另一种形式是实习,它将工作培训与来自学院或大学的课堂教学结合了起来。实习对雇主和实习生都有好处。实习生

8

可以接触到真实世界、近距离地考察可能的雇主。雇主也可以在做出正式雇用决定之前以较低的成本考察实习生的工作能力。

七、网络化学习:在线培训

网络化学习是指利用因特网或者组织内部的局域网进行在线培训。网络培训受到了雇主们的欢迎。它的主要优势是节约成本,并能够向更多的员工开放。据估计,在未来的几年中,组织采用网络学习的数量将增加。今天大约30％的学习时间基于技术支持。

然而,网络学习更多地作为一项培训的一部分,与其他形式的培训方式结合使用。就其自身而言,它并不是培训专业人士所采用的最有效的培训方式之一。技术的进步将促进快捷的灵活的网络学习的发展。

培训方法还有许多,但有一点要说明的就是,许多单位的培训只强调技术、技能的培训,而忽视了思想工作、道德品质的传统教育以及工作行为的指导培养。还有些单位只注重培训计划,而不注意总结培训项目计划的收益如何。有培训计划,就应该有评估、有总结,始终把培训与组织目标和战略结合在一起。

第四节　国际企业的领导力开发

一、领导力的含义

领导和领导力联系紧密,所以在讨论领导力的含义之前,有必要理清领导的含义。领导即在两个以上的人之间其中一个人试图影响他人以达到某一或某些目标的活动。领导通过沟通交流过程影响追随者的活动,并达到一些目标。有效领导首先强调通过沟通影响别人,其次强调如何对待个人、群体和组织目标。管理是指用正式职务的权力去影响别人,而领导则是影响过程。因此,一位领导者可以是正式的领导,如被任命为一个单位的领导;也可以是非正式的领导,虽然没有领导职务,但很有号召力,在单位里是大家公认的领导。

作为过程,领导是用非强制性的手段去影响、指导或协调组织成员的活动,从而达到组织目标;作为性质,领导是成功地利用自己的行为影响别人行为的各种方式;[1]作为能力,领导是能够激发组织成员的信心,赢得他人支持,以实现组织目标的能力。[2] 领导是将所有计划、组织以及把下属团结在一起的催化剂。领导是为下属树立目标并带领大家实现目标的全过程。领导者的特点是必须有人追随,必须有影响力并且能引导追随者实现组织目标。领导的实质就是影响。

领导力是领导者影响追随者迈向共同目标的过程。本书将领导力看作是在集体中设

---

① 　Arthur G. Jogo. Leadership Perspectives in Theory and Research. *Management Science*，1982(3).

② 　安德鲁·J. 杜柏林. 领导力. 王垒译. 北京:中国市场出版社,2011.

定目标、创建协同和维持承诺(Produce Direction，Alignment，Commitment，DAC)的过程。[①] 这种观点是对领导力的基本理解的扩展，从将领导力看作一个特定的过程到将领导力看作在集体中创造 DAC 的任意过程。它也反映了对谁创造领导力的更广泛的理解：从认为领导力仅仅由被看作领导者的个人创造到认为领导力由整个集体创造，小组、团队或组织的所有成员都为集体中 DAC 的实现贡献了力量。

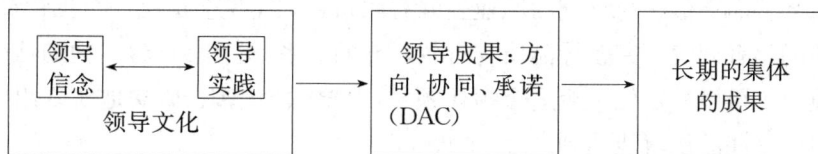

图 8 - 4　领导力的组成部分

图源：W. H. Drath，C. D. McCauley，C. J. Palus，E. VanVelsor，P. M. G. O'Connor，& J. B. McGuire. Direction，Alignment，Commitment：Toward a More Integrative Ontology of Leadership. *Leadership Quarterly*，2008.

图 8 - 4 显示出 DAC 由什么组成以及如何创造 DAC 的信念。领导实践是一种致力于创造 DAC 的个人行为或集体行为模式，创造 DAC 的信念体系和领导实践可以看作集体的领导文化，即集体创造 DAC 方式的稳定模式。而领导力观点的组成部分，这一结构的核心要素是领导成果：DAC。方向(Direction)是指集体中的每个成员都知道集体的目标，而且知道其他成员也知道集体的目标。协同(Alignment)是知识和工作在集体中的协同。承诺(Commitment)是集体成员愿意将为组织需要所做的努力放在为个人目标所做的努力之上。

在领导力的基础上，领导力开发被定义为：为集体设定方向、创造协同和维持承诺的能力的拓展。集体是指一起工作的任何群体，例如团队、群体、组织、合作伙伴、社区和国家。[②] 领导力开发可以包含个人发展、关系发展、团队发展、组织发展、集体行为的改变以及组织系统和流程的变革。领导力开发成为一项集体参与的活动。

二、领导理论

虽然领导者和领导深刻影响了人类活动的进程，但是直到 20 世纪才有学者开始研究领导这一问题。起初，学者们研究领导者的个人品质、特性，产生了特质理论(Traits Theories)。因为这类研究没有产生连贯性的发现和成果，所以后来学者们又开始研究领导者的行为问题，出现了行为理论(Behavioral Theories)。后来又出现了情境理论(Situational Theories)。

[①]　W. H. Drath，C. D. McCauley，C. J. Palus，E. VanVelsor，P. M. G. O'Connor，& J. B. McGuire. Direction，Alignment，Commitment：Toward a More Integrative Ontology of Leadership. *Leadership Quarterly*，2008.

[②]　埃伦·凡·威尔瑟. CCL 领导力开发手册. 徐中译. 北京：北京大学出版社，2014.

（一）特质理论

最早研究领导问题的方法是确定领导者的重要品质。学者们认为，领导品质和特性是应该具有聪明才智、体格、自信心、判断能力、活动能力等。[1] 心理学家往往将以上这些特性称为品质。所谓品质，一般是指个人的性格特点，即决定一个人的行为和成功的主要自然特点。某些品质似乎与特别的职业生涯有联系。如能说会道是一个推销员所应有的品质。早期的学者们曾研究领导品质与有效领导的关系（见图 8-5）。他们认为，了解一个人的品质也许可以决定他是否适合担任领导，但要领导组织，成功地实现组织目标，不一定仅靠他的这些品质就能达到。

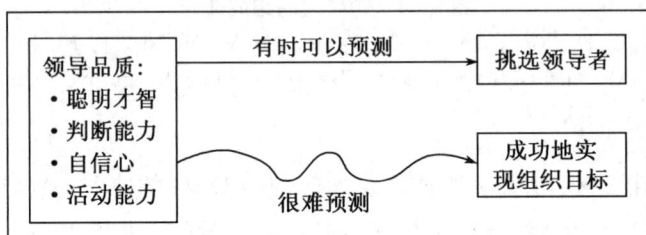

图 8-5　领导品质与有效领导

领导者的品质也是由他的信念和价值观所决定的。所谓信念是指人们对世界的认识，人们根据这些信念去产生行为。所谓价值观，是指对人生各种事物的评价。在人力资源管理方面，影响领导者最重要的信念和价值观是对别人的看法问题。道格拉斯·麦格雷戈（Douglas McGregor）提出领导人对下属有两种不同的信念，即著名的 X 理论和 Y 理论（见表 8-1）。[2]

表 8-1　X 理论、Y 理论以及管理战略

X 理论信念	Y 理论信念
• 一般人不喜欢工作，尽可能逃避工作 • 因为下属不喜欢工作，所以对他们的大多数人必须采取控制、指导，甚至采取惩罚措施来威胁他们为组织的目标发挥他们的作用 • 一般下属宁愿别人指导，不愿负责，没有雄心大志，他们需要的是安全，其他需要都是次要的	• 正如消遣和休息一样，利用体力和脑力努力工作是自然现象 • 下属有内因动机，能自我控制、自我指导，尽力为组织目标做出自己的贡献 • 一心为组织服务是出于组织的报酬制度所激励的 • 一般下属不仅能接受责任，而且在适当的情况下寻求负责 • 下属如同主管一样，也有许多想象力、创造力，能为组织提供解决问题的办法

---

①　Ralph M. Stogdill. Personal Factors Associated with Leadership：A Survey of the Literature. *Journal of Psycholosy*，1948，25(1).

②　Douglas McGregor. *The Human Side of Enterprise*. New York：McGraw Hill，1960.

（续表）

管理战略	
领导者必须自己做出决策，不能让下级单独完成所交任务。领导者必须督促、鼓励下属，使组织成为一个有效的整体	领导者必须让下属参加决策，让他们自己去完成任务。为了成为一个有效的组织，领导必须支持、奖励下属，但千万不要独裁

持 X 理论的管理者对下属的能力和技术抱有悲观的态度，而持 Y 理论的管理者对下属或其他人抱乐观的观点。对下属持悲观态度的 X 理论的领导者一般采取专横的方法管理人力资源，很少给予下属判断和参与决策的机会。但是管理者也许会考虑其他因素，如下属的教育程度、专业技术水平等。持 X 理论的管理者也许不能充分发挥人力资源的作用。后来又有人通过实践总结出了一种新的 Z 理论。他们认为，X 理论并非全错，毫无用处；Y 理论也并非全部正确，到处可用。因为人是复杂的，不能一概而论。应该将 X 理论和 Y 理论结合起来，根据不同情况灵活运用。这种 Z 理论叫权变理论或超 Y 理论。Z 理论的基本观点如下：

人的需要是多种多样的，而且这些需要会随着工作和生活条件的变化而变化。即使是在同一时间内也有各种需要和动机，它们会发生相互作用并结合为统一的整体，形成错综复杂的动机模式。由于需求的差异性，领导者必须根据每个人需要层次的不同区别对待。

由于人的需要不同，能力各异，对于不同的管理方式会有不同的反应。因此，没有一套适合于任何组织和个人的行之有效的管理方法。

根据上述观点，Z 理论认为，领导者要根据员工的不同情况，灵活地采用不同的管理措施，这就是说，要因事而异，因人而异，充分发挥每一个人的作用。

斯托·格迪尔（Ralph M. Stogdill）在他的《领导手册》一书中，提出了六种领导特征：

（1）体格。如仪表、身高及体重等，在许多早期"领导"研究中都有这方面的研究。

（2）社会背景。很多调查领导者的社会经济背景的研究都以教育、社会地位以及流动性这类因素为重点。

（3）智力。有关调查智力与领导地位之间关系的大量研究都指出，领导者以卓越的判断、果断、知识以及口才好为特征。

（4）人格。探讨人格因素的研究认为，有效领导以人格完整、自信以及机灵为特征。

（5）任务。研究与任务有关的特征产生了一致的结果，即领导者以一种高度的成就感及责任感、创造力以及任务取向为特征。

（6）社会。社会特征方面的研究已经表明，领导者是各种活动的积极参与者，能与人合作。

（二）行为理论

领导行为理论研究领导者在领导过程中所采取的领导行为以及不同的领导行为对成员或下属的心理影响，以寻求最佳的领导行为。领导行为的研究始于 20 世纪 40 年代。当时，许多心理学家在调查研究中发现，领导者在领导过程中所采取的领导行为与他们的工作效率之间存在着密切的关系。为了寻求最佳的领导行为,许多研究机构着手进行领导行为研究,并提出了领导行为理论。其中最典型的是密执安大学问卷调查研究中心的领导行为研究、俄亥俄州立大学研究所的领导行为研究,以及布莱克和莫顿于 1964 年提出的管理方格图。

1. 密执安大学的研究

1948 年密执安大学问卷调查研究中心的学者们开始研究管理人员与下属的士气、满意度以及生产率之间的关系。研究项目的目的是分析有效管理的领导行为模式。在兰西斯·李克特(Rensis Likert)的领导下,密执安大学的研究人员对许多组织的几百名管理人员和他们的下属进行面谈调查,测量了这些组织的士气、满意度以及生产率,发现有两种不同的领导方式:[①]

(1) 以员工为中心的领导方式(Employee Centered Leadership Styles)。它以人为中心,而且着重关心员工的福利、需要、晋升及个人成长等。这种领导者对发展强有力的工作团队很感兴趣,强调部门内部的关系,支持下属的工作。

(2) 以工作为中心的领导方式(Job Centered Leadership Styles)。它以工作为中心,领导者通过严密监督、合法及强制性权力要求员工按时完成工作任务。这种领导者主要关心如何高效率完成任务,而不太关心员工的个人兴趣和需要。

多数西方管理学家认为,好的领导行为是以员工为中心,这种类型的领导关心员工,鼓励员工追求自己的目标,能激发员工潜力。但是只有在领导者与追随者相互信任时,才能实现这种领导。实践证明,领导者关心职工,生产效率高,只抓生产不关心职工,生产效率低;领导者接触群众多,效率高,接触少,效率低;领导让群众参与决策,效率高,反之,效率低。所以,现代管理中提出领导的行为方式应由以工作为中心转向以人为中心。密执安大学的研究结果表明,大多数有效管理的组织是那些以员工为中心的组织。

2. 俄亥俄州立大学的研究

俄亥俄州立大学的研究目的是探讨领导行为的决定因素以及确定领导方式对工作群体绩效和满足的影响。该大学的学者们设计的问卷调查主要评价职工对其领导实际行为的看法(下属对领导行为描述的问卷);另一种是测量领导本人所感觉的领导方式(领导意见问卷)。[②] 根据上述研究,确定领导行为有两种主要因素:体贴行为(Consideration Behavior)和有创意的组织结构行为(Initiating Behavior)。

(1) 体贴行为。这种领导行为就是关心人,包括建立互相信任的气氛,尊重下级的意见,注意下属的情感等。这种行为与密执安大学的以员工为中心的领导方式相似。

(2) 有创意的组织结构行为。这种领导行为就是"抓组织",包括组织设计,明确岗位职责,确定工作目标等。这种行为与密执安大学的以工作为中心的领导方式相似。

俄亥俄州立大学的研究表明这两种领导行为经常重叠。一位领导者可以有很高的有

---

① Rensis Likert. *New Patterns of Management*. New York: McGraw Hill, 1961.

② E. Fleishman, E. Harris. Patterns of Leadership Behavior Related to Employee Grievances and Turn Over. *Personnel Psychology*, 2006, 15(1).

创意的组织结构行为、很低的体贴行为,或者有很高的体贴行为、很低的有创意的组织结构行为,也许同时具有两种行为。研究还表明,领导行为如果在相同环境中一般不会改变,同时有这两种行为的领导都比较有效。在正常的情形下,组织的领导行为方式趋于稳定,如大多数营利性生产单位一般拥有以创意的组织结构行为导向的领导,但大多数非营利性事业单位一般有以体贴行为导向的领导。

俄亥俄州立大学的研究从"体贴行为"和"有创意的组织结构行为"两个角度,用"四分图",即用四象限把领导行为分成四个区域,以鉴别领导方式。具体如图8-6。

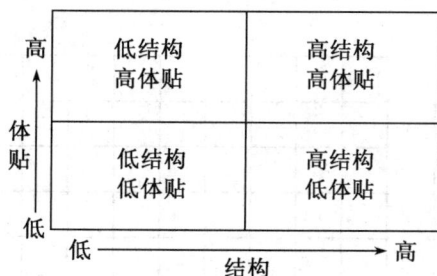

图 8-6　领导行为四分图

注:此图中,体贴是指体贴行为;结构是指有创意的组织结构行为。

该四分图是从两个角度描述领导行为的首次尝试,为研究领导行为开辟了新途径。这种四分图创造了三维空间领导效率模型,该模型又称为领导生命周期理论。该理论认为有效的领导行为,应该把工作行为、关系行为和被领导者的成熟程度结合起来考虑。要根据下属不同年龄、不同成熟程度、不同的责任心与能力等条件,采取不同的领导行为。

随着人们年龄的增长,技术的提高,员工心智由不成熟逐渐向成熟发展,领导行为也应该按照下列顺序逐渐推移:高结构低体贴→高结构高体贴→高体贴低结构→低结构低体贴。就是说,当被领导者成熟程度很低时,可以采取高结构低体贴的领导方式,通过单向信息交流向下级规定任务,干什么,怎么干等;当被领导者的成熟程度处于中等水平时,可以采用高体贴高结构或高体贴低结构的领导行为,通过说服教育或管理参与来调动下级的积极性和工作热情;当被领导者的成熟程度达到相当高的水平时可以采取低结构低体贴的领导行为,通过充分授权、高度信任来调动下级的积极性。

3. 管理方格图

管理方格图(Managerial Grid)产生于密执安大学的研究和俄亥俄州立大学的研究之后。研究者们认为,只靠密执安大学的以员工为中心和以工作为中心的领导方式两分法,或靠俄亥俄州立大学的体贴和有创意的组织结构的领导行为四分图,还不能代表众多领导者的行为类型。因此,罗伯特·布莱克(Robert R. Blake)和简·莫顿(Janes S. Mouton)于1964年提出管理方格图理论。[①]

---

① Robert R. Blake, Janc S. Mouton. *The Managerial Grid*. Houstion, Texas: Gulf, 1964.

如图 8-7 所示,管理方格图也像密执安大学研究和俄亥俄州立大学研究一样有两种类型的行为方式。第一种关心生产,与"以工作为中心"和"有创意的组织结构行为"相似;第二种关心人,与"体贴行为"和"以员工为中心"的行为相似。这是一张九等分的方格图,横坐标表示管理者对生产的关心程度,纵坐标表示管理者对下属的关心程度。评价管理人员时,就按这两方面的行为,寻找交叉点,这个交叉点便是其所属的类型。例如,某领导者关心人的程度很高,达到 9,而关心生产的程度很低,只有 1,两者的交点就是 1-9 格,他就是 1-9 型领导。反之,一位领导者关心人很差,只有 1,而关心生产程度很高,达到9,那他就是 9-1 型领导。

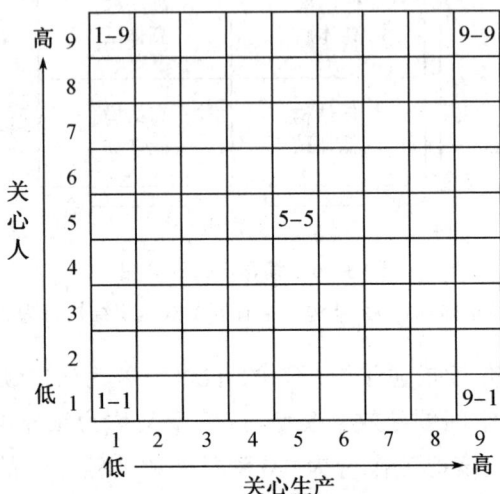

图 8-7　管理方格图

布莱克和莫顿提出方格图时,列举了五种管理方式,如下。

(1) 1-1 型,"贫乏管理"(Impoverish Management):对人、对生产都很少关心,是"一无所长"、不称职的领导,注定失败。

(2) 1-9 型,"俱乐部式管理"(Country Club Management):对人关心,企业内充满友好气氛,认为只要人们心情舒畅,生产就一定会上去。对生产控制、监督、规章制度等不重视。

(3) 9-1 型,"权威-服从管理"(Authority Obedience Management):只问生产,不关心人。用工作条件来提高生产率,而没有充分利用人力资源因素,靠权力管理。

(4) 5-5 型,"组织人管理"(Organization Man Management):这是一种中间式管理,对人和生产的关心程度保持适中,多数是"仁慈式、独裁型"的领导,做不出什么成绩,但又不出大的差错。

(5) 9-9 型,"协作管理"(Team Management):这是一种战斗集体管理,生产任务完成好,职工关系协调,士气旺盛,职工利益与企业目标相结合,是团结协作的最有效的领导。

管理方格图理论在企业管理中应用,需要每一位领导者都分析衡量一下自己工作中管理行为所处的位置,帮助自我剖析,给自己提出如何向 9-9 型方向努力,做一个有效的管理者。

（三）情境理论

在 20 世纪 60 年代后期,学者们发现行为理论的缺陷,于是开始改进并发展研究领导的新方法。这个方法以较复杂的领导的情境理论为重点。特质理论和行为理论为组织中领导行为的研究提供了重要基础,因为这两种理论的研究结果都表示,最有效的领导方法是一种适应特定情境的、动态的而且有弹性的方法。

1. 影响领导的组织因素

管理者工作中最重要的职能之一就是决定影响领导效能的因素,包括了解个人差异、群体结构、组织政策等。管理者考虑情境必须分析管理与下属的特点、群体结构与任务性质等因素,尤其是组织因素,从而根据不同情境采取不同的有效领导方式。图 8-8 说明影响领导行为的各种情境因素,包括:管理者特点、群体因素、下属特点与行为、组织因素等。因为不同情境下需要不同的领导行为,所以研究、探索影响领导是否有效的组织因素特别重要。有关领导的一些组织因素有以下三种:组织的性质、组织任务的性质和领导的权力。

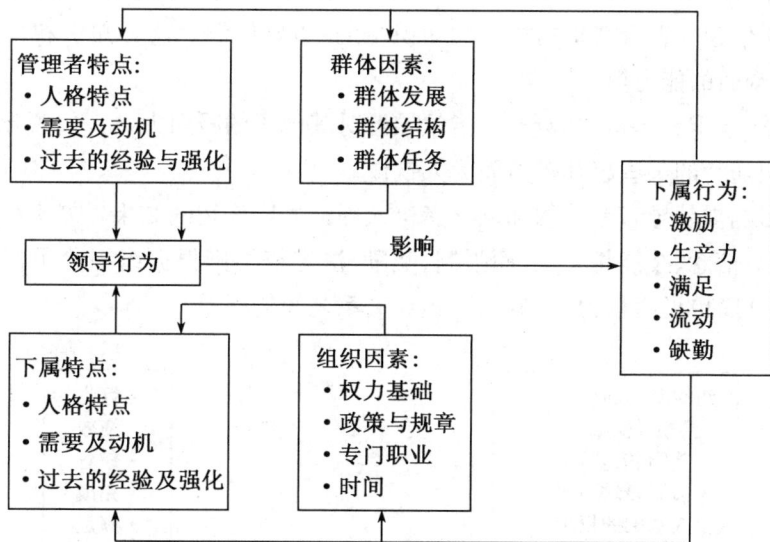

图 8-8 影响领导行为的情境因素

（1）组织的性质

组织内成员的各种不同需求限制了管理者的体贴行为或以工作为中心的行为的能力。组织成员之间以及成员与领导者之间的信任程度影响着组织目标的实现。员工们的各种不同的经历和技术水平影响着领导者的行为和组织的效率。

（2）组织任务的性质

组织任务的性质也会影响领导者的效率。寻找一名工厂的厂长候选人与挑选一名大学的校长肯定需要不同行为的领导。一般的日常工作都是手工操作,有具体的方式方法指导。而复杂的工作就需要有非常能干的领导者来指导。有时资料背景与信息很少,领导者与下属必须一边试验一边做,在这一过程中领导者也会犯错误,在这种复杂工作过程中,下属也许对领导者产生不满情绪,他们不考虑工作的复杂性,反而责怪领导者无能。在这种情况下,领导者也许会失去对下属的影响力。

（3）领导的权力

领导的权力影响下属行为是领导因素的重要方面。组织是否有效率依赖于领导者行使职权的能力。权力(Power)是产生影响的能力,要使领导者最有影响地去行使他的权力,充分调动人的积极性,就应该研究领导权力的基础。弗兰奇(J. R. P. French, Jr.)和赖文(B. H. Raven)提出领导权力的基本来源有以下五种:[①]

① 法定权力(Legitimate Power)。指领导者在组织机构中的职务权力。下属相信组织有权任命领导者。组织任命领导者在社会上是被普遍接受的方法。

② 奖励权力(Reward Power)。指采用控制以及实行对员工的奖励措施的权力。下属相信领导者有给予他们奖励的权力。这类奖励包括增加工资、表扬、晋升等。

③ 强制权力(Coercive Power)。指控制以及实行对员工的惩罚措施的权力。下属相信领导者有给予他们惩罚的权力。这类惩罚包括扣工资、降职甚至开除等。

④ 专家权力(Expert Power)。指一个人所表现的以特殊技能或专门知识为基础的权力。下属相信领导者有特别的技能和知识帮助、指导他们。这类知识和技能包括管理协调、与上级沟通的能力等。

⑤ 影响权力(Referent Power)。指领导者对其他人的吸引力。一位领导者可能因其吸引或赢得跟随者的某些超凡魅力而为人钦佩。

领导者影响被领导者是组织和领导者个人因素共同作用的结果。专家权力和影响权力与领导品德、信念、技能相联系,而强制、奖励、法定权力则根据组织给予权力的程度而决定。图 8-9 简单说明权力、影响以及领导关系之间的联系。

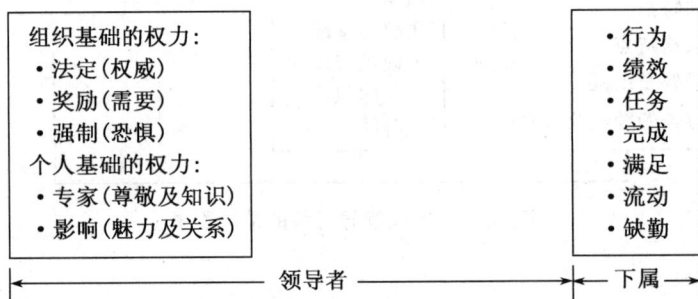

图 8-9 权力、影响及行为关系

如果从权力来分析,任何个人都可以成为某一方面的领导者。有些权力是个人拥有的,有些权力是组织授予的。一位领导者是否实行有效领导,关键在于他如何正确使用权力。

① J. R. P. French, Jr., B. H. Raven. The Bases of Social Power. In: D. Cartwright (Ed.). *Studies in Social Power*. Ann Arbor, M. I.: University of Michigan, Institute for Social Research, 1959.

2. 情境领导模型

Paul Hersey 和 Kenneth H. Blanchard 的情境领导模型（Situational Leadership Model）是情境理论中的主要模型。[①] 该理论解释了如何把领导风格与团队成员的准备程度相匹配。该模型与传统理论的区别在于它并不尝试解释事情为什么会发生。[②]

该模型中的领导风格根据领导的任务行为和关系行为的相对量进行分类。任务行为是领导清楚地说明一个个体或一个团队的义务和责任的行为。它包括指定方向和设定目标。关系行为是领导加入双方沟通中的行为。它包括倾听、给予鼓励、指导等活动。[③]

情境领导模型建立在领导者的任务行为、社会情感行为（关系行为）以及下属执行特定功能的准备程度或成熟度基础上。下属是领导行为中最关键的因素，下属的多样性导致了领导行为的多样性，没有管理下属的"最佳模式"。[④] Hersey 和 Blanchard 把领导者的任务行为和关系行为进行结合，形成了四种不同的领导风格。

风格 1——高任务、低关系。这种风格被称为"吩咐型"或"指令型"风格，领导者在管理过程中只有一小部分的关系投入。这种风格适用于独裁型领导。

风格 2——高任务、高关系。这种风格被称为"营销型"或"教练型"风格，领导者对于任务有相当多的投入，同时也强调人际关系。

风格 3——低任务、高关系。这种风格被称为"参与型"或"支持型"风格，领导者对成员指导较少，更多的是协作形式。这种风格寻求领导者与下属之间的一致性，领导者把完成任务委派给下属，自己只对进程保持一定的关注和了解。

风格 4——低关系、低任务。这种风格被称为"授权型"或"分权型"风格，领导者把该完成的任务委派给下属，自己只对进程保持一定的关注和了解。[⑤⑥⑦⑧]

该模型描述的是有关领导者领导下属行为的一种一致性思考：能干的人所需的指导比能力差的人需要的指导更少。这个模型建立于他人对领导的期望之上，强调了任务和关系行为的作用，该模型成为领导培训的重要基础。[⑨⑩]

---

① P. Hersey, K. H. Blanchard. *Management of Organizational Behavior*. Englewood Cliffs, N. J.：Prentice Hall，1969.

② 安德鲁·J. 杜柏林. 领导力. 王垒译. 北京：中国市场出版社，2011.

③ 安德鲁·J. 杜柏林. 领导力. 王垒译. 北京：中国市场出版社，2011.

④ C. F. Fernandez, R. P. Vecchio. Situational Leadership Theory Revisited：A Test of an Across-Jobs Perspective. *The Leadership Quarterly*，1997，8(1)：67－84.

⑤ P. Hersey, K. H. Blanchard. *Management of Organizational Behavior*. Englewood Cliffs, N. J.：Prentice Hall，1969.

⑥ 安德鲁·J. 杜柏林. 领导力. 王垒译. 北京：中国市场出版社，2011.

⑦ C. F. Fernandez, R. P. Vecchio. Situational Leadership Theory Revisited：A Test of an Across-Jobs Perspective. *The Leadership Quarterly*，1997，8(1)：67－84.

⑧ 詹姆斯·L. 吉布森，约翰·M. 伊万切维奇，小詹姆斯·H. 唐纳利，罗伯特·科诺帕斯克. 组织：行为、结构和过程. 第 14 版. 王德禄，王坤译. 北京：中国工信出版集团，电子工业出版社，2015.

⑨ 安德鲁·J. 杜柏林. 领导力. 王垒译. 北京：中国市场出版社，2011.

⑩ P. Hersey, K. H. Blanchard. *Management of Organizational Behavior*. Englewood Cliffs, N. J.：Prentice Hall，1969.

三、研究领导的新模式理论

许多研究结果表明,只有在领导者个人因素与组织因素正好相符的情况下才能产生有效领导。应变领导理论与途径-目标领导理论是对领导的个人与组织相互作用因素的研究。

(一) 应变领导理论

应变领导理论(Contingency Leadership Theory)是弗雷德·弗德勒(Fred E. Fiedler)经过对几种不同组织的领导的研究后提出来的。[①] 这种理论与前面讨论的几种理论不同,它认为,领导者领导是否有效是在领导者行为与某种组织因素相互作用的形势下决定的,领导者在一种形势下或在一种组织内可能有效地领导,而在另一种形势下或另一种组织内却无效。

弗德勒坚持有效领导在于领导人的个性与形势要相符。他解释的领导基本个性品质是指任务与关系的动机,形势是指对领导而言的有利形势。

1. 任务与关系动机

从某种意义上讲,任务与关系动机同行为方法的概念相近,任务动机是指以工作为中心的领导行为,关系动机是指以员工为中心的领导行为。但是,弗德勒的任务与关系动机所不同的是将其看作任何个人基本不变的品质。他设计了一种工具,测量任务与关系动机的程度,即"最不喜欢的同事比例法"(The Least Preferred Co-Worker Scale,LPC)。这种问卷调查表要求领导者从所有与他工作过的同事中找出他最不喜欢的人。如果这位领导者从正面描述他最不喜欢的那个同事,这位领导者的 LPC 分数就高;如果这位领导者用贬义词来描述他最不喜欢的那个同事,这位领导者的 LPC 分数就低。回答调查表的领导者按照所列比例填写出最不喜欢的同事的数字。弗德勒认为,LPC 高的领导者很注重人际关系,而 LPC 低的领导者很重视任务绩效。

2. 形势

弗德勒确定了三种形势,即领导者环境的组织因素:领导者-成员关系、任务结构、职位权力。

(1) 领导者-成员关系(Leader-Member Relations),指领导者-成员之间的群体气氛,即下属对于领导者信任、尊敬、有信心。如果领导者与下属的关系友好,领导者获得群体合作及努力就容易,因而对领导有利。

(2) 任务结构(Task Structure),指群体任务的复杂性的程度。任务结构的成分包括目标明确性(Goal Clarity)、目标-途径多样化(Goal Path Multiplicity)、决策可证实性(Decision Verifiability)和决策独特性(Decision Specificity)。如果群体任务是简单的、日常的工作,那么目标就明确,解决问题的途径也很简单,绩效也很明显。如果群体任务复

---

① Fred E. Fiedler. *A Theory of Leadership Effectiveness.* New York: McGraw Hill, 1967.

杂,那么目标可能不明确,完成任务的方法可能随形势而定,任务在过程中难以核查,而且很可能有许多集体决策。

(3) 职位权力(Position Power),指组织给予领导者所处地位的固有权力,即领导者因法定、奖励或强制权力而具有影响别人行为的能力程度。弗德勒认为,大多数经理都具有很大的权力,而某个委员会主席只有很小的职位权力。

以上三种领导影响下属能力的因素决定对领导是否有利的程度。三种因素都具备的情境,是最有利的领导情境;三种因素都不具备的情境,是最不利的领导情境。

3. 领导动机与形势的相互作用

应变领导理论的目的是决定什么形势下用什么样的领导方式最有效。如图 8-10 所示,8 种综合因素具体说明领导从有利到不利的形势组合。弗德勒的研究表明,任务动机的领导者在形势组合对他最有利以及不利的情境下,领导更有效,绩效较好(也就是 1、2、3、8 的形势组合下);关系动机的领导者在形势组合适中的条件下,领导更有效,绩效较好(就是在 4、5、6、7 的形势组合下)。但是,这种模式未解释为什么适中的形势组合对高 LPC 的领导者来说更有效。

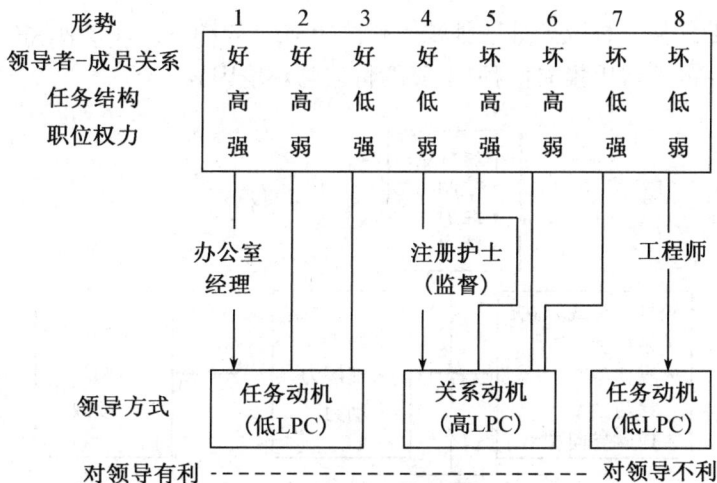

图 8-10　弗德勒的应变理论模式

图源:Fred E. Fiedler. *A Theory of Leadership Effectiveness*. New York: McGraw Hill, 1967.

弗德勒的这一模式认为,在正确形势组合下,不论是以任务为中心,还是以关系为中心,领导都可以有效,其管理战略是将领导者分配到与他们的动机相应的形势组合下工作,或者为适应领导者的动机需求设计领导的形势组合。

(二) 途径-目标理论

途径-目标理论(Path Goal Theory)是马丁·埃文斯(Martin G. Evans)和罗伯特·

豪斯(Robert J. House)在 20 世纪 70 年代发展起来的。[1][2] 他们将弗洛姆的期望理论(努力-绩效-奖励-需要)和俄亥俄的领导行为理论(有创意的组织结构行为与体贴行为)结合起来提出了这一理论。这种理论认为,个人动机受领导行为影响,影响他们的期望,并且通过报酬制度调动下属的积极性。此外,领导可以根据下属个人的具体情况,分配适当的工作任务,提供必要的帮助,促使下属圆满完成任务。

途径-目标理论确定了四种领导行为:

(1) 指导型的领导行为(Directive Leader Behavior)。领导者让下属知道他们应完成什么任务,并指导下属如何去完成,确定完成时间,而且使下属保证质量。

(2) 支持型的领导行为(Supportive Leader Behavior)。领导者态度友好,对下属的需要、福利等表示关心。

(3) 参与型的领导行为(Participative Leader Behavior)。领导者与下属共同协商,在决策时倾听下属意见。

(4) 成就导向型的领导行为(Achievement Oriented Behavior)。领导者树立挑战性的任务目标,期望下属全力以赴完成任务,对下属完成任务有信心。

与弗德勒的应变理论不同,途径-目标模式认为,同一领导者可以根据不同的形势表现出以上四种的任何一种或全部四种领导行为方式。如图 8-11 所示,影响领导行为与下属满意度关系的形势因素有两种:下属的特点与环境因素。

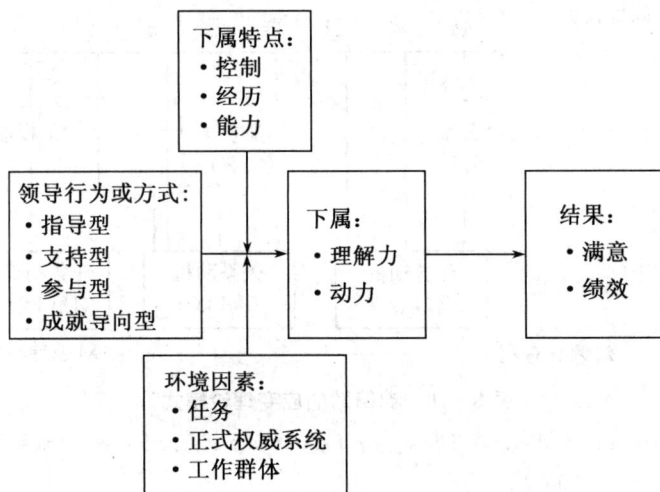

图 8-11 途径-目标模式

图源:Gregory Moorhead, Ricky W. Griffin. *Organizational Behavior: Managing People and Organizations*. Houghton Mifflin, 1995.

---

[1] Martin G. Evans. The Effects of Supervisory Behavior on the Path Goal Relationship. *Organizational Behavior on Human Performance*, 1970.

[2] Robert J. House. A Path Goal Theory of Leadership Effectiveness. *Administrative Science Quarterly*, 1971, 7(3).

下属特点中,控制是指个体认为他们的行为或外部原因对某种行为结果有直接影响,如内控能力,他们认为自己可以控制结果,只要他们努力工作,他们就可以成功。这种控制能力对管理来说很有应用价值。研究表明,通过自身行动获得结果的人对参与型领导比较满意;通过外部原因取得结果的人对指导型领导比较赞赏。理解力强的人不太喜欢指导型领导。这种模式还认为,任务、正式权威系统与工作群体是重要的环境因素。如果领导行为帮助下属解决这些因素所产生的不稳定环境的话,下属就会满意,积极性就可以被调动起来。在某些形势下,领导行为多余,会降低下属的满意程度。豪斯认为,当工作任务模糊不清,成员无所适从时,他们就希望有指导型的领导者,帮助他们对工作做出明确的规定和安排;而对日常工作或内容已经明确的工作,成员只希望支持型的领导者,使个人需要得到满足。如果工作任务已经明确,领导者还在喋喋不休地发布指示,成员就会感到厌烦。该模式的核心是要求领导者用指导型行为帮助成员认清达到目标的途径,并用支持型、参与型以及成就导向型的行为,关心下属,满足下属的需要,帮助他们实现自己预定的目标。总之,只有领导行为与下属的特点和环境因素相吻合时,领导才能更好地影响下属的动机和绩效。

(三)其他理论

除了以上介绍的应变领导理论与途径-目标理论等新模式外,还有其他一些理论模式。如弗洛姆-耶顿模式(The Vroom-Yetton Model)、领导代替理论(Leadership Substitute Theory)、垂直双向联系模式(The Vertical Dyad Linkage Model)、归因观点(Attributional Perspectives)、超凡魅力领导理论(Theory of Charismatic Leadership)等。

1. 弗洛姆-耶顿模式与弗洛姆-杰戈模式

弗洛姆-耶顿模式是1973年由维克托·弗洛姆(Victor Vroom)和菲利普·耶顿(Philip I. Yetton)提出的。[①] 这种模式的目的是描述领导行为应与形势相吻合,假定领导者可以表现出各种各样的领导方式。但与弗德勒的应变理论模式不同的是,弗洛姆-耶顿模式关心的是领导行为的一个方面,即下属参与决策。这种模式鼓励下属参与决策,但参与决策过程的程度要根据具体形势特点而定。换言之,没有一种决策过程适应所有形势。在分析形势特点后,领导者再决定下属参与决策的过程,目的是保证决策质量。

在经过多年研究和应用以后,弗洛姆-耶顿模式由弗洛姆和阿瑟·杰戈(Arthur Jago)修改,[②]目的是进一步证明其模式的准确性和可预测性。要理解弗洛姆-杰戈领导模式,重要的是要考虑此模式的三个主要因素:① 决策效果的标准;② 决策方式;③ 诊断程序。[③]

---

① Victor Vroom, Philip I. Yetton. *Leadership and Decision Making*. Pittsburgh: University of Pittsburgh Press, 1973.

② Victor Vroom, Arthur Jago. *The New Leadership: Participation in Organizations*. Englewood Cliffs, N. J.: Prentice Hall, 1988.

③ R. H. Field, R. House. A Test of the Vroom-Yetton Model Using Manager and Subordinate Reports. *Journal of Applied Psychology*, 1990, 75(3).

决策效果的标准,是指选择适当的决策过程,包括考虑决策效果的两个标准:决策质量和下属的承诺。决策质量是指决策对工作绩效的影响程度。下属的承诺是指下属考虑承诺或接受决策有多重要,以有效地执行决策。除决策质量和下属的承诺外,决策效果还要考虑时间,如果决策时间长或花的时间多,那么决策并非有效。

所谓决策方式,弗洛姆-杰戈模式对领导面临的两种决策形势进行区别,即个人与群体。个人决策形势是决策对下属中的其中一人的影响;影响几个下属的决策形势为群体决策(见表8-2)。

表8-2　领导决策方式:个人与群体

个人		群体	
专制方式1	利用当时可获的信息,你自己解决问题或决策	专制方式1	与个人相同
专制方式2	你向下属获取信息,然后自己决定解决方案,你或许不告诉下属你为解决什么问题向他们了解此信息	专制方式2	与个人相同
协商方式1	你将问题告诉下属,并向他们了解建议和办法,然后你决策,这一决策或许反映或许不反映下属的影响	协商方式1	与个人相同
群体方式1	你与一位下属讨论这一问题,并一起分析问题,在自由交换信息、思想的同时,决定相互满意的解决方案	协商方式2	你与下属在群体会议上讨论这一问题。在会议上,你向群体成员了解建议和思想,然后你决策。你的决策或许反映或许不反映下属的影响
委托方式1	你将问题交给你的一位下属,提供给他有关信息,让他负责解决这一问题。对下属提出的任何解决办法,你都应支持	群体方式2	你将下属看作群体,与他们一起讨论问题,并分析、评价各种解决问题的方法,最后达成协议。你起着主席的作用,协调讨论,使大家集中讨论问题的重点。你并不试图影响群体采取"你"的方法,而愿意接受并执行群体的决策

表源:张润书.组织行为与管理.台北:五南图书出版公司,1985.

为了在一定的形势下,决定最适应形势的决策方式,弗洛姆和杰戈建议领导者应该进行形势诊断分析,即论断程序。

2. 领导代替理论

它是指否定领导能力对下属满意以及情绪和行为表现的影响。[1] 这种理论认为,个人(包括个人能力、经历、知识、个性等)、任务(包括日常工作、经常反馈等)、组织(包括,明

---

① Steven Kerr, John M. Jermier. Substitutes for Leadership-Their Meaning and Measurement. *Organizational Behavior and Human Performance*，1978，22(3).

确计划与目标、规章制度、报酬制度等)特点都可以代替领导。如一位受过严格训练、有觉悟、有知识、有经验的员工不需要任务型的领导者给他指导工作;一个有高度凝聚力的群体不需要关系型领导者。

3. 垂直双向联系模式

它是乔治·格兰(George Graen)提出来的,其目的是强调领导者与每个下属的可变关系的重要性。[①] 这种模式认为,领导者与一个或几个信得过的人建立特殊的关系,关系好一点的人员接受特别的任务,同时也有特权(见图 8-12)。

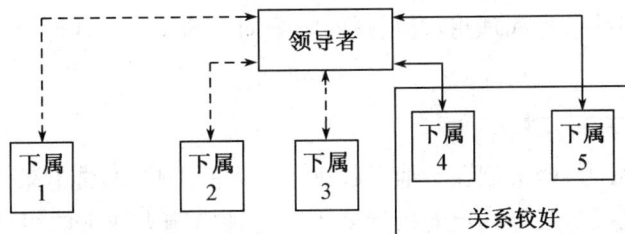

图 8-12 垂直双向联系模式

4. 归因观点

指分析他人或自己的行为过程,然后将这种行为归咎于某种原因。[②③] 具体地说,是指人们对他人的行为过程或自己的行为过程所进行的因果解释和推论。这样做的目的在于预测、评价人们的行为,以便对环境和行为加以控制。美国社会心理学家海德(F. Heider)认为,一个人的行为必有原因,其原因或者取决于外界环境,或者取决于主观条件。如果领导者将下属绩效不好归于下属未努力或缺乏能力,领导者也许会批评、重新培训下属或免去其职务;如果归于外因引起,领导者也许会设法改变工作环境,重新设计任务。

5. 魅力领导理论

这种理论认为魅力是领导者的个人特点。魅力是吸引别人的力量。一位有魅力的领导者也许比没有魅力的领导者更能影响下属的行为。罗伯特·豪斯(Robert J. House)在 1977 年根据社会科学方面的各种研究结果提出了魅力领导理论。[④] 领导者是否有魅力根据以下几种特点评估。

追随者:

(1) 相信这位领导的正确信念。

---

① George Graen, J. F. Cashman. A Role Making Model of Leadership in Formal Organizations: A Developmental Approach. In: J. G. Hunt, L. L. Larson(Eds.). *Leadership Frontiers*. Kent, OH: Kent State University Press, 1975: 143-166.

② F. Heider. *The Psychology of Interpersonal Relations*. New York: John Wiley, 1958.

③ H. H. Kelley. *Attribution in Social Interaction*. Morris Town, N. J.: General Learning, 1971.

④ Robert J. House. A 1976 Theory of Charismatic Leadership. In: J. G. Hunt, L. L. Larson(Eds.). *Leadership: The Cutting Edge*. Carbondale, Illinois: Southern Illinois University Press, 1977.

（2）与这位领导的信念相同。

（3）承认这位领导。

（4）喜欢这位领导。

（5）愿意服从这位领导。

（6）积极参与完成组织目标任务。

（7）提高完成任务的能力。

（8）相信他们能为组织成功地实现目标做出贡献。

这种理论也提出了有魅力领导者的行为的特性是什么，如有魅力的领导者可能有很强的自信心，有很强的信念和理想，有很强的影响别人的能力。他们对追随者有很高的期望和信心。

6. 领导行为的人格力量理论

领导者能够领导群众，关键在于他有超过一般人的影响力，能有效地影响或改变他人的心理和行为，使之服从某种既定的目标要求。这种影响力通常的表达就是威信。威信是一种复杂的社会心理现象，是涉及施受双方的概念，它除了由社会赋予领导者的职位、权力所带来的强制性支配力量外，在现代管理中最重要的就是领导行为的人格力量。

人格是个人身心特征的综合，是个人独特的行为模式。它包括一个人的品质、气质、素质、道德观念和价值取向等因素，也是一个人的精神面貌。在社会主义市场经济体制下，领导者的人格应该突出地表现为高度的社会责任感、创造性以及追求卓越，应该待人真诚、正直、谦恭、豁达、敬业乐群、与人为善、富于同情心并且充满感情，应该突出地表现为自知、自尊、自信、自制和自强不息。

领导意味着影响人们自觉地为实现群体目标而努力的一种行为。同时领导也是一种与人际关系有着密切关系的机能。领导行为的效果如何，不仅取决于领导者的职权和能力，而且同职工群众对领导者的认识和接纳态度息息相关。企业领导者是企业的法定代表人，是人格化的企业，领导者的言行都以企业组织的名义出现，主要领导者的一言一行，不仅是个人形象的表露，也是企业形象的表露。这种人格化了的企业形象，集中地浓缩在领导者的身上。因此，领导者的人格力量，不仅对内部职工起作用，而且对外部世界起着更大的影响力。在一定意义上说，领导者实施领导行为的过程，不仅是决策、指挥、协调、控制的过程，而且也是体现在领导行为中的领导者自身人格的表露和传播的过程。领导不仅是职权的运用、理性的引导，而且也是人格的影响和激励。领导者在领导行为中体现的人格力量，会使其部属为之动情、为之动心、为之行动，会树立光辉的企业形象。

那么，人格在领导行为中究竟有哪些作用呢？阎世维曾指出有五种作用，即：吸引作用、感染作用、效仿作用、导向作用、晕轮效应作用。[①]

在现代管理过程中，必然形成以各种各样感情维系的人际吸引。领导者如能以诚待人、以情动人，真正与职工群众发生思想上的共鸣、感情上的联系，就能把各种人才和广大职工吸附到自己的周围，使自己不仅成为群众的行政领导，而且成为精神上的依托和感情

---

① 阎世维. 论企业行为的人格力量. 经济日报. 1992.

的汇聚中心,从而极大地激发职工群众做出创造性的奉献和承担"挑战性"工作的热情。

感染作为相互影响的一种特殊方式,对于人际关系有着明显的整合作用。感染是通过某种情感的传播,一方对另一方在心理上产生一种无意识的不自觉的服从。领导对群众倾注真诚的爱,群众才能给领导依赖的情。

所谓效仿就是人们在交往和社会活动中相互作用、相互影响的一种机制和方式。它的特点在于,效仿不仅是心理上接受他人行为特征,同时还表现为在生活中对其行为及人格特征的重演与复制。在社会生活中,领导者与被领导者之间由于人格的相互影响所产生的效仿,反映在个人或集体对事物的认定评判和优劣取舍之中。领导者是企事业单位的象征,职工群众的楷模,首先必须在人格上给职工群众树立起可资效仿的榜样。

导向是指领导者的人格对职工群众的政治倾向、价值观念和道德水平的导向作用。只有每个领导者对于我们社会主义事业充满信心,具有坚定的政治信念,带领群众改革开放,发扬忘我献身精神,广大群众才能恪尽职守、悉心奉献,我们每个群体才能充满活力、焕发出勃勃生机。所以,领导者在人格上应该成为引导职工群众的旗帜。

领导者在个人素质、修养和禀赋等方面表现出超出一般人的影响力,那么他在实施领导过程中会体现出人格的力量,也就是"如果一个人或物被赋予了一个肯定的或社会上喜欢的特征,那么他就很可能被赋予其他许多特征。"这就是"晕轮效应"。领导者并非完人,不可能在所有的问题上都是行家,但是他所具有的高尚品德与正派的"为人",最能表现出领导过程的"晕轮效应"。

总之,领导行为的人格力量,主要不是建立在职位权力基础上的、以外推力形式发生作用的、强制的约束人控制人的力量,而是在高尚的精神境界中产生的优良品德、充沛的情感、顽强的进取精神,令职工群众心悦诚服的精神力量。这是一种通过吸引、感染、示范、引导的过程,以内驱力形式起作用的征服人、激励人的力量。

7. 领导-下属交换理论

领导-下属成员交换(Leader-Member Exchange,LMX)的概念最早是由 Dansereau 和 Graen 等人于 1975 年提出来的。[1] LMX 理论是一种系统描述领导者-成员关系本质及其影响效应的理论。[2] Dansereau 和 Graen 等人认为,应该把领导行为的重点放在领导与下属的相互关系之上,尤其是,领导者与不同的下属有远近亲疏的关系。由于精力和时间有限,领导在工作中要区分不同的下属,采用不同的管理风格,并与不同的下属建立起不同类型的关系。其中领导和一部分下属建立了特殊的关系,这些下属会得到更多信任和关照,可能享有特权,这些下属就属于领导的"圈内成员"。[3][4] 领导者对追随者的知觉

---

① F. Dansereau, Jr., G. Graen & W. J. Haga. A Vertical Dyad Linkage Approach to Leadership Within Formal Organizations: A Longitudinal Investigation of the Role-Making Process. *Organizational Behavior and Human Performance*, 1975, 13(1).

② 王雁飞,朱瑜. 组织领导与成员交换理论研究现状与展望. 外国经济与管理,2006(1).

③ F. Dansereau, Jr., G. Graen, & W. J. Haga. A Vertical Dyad Linkage Approach to Leadership Within Formal Organizations: A Longitudinal Investigation of the Role-Making Process. *Organizational Behavior and Human Performance*, 1975, 13(1).

④ 王辉. 中国企业环境下的领导行为与领导模式. 北京:商务印书馆,2013.

影响领导者的行为，继而影响下属的行为。因此，圈内成员更愿意接受富于挑战性的工作，并且可以得到更有意义的奖励。[①] 根据 Liden，Sparrowe 和 Wayne 的研究，领导-下属关系能够导致三种类型的反馈：态度和知觉、行为、组织提供的结果。其中，态度和知觉包括组织氛围、工作问题、领导对创新支持、组织承诺、满意度、离职意向等；行为包括沟通、创新、组织公民行为、绩效、离职等；组织提供的结果包括奖金、职业进程、晋升和加薪等。[②][③]

8. 真实型领导理论

近年来，"真实型领导"（Authentic Leadership）得到越来越多的人的关注。真实型领导的概念是由 Luthans 和 Avolio 提出来的，真实型领导指的是积极的领导能力和高度组织发展的融合过程，真实型领导会给领导和员工带来更好的自我意识和自我调节的积极行为，从而促进积极的自我发展。[④] 在对"真实型领导"的特质的描述中，包括了道德和积极的心理能力，"真实型领导"对团队和个体都带来了积极的影响。在企业家道德水平表现较高的组织中，员工通过对企业家这一道德榜样的学习，在一定程度上减少了不道德决策，促进员工对企业家自身和组织的认同，并提高对组织的承诺，进而提高企业的绩效；而如果领导者缺乏道德，在进行决策时就有可能损害员工和组织的利益，从而招致员工的不满，丧失员工对其的信任，并导致员工怠工、离职等劳资冲突现象的不断发生。[⑤] 真实型领导者是自信、希望、乐观、韧性、道德和未来取向，通过领导者自身的自我意识、内化道德观，提升与下属关系的透明度，优先培养员工使之成为自身的领导者，从而促进下属与自身积极的自我发展。[⑥] 个体因素和情境因素都会对真实型领导的形成带来影响。其中，个体因素包括：人格、价值观、自我概念、情绪智力、情绪劳动及个人经验丰富等；情境因素包括：组织情境、任务特征、高层领导方式。情绪稳定性、领导者自我监督、目标导向、正直、自我超越等都会推动真实型领导的形成；高道德标准的组织氛围、具有创新性的任务特征也都会为真实型领导的形成创造积极的环境。[⑦]

9. 现代领导八大观点

对什么是领导，不同国家有不同的解释。我们是社会主义国家，我们说领导就是服务。除了上述源于西方的领导理论外，中国人民大学劳动人事学院赵履宽教授提出现代领导者应确立的八大观念：① 政治观点；② 人性观念；③ 权力观念；④ 决策观念；⑤ 用人

---

① 詹姆斯·L. 吉布森，等. 组织：行为、结构和过程. 第14版. 王德禄，王坤译. 北京：中国工信出版集团，电子工业出版社，2015.

② R. C. Liden，R. T. Sparrowe，& S. J. Wayne. Leader-Member Exchange Theory：The Past and Potential for the Future. *Research in Personnel and Human Resources Management*，1997，5.

③ 王辉. 中国企业环境下的领导行为与领导模式. 北京：商务印书馆，2013.

④ B. J. Avolio，F. Luthans. Authentic Leadership：A Positive Development Approach. *Positive Organizational Scholarship*，2003(1).

⑤ 赵曙明，白晓明，赵宜萱. 转型经济背景下我国企业家胜任素质分析. 南京大学学报，2015(2).

⑥ 李永鑫，周海龙，田艳辉. 真实型领导影响员工工作投入的多重中介效应. 心理科学，2014(3).

⑦ 王震，宋萌，孙健敏. 真实型领导：概念，测量，形成与作用. 心理科学进展，2014(3).

观念；⑥ 时效观念；⑦ 民主与法制观念；⑧ 学习与创新观念。①

任何领导者都必须有政治头脑。日本"管理大师"松下幸之助曾指出，在当今世界，"政治局势极大地左右着经济活动。企业若要完成其使命，对社会做出贡献，一半可以依靠企业本身的经营来完成，而剩下的一半则要受以政治局势为中心的社会情势的左右。假如政治局势对企业经营不利，那么经营努力可能就要归于乌有。"②资本主义国家的企业家如此重视政治，我们社会主义国家的企业领导者也应重视政治。

人性观念是一个具有哲学和伦理学意义的重要观念。马克思主义承认人的自然属性，否定"抽象的人性"，认为"人的本质并不是单个人所固有的抽象物，实际上，它是一切社会关系的总和"，"人的需要即人的本性"。③ 因此，领导者要发挥下属的主动性和创造性，就必须尽可能地满足下属的种种需要，特别是他们在劳动过程中的需要。

正如前面所提到的，领导权力基本来源有五种，即法定、奖励、强制、专家和影响权力。随着社会的日益现代化，法定权力的领导作用相对下降，而专家与影响的威望性权力的积极作用相对上升。社会心理学和管理心理学的研究表明，领导者的威望性权力，根源于被领导者对领导者的敬爱感、敬佩感、信赖感和亲密感。因此，领导者必须通过全面提高自己的素养来获取威望性权力。在社会主义国家，每一个领导者行使权力的目的在于服务，即服务于社会，服务于群众。

决策是领导者的基本职责之一。领导的关键，就在于决策。以发达的市场经济为基础的现代社会的特点，就是分工协作关系，以及人与人之间错综复杂的利益关系，且科学技术日新月异，社会变迁空前迅速，领导者必须实行科学决策，健全决策体制，建立为决策过程服务的信息系统、智囊系统、反馈系统和决策系统等。

领导者不仅要善于决策，而且要善于用人。一个单位要获得成功，关键在于人尽其才，企业管理的核心就是人力资源管理。当日本的劳动生产率还远远低于美国时，著名的物理学家土光敏夫就大声疾呼："要想赶上去，就唯有依靠脑力了！"美国大器晚成的女企业家玛丽·凯说，适用于任何企业的成功之道，就是要妥善地管理人才，而管理人才的"金科玉律"，就是"你们愿意别人怎样对待你们，你们也应该那样去对待别人。"领导者要充分发挥每一个人的专长，为组织服务。

现代社会，任何组织都十分重视时效。彼得·德鲁克在《有效的管理者》一书中，将时间作为领导者应该最优先考虑的"限制因素"和"最稀有的资源"。

领导者还必须有民主与法制的观念。现代社会是民主化、法制化的社会。领导者不仅要以身作则（重视道德修养），更要以法行事（依法办事）。每一个领导者都应该懂得，社会主义民主意味着民主与纪律、自由与责任、权利与义务的有机结合，从而也意味着对人的高度尊重和高标准要求。

领导者还必须认真学习，不断创新。现代社会以空前的速度变迁着，生活在这样的社

---

① 赵履宽. 现代领导者应确立的八大观念. 人才研究，1987(10).

② 松下幸之助. 松下经营哲学. 天津：南开大学出版社，1986.

③ 马克思，恩格斯. 马克思 恩格斯全集（第26卷）. 北京：人民出版社，1972.

会,领导者的学习问题显得更加重要。只有学习,领导者才能创新。

总之,领导者要确立以上八种观念,关心群众,通过党团组织对群众进行疏导,使他们树立社会主义主人翁精神,并且帮助解决群众的合理需要,通过必要的激励方法,充分调动人的积极性,为实现组织目标而实行有效领导。

四、领导力开发

(一)国际企业领导力开发的关注点

传统的领导力研究和实践聚焦于团队内部领导力,团队成员拥有共同的文化,一起分担任务,并拥有共同的价值观。但是,在当下这个相互联系的多元化世界,领导力越来越多地在群体之间特别是工作上相互依赖的团队之间发生。群体之间的界限表现为各自有截然不同的甚至是相互矛盾、冲突的历史、经验、价值观和文化。国际企业的领导力开发关注于如何在相互矛盾、冲突的群体之间增强防线、协同和承诺,以实现更大的愿景和目标。

随着全球化趋势的加剧,物联网、云计算等新兴技术的进步,外来人群进入劳动力市场的法律、经济、社会和政治界线日益模糊,组织寻求更分散的管理、有弹性的组织结构,国际企业面临着更加频繁和密切的不同群体间的交流。以下五个原因将不同群体的身份特征凸显出来,导致组织的分裂状态,使得国际企业难以作为一个整体运营:

(1)不同的群体,即国际企业中一个群体认为另一个群体在资源、奖励、机会的分配上更具优势。例如,在关键的任命中,某一群体拥有更多的优先权。

(2)对同化的期望,即发生在主流群体希望其他群体像他们一样行动时。如,使用与某一群体相关的语言,而排除其他群体。

(3)侮辱或羞辱行为,即发生在一个群体的评价或行为贬低或冒犯了另一个群体时。如,对来自另一个身份群体的人给予冒犯性评论,采取的形式如"你们这些人……"

(4)不同的价值观,即发生在当群体价值观念有本质性不同,基本的是非观点不一致时。如,一群员工因为宗教信仰而不能接受某种工作任务。

(5)简单的接触,即发生在社会上的两个群体间的焦虑和紧张很严重时。如,恐怖袭击发生后,必须一起工作的来自不同国家的群体之间产生高度的戒备和不信任心理。

三种领导文化为管理不同群体关系创造了不同的背景:① 放任型领导文化——使用消极的、放任的方法对待群体间关系,不适用于国际企业的领导力发展;② 指导和控制型领导文化——使用组织的授权及权力来处理群体间互动,需要组织采取积极的步骤指导、加强、惩罚和奖励相应的行为、价值观及标准,将群体间的动态看作一个需要解决的问题;③ 培养和鼓励型领导文化——核心理念是组织、集体和个人可以创造及加强各个群体之间的相互理解,将群体间的动态看作一个发展的机会,为建立健康、有创造性、合作的跨界关系创造条件和环境。[1]

（二）领导力开发模式

长期以来,课堂式的领导力开发方式一直占据着领导力开发的正统地位,但自 20 世纪 80 年代以来,随着研究人员对领导力开发方式的不断探索和拓展,目前这一局面已在逐渐改变,领导力开发的模式呈现出多元化的发展趋势。教练辅导、导师指导、行动学习和 360 度反馈等正日益成为领导力开发的主要途径,[2][3]本书主要介绍教练辅导和导师指导两种领导力开发方法。

1. 教练辅导

教练辅导是一种目标定向的一对一式的学习和行为改变方式,主要用来提高个体工作绩效、工作满意度和组织效能,它既可以是围绕提高某一特殊领导技能而实施的短期干预,也可以是通过一系列不同方式开展的一个较长期的辅导过程。教练通常由学习者(接受教练辅导的人)在组织中的直线管理者担任。学习者一般为个体,有时也会是一个由 12～15 人组成的团队。目前,接受这种教练辅导的人多为组织的高层管理者。[4]

教练辅导在提高领导力方面的具体表现有四点,一是个性化强,辅导时间相对集中,有助于管理者提高自我认知,实现行为的改变和自己的职业生涯规划;[5]二是可以帮助领导者明确奋斗目标,将自己有限的精力和时间合理地用于学习和目标实现上;[6]三是通过构建一种纽带关系来帮助高层管理者提高自己的能力,接受新的挑战,并减轻他们的孤独感;[7]四是选拔和培养合格的领导者,使组织成功应对高层领导的继任问题。[8]

教练辅导分为以下 4 个阶段:[9]

第一,观念分析阶段。在这一阶段,学习者分析自身的学习需求,并提高自己对学习重要性的认识。只有学习者自身意识到要通过学习来提高领导技能和绩效,对他们实施教练辅导才会取得成效。对于教练而言,最重要的就是根据需要明确培训目标,帮助学习者分析当前的工作绩效、领导力水平和所存在的问题,并强化他们对学习重要性的认识。

第二,制定计划阶段。在这个阶段,教练和学习者在互动的过程中一起制定提升领导

① M. Ruderman, S. Glover, D. Chrobot-Mason, & C. Ernst. Leadership Practices Across Social Identity Groups. In: K. M. Hannum, B. B. McFeeters, & L. Booysen (Eds.). *Leading Across Differences: Cases and Perspectives*. San Francisco: Jossey-Bass/Pfeiffer, 2010.

② G. Hernez-Broome, Richard L. Hughs. Leadership Development: Past, Present, and Future. *Human Resource Planning*, 2004(1).

③ David V. Day. Leadership Development: A Review in Context. *Leadership Quarterly*, 2000, 11(4).

④ Gary Yukl. *Leadership in Organizations*. N. J.: Pearson Prentice Hall, 2006.

⑤ G. Hernez-Broome, Richard L. Hughs. Leadership Development: Past, Present, and Future. *Human Resource Planning*, 2004(1).

⑥ Douglas T. Hall, Karen L. Otazo, & George P. Hollenbeck. Behind Closed Doors: What Really Happens in Executive Coaching. *Organizational Dynamics*, 1999, 27(3).

⑦ Jame P. Masciarelli. Less Lonely at the Top. *Management Review*, 1999(4).

⑧ 弗雷德·鲁森斯. 组织行为学. 王垒译. 北京:人民邮电出版社,2003.

⑨ Eric Parsloe. The Manager as Coach and Mentor. Chartered Institute of Personnel and Development, 1999.

力的最佳个人发展计划。个人发展计划包括如下主要内容：确定目标、实现目标的地点和时间、实现目标的具体途径，以及参与者和发展计划所涉及的支持者等。目标要少而精，一般能在三个月内实现。教练和学习者就发展计划达成一致以后，教练辅导过程便进入第三阶段。

第三，实施阶段。在计划实施过程中，教练选择适合学习者情境的教练方法、风格和技能来帮助学习者，其中倾听、提问和提供反馈信息最为重要。教练还要具备捕捉时机的敏锐力。在日常工作中开展教练辅导的时机会在不同场合出现，虽然按部就班的正式培训计划很重要，但无论何时何地一旦出现时机，就应该"见缝插针"。

第四，评估阶段。计划实施后的总结和评价工作需要教练和学习者共同完成，内容主要包括：发展计划确定的目标是否已经实现，实施计划带来的变化及其原因，进行成本效益分析，检查是否实现了非预期效益。评估结束以后，如果仍需要进一步提高学习者的领导技能和绩效，可再回到第一阶段开始新一轮教练辅导。这个四阶段模型也适用于教练团队辅导。[①]

2. 导师指导

导师指导作为一种开发领导力的制度又被称为导师制，它有正式和非正式之分。正式的导师制通常将处于金字塔较低层的管理者和与其无直线管理关系的较高层管理者进行配对，有时也将其与同事或组织外的咨询师配对，由他们帮助职级较低的管理者开阔视野、积累经验、扩展人际关系网络和提升自身的领导力。

从类别来看，目前的导师制通常分成三类。[②] 一类是"主流导师制"，指充当导师角色的管理者或其他专职管理人员像向导和咨询师一样对组织成员个体职业生涯发展的各个阶段进行指导，这种指导贯穿于组织成员从入职到晋升为高级管理者的整个过程。第二类是"专业资格导师制"，指由专业协会指定或委托特定的人员担任导师角色对学习者进行培训，使学习者通过参与一些学习项目来获得某种专业资格。最后一类是"职业资格导师制"，这种导师制通过某个开发项目来培养学习者，使学习者积累一定的知识经验和实践技能，达到国家职业资格认证所要求的标准。

从功能方面来看，导师制的作用主要在于职业发展和心理支持这两个方面。[③] 职业发展功能主要表现为拓展学习者的视野、为学习者提供挑战性任务，并帮助他们实现可持续发展，其目的主要在于提升学习者知识、能力和领导技能水平，从而为其晋级加薪打好基础；而心理支持功能主要包括角色模仿、角色认同和人际关系问题处理等，其目的主要在于为学习者提供社会情感支持，提升他们的社会认知能力，帮助他们树立合理的职业期望、提高工作满意度，并保持工作和家庭生活的平衡等。[④]

---

① 任真，王石泉，刘芳. 领导力开发的新途径——"教练辅导"与"导师指导". 外国经济与管理，2006，28(7)：53 - 58.

② Eric Parsloe. The Manager as Coach and Mentor. Chartered Institute of Personnel and Development，1999.

③ K. E. Kram. *Mentoring at Work*. Glenview，IL：Scott，Foresman and Company，1985.

④ B. R. Ragins. Diversified Mentoring Relationships in Organizations：A Power Perspective. *Academy of Management Review*，1997，22(2).

通常导师指导过程也包括四个阶段：[①]

第一阶段，确定个人发展计划。导师首先分析估计学习者的各种潜在需求，通过坦诚开放的提问（而不是简单告知的方式）来提高学习者制定计划的主动性，同时还须检查学习者制定的发展目标是否符合SMART标准（有针对性、可测量、可实现、相关联、有时限）。必须注意的是，导师的作用主要在于引导和启发，指导学习者制定发展计划不能越俎代庖或面面俱到，仅限于提供指导和信息。

第二阶段，鼓励学习者对学习进行自我管理。经验丰富的导师大多通过提一些试探性问题帮助学习者预测计划实施过程中可能出现的问题，为他们在学习中进行自我管理提供全程支持。自我学习管理的目的是保证指导活动不延伸到学习者与其直线管理者之间的日常工作。对学习者与其直线管理者之间存在的问题，导师应鼓励学习者设法自己解决。

第三阶段，为个人发展计划的实施提供支持。支持的基本形式是与学习者一起制定日常会面时间表和召开即席会议的方案。导师支持的作用一方面是在学习者主动提出要求的前提下，以他们能够接受的方式提供客观指导和信息，另一方面是帮助学习者纠正错误、应对挫折并把挫折真正转化为学习机会。

第四阶段，对结果进行评价。导师通过反思式提问等方式来帮助学习者分析遇到困难的原因，量化指导过程为他们和组织带来的效益。与常规的过程监控不同，发展计划结果评价最好由学习者与其直线管理者一起来完成。正式的指导关系终究会结束，导师还应该鼓励学习者继续确定新的提升领导力的个人目标。[②]

Conclusion

对培训的系统研究从20世纪60年代开始，麦格希（McGehee）与赛耶（Thayer）在《企业与工业中的培训》中运用组织分析、任务或经营分析、人员分析3种方法，为企业选拔合格人员、编制培训计划、设计培训方法。在此基础上，西方国家一般将职工的技能分成技术、人际关系和解决问题3种，运用脱产培训、学徒式培训、在线培训等多种培训方法提高职工的一项或多项技能。此外，本章对领导理论做了详细阐述，介绍了教练辅导和导师指导两种领导力开发的具体方法。

Keywords

培训　　　领导　　　领导力　　　领导力开发

---

① Eric Parsloe. The Manager as Coach and Mentor. Chartered Institute of Personnel and Development，1999.
② 任真，王石泉，刘芳. 领导力开发的新途径——"教练辅导"与"导师指导". 外国经济与管理，2006，28(7)：53 -58.

Case-Study ◈

通用电气的领导力开发中心的培训①

据 CNBC 2020 年 3 月 2 日报道,通用电气(General Electric, GE)前董事长兼首席执行官杰克·韦尔奇去世,享年 84 岁。这位商界传奇人物是无数企业家的偶像,他被誉为"最受尊敬的 CEO""全球第一 CEO""美国当代最成功最伟大的企业家"。根据彭博新闻社报道,韦尔奇执掌通用电气长达 20 年,在他的领导下,该公司市值一度增至 5 000 亿美元以上,曾于 1999 年成为全球市值最高的企业。

作为最成功的世界级企业之一,GE 在员工培训与发展方面的探索与实践,亦堪称世界级典范。GE 的可持续发展,很大程度要归功于其高瞻远瞩且持之以恒的人才战略,归功于 GE 克劳顿培训中心(现称 GE 领导力发展中心)的成功实践。全球化、多元化的发展战略使得 GE 非常注重对员工领导力的培训,领导力发展体系正是克劳顿培训中心最有特色的项目。

GE 克劳顿培训中心创立于 1956 年,是世界上第一家大公司的商学院,位于纽约州哈得逊河谷。作为 GE 高级管理人员培训中心,有人把它称为 GE 高级领导干部成长的摇篮,而《财富》杂志称之为"美国企业界的哈佛"。克劳顿培训中心最早建立的第一个合作培训课程是为参加的团队领导者提供理论上的培训,目的是使每个人明白 GE 的业务是什么、业务怎样运行。

20 世纪 80 年代,GE 发展迅速,GE 的领导力培训内容也朝多元化和丰富性方向发展,形成了领导力开发的序列项目,引入了行动学习法。80 年代中期,韦尔奇认识到要改善领导力发展,需要建立一个有效的管道支持他的变革,于是对克劳顿村进行了大规模的改造。在所有部门削减成本的时候,GE 投资了 4 500 万美元改善了克劳顿村的设施,并且对克劳顿村的目标、内容和方式进行了彻底的改革。

在韦尔奇对克劳顿村进行改造的过程中,他对新一代 GE 领导者提出了五点要求:

(1) 变革组织。韦尔奇要求 GE 的领导者要能够创造性地摧毁和重建组织,包括重建组织的愿景和组织架构。

(2) 开发全球的产品和服务战略。韦尔奇认为,为了更加国际化,GE 必须提供世界级的产品和服务,必须在产品和服务设计、制造、分销、市场营销等方面进行变革。为此,领导者必须创造新的设计团队形式;发掘资源的新战略用途;推动世界级设计、服务和绩效标准。

(3) 发展战略联盟。为了获得迅速发展,建立战略联盟是必然的选择。为此,领导者必须拥有发掘和筛选潜在伙伴的能力;谈判技能;合理设定合作条件的能力;良好的协调能力;整合能力。

---

① http://www.chinatpm.com/tpm/ldnljs_504_13835.html.

（4）全球协调和整合。地理、政治和文化的多样性，需要良好的沟通和文化整合能力来实现组织的整合。

（5）全球化配置人员和开发人才。只有在全球范围内配置人力资源和开发人才，才能实现真正的全球化经营。

可以看出，韦尔奇对新一代领导者的要求突出了"全球化"，这一新要求已经融入克劳顿村的领导力开发的具体项目中。GE领导力发展中心具有全球服务的功能，它在世界各地都聘有员工，将在克劳顿村所建立、推广的公司领导力发展系统（CLD）带到GE的全球网络中去。

公司领导力发展系统（CLD）的课程设置通过经常性的需求调查，通过公司的高层战略会议等收集信息，来决定自己的方向。由于这些系统和课程都是建立在对GE的12个主要业务需要的基础上的，又常常与GE的变革项目紧密联结，因此得到了各层领导人的支持。

GE极其庞大的人才培养体系将领导人的培养分为五个阶段：

第一阶段，新进人员领导力训练营

每年有2 000多名从校园招聘的大学生进入GE，在入职的三个月内要到克劳顿村学习全球竞争（讲授如何在全球市场赢得成功），学习GE赢的战略，学习GE主动求变的价值观。其间，每个人还要经历GE价值观的考试。新进人员每100人分为一个大组，有执行层人员、辅导员和人力资源高级经理和教授带领这些新来的人员。

第二阶段，新任经理发展项目

每年有超过1 000名新任经理来到克劳顿村学习如何在GE从事管理和领导。通过领导力调查，他们从自己的直接上司那里获得自己领导力状况的反馈，并以此为根据制定针对性的领导力提升计划。这一阶段将学习新任经理人需要的人员管理软性技能，包括招募员工、评估部下绩效、开发和激励部属，还包括如何建设团队的技能等。

第三阶段，高级职能项目

这个项目为高级职能经理所设，他们来参加数周自己所属职能领域的领导力发展课程，内容包括市场营销、财务、信息系统、人力资源、工程与制造等。所有的培训计划都包括了变革项目，有的变革项目还要求参训者的高级直线经理（参训者的上司）或主要客户在克劳顿村待上几天一起攻克项目难题。对职能领域现实的改变和领导力的提升是这个阶段培训计划不可缺少的内容。

第四阶段，高级经理项目

这个阶段实际上分3次在5～8年的时间内完成，每次包括一个4周的高级经理人项目。这些项目整合了户外领导力挑战体验项目、顾问团队项目和CEO项目。其中的业务管理课程（BMC）是采用行动学习法的一个典型，详细介绍这个项目的具体操作方法。

第五阶段，执行层研讨会

定期举行，参加人数在20～30人之间，就若干新的全公司范围内的问题进行数天的研讨。CEO经常会积极参加这个活动。

Analyze：

1. 结合本章所学内容,谈谈韦尔奇对 GE 领导者提出的五点要求在国际企业经营中有何优势。

2. 总结 GE 人才培养体系,谈谈不同层级的领导者在领导力开发上的侧重点有何不同,以及缘何不同。

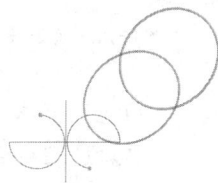

第九章 国际企业绩效评估

Performance Appraisal in Multinational Companies

Aim at ◇

◆ 阐明绩效评估的内涵以及理解其目的和作用。
◆ 明确国际企业绩效评估的基础和前提条件。
◆ 掌握绩效评估的常见系统方法。
◆ 明确绩效评估反馈的注意事项。
◆ 熟悉常见的人力资源指数调研方式。

Lead in ◇

索尼公司如何进行绩效管理[①]

（一）考核指标

索尼作为实力雄厚的跨国公司，在其全球范围内，采用 5P 评价体系的统一标准，来评估全球员工的业绩。5P 是指 Person（个人）、Position（职位）、Past（过去）、Present（现在）、Potential（潜力）。一个人（Person）在一个职位（Position）上要符合这个位置的要求才会有业绩。公司根据员工的业绩（Performance）决定其能否得到晋升。Performance 本身由三部分构成：Past（过去的业绩）、Present（现在的业绩）和Potential（潜力）。

（二）实施

索尼实施"360 度管理"，做每件事都制订计划，绩效管理亦是如此。索尼分支机

---

① 索尼公司如何进行绩效管理. http://cmspass. blog. 163. com/blog/static/ 570834842008102403523 80/.

构遍及全球,但能通过互联网连接其绩效管理体系。索尼在网上公开工作计划,并在实施过程中每天核查行动结果;同时,事前通过不断观察对各种情况做出预测,以不断调整方案,保证工作有效完成。因此,计划的细节方面经常变化。

索尼实行的是年度考核制。到年末每个员工首先自我评估,评估考核的标准都在网上公布;然后上司会与员工谈话,分析员工的工作内容,然后对其方式、方法进行评估,评估员工的工作态度、团队合作精神等。

（三）评估

索尼通过提供很多问题让遍及全球的员工回答,以此得到量化的结果,作为不同区域、事业群的员工评估依据。在评估的过程中,努力发现不同区域、事业群员工的不足与优秀之处。第二年的目标也会在评估的过程中确定下来,这样公司就能够确定第二年具体到不同区域、事业群每个员工的培训方向。

做完不同区域、事业群个人的评估,还要对团队进行评估。每一个区域分公司的总经理要陈述对下级的评估,说明打分的原因。作为管理者要帮助下属完成任务,帮助下属发展、提高技能,如果管理者的技能需要提高,在陈述的过程中也要给他提出目标。另外,还要对各部门进行评估,以掌握各个分公司、各个部门之间的平衡。做完公司的评估以后,就知道整个公司在哪些方面需要尽快改善。

需要说明的是,员工的资历在整个评估体系中是无足轻重的,索尼看重的是业绩,而不是在公司待了多少年,在全球多少个地方待过。因此,对资历浅但做出业绩的员工的评价一样会高。

Focus on：

索尼公司是如何进行绩效管理的?

第一节　绩效评估的含义和特征

9

一、绩效评估的含义

绩效评估(Performance Evaluation 或 Performance Appraisal)是根据部门和员工的绩效目标,通过各种方法和手段收集信息和数据,并按事先确定的绩效标准对部门或员工的实际绩效及表现进行评价和比较,并将这种评价和比较的结果反馈给部门和员工的过程。这个过程可起到检查及控制的作用。[①] 绩效评估的信息和数据来自两方面:一是相关部门提供的数据,如销售额、销售成本、利润增长率、新产品成长率、生产成本、产品合格率、员工满意度、客户投诉率等;二是绩效管理周期中收集和记录的部门/员工的关键事件或数据,如工作失误记录表、工作成绩记录表、异常信息反馈、工作检查记录等。[②]

---

① 赵曙明.国际企业:人力资源管理.南京:南京大学出版社,2012.
② 唐东方.战略绩效管理步骤·方法·案例.北京:中国经济出版社,2009.

绩效评估系统指的是绩效评估中的组织过程与活动。图 9-1 说明绩效评估与绩效评估系统之间的关系。评估是管理者与职工之间的活动,而绩效评估系统则包括活动的资源,还有评估的时间、测量的程序、评估的记录方法和信息的储存与发送方法等。但是在实际过程中,绩效评估会因多种原因而难以实施。首先,绩效评估有时可能因同时需要满足多个目的,在绩效的测量上存在一定的困难。其次,绩效评估的目的之一是找出实质绩效与理想标准之间的差距并有计划地改进。然而绩效的决定因素有很多,包括工作者因素、工作本身、工作方法、工作环境、组织管理机制等,因而找到实质绩效与预期标准差异的影响因素是困难的。最后,在绩效评估中,还会面临诸多伦理、情感矛盾问题。如一些管理者担心绩效评估反馈会造成负面影响,造成评估者与被评估者之间的矛盾。

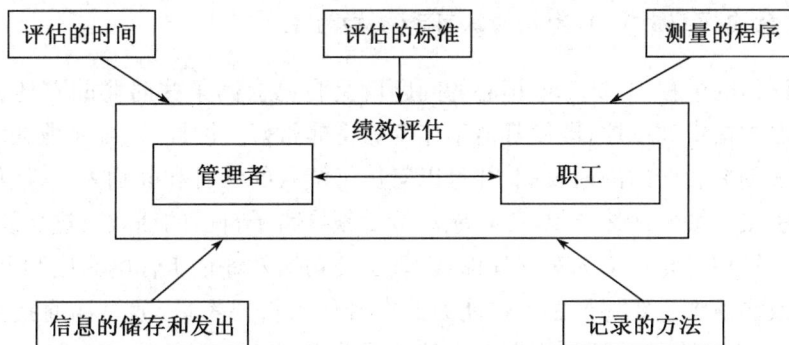

图 9-1 绩效评估与绩效评估系统

二、国际企业绩效评估的特征

国际企业在绩效评估方面通常具有如下特征:依据总体目标确定绩效评估的关注点;评估体系设计科学、合理化;绩效评估实施过程公开、公平、公正;绩效沟通以对员工绩效的认可和鼓励为主;评估考核结果的广泛应用。

(一)依据总体目标确定绩效评估的关注点

组织目标是组织争取达到的一种未来状态,它是开展组织活动的依据和动力,决定着组织行为的方式和组织发展的方向。国际企业在设定绩效评估计划时,通常是以自身的经营计划和组织管理目标为前提来进行的。在绩效评估之前,通常管理者和员工会进行充分的沟通,确定员工的具体工作事项、要求和标准,从而使得员工绩效评估的关注点得到大家的认同、理解和接受。

(二)评估体系设计科学、合理化

绩效评估体系设计要科学、合理,保证绩效评估的每项工作都是有意义的。首先,针对每项工作职能所制定的绩效指标或标准必须是重要的,而且是与总体目标相关的。其次,绩效评价要强调的是员工可控的工作职能。再者,绩效评估应为被评估者提供持续的技能开发机会。最后,绩效评估的结果能够为组织中的重要管理决策提供良好的支撑和依据。[1]

（三）绩效评估实施过程公开、公平、公正[2]

绩效评估的实施阶段,管理者要依据绩效计划阶段所确立的标准,以及绩效辅导实施阶段所收集的数据对员工在考核期内的绩效进行综合评价。国际企业对部门、员工开展包括部门领导、高层领导、内部顾客、外部顾客、同事等在内的全方位评估,以及在评估实施中强调充分利用平时记录的数据资料的公正分析,评估实行完全开放、透明的机制,明确所有的加分、减分项,具体考评的内容与方式,以及最终的评估结果都对个人公开。绩效评估过程公开、公平、公正,也就更加容易获取部门、员工对绩效评估工作的支持。

（四）绩效沟通以对员工绩效的认可和鼓励为主

在绩效评估的过程中,员工最担心的问题就是自己会因某些时候的不佳表现而受到上级领导的严厉指责和批评,即使其他工作都做得非常好。因此,国际企业在绩效评估过程中非常重视创造和谐的沟通氛围,并且以对员工绩效的认可和鼓励为主,使员工在和谐的沟通氛围中接受绩效评估结果,并且愿意接受领导给予自己的绩效改进建议,避免了绩效评估过程中管理者与员工的对立局面,实现了公司绩效评估工作的高度和谐。此外,国际企业在绩效沟通中主要将员工工作能力的提升作为重要考量,通过沟通找到未来工作改进的办法,为下一个绩效评估周期工作的开展奠定基础。

（五）评估考核结果的广泛应用

绩效评估在现代企业中与薪酬、晋升等个体利益密切相关,这在所有企业中都是类似的。但是在诸多国际企业中,绩效评估的目的不仅仅是为薪酬调整和晋升提供依据,[3]而且还加入了许多新的因素。比如,重视个人、团队业务和部门业务的密切配合,将绩效评估作为相关方的目的相结合的一个契合点,同时,也作为在工作要求和个人能力、兴趣和工作重点之间的最佳契合点。[4] 这样做使得员工的人格尊严得到最大提升、个人利益得到最大维护,使得员工拥有极高的成就感、荣誉感和使命感,因此对员工产生了很大的吸引力,充分发挥了绩效评估结果的激励作用。

第二节　绩效评估的目的和作用

一、绩效评估的目的

绩效评估是管理的基本任务,进行绩效评估的目的主要有以下四点。首先,绩效评估

---

[1]　赫尔曼·阿吉斯. 绩效管理. 刘昕,柴茂昌,孙瑶译. 北京:中国人民大学出版社,2013.
[2]　李志,孙序政,尹洋. 政府部门与企业绩效评估特征比较研究. 云南行政学院学报,2009,11(2).
[3]　孙序政. 世界 500 强企业绩效评估特征研究及启示. 重庆:重庆大学,2010.
[4]　林新奇. 国际人力资源管理. 第 3 版. 上海:复旦大学出版社,2017.

可以反馈战略目标的执行情况,使管理者及其下属制定计划以纠正任何可识别的工作失误,为做出最佳管理决策提供基础。其次,绩效评估为企业价值分配提供依据,它提供的资料可以作为工资确定、工资调整和奖金分配的依据。此外,绩效评估使管理者及其下属有机会考察该下属的工作行为,为人员开发提供了方向。最后,通过绩效评估的系统化运作实现企业可持续发展。

（一）战略目标执行情况的反馈

绩效评估的核心目的在于通过企业上下级间持续不断的双向沟通,将组织战略目标和个人目标联系起来,让企业所有员工的工作都围绕着提高整体绩效展开,让部门的工作支撑和服务公司整体战略目标。通过绩效评估,能够让全体员工及时了解战略目标的执行情况以便更好地调整计划、采取措施,促进战略目标的实现。因此,绩效评估是企业自身情况的检验过程,是对战略目标执行情况的有效反馈。

（二）为企业价值分配提供依据

绩效评估的另一目的在于为企业价值分配提供有效的和有价值的信息,价值分配不仅包括薪资调整、奖金分配等物质利益的分配,也包括评优等非物质利益的分配。价值分配的公平与否会对企业全体员工的积极性造成很大的影响。为了做到价值分配的公平,需要首先解决的是价值评价的准确性问题,而合理的绩效评估不仅能够通过绩效计划明确每位员工的绩效目标,还能够对员工在实现绩效目标的过程中的实际表现与贡献进行客观准确的评价,从而保证了企业价值分配的公平性。[1]

（三）为人员开发提供方向

绩效评估还能够为人员开发提供方向。通过绩效评估,可以了解员工的能力和潜力,发现员工群体或个体与组织要求的差距,从而及时组织相关的培训教育活动。工作态度上的落后分子,须参加公司的适应性再培训,灌输企业文化,重塑自我;对于能力上的不足,企业可组织有针对性的知识和技能培训,开发员工潜力,提高其工作能力。公司可根据绩效评估结果培养员工全面的才干,据此做出人才规划。对员工而言,在组织目标的引导下,不断提高工作能力,开发自身潜能,有助于个人职业目标的实现,有助于个人职业生涯的发展。[2]

（四）为企业的可持续发展提供动力

组织通过绩效评估过程发现员工的不足并及时给予针对性培训与开发,使之能够更加有效地完成工作。而且在指出员工业绩不佳的同时,还找出导致绩效不佳的原因所在,有效提高员工的知识、技能和素质,促进员工个人发展,实现持续改进,为组织的可持续发

---

①　李芝山. 绩效管理:价值、问题及策略. 中外企业家,2005(11).

②　黄婉秋. 我国国有企业绩效评估研究. 厦门:厦门大学,2007.

展提供动力源泉。①

二、绩效评估的作用

通过绩效评估，便于发现组织中存在的问题，将问题界定清楚，将原来隐藏在冰山之下的问题凸显出来，推动管理者去寻找解决问题的方法，这对于组织、管理者和员工三个层面都产生了一定的积极作用。

（一）推进战略实施和组织变革

绩效评估正逐步成为促使战略实施和推进组织变革的工具。一方面，绩效评估首先要求管理者对组织目标进行层层分解，保证组织中所有的事情都有人做，也确保所有的人都为实现组织的战略目标而努力。通过这样的过程，在外部环境发生变化时，战略的调整也能够迅速反映到每个人的行动中，针对行动中所存在的问题进行沟通和改进，使得全体成员通过不断的学习来提高战略执行的技能和能力。

另一方面，绩效评估也有助于促进管理流程和业务流程的变革与优化。② 绩效评估是一个完整的系统动态管理过程，侧重于信息沟通与绩效提高，强调事先沟通与承诺。通过绩效评估，不仅能够找到当前员工在工作中的不足，也有助于识别出阻碍员工完成工作任务、不适应于组织内外部环境的文化和管理业务流程，并在相互的沟通和学习过程中实现对组织流程的优化与变革，使得因何而做、由谁来做、如何去做、做完效果等环环相扣的过程更加顺畅，组织管理和业务流程得以不断优化，组织运行效率得以持续提升。正如彭宁顿绩效管理集团总裁兰迪·彭宁顿所言："事实上，文化变革是由绩效的改变推动的，一个组织的文化是不能被植入的。它会受到组织所实施和强化的种种政策、实践、技能等的指导和影响。改变企业文化的唯一方法是改变员工每一天的工作方式。"③

（二）促进沟通、辅导与授权

绩效评估是一个沟通、反馈，再沟通、反馈的过程，在这个过程中，上下级不是在绩效结果产生之后才进行评估，而是在这个过程中就需要不断地沟通与反馈，从而能及早地发现问题，进行有效辅导，并加以改进。比如在制定目标时，通过上下级间以及同级间的沟通，能够对目标期望进行有效理解和传递；在执行过程中，通过沟通与辅导可以进行纠偏与激励；在评估时，通过沟通，可以反馈双方真实的看法，让员工清晰地认清问题与不足，以便组织采取有针对性的辅导措施，从而促使员工的持续提升。同时，在这一过程中，组织还可以发现不同员工的优缺点、与职位的匹配度，识别出有潜力的员工，提供授权激励的准确性和有效性。

① 李永壮,等.国际人力资源管理.北京:对外经济贸易大学出版社,2011.
② 赵国军.绩效管理方案设计与实施.北京:化学工业出版社,2009.
③ R. G. Pennington. Change Performance to Change the Culture. *Industrial and Commercial Training*, 2003, 35(1): 251-257.

（三）激发员工忠诚度和工作激情

绩效评估的本质就是激励,做到恰当的激励,管理的效果也就事半功倍。绩效考评的核心就是人和事,最终的目的是通过人把事情圆满地完成,在这个过程中最大程度地发挥员工的主动性和创造性,最终把事情做成做好。因此,绩效评估的重要作用在于设置挑战性的目标,在实现目标过程中辅导员工、发展员工、激发员工的忠诚度和工作激情。此外,在绩效评估的实施过程中,也意味着工作方式的转变。在以往的命令式管理中,员工实质上是执行者,而在绩效评估系统中,员工需要主动思考自己的目标,深刻理解组织对自己的要求,这有助于激发员工的主人翁意识和工作激情。而高忠诚度的和有极大工作热情的员工才是驱动企业快速发展、超出预期达成目标的企业核心竞争力的源泉和发动机。

第三节　国际企业绩效评估的基础

国际企业实施绩效评估之前,必须具备四个重要的前提基础:一是组织战略和目标清晰可操作;二是设定绩效评估标准;三是管理人员文化适应性;四是规范化的支持体系。

一、组织战略和目标可操作

国际企业需要结合内外部环境明确组织想要实现哪些目标以及准备采取哪些战略举措来实现这些目标。一旦组织的战略目标确定下来,就要在此基础上对目标进行层层分解,使各部门的目标能够支持组织战略目标的实现。这种目标层层分解的过程会一直持续下去,直到每位员工都有一套与组织战略目标相契合的个体目标。简单来说,组织的目标是由各个部门、各个员工支撑的,只有各个部门、各个员工的任务完成了,组织的目标才能得以实现,所以对员工绩效的考核实际上是对组织目标的控制。反过来,只有企业有了明确的发展战略和组织目标,各部门、员工才会有明确的绩效目标,绩效评估才能做到有据可依,员工的行为才会可控。所以,绩效评估的首要前提是企业要有可操作的发展战略和目标。没有清晰可操作的企业发展战略和目标,绩效评估就无法实施,再好的方法和工具也是枉然。

二、设定绩效评估标准

国际企业绩效评估的又一大基础是设定合理的绩效评估标准。绩效评估标准和指标是员工工作行为的指挥棒。绩效评估标准不仅要反映企业关键战略趋同要素的要求,还要反映管理经营现实问题的要求。具体来说,如果公司追求质量,在绩效评估中就要引入产品质量指标,以及控制产品质量的过程指标。也就是说,绩效评估标准要与战略追求相一致,强调的是绩效评估指标对于企业所有员工的引导和激励作用。此外,在绩效评估标准设定时,还需要明确不同层次绩效评估的内涵,包括直接行为标准、中间任务标准和最后结果标准,具体见图9-2。

9

　　越来越多的国际企业以跨国公司、多国公司和全球公司等形式存在,由于各地政治、经济、文化和社会环境的差异,国际企业在绩效评估实施之前首先需要明确是在国际企业内部设定标准化的绩效评估标准,还是结合东道国的特征设计具有本土特色的绩效评估标准。[①] 前者指的是,不同国际市场上的同类型人员采用相似的指标标准;后者指的是结合东道国市场的特殊性,融入一些具有当地特色的指标到绩效标准中。究竟采用何种方式来设定标准,需要结合国际企业的战略定位来进行判断和分析。

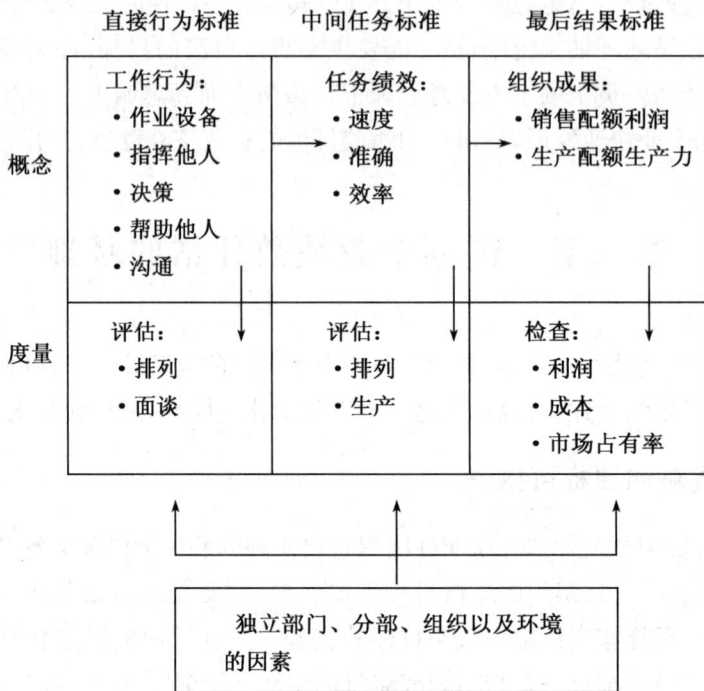

图 9-2　绩效评估标准层次图

图源:张润书.组织行为与管理.台北:五南图书出版社,1985.

　　绩效评估的上述决策完成之后,还需要通过职位分析来实现具体的绩效指标体系的建构。职位分析是确定一个特定职位的关键要素的过程,包括工作任务、流程以及所需具体的知识、技能和能力等。职位分析是任何一套绩效评估体系实施的前提。如果不进行职位分析,就很难确定一个特定的职位究竟应该承担哪些主要职责,也就难以说明白哪些是重要的工作,哪些是不重要的工作;如果不清楚员工究竟需要做什么,也就很难知道应该评价什么以及如何进行这种评价。

　　在具体标准的设计上,还可以划分为基本标准和卓越标准。基本标准就是合格标准,是通过努力能够达到的水平;卓越标准是对评估对象没有强制要求,但是通过努力,一些人能够达到的绩效水平。达到卓越标准需要超越常人的能力和努力,设立卓越标准的目的是识别角色榜样,提供努力的方向。

---

① 赵曙明.国际企业:人力资源管理.南京:南京大学出版社,2012.

通过岗位分析确立绩效评估标准的步骤大致如下：第一，通过职位分析确定核心的工作职责和主要工作产出；第二，选择该职位的关键业绩指标；第三，确定各个指标的关系和权重；第四，确定各个指标的评价标准及其可操作方式。但是在具体操作中需要注意两个关键问题：一是绩效评估标准和指标内容得到员工的理解和认同，二是指标的标准要契合实际并且经过努力能够得以实现。

三、管理人员文化适应性

不同民族的文化都有独特性、延续性和非物质性的特点，这就要求管理人员在绩效评估过程中要避免认知偏差、偏见，具有较高的包容性和适应性。各个民族间的语言、传统和生活方式不尽相同，每个国家都有着与自己政体相适应的文化。根据著名跨文化管理专家、荷兰文化协作研究所所长霍夫斯泰德关于文化差异性维度的理论，当国际化经营的企业由一种文化背景进入另一种文化背景时，会遇到各种各样的陌生的行为和方式，由此产生的由文化差异所引发的文化冲突屡见不鲜。

文化冲突就其根源来说，有以下几个方面：

（1）种族优越感。指的是认定某个种族优越于其他种族，认为自己的文化价值体系比其他文化价值体系优越。如果一位国际企业的管理者以此观点对待东道国的同级、员工，他的行为将可能被当地人所忌恨，甚至遭到抵制，以致他无法正常管理该公司。

（2）法律和政策意识。由于对于政治、经济和法律，特别是社会文化环境缺乏足够的了解，文化敏感性差，母国与东道主双方往往依据自身的文化，对来自对方的信息做出分析和判断，从而产生文化差异和冲突。不同国家的政治体系有其特殊性，信奉特殊的价值观，企业产品有时会在无意中冒犯某种政治价值观而受到抨击和抵制。

（3）价值观念不同。跨国企业中的员工往往来自不同的文化背景，他们对"人与社会""人与自然"等关系的看法及评价标准各不相同，即价值观不同。以中西方文化为例，两种文化在价值观上存在差异，主要表现在个人主义与集体主义、权力差异两个方面。东方表现为互助依靠，重视集体，保住面子，亲密无间，喜好共性，人际和谐；西方表现为自主独立，突出个人，不留面子，注重隐私，注重个性，个人竞争。

由于上述内在冲突和偏差根源的存在，管理者在进行绩效评估时通常容易出现以下偏差：

（1）晕轮效应。晕轮效应是指在考察员工业绩时，由于一些特别的或突出的特征，而掩盖了被考核人其他方面的表现和品质。在考核中将被考核者的某一优点或缺点扩大化，以偏概全，通常表现为一好百好，或一无是处，要么全面肯定，要么全面否定，因而影响考核结果。

（2）宽严倾向。宽严倾向包括"宽松"和"严格"两个方面。宽松倾向是指绩效考核中所做出的评价过高；严格倾向是指绩效考核中所做出的评价过低。这两类考核误差的原因主要是缺乏明确、严格、一致的判断标准，考核者往往根据自己的人生观和过去的经验进行判断，在评价标准上主观性很强。

（3）平均倾向。也称调和倾向或居中趋势，是指给大多数员工的考核得分在"平均水平"的同一档次，并往往是中等水平或良好水平，这也是考核结果具有统计意义上的集中

9

倾向的体现。无论员工的实际表现如何，统统给中间或平均水平的评价。造成这种现象的主要原因在于管理者信奉中庸之道，不愿做反面考核，认为被评为劣等表现会对员工造成负面影响，挫伤工作信心和士气。

因此，在绩效评估过程中，管理者应该尽量避免上述这样或那样的认知偏差和偏见，[①]提高自身的包容性和文化适应性，唯有此，才能准确地进行绩效评估。

四、规范化的组织支持体系

绩效评估是一个系统工程，要成功实施绩效评估还需要建立完善规范的组织支持体系。具体要求包括：高层支持是前提、思想统一是关键；要有明确界定各层次、各岗位的权责关系结构；平时工作有记录、数据来源要准确。

（一）高层支持是前提、思想统一是关键

绩效评估通常是一把手工程，高层的高度支持和参与是绩效评估得以推行和成功实施的第一推动力。如果缺乏高层领导的足够重视与支持，即使绩效评估体系做得再好，最终公司的绩效评估体系也无法正常运转。此外，还要求全员统一对绩效评估的认识。比如很多企业往往缺乏对绩效评估的正确理解和认识，将绩效评估仅仅视为扣分罚钱的工具，从实施之初就使员工有着严重的抵触心理。这就需要管理者对绩效评估的目的和意义进行不断宣传，让企业全员对绩效评估有充分的认知和心理准备，为成功实施绩效评估奠定基础。

（二）明确界定各层次、各岗位的权责关系结构

建立一套结构合理、岗位职责清晰、业务流程顺畅的组织架构是顺利实现绩效管理的一个必要前提。企业的组织结构形成企业严密的结构分工，使得组织内的成员明白自己该做什么，怎么做，和谁做，做到什么程度，做多少，向谁汇报。若企业的组织结构不合理，岗位职责不清，权责不明，造成业务流程不畅，也难以有效精确评估每个员工的绩效表现，最终必然影响绩效评估的效果。此外，相关的评估关系和方式在系统正式实施前要通过各部门共同探讨、落实并明确下来，通过相关制度以及流程的建设实现管理手段的标准化、管理流程的规范化，为绩效评估奠定基础。比如国际企业中对于母公司外派人员的考评通常是个难点问题，需要从全方位、立体化的角度加以解决。通常的处理办法是以东道国当地评价为主，以公司总部的评价意见为辅。如果公司总部负责确定最终的正式评价结果，也需征求曾在被评价对象正在工作的国家和地区工作过的员工的意见。

（三）平时工作有记录、数据来源要准确

绩效评估需要明确员工在工作中的具体表现，这就要求企业有较完善的绩效管理制度，对员工平时的表现有详细的跟踪记录，如考勤记录、工作计划、工作总结、奖惩记录、关

---

① 张楠.跨国公司员工绩效考评研究.贵阳：贵州大学，2006.

键事件记录等机制和内容,这样在考核时才能做到有据可依。否则,再切实的绩效目标也不能公正地考核员工。同时还需要重点注意的问题是:由于国际企业母子公司以及不同地区的公司所在的国家可能会由于财务报表、会计制度的差异,使得报表数据出现一定的差异,因此在评估时要避免因数据发生误解。

第四节　国际企业绩效评估的方法

绩效评估的方法很多,但是没有适合一切目的的通用方法。通常来说,在特定的工作背景下,具有某些特质的员工会通过实施某些特定的行为进而达成各种绩效结果。按照这一逻辑,可以用三种不同的方法来进行绩效评估,即绩效评估的特征法、行为法和结果法。此外,国际企业通常还采用一些综合性比较强的绩效评估方法。

一、特征法

特征法是用来衡量员工拥有某些特征(比如,依赖性、创造性、自主性和领导能力)的程度的方法,而这些特征通常被认为对岗位和企业非常重要。由于其实施的易更新性,特征法成为最普遍使用的方法。但是需要注意的是,仅仅注重对特征进行衡量的绩效评估体系通常会遇到一些问题,包括特征很难受个人控制、即使具备某些特征也不一定带来组织期望的行为或结果。[①]

尽管存在上述问题,在许多情况下,特征法仍然被很多企业所采用。比如,作为经营战略的一个组成部分,一个组织可能希望在未来进行一场大规模的组织变革,而这会导致组织对大部分职能进行重组,员工的工作岗位也要重新分配。在此背景下,对员工各自具有的特征进行评价就非常有用。这是因为如果组织能够利用这些特征对各新组建部门进行人力资源配置,则可以使相关决策更恰当有效。运用特征法进行绩效考评的实例见表9-1。

表9-1　特征法绩效评估实例

被评员工姓名: 员工所在部门:		职务: 编号:		评估日期: 评估者:		
评定指标	权重(%)	评分标准				
勤奋	20	认真勤奋	不辞劳苦	尚能尽职	迟到早退	消极怠工
责任	30	尽职尽责	不辞劳怨	尚能尽责	懈于尽责	敷衍塞责
开放	20	善于沟通	联系适宜	尚能沟通	联系欠周	很难沟通
主动	30	积极主动	自觉主动	尚需督促	遇事被动	消极应对

9

[①]　赫尔曼·阿吉斯.绩效管理.刘昕,柴茂昌,孙瑶译.北京:中国人民大学出版社,2013.

二、行为法

行为法强调员工在工作中做了些什么,而不考虑员工的个人特征和他们的行为产生了怎样的结果。总体而言,这是一种主要强调员工如何完成工作的以行为过程为中心的方法。国际企业比较常用的行为评估方法有:关键事件法、行为锚定法。

(一)关键事件法

关键事件法是对员工在工作中表现出来的特别有效的行为或者特别无效的行为进行事例收集的一种方法。这种方法强调的是代表最好或最差表现的关键事例所代表的活动。一旦考核的关键事件选定了,所应用的特别方法也就确定了。关键事件法通常有两种具体的方式:

一是年度报告法。具体形式是一线监督者保持对考核期内员工关键事件的连续记录,每年报告决定员工表现的具体记录。在考核期中,没有或很少被记录的员工所做的工作大致是令人满意的,他们的绩效既不高于也不低于预期的绩效水平。这种方式的优点在于:与工作的联系性比较强;针对特定事件进行评价,不容易受偏见的影响。

二是关键事件清单法。关键事件法还可以开发一个与员工绩效相联系的关键行为的清单来进行绩效评估,其评估方法是对每一项工作给出 10 个或 20 个关键项目。评估者只需简单地检查员工在某一个项目上是否表现出众。出色的员工将得到很多检查记号,这表明他们在考核期内表现出众;一般员工将得到很少的检查记号,因为他们仅在某些很少的情况下表现出众。

(二)行为锚定法

行为锚定等级评价法(Behaviorally Anchored Rating Scale,BARS)是传统业绩评定表和关键事件法的结合。[1] 使用这种方法,可以对源于关键事件中有效或非有效的工作行为进行更客观的描述。行为锚定等级评价法程序如图 9 - 3 所示。

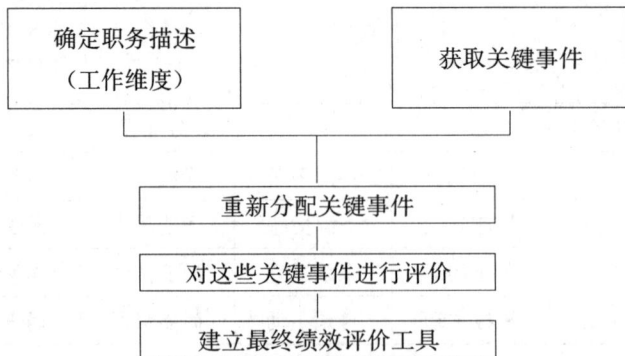

9

```
┌─────────────────┐      ┌─────────────────┐
│  确定职务描述    │      │                 │
│  (工作维度)      │      │  获取关键事件    │
└────────┬────────┘      └────────┬────────┘
         └───────────┬───────────┘
                     │
            ┌────────┴────────┐
            │  重新分配关键事件 │
            └────────┬────────┘
            ┌────────┴────────┐
            │ 对这些关键事件进行评价 │
            └────────┬────────┘
            ┌────────┴────────┐
            │ 建立最终绩效评价工具 │
            └─────────────────┘
```

图 9 - 3 行为锚定等级评价法程序

---

[1] 赵曙明,陶向南,周文成. 国际人力资源管理. 北京:北京师范大学出版社,2019.

建立行为锚定等级评价法通常要求按照以下五个步骤来进行：

（1）获取关键事件。首先要求对某一职位比较了解的人（通常是职位承担者及其上级主管人员）对一些代表该职位上的优良绩效和不良绩效的关键事件进行描述。

（2）开发绩效维度。然后由上面这些人员将这些关键事件合并成为数不多的几个绩效维度（如 5 个或 10 个），并对其中的每一个维度（例如"合作意识"）加以界定。

（3）重新分配关键事件。接下来，再由另外一组同样对该职位比较了解的人来对原始的关键事件进行重新分类。他们会得到已经界定好的工作绩效维度以及所有的关键事件，然后他们所要做的就是，将所有这些关键事件分别放入他们自己认为最合适的绩效维度中去。如果就同一关键事件而言，第二组中有一定比例（通常是 60%～80%）以上的人将其放入的绩效维度与第一组人将其放入的绩效维度是相同的，那么，这一关键事件的最后位置就可以确定在这一绩效维度之中了。

（4）对这些关键事件进行评价。在用关键事件来描述行为之后，第二组人还要再对这些行为在每一绩效维度方面所代表的有效和无效程度来加以评定（一般采用 7 点尺度）。

（5）建立最终的绩效评价工具。对于每一个工作绩效维度来说，选择 6～7 个关键事件作为其行为锚定。

行为锚定等级评价法存在一些问题，首先是，开发和维护行为锚定等级尺度需要花费大量的时间和精力。此外，需要针对组织中存在的不同类型的工作，开发与之相应的 BARS 评估形式。

三、结果法

结果法强调员工和企业的工作产出和结果。目前国际企业比较常用的方法有：以个人绩效合约为基础的绩效评估法、产量衡量法。

（一）个人绩效合约法

个人绩效合约法以目标管理理念为基础，强调绩效目标的实现以及员工对具体目标的承诺。采用个人绩效合约法，首先需要对组织目标进行层层分解以确定具体员工的主要绩效范围，在此基础上，确定具体的绩效目标和考核指标。在与员工充分沟通的基础上，鉴定个人绩效合约，并由其直接上级负责指导、监督绩效合约的完成。

采用个人绩效合约法需要重点回答几个关键问题：① 被评价者需要重点完成的主要工作任务是什么？② 被评价者在每一个任务领域需要达成的目标是什么？③ 我们怎样才能知道预期结果的达成情况如何？与这三个问题相对应，要明确完成工作的关键职责、具体目标以及绩效标准。其中，关键职责是指员工需要负责在其中达成某些结果的一些内容比较宽泛的工作职责领域。具体目标是指对重要的以及可衡量的结果所做出的一种陈述。绩效标准是指用来评估员工在多大程度上实现了每一个目标的衡量尺度，例如关于质量、数量、成本以及时间等方面的信息。对于具体目标和绩效标准的强调很可能促使员工将组织目标转化为个人目标,而这恰恰是目标管理的关键内容。[1]

(二)产量衡量法

产量衡量法是指仅通过产量来衡量绩效的方法。其特点是:① 衡量结果数字化;② 实施过程简单;③ 员工参与度较低。产量衡量法一般适用于对销售人员的销售量和销售额进行衡量,或对生产工人生产的产品数量的衡量。

四、综合法

国际企业比较常见的结果导向的绩效评估方法有:关键绩效指标(Key Performance Index,KPI)、目标和关键成果法(Objectives and Key Results,OKR)。

(一)关键绩效指标法

关键绩效指标是用来衡量某一岗位人员工作绩效表现的具体量化指标,是对工作完成效果的最直接衡量方式。[2] 关键绩效指标来源于对企业总体战略目标的分解,反映最能有效影响企业价值创造的关键驱动因素。设立关键绩效指标的价值在于:使经营管理者将精力集中在对绩效有最大驱动力的经营活动上,及时诊断生产经营活动中的问题,并采取能够提高绩效水平的改进措施。

关键绩效指标的设计并不是越多越好。[3] 罗伯特·卡普兰和戴维·诺顿建议关键绩效指标不要超过 20 个,杰里米·袭普(Jeremy Hope)和罗宾·弗雷泽(Robin Fraser)建议关键绩效指标不要超过 10 个。10/80/10 规则是一个极为有价值的行动指南。10/80/10 规则就是指在一个企业中应该包括 10 个关键成果指标、80 个绩效指标和 10 个关键绩效指标。通常,企业并不需要很多种评价指标,在多数情况下,仅需要有限的几种指标即可,甚至比 10/80/10 规则确定的指标数量更少。

表 9-2　10/80/10 规则

关键结果指标(10)	关键成果指标能够告诉你,为了实现企业的愿景,你应该怎样做
绩效指标(80)	绩效指标告诉你,为了实现企业的愿景,你需要完成哪些工作
关键绩效指标(10)	关键绩效指标能够告诉你,为了显著提高绩效水平,你需要完成哪些工作

此外,一些学者通过对大量优势国际企业的调研发现,不同层级的主体在绩效指标的数量选择方面通常也有一定的差异。具体见图 9-4。

① 赫尔曼·阿吉斯.绩效管理.刘昕,柴茂昌,孙瑶译.北京:中国人民大学出版社,2013.
② 林新奇.绩效考核与绩效管理.北京:对外经济贸易大学出版社,2011.
③ 戴维·帕门特.关键绩效指标:KPI 的开发、实施和应用.张丹,商国印,张风,等译.北京:机械工业出版社,2017.

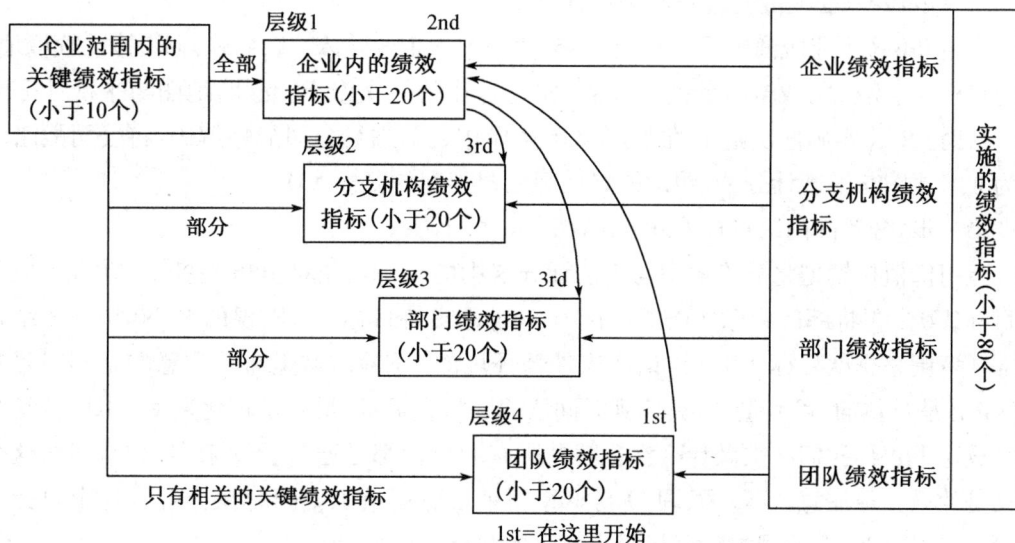

图9-4　企业中与绩效指标相关的层级

关键绩效指标方法的实施是需要一个系统化的过程来完成的。包括以下具体步骤：

步骤1，高级管理团队的承诺；

步骤2，建立主导性关键绩效指标项目团队；

步骤3，建立"相信自己，尽力而为"的文化氛围及制度；

步骤4，建立关键绩效指标的整体发展战略；

步骤5，向所有员工推介关键绩效指标体系；

步骤6，界定企业范围内的关键成功因素；

步骤7，将绩效评价指标录入数据库；

步骤8，选择团队层级的绩效评价指标；

步骤9，选择企业层级的主导性关键绩效指标；

步骤10，构建一个能够向所有层级公示评价信息的框架；

步骤11，推动主导性关键绩效指标的应用；

步骤12，提炼关键绩效指标并保持其适用性。

（二）目标和关键成果法

目标和关键成果（OKR）是企业进行目标管理的一个简单有效的系统，能够将目标管理自上而下贯穿到基层。这套系统由英特尔公司制定，在谷歌成立不到一年的时间，被投资者约翰·都尔（John-Doerr）引入谷歌，并一直沿用至今。现在广泛应用于IT、风险投资、游戏、创意等以项目为主要经营单位的大小型企业。

这里需要明确的是，OKR首先要设定一个"目标"，这个目标尽可能是可量化的；此外，这个目标也要有一定的挑战性；更为关键的是每个人的OKRs在全公司都是公开透明的。比如每个人的介绍页里面就放着他们的OKRs的记录，包括内容和评分。

完整的OKR考评程序包括以下几个操作步骤：

第一步，开发公司战略地图与平衡计分卡。

实施 OKR 不能脱离公司战略，否则会使得国际企业陷入"走到哪是哪"的尴尬境地。实现目标(O)对公司战略的承接是 OKR 实施操作的一大难点。战略地图与平衡计分卡能够帮助 OKR 实施解决这一难题，在 OKR 操作之前进行公司战略解码，将公司战略转化为战略地图与平衡计分卡，明确战略期间公司年度的目标(O)。

第二步，分解部门级目标 O 并明确每个 O 的 KRs。

运用价值树模型将战略地图与平衡计分卡中的目标与指标分解到各个部门，形成部门目标(O)。再将部门目标(O)进一步分解，讨论支持目标(O)实现的 KRs(每季度结合外部环境调整季度目标(O)并讨论适应外部环境的 KRs)。这里需要注意的是部门目标(O)务必是具体的、可衡量的，具体到时间段、数量、金额等，最好是量化数字。KR 就是为了完成这个目标我们必须做什么？也就是所有的目标都是通过行动来实现的，那么这个行动是什么？请注意，OKR 强调 O 与 KR 要来自底层员工。同时在分解过程中要让员工参与，让他们结合公司战略目标提出自己的目标(O)。

第三步，分解员工级目标 O 并明确每个 O 的 KRs。

与部门级一样，员工级的目标(O)也是具体的、可衡量的，再明确每个 O 的 KRs，即为了完成目标(O)的举措与行动。

第四步，定期回顾与评价。

OKR 企业一般每个季度、年度对各层级 OKR 进行正式的回顾和评价，就 OKR 的互联网思维而言，回顾比评价更重要。因为通过回顾可以对目标(O)的实施过程进行监控，适时调整 KRs 以确保目标(O)的最终实现。

第五节　国际企业绩效评估的反馈

绩效评估的反馈是指在绩效评估结束以后，管理者代表组织与下属通过绩效反馈面谈，将评价结果反馈给下属，着重分析绩效表现不佳的方面以及原因，并探讨建立改进计划的过程。与国内大多数企业仅仅关注"将结果告知员工"不同，大型国际企业特别注重对绩效评估结果的有效反馈，并以探讨员工的进一步开发与发展为主要内容。

一、绩效反馈面谈

绩效反馈面谈对于组织、部门以及个人绩效水平的提高、组织内成员间关系的改善等具有非常大的影响，因此，绝大部分国际企业都十分重视面谈在绩效反馈中的合理运用。在绩效反馈面谈时，管理者特别重视对如下原则的有效把握和应用。

(1) 直接具体原则。在具体的面谈过程中，无论是对错误还是正确的行为、较高还是较差的表现的反馈，国际企业管理者都强调以具体的、客观的结果或事实作为支撑，使面谈对象能够明白自己的优势和缺陷。

(2) 双向互动原则。绩效反馈面谈时，管理者要特别重视职位和角色的差异，鼓励面谈对象充分表达自己的观点,允许下属针对模糊或者疑惑之处进行询问和辩解,并对下属提出的好的意见和建议进行充分的肯定。

(3) 基于工作原则。由于国际企业在员工来源上呈现多国化、多种族化的特征,管理者在绩效反馈面谈时要围绕"具体工作"展开,要真正做到不掺杂与工作无关的情况以及个人情感或者个性因素的影响,做到以工作为中心,公正公平地进行分析和讨论。

(4) 未来导向原则。绩效反馈面谈中很大一部分内容是对过去的工作绩效进行回顾和评估,但这并不等于说绩效反馈面谈关注于过去。谈论过去的目的并不是停留在过去,而是从过去的事实中总结出一些对未来发展有用的东西。因此,任何对过去绩效的讨论都应着眼于未来,核心目的是制订未来发展的计划。

二、系统反馈

国际企业绩效评估的反馈特别重视反馈的系统化、体系化。系统反馈至少要包括三个部分的内容:数据、对数据的评价以及在评价基础上的行为。其中360度反馈系统已经成为大型国际化企业帮助员工特别是那些承担监督管理类责任的员工,系统化收集意见,进而改进工作绩效的首选工具。深入理解这一反馈工具需要注意以下几个方面:第一,反馈主体不仅仅局限于管理者,还包括其上级、下级、同事乃至与之发生工作关系的内外部客户等;第二,该工具的主要作用在于提供绩效信息方面的系统化反馈,而不是进行绩效评价;第三,当用于开发目的而不是用于管理目的时,其使用效果更好。

此外,在使用360度这一系统反馈工具时,还需要重点关注该工具的一些支持性条件。换言之,当360度反馈体系具备如下特征时,有可能获得更加良好的效果:① 反馈是匿名和保密时,更有可能获取与被评价者有关的真实绩效信息;② 尽量使深入了解员工绩效的人参与反馈过程;③ 创造条件使被评价者与评价者进行讨论进而获得反馈结果;④ 被评价者得到反馈之后要着手制定相应的开发计划来改进绩效;⑤ 评价者不仅仅对行为进行书面评价,还应当提供一些描述性的反馈信息,最好是能够提供一些改进的建议;⑥ 还可以通过该种工具的使用培训评价者。[①]

三、有效管理

绩效评估的反馈是对评价对象整个绩效周期内的工作表现及完成情况进行的全面回顾,合适的绩效评估反馈对有效的绩效管理起着至关重要的作用。[②] 因此,需要对绩效评估的反馈进行有效管理。当绩效评估的反馈作为员工发展的来源时,它通常是很有用的。然而,当绩效评估的反馈仅仅用来作为处罚员工的依据时,这种反馈将不会有效。在绩效评估简单作为绩效管理表格使用时,它是管理者的观察:"这是你的优势及劣势,这是你未来的发展方向。"如果做得好,绩效管理可以使得员工提高自己的动机及满意度。

对于绩效评估结果反馈的有效管理,应该满足以下要求:① 与未来的组织战略目标

---

① 赫尔曼・阿吉斯.绩效管理.刘昕,柴茂昌,孙瑶译.北京:中国人民大学出版社,2013.
② 方振邦,陈曦.绩效管理.北京:中国人民大学出版社,2015.

相统一;② 作为发展工具是有益的;③ 作为管理工具是有用的;④ 合法且与工作相关;⑤ 员工认为是公平的;⑥ 在记录员工绩效时是有效的。

综上所述,绩效评估是人力资源管理工作中非常重要的一部分。绩效评估的结果将作为提升职务、工资晋级和进一步培训的依据。绩效评估为管理者提供了一个机会,各级管理者可以和职工一起回顾工作绩效,肯定成绩,找出差距。不同绩效评估的方法有各自的优点和缺点,应根据实际情况加以选用,还必须考虑最好由谁来对职工做出评估。可以让职工的直接上级、同事或一个评估委员会对他们进行评估,也可以允许他们本人对自己做出评估。绩效评估的目的在于检验管理者对职工的激励是否有效。绩效评估完成后,管理者应把评估结果反馈给职工,有必要的话,还可以与职工沟通思想认识,使他们正确对待问题和差距,更好地为组织服务。

第六节　人力资源指数问卷调查表[①]

企业在衡量人力资源管理效率和效益时,往往只注重一些"硬数据资料",如投资收益、生产率、缺勤率、职工发牢骚的比例等。由于这些方面的变化可能比人力资源管理条件的变化滞后许多,所以,增加关于职工的激励动力以及满意度的测量和评估对于改善管理计划与控制是很有帮助的。

美国佛罗里达大西洋大学管理学教授弗雷德里克·舒斯特(Frederick E. Schuster)博士设计了"人力资源指数"(Human Resource Index),用于企业自下而上沟通气氛的调查。这种指数调查表适用于大多愿意进行调查的企业,其方法既有利于调查者按他们自己设计的标准对众多的职工的调查答卷做比较分析,又有利于企业了解到自身的组织气氛且不需要投入大量时间和资金。美国一些大公司,如 IBM、施乐等率先引入这种调查方法,建立了检测和评估人力资源状况的调查反馈系统。

一、人力资源指数概念

舒斯特教授在 1977 年设计的人力资源指数问卷调查表,其概念是任西斯·李克特(Rensis Liket)在 20 世纪 60 年代从事人力资源统计时提出来的。李克特力图在收入报告、收支平衡表上综合人力资源统计与财务数据,以求对人力资源做出评估。然而,这种努力遇到了一系列的实际困难,包括专业会计的反对。结果,人力资源统计只好尽量少用财务数据,而更多地采取组织气氛调查数据来测量、评估人力资源状况,这种方法对测量和评估人力资源的素质更为合适。

由于组织气氛调查的结果能反映企业组织的优势和弱点,因而有助于将调查结果与在其他企业组织调查结果的基础上建立的规范标准做比较。标准化的调查方法,如人力资源指数方法提供了与企业组织之间以及企业内部不同部门之间比较的手段和方法。美

① 赵曙明. 国际企业:人力资源管理. 南京:南京大学出版社,1999.

国最早在企业之间进行人力资源调查数据交换的是五月花集团（Mayflower Group），它包括国际商用机器公司、施乐公司、通用电器公司等30多家大型企业。

舒斯特教授指出，人力资源指数调查的作用在许多企业得到了证明，它可用于评估职工的态度、满意度和对组织目标所做的贡献，准确地找出特别麻烦的症结以及需要集中考虑的问题，并为开辟双向沟通和组织发展奠定有益的基础。

由此可见，利用人力资源指数来调查研究组织气氛，从而评价企业对人力资源管理的效能程度是很有帮助的。此外，在诊断许多具体管理问题的病源以及利用双向沟通的方法处理组织中的问题，以促进企业发展等方面，这些调查数据已被证明是很有效的。

二、人力资源指数的内容

人力资源指数调查表的内容是反映接受调查职工的想法。这个调查表列有关于组织的64个问题，要求职工逐一回答对这些问题的同意程度；最后65、66两题为被调查者提供了随意发挥的机会，即让应答者陈述在组织中他们"最喜欢本单位的事"和认为"最需要改革的方面"。表9-3列举出人力资源指数的说明及其确定的因素。

表9-3 人力资源指数的说明及确定因素

这次调研的目的是了解职工对本单位人力资源管理效益的态度。本调查表提供给您一个表达建设性意见的机会。您的见解对帮助您单位正确地评估人力资源管理的效益，从而进一步改进人力资源管理是具有价值的。

这次调查采取不记名形式，请不要在问卷答题纸上注明或以任何方式说明您的身份。本调查不会根据回收的问卷去追究任何个人。坦率和自由地表达您的观点是最有帮助的。

下面列出的每一项都是对组织人力资源管理现状的陈述。当您每阅完一项，请从下面5种选择中挑选一种最适合于您所处的环境和感受的表述。

A. 几乎从来没有
B. 不经常
C. 有时
D. 经常
E. 几乎总是

然后用2B铅笔把问卷答题纸上相对应的格子涂黑，例如，您认为就某个问题"有时"最确当，则请将该题答案中的C涂黑。

第65和66题请用铅笔在答题纸反面回答。

当您答完该问卷，请按信中的要求把答题纸和问卷反馈给我们。

1. 本单位各部门之间有着充分的沟通和交流，信息能够分享。
2. 职工的技能在单位里能得到充分、有效的发挥。
3. 单位的目标和个人的工作具有有效性和挑战性。
4. 我的工作是令人满意的，并且是有益的。
5. 我已经得到了干好本职工作所必需的各种训练。
6. 领导是通过能力实现的。
7. 各种报酬、奖励是公正平等地分配的。
8. 第一线的管理是高质量的。
9. 管理人员高度关注生产情况，并有效地让有关人员了解。
……

对调查表中64个项目分别记分和汇总，但最重要的是，64个项目将被用来确定以下15个因素的综合分数。

（1）报酬制度：工资、津贴、奖金、福利和其他（物质的与非物质方面的）奖励。

（2）信息沟通：组织内信息的纵向沟通和横向沟通。

（3）组织的效率：对组织的整体能力和取得成功的自信心程度，以及组织实现其目标的成功程度。

（4）关心职工：组织在关心职工方面给人们的印象。

（5）组织目标：每一个职工对组织目标有所了解，并确认其目标，而且对此感到自豪。

（6）合作：组织的全体成员在为共同目标而有效合作奋斗的同时，各自的能力得到了极大的发挥。

（7）内在满意度：职工对自己工作得到报酬的满意度，如对成就的进取意识，工作胜利时的自豪感，对自我成长发展的评估以及对自己有能力的感受。

（8）组织结构：规章制度、管理政策和程序、管理体系与管理实践、正规的组织机构与请示报告制度。

（9）人际关系：组织内部成员之间的感情沟通。

（10）环境：组织内部的气氛使职工感到愉快，得到拥护和支持，并且将组织视作和谐的工作环境。

（11）职工参与管理：职工有为组织献计献策的机会，能与上级磋商、沟通，并在组织的决策中起到一定的作用。

（12）工作群体：对自己日常工作中最接近的同事的感情。

（13）群体间的协调能力：各独立群体间相互协调，并能有效地完成共同的工作。

（14）第一线的管理：组织成员对第一线管理人员的能力与人品的信任。

（15）管理的质量：组织成员对中级和高级管理人员的能力与人品的信任。

上述 15 种因素的评分可作为对比分析各组织绩效的依据，或对比分析同一组织在某个时期中的变化的依据。确认了主要的因素后，有关的单项得分就变得十分重要，因为它能指明所关注问题的原因所在，并有助于理解它对组织的重要性。

三、人力资源指数的统计数据

人力资源指数的统计数据，为那些对人力资源指数方面技术性较强领域感兴趣的人提供了一些关于心理测试的质量的材料。首先初步提出各个项目和因子，然后由调查设计的专家小组进行审核筛选，再由人力资源管理经理参加的研究指导小组对分析方法做试验研究。

人力资源指数的分类因素是通过一万多人的应答数据进行因素分析而得出的，这些应答者具有广泛的代表性。取样本的代表面超过 30 个公私企事业部门，其中包括电子电器制造业、零售业、金融业、职业性行业（如医生、律师等）、研究与开发部门、农业、医疗行业、消费品生产业、旅游业和政府机关等。被调查的企业规模不等，从 50 人到 1 000 人以上。

整个调查方法以及每一因素的可靠性，用 Cronbach's Alpha 临界值来确定，这是一种广泛用于一般测量可靠性的系数。对整个分析方法和每个因素计算的 Alpha 系数列于表 9－4 中,因素的可靠性系数的范围从 0.757 到 0.929,都超过了满意值,进一步说明使用这一分析方法是适当的。

表 9－4　系数 Alpha 的可靠性

测量项目	Alpha 系数
全部工具	0.978
因素:	
• 报酬制度	0.774
• 信息沟通	0.894
• 组织效率	0.901
• 关心职工	0.828
• 组织目标	0.874
• 合作	0.852
• 内在满意度	0.888
• 组织结构	0.757
• 人际关系	0.765
• 环境	0.929
• 职工参与管理	0.852
• 工作群体	0.766
• 群体间的协作能力	0.799
• 第一线管理	0.798
• 管理的质量	0.866

调查分析方法的有效性取决于内容的有效性。由于没有相关同类确定因素的工具,因此不能预先通过某一相关的标准来确定其有效性。此外,一种直接反映个人感觉和态度的问卷调查法,其内容的有效性似乎更加合理。两种专家意见涉及内容的有效性判断:

(1) 每个项目的特性和因素尺度从属于定义所描述的因素的程度。

(2) 全部项目代表所有因素的程度。

实践中,人力资源指数的每个因素都被调查设计专家和人力资源管理经理小组证明为"高度有效"的调查测量因素。

四、人力资源指数问卷调查法的实践

人力资源指数问卷调查法已在不同行业以及不同规模的组织中广泛采用。各种规范标准已经建立,到目前为止已被证明是相当稳定的。虽然组织与组织相比较有很大差异,但是只要是大批调查的应答数据,结果总是有惊人的一致性。人力资源指数的 15 个因素现有标准列入图 9－5 中。

9

人力资源条件

- 等级Ⅴ充分许诺 和任用

- 等级Ⅳ有效的

总平均3.31
- 等级Ⅲ临界

- 等级Ⅱ难以任用

- 等级Ⅰ士气低落

报酬制度　信息沟通　组织效率　关心职工　组织目标　合作　内在满意度　组织结构　人际关系　环境　职工参与管理　工作群体　群体间协作能力　第一线管理　管理的质量

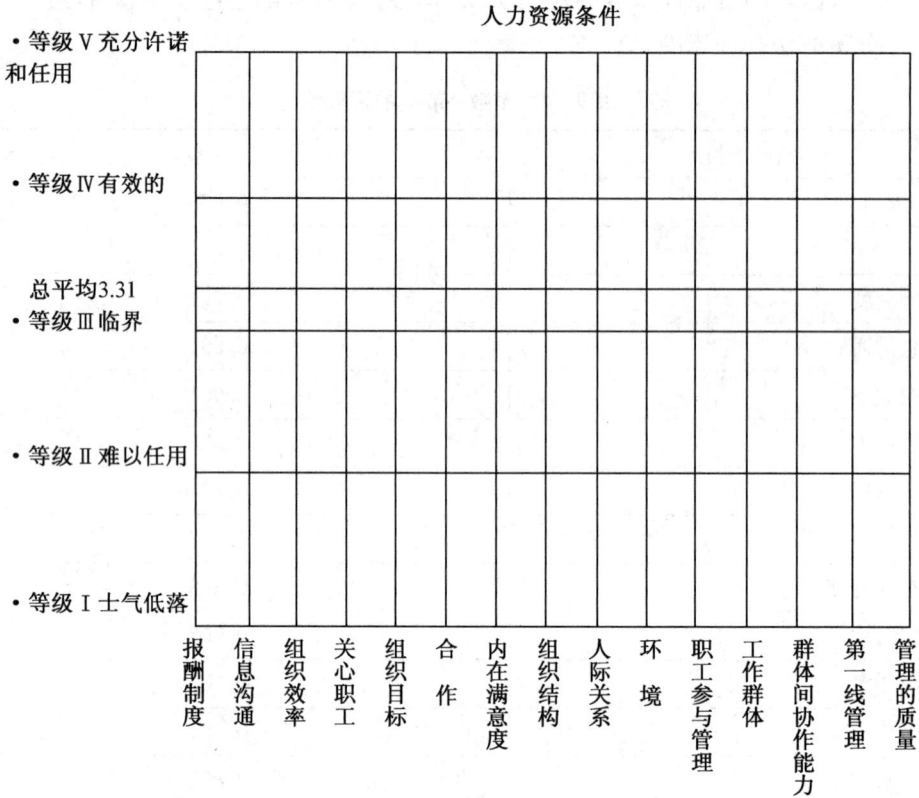

图 9-5　人力资源指数 15 个因素分析

舒斯特教授已计划通过因素分析和收集附加的规范数据来改进人力资源指数问卷调查法,其基本要点仍在于是否对调查建立分行业的标准。1990～1991 年笔者在舒斯特教授所在大学做博士后并兼任客座教授,有机会和舒斯特教授一起研究人力资源管理问题。1992～1995 年笔者与舒斯特教授一起合作研究跨文化组织的人力资源管理课题,采用人力资源指数问卷调查表在中、美、日三国的企业进行调查,比较三国人力资源管理的异同;在学习国外先进的人力资源管理的理论和实践基础上,建立起具有中国特色的人力资源管理模式。笔者利用 1995～1997 年国家自然科学基金,在舒斯特的人力资源指数问卷调查表的基础上,重新设计了一套适合中国国情的人力资源指数调查表,并在中国华北、华中、华东、华南 10 多个城市近 100 家企业进行了调查研究,了解了中国国有、"三资"、私营等不同所有制企业的人力资源管理现状,分析了中国不同所有制企业人力资源管理与开发方面的优劣势以及存在的问题,并提出了对策建议。

该研究以问卷形式在深圳、广州、重庆、武汉、宜昌、长沙、南京、无锡、苏州、镇江、济南、北京、上海等城市对近百家企业进行了实地调查,共发放问卷 5 050 份,回收问卷2 400份,回收率 47.52%。同时,在对这些企业的人力资源管理状况进行定量测评的同时,研究人员还对样本企业的各层次管理人员及各部门的员工进行了大量访谈。表 9-5 是三种所有制企业人力资源总体指数表。

表9-5 三种所有制企业人力资源总体指数表

人力资源指数	国有企业	私营企业	"三资"企业	总样本	极差
报酬制度	3.23	3.14	3.32	3.21	0.18
信息沟通	3.26	3.24	3.45	3.29	0.21
组织效率	3.17	3.32	3.62	3.37	0.45
关心员工	3.38	3.27	3.25	3.31	0.13
组织目标	3.39	3.51	3.66	3.49	0.27
合作	3.35	3.35	3.60	3.40	0.25
内在满意度	3.27	3.38	3.46	3.35	0.19
组织结构	3.06	3.04	3.18	3.08	0.14
人际关系	3.39	3.48	3.57	3.46	0.18
组织环境	3.25	3.30	3.60	3.33	0.35
参与管理	3.07	3.09	3.17	3.10	0.10
基层管理	3.33	3.39	3.56	3.39	0.23
中高层管理	3.24	3.40	3.66	3.39	0.42
用人机制	3.09	3.20	3.47	3.21	0.38
职工精神与期望	3.30	3.36	3.58	3.38	0.28
总均值	3.25	2.23	3.47	3.31	
极差	0.33	0.47	0.49	0.41	

从舒斯特教授过去大量的人力资源指数的研究以及笔者对中国企业人力资源管理的研究工作中得到的最重要的结论表明,人力资源指数调查反馈手段对于评价一个组织的人力资源管理的有效性,是非常实用的。此外,由于在对组织有实际意义的事务方面开辟了双向沟通渠道,调查的数据已被论证,人力资源指数对需要集中精力去诊断的组织中的特殊问题和组织发展是十分有效的。

目前,人力资源指数在国内正逐渐受到重视和应用,赵曙明教授修订的人力资源指数将此工具引入国内,为国内的研究奠定了基础。其他学者针对高校、IT、科技等具体行业,以及不同类型企业进行了更为详细的修订,具体见表9-6。

表9-6 国内人力资源指数维度与结构比较

研究者	适用环境	人力资源指数维度与结构
赵曙明 (1999)	通用型	报酬制度、信息沟通、组织效率、关心员工、组织目标、合作、内在满意度、组织结构、人际关系、组织环境、参与管理、基层管理、中高层管理、用人机制、职工精神与期望
宋艳 (2006)	IT行业	报酬制度、参与管理、管理质量、关系取向、鼓励创新、沟通协作、职业发展

9

（续表）

研究者	适用环境	人力资源指数维度与结构
彭梅 （2007）	扩张条件下 的中小企业	组织制度、员工满意度、职业发展、公司管理、组织决策、目标管理
滕玉成 （2008）	高校	激励制度、绩效考核、沟通参与、战略与规划、人际关系、归属感与自豪感、个人才能的发挥及其与组织目标的关系、组织氛围、对管理者的评价、工作满意度
周晓虹 （2010）	科技行业	人际关系、鼓励创新、职业发展、员工参与管理、报酬制度、信息沟通、内在满意度、关心员工
周楠 （2010）	煤炭企业	考核薪酬、职业发展、招募与甄选、沟通协作、参与管理、人际关系
王靖 （2011）	国有企业	管理质量、内在满意度、沟通协作、目标管理、参与决策、薪酬制度

在具体应用与实践方面，人力资源指数为我国人力资源效益评估提供了有效可行的方法，在宏观层面被用在国内整体、行业整体人力资源效益评估中；在微观层面被用在具体企业、企业内不同部门之间的人力资源效益评估中，显示了我国企业人力资源管理中的问题和不足，提供了改进建议与措施。

总之，设计人力资源指数问卷调查表，目的是调查了解组织气氛，管理者和经理们通过这类调查研究，能比较容易地确定管理方面亟须改进的若干关键环节。需要改进之处往往是人们普遍感到不满的混乱政策和现状。通过组织气氛调查，人们往往能找到现在组织中存在的问题，确定改进的对策与时机。

第七节　组织与个人成就方式表

成就方式（Achieving Styles）是心理学者、教育学者、管理学者，尤其是人力资源管理学者所关心的研究课题。人们要做什么事，要完成什么任务，要达到什么目的，所采取的方式方法都不太一样，许多研究结果已经证明了这一点。笔者在1988年对中美企业管理专业的学生就成就方式进行比较研究发现，中美学生的成就方式有很大差异。研究成就方式可以使管理者和领导者了解自己和职工的成就方式，更好地调动各方面的积极性，为实现组织目标服务。了解企业员工的个人成就方式和组织成就方式，也有利于管理者制定符合我国企业文化的人力资源管理政策。

一、个人成就方式表

美国加州克莱蒙特研究生院管理心理学教授金・利普曼-布卢门（Jean Lipman-Blumen）博士和斯坦福大学管理学教授哈罗德・莱维特（Harold J. Leavitt）博士共同设计的L-BL成就方式图是用来确定为完成某任务或达到某目的的个人所喜欢的方式和战略。不论是领导者还是被领导者都可以通过了解自己的成就方式，看其是否合乎组织行为要求,从而可以培养自己所需要的成就方式。

　　个人成就方式对管理人员是很有用的,因为它们可以作为管理人员决策、领导、沟通、合作等方面的管理技能。尤其是领导干部,通过了解下属的个人成就方式,可以更好地发挥下属的长处,充分利用人力资源。自 1973 年利普曼-布卢门教授和莱维特教授开始合作设计 L-BL 个人成就方式模型,经过多次调查和实例分析,现已发展到第 13 版问卷。个人成就方式分三大类,每一大类分三种成就方式,共九种成就方式,具体如下(图9-6)。

　　(1) 直接类(The Direct Set)。分为:内在直接方式(The Intrinsic Direct Style)、竞争直接方式(The Competitive Direct Style)、权力直接方式(The Power Direct Style)。

　　(2) 工具类(The Instrumental Set)。分为:个人工具方式(Personal Instrumental Style)、社会工具方式(Social Instrumental Style)、依靠工具方式(Reliant Instrumental Style)。

　　(3) 关系类(The Relational Set)。分为:合作关系方式(Collaborative Relational Style)、贡献关系方式(Contributory Relational Style)、同感关系方式(Vicarious Relational Style)。

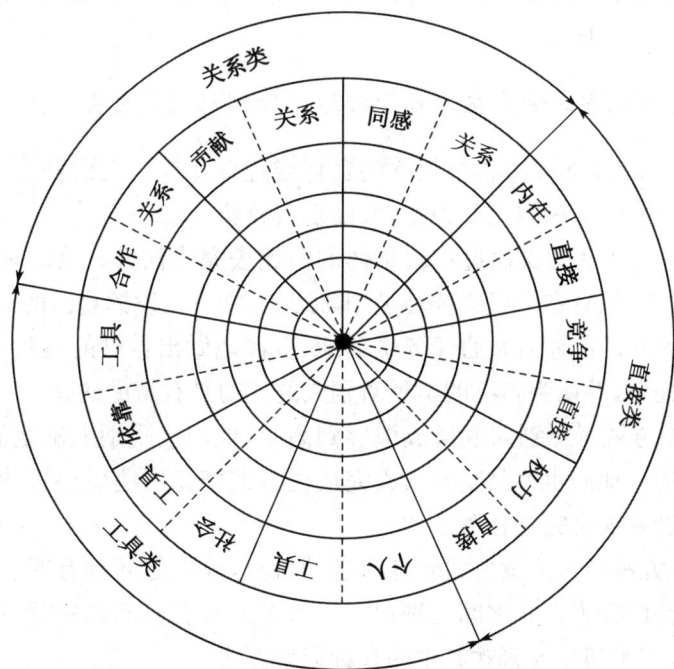

图 9-6　L-BL 成就方式模型图

　　(一) 直接类成就方式者注重任务、目标

　　直接类成就者特点是直接面对任务,会寻求并选择完成方式。有这类成就方式的人,其性格是依靠自己的能力去完成任务,有负责精神。他们关心怎样更好地去完成任务,他们对自己成功地完成了任务感到满足。

　　(1) 内在直接方式者表现出很强的个人感,他们更喜欢本人直接去完成任务,而且有自己的高标准、严要求,他们喜欢任务富有挑战性。

(2)竞争直接方式者的特点是喜欢与别人竞争,比别人做得更好。他们将任务比作竞争环境,将别人比作竞争者,为竞争获胜感到高兴。

(3)权力直接方式者是利用权力,对个人、资源、形势进行控制,组织力量去完成任务。他们也许将任务委托或分配给别人,但他们往往要保持总的控制和领导。

(二)工具类成就方式者注重人际、社会关系

他们用个人的成就、与别人的关系作为完成新任务、达到新目标的渠道。

(1)个人工具方式者利用"自我",即本人的成绩或背景,包括家庭背景、教育水平、职业、职务等,作为完成任务、达到某目的的工具。个人工具方式者很重视奖励、公认、关系等。

(2)社会工具方式者利用与别人的关系作为工具去完成任务或达到自己的目的;他们有意发展与别人的关系,建立关系网,甚至以与别人相识作为完成任务的一种途径。

(3)依靠工具方式者依靠别人为他们承担一部分或全部任务;他们往往确定自己的目标,接受任务,但依靠别人的方法去完成。也许他们对自己能不能完成任务信心不足,所以依靠别人的建议、鼓励或帮助;或许他们有足够的信心,但要请别人帮忙。总之,他们依靠别人去完成自己的任务。

(三)关系类成就方式者直接地或间接地帮助别人完成任务

他们将别人、别的组织或单位所树立的目标或任务作为自己的任务去完成。他们喜欢集体环境,与人合作,贡献自己的力量,鼓励别人成功。

(1)合作关系方式者喜欢通过小组集体的力量去完成任务。他们有集体观念,希望与人合作,甚至认为,只有在小组集体环境中,他们才能真正发挥自己的力量。

(2)贡献关系方式者对别人的任务主动地、直接地做出自己的贡献。他们将别人的任务当做自己的任务,并认为自己的贡献对别人的成功是有帮助的。

(3)同感关系方式者对别人取得成绩感到高兴,他们接受别人确定的目标和任务以及完成任务的方法。他们也许鼓励别人去完成任务或赞扬那些取得成绩的人,但他们不主动或不直接帮助别人去完成任务。

以上三大类、九种个人成就方式者各有各的特点,他们之间都有明显的区别,但又有连贯性——经验性的行为方式之间区别很小。每个人都有自己的成就方式,一些人几乎用所有成就方式,但大部分人喜欢其中的几种成就方式。

二、中国新生代员工成就方式实例研究

笔者曾使用利普曼-布卢门教授和莱维特教授所设计的个人成就方式表(ASI Form 13)作为研究工具,对来自南京、杭州、上海、广州和北京等地的新生代员工进行了两次取样调查,共收集了有效分析数据 1 351 份。[①] 分析通过两个步骤进行,首先是将新生代员

---

① 赵宜萱,赵曙明,徐云飞. 基于 20 年成就方式数据的中国员工代际差异研究. 管理学报,2019(12).

工与以往研究①(以 X 世代为对象)的结果进行比较;然后在新生代员工内部分出两个子样本——"80 后""90 后"进行比较。

(一)新生代员工与 X 世代员工的比较

从表 9-7 可以看出,新生代员工在成就方式总体得分和直接型、工具型、关系型 3 个维度上的得分都显著高于 X 世代的研究数据。由此,可以得出:与 X 世代员工相比,新生代员工在总体成就方式上显著增强;具体而言,在使用直接型、工具型和关系型成就方式组合方面,显著增强。

表 9-7　中国新生代员工与 X 世代员工成就方式组合比较

	新生代员工		X 世代员工		均值差值	F 值
	均值	标准差	均值	标准差		
总体样本	5.27	0.75	4.55	1.75	0.72	35.56***
直接型	5.50	0.86	4.89	1.66	0.61	26.49***
工具型	4.87	0.90	3.96	1.74	0.91	37.98***
关系型	5.42	0.84	4.81	1.55	0.61	27.25***

注:***、**、* 分别表示 $p < 0.001$、$p < 0.01$、$p < 0.05$;以下同。

在此基础上,进一步比较了新生代员工与 X 世代员工在具体结构上的差异,结果见表 9-8。在直接型成就方式组合中,与 X 世代员工相比,新生代员工在内在直接型、竞争直接型和权力直接型方面均明显增强,但是新生代员工在权力直接型成就方式方面的均值与 X 世代员工差异最大;在工具型成就方式组合中,新生代员工在个人工具型、社会工具型和依赖工具型方面均明显增强,但是新生代员工在依赖工具型成就方式方面的均值与 X 世代员工差异最大;在关系型成就方式组合中,新生代员工在合作关系型、贡献关系型和同感关系型方面明显增强,但是新生代员工在贡献关系型成就方式方面的均值与 X 世代员工差异最大。

表 9-8　中国新生代员工与 X 世代员工成就方式分类比较

成就方式	新生代员工		X 世代员工样本		均值差值	F 值
	均值	标准差	均值	标准差		
直接型	5.50	0.86	4.89	1.66	0.61	26.49***
• 内在直接型	5.89	0.87	5.47	1.65	0.42	18.05***
• 竞争直接型	5.20	1.06	4.77	1.59	0.43	15.14***
• 权力直接型	5.41	1.17	4.44	1.79	0.97	31.10***
工具型	4.87	0.90	3.96	1.74	0.91	37.98***

---

① 赵曙明,刘洪. 我国企业员工个人与组织成就方式调查报告. 管理世界,2002(9):114-122.

（续表）

成就方式	新生代员工		X世代员工样本		均值差值	F值
	均值	标准差	均值	标准差		
• 个人工具型	5.11	1.16	4.39	1.71	0.72	23.33***
• 社会工具型	4.57	1.22	3.58	1.73	0.99	30.60***
• 依赖工具型	4.93	1.05	3.90	1.72	1.03	36.89***
关系型	5.42	0.84	4.81	1.55	0.61	27.25***
• 合作关系型	5.68	0.90	5.23	1.87	0.45	18.87***
• 贡献关系型	5.27	1.10	4.51	1.51	0.76	25.91***
• 贡献关系型	5.32	1.04	4.68	1.51	0.64	23.09***

进一步对9种成就方式分类进行排序可知（见表9-9），对比新生代和X世代成就方式的排序，竞争直接型成就方式的排名从第3位下降到第6位；同时，权力直接型成就方式的排名从第6位上升到第2位。

表9-9　中国新生代员工与X世代员工成就方式排名

排序	新生代员工	X世代员工	排序	新生代员工	X世代员工
1	内在直接型	内在直接型	6	竞争直接型	权力直接型
2	权力直接型	合作关系型	7	个人工具型	个人工具型
3	合作关系型	竞争直接型	8	依赖工具型	依赖工具型
4	同感关系型	同感关系型	9	社会工具型	社会工具型
5	贡献关系型	贡献关系型			

（二）新生代员工中"80后"与"90后"的比较

从表9-10可知，"90后"员工在成就方式总体得分和直接型、关系型两个维度上都显著低于"80后"的研究数据。由此可知，与"80后"员工相比，"90后"员工在总体成就方式上显著减弱；具体而言，在使用直接型和关系型成就方式组合方面显著减弱，而在工具型成就方式组合方面有所增强。

表9-10　"80后"与"90后"员工成就方式组合比较

	"80后"（$N=878$）		"90后"（$N=473$）		均值差值	F值
	均值	标准差	均值	标准差		
总体样本	5.29	0.74	5.22	0.77	0.07	3.01**
直接型	5.54	0.85	5.46	0.87	0.08	2.91***
工具型	4.86	0.89	4.90	0.91	−0.04	−1.49
关系型	5.49	0.82	5.31	0.89	0.16	6.38***

表9-11给出了"80后"与"90后"员工在具体结构上的差异。在直接型成就方式组合中,"90后"员工在权力直接型方面与"80后"员工相比,明显减弱;而在内在直接型和竞争直接型成就方式方面差异不显著。在工具型成就方式组合中,"80后"员工与"90后"员工在个人工具型、社会工具型和依赖工具型成就方式方面均没有显著差异。在关系型成就方式组合中,"90后"在合作关系型、贡献关系型和同感关系型成就方式方面与"80后"员工相比,显著减弱。

表9-11　"80后"与"90后"员工成就方式分类比较

成就方式	"80后"(N=878)		"90后"(N=473)		均值差值	F值
	均值	标准差	均值	标准差		
直接型	5.54	0.85	5.46	0.87	0.08	2.91***
• 内在直接型	5.92	0.84	5.87	0.90	0.05	1.60
• 竞争直接型	5.21	1.05	5.20	1.09	0.01	0.27
• 权力直接型	5.51	1.12	5.30	1.24	0.21	5.47***
工具型	4.86	0.89	4.90	0.91	-0.04	-1.49
• 个人工具型	5.11	1.16	5.11	1.17	-0.00	-0.04
• 社会工具型	4.54	1.19	4.63	1.26	-0.09	-2.17
• 依赖工具型	4.91	1.05	4.97	1.02	-0.06	1.57
关系型	5.49	0.82	5.31	0.89	0.16	6.38***
• 合作关系型	5.74	0.86	5.59	0.98	0.15	5.15***
• 贡献关系型	5.36	1.05	5.09	1.15	0.27	7.54***
• 同感关系型	5.36	1.00	5.26	1.09	0.10	2.98***

通过对9种成就方式分类进行排序(见表9-12)可知,对比"80后"和"90后"成就方式的排序,"90后"的数据显示,同感关系型的排名从第5位上升到第4位,贡献关系型从第4位下降到第7位,竞争直接型成就方式的排名反而上升了一位。

表9-12　"80后"和"90后"成就方式排名

排序	"80后"	"90后"	排序	"80后"	"90后"
1	内在直接型	内在直接型	6	竞争直接型	个人工具型
2	合作关系型	合作关系型	7	个人工具型	贡献关系型
3	权力直接型	权力直接型	8	依赖工具型	依赖工具型
4	贡献关系型	同感关系型	9	社会工具型	社会工具型
5	同感关系型	竞争直接型			

相对于新生代员工与X世代员工,"80后"与"90后"群体在成就方式方面的差异相对较小。相对而言,"90后"群体成长于互联网快速发展的时代,自我意识更强,追求个性,较少受传统观念和父辈影响的约束,网络成了他们接触外界、表达自我的主要方式。这也间接降低了该群体在直接型和关系型成就方式方面的表现。

Conclusion

绩效评估是人力资源管理工作中的重要一环,其对企业的价值体现为"四大目的三大作用"。四大目的即企业战略目标执行情况的反馈;为企业价值分配提供依据;为人员开发提供方向;为企业可持续发展提供动力。三大作用即推进战略实施和组织变革;促进沟通、辅导与授权;激发员工忠诚度和工作激情。

国际企业在绩效评估方面有其特征:依据总体目标确定绩效评估的关注点;评估体系设计科学、合理化;绩效评估实施过程公开、公平、公正;绩效沟通以对员工绩效的认可和鼓励为主;评估考核结果的广泛应用。

国际企业进行绩效评估需具备四大前提:组织战略目标可操作;绩效评估标准的设定;管理人员文化适应性;规范化的组织支持体系。其通常采用的绩效评估的主要方法包括:特征法、行为法、结果法和综合法。

绩效评估结束后,国际企业注重对绩效结果的有效反馈,而不仅仅"将结果告知员工",因而重视绩效反馈的系统化、体系化,对反馈进行有效管理。

绩效评估通常关注人力资源管理效率和效益的"硬性指标",如投资收益率、生产率等,而忽视对员工的激励动力与满意度的测量。因此,为对一些至关重要的"软性指标"进行评估,本章引进了国际大公司通常采用的调查方法——考察组织气氛的舒斯特的人力资源指数,以及组织与个人成就方式;并基于此进行跨文化分析,对上述两种评估方法的中国本土适用性进行实践研究。

Keywords

绩效评估	360 度反馈评价	关键绩效指标法
目标和关键成果法	个人绩效合约法	人力资源指数
个人成就方式		

Case-Study ◈

网络解决方案公司的绩效管理[①]

网络解决方案公司(Network Solutions)是一家在硬件、软件以及计算机网络服务方面的全球领导者。直到最近,该公司一共存在着 50 多种不同的绩效评价体系,很多员工都没有受到绩效审查,整个公司中有不足 5% 的员工得到了最低等级的绩效评价,而且公

---

① 赫尔曼·阿吉斯. 绩效管理. 刘昕,柴茂昌,孙瑶译. 北京:中国人民大学出版社,2013.

司并没有针对高绩效者提供报酬的认可计划。不过总的来说,大家都认识到了公司目前存在以下问题:一是绩效问题并没有真正得到重视和解决;二是来自竞争对手的巨大压力导致不能对人力资源进行有效管理。此外,在公司的几个业务领域展开的质量改善运动正在推动变革的进行,网络解决方案公司决定将这些质量运动也应用于"人的质量"方面。最后,网络解决方案公司希望提高自己实现组织目标的能力,而达到这一目的的重要方式之一,就是要确保将组织目标与每一位员工的目标联系起来。

针对上述情况,2001 年,网络解决方案公司的首席执行官宣布要实施一种强制分布性的绩效管理体系,在这种体系中,公司将把员工划分为几种不同的类型,并且确定在每一种类型中员工所占的百分比(也就是说,一级即绩效水平最高的,要占员工总人数的20%;二级即绩效水平处在中间的,要占员工总人数的70%;三级即绩效水平最差的,要占员工总人数的10%)。为此,公司建立了一个全球性的跨职能人力资源团队来设计和实施这套新的绩效管理体系。设计小组需要完成的首要任务是,为这套新的绩效管理体系创建一个商业案例,从而证明,如果将组织战略分解为各个小组需要完成的目标,再将小组需要做出的贡献转化为员工个人的目标,企业的经营战略就能够实现。最初,这个计划是作为一个年度人员管理系统推开的,它通过关注员工的发展,将员工个人的目标与组织目标联系在一起,提升了该公司的总体绩效管理水平。这套新的绩效管理体系预期的效果包括:提升所有员工的绩效水平;识别并留住顶级人才;找出绩效较低者并帮助他们改进绩效。此外,网络解决方案公司还希望明确公司对所有员工的绩效期望。

在开展项目之前,设计小组得到了高层领导者的支持。领导们做出这种决定的主要目的是告诉大家,绩效管理体系是网络解决方案公司的未来,同时确保高层领导者的直接下属都能够理解并接受这个过程。此外,他们还鼓励所有的高层领导者都对各自的直接下属运用这一绩效管理体系,主动要求获得并利用这一体系产生的结果。接下来,设计小组还力促高层管理者停止再设计和使用任何其他的绩效管理体系,促成所有部门的绩效管理体系实现标准化。最后,设计小组还通过高层领导者强调新计划的重要性,具体操作方案如:包括吸收员工参与人才管理培训,同时对新体系没有涉及但是在部门中员工需要解决的一些问题进行评估等。

网络解决方案公司的全球绩效管理循环包括以下程序:

(1) 目标的层层分解和团队建立;

(2) 绩效计划;

(3) 开发计划;

(4) 管理人员和下属之间持续讨论和深入沟通;

(5) 年度绩效总结。

管理者和员工可以从网络解决方案公司的内部网络获得各种培训资源,包括各种必要的表格。除内部网络的各种培训资源之外,在项目开始之后的每个阶段,公司都要召开一次时间长达一两个小时的会议。

目前,与绩效管理体系有关的部分培训正在围绕这样一种思想展开:绩效管理体系中的开发计划是管理者和员工在整个年度中都要共同承担的一种责任。管理者承担的责任

9

是：确定会议时间，指导员工做好会议准备，最终确定所有的开发计划。员工需要承担的责任：将确定下来的开发计划付诸文字，管理人员和员工都要做好会议准备，填写开发计划草表，参加会议等。

根据强制分布性绩效管理体系的要求，在事先确定好的每一种绩效等级中都要有一部分员工。如前所述，在网络解决方案公司的绩效管理体系中，员工的绩效会被划分为一、二、三共三个等级，员工个人的绩效等级主要取决于年度目标完成情况、岗位的工作要求以及与公司中处于相似级别的其他人的对比状况。如果员工得到的评价是第三级，即最低水平的绩效等级，那么公司会规定他们必须在一定的时间内改进自己的绩效。如果他们的绩效确实改进了，就可以从这一计划中解脱出来，但是他们仍然无权参加股票期权计划或者享受加薪待遇。如果绩效仍然没有改善，他们要么拿着遣散费离开公司，要么重新开始另项绩效改进计划。但是这个新的绩效改进计划比第一份计划有着更为严格的要求和时限。如果在第二个阶段结束时，员工的绩效仍然没有改进，他们就会被解雇，并且得不到遣散费。处于第二个绩效等级上的员工将获得平均水平或较高幅度的加薪，能够获得股票期权和奖金。绩效属于第一等级的员工将获得最高幅度的加薪、股票期权以及奖金。这些员工还会被作为"高潜质"员工来对待，管理者会为他们提供更多的开发机会。同时，公司还会付出特别的努力，从而设法留住所有获得最高绩效等级的员工。

展望未来，网络解决方案公司计划继续强化一些必要的文化变革，以支持这种强制分布性绩效管理体系。网络解决方案公司的人力资源中心的专家们继续就这一新的体系对员工进行教育，以确保他们能够理解：公司仍然是在对优秀绩效提供报酬，只不过现在采取了与过去不同的绩效衡量方法而已。该公司还制定了一项监督和纠偏计划，以纠正任何可能存在的不利于生产率提高的绩效管理实践，确保正确的政策和实践。为了保证做到这一点，网络解决方案公司计划与所有的利益相关者一起，共同对绩效管理体系进行持续性的审查，以确保绩效管理体系服务于预定的目的。

Analyze：

请将网络解决方案公司的绩效管理体系与我们讨论过的理想的绩效管理体系加以对比，然后回答下列问题：

1. 总的来说，网络解决方案公司的绩效管理体系与理想的绩效管理体系之间重叠的部分是哪些？

2. 在网络解决方案公司实施的绩效管理体系中，有哪些特征与本章中描述的理想的绩效管理体系的特征是相符的？理想的绩效管理体系的哪些特征被遗漏了？为了评价理想的绩效管理体系的某些特征是否在该公司中得到了体现，我们可能还需要得到进一步的其他信息。请问这些特征是什么？

3. 基于对网络解决方案公司绩效管理体系的描述，根据您的预测，实施这套体系将会产生哪些方面的好处以及积极的效果？

4. 基于对网络解决方案公司绩效管理体系的描述，根据您的预测，实施这套体系将会产生哪些方面的不利之处以及消极的后果？

第十章 国际企业薪酬管理

Reward Management in Multinational Companies

Aim at ◈

- ◆ 了解国际企业薪酬管理目的及战略模式。
- ◆ 理解国际企业薪酬组成。
- ◆ 了解国际企业福利和奖励。
- ◆ 列出两种主要的国际企业薪酬的计算方法。
- ◆ 了解国际企业税收和外派人员回国后的薪酬问题。
- ◆ 比较不同国家的薪酬管理制度。

Lead in ◈

新联想的国际化薪酬架构①

自联想 2004 年 12 月 8 日以 12.5 亿美元收购 IBM 全球 PC 业务之后,一家中国本土企业如何设计一种兼顾本土和国际行情的国际薪酬体系,一直受到人们的关注。

(一)并购前各有利弊

在并购后进行双方薪酬设计方案整合的项目中,作为华东区 HR 总监的曹金昌在与原来 IBM-PC 部门的销售人员沟通后发觉对方激励制度设计和管理方面有待改善。"我们当时问了一些诸如你们以前的考核方案是什么,你觉得对此是否清晰等问题时,他们的回答是我们也不是很清楚。"曹金昌说,这主要是由于绩效考核指标设置过多过高、考核方案过于复杂和不清晰、绩效沟通面谈和反馈不够等原因造成的。

---

① 王春梅. 新联想的国际化薪酬架构. 管理@人,2006(4):58-59.

相比而言,原来联想在激励方面做得相对较好。首先,会根据很多细化的指标,保证设定一个相对有挑战、又可以达到的目标,使得20%的人员能够大大超过目标,70%能够达到中等,10%达不到。此外,以财务指标为主的具体指标设定也很简单,一般不超过4个。

同时,联想对与员工的沟通面谈也非常重视,每次方案出来后,HR会就该方案跟各个团队成员沟通,保证员工能够明确了解自己当前所做的任务与所得到奖金之间的关系。

在长期激励方面,原来的联想基本上是全员持股,后来发觉市场大势不好时,期权对基层员工的激励作用相对较弱,于是便将股权计划覆盖的范围缩小了。结果,原来所分配的股权现在继续执行,而新的股权则只分配给很少一部分的高管。曹金昌说:"对基层员工的激励更多强调基薪和奖金。"而这种变化与 IBM-PC 部门基本一致。

除了薪酬激励的差异外,曹金昌认为双方第二个差异表现在基薪方面,IBM-PC部门的优势就体现在基薪的确定上,比如用等级确定基薪、薪酬调查与国际调查相匹配、能力体系与薪酬的嫁接等,这些方面都是联想欠缺的。

(二) 0.5+0.5 能否等于1?

在与员工沟通和薪酬调查之后,曹金昌了解到中国和美国两边员工的不同担忧:中国员工普遍感觉并购后公司前景更好,因而对薪酬也抱有更高预期;而国外员工则担心自己是否会被降薪。

为此,联想对国内员工的基薪和福利都有所调整和补充,比如增加年金、养老金、补充医疗保险。而对国际员工,基薪不降,但在激励上更兼顾挑战性和可实现性。联想原来所实行的部门考核和个人考核相结合的员工绩效考核方式也将在联想全球中逐步推行,将考核绩效分为优、中、尚待改进三等,每年会有5%的末位优化,对于这5%的员工,会考虑给予换岗或不再续签劳动合同。

"新的薪酬体系出来后,国内和国外员工的薪酬水平肯定还是有差别。"曹金昌解释说,这与不同国家的生活水平相关,同时也在考虑市场的竞争性。比如某个岗位是全球性的,则该岗位的薪酬制定就参照全球性的调查数据;如果只是一个地域性的岗位,则只在该地域去比较。此外,还会选定一些公司做参照,过去的联想会圈定一些国内比较知名的 IT 公司,新联想则会更多地圈定一些直接竞争对手的薪酬进行调查。

(三) 执行到位是关键

新体系公布后会全面推行,"不需要做试点,在联想就是直接推下去。很顺畅,大家已经习惯于这种变化。"

要保证这样一个规模大、跨地域多、业务多的公司拥有像一个小公司那样高效的执行力,难度很大。"还需要一段时间的努力。"曹金昌坦率表示,这跟各国的文化差异和思维方式有关,联想中国员工可能习惯于加班加点,但在美国可能更强调工作与生活的平衡。为此,联想正在做一个"Knowledge Exchange"(知识交换)的项目,国内外员工互相外派,加强对彼此文化的理解,力图找到恰当的执行点来有力推动未来新体系的良好运作。

Focus on:

1. 新联想的国际化薪酬体系是什么?
2. 在从本土公司向国际公司发展进程中进行国际化薪酬设计需要注意什么?

第一节　国际企业薪酬管理的目的及战略弹性模式

薪酬是应对人才吸纳、维系和激励问题的管理基础,薪酬管理就是企业管理者对本企业员工报酬的支付标准、发放水平和要素结构进行确定、分配和调整的过程。[1] 有效的薪酬管理能够支持组织的人力资源管理战略,并最终支持整体经营战略的实现。[2] 国际企业管理中的薪酬体系是一个非常复杂的系统,它面向着三类不同的员工群体并且需要满足其各自的要求:母国人员、东道国人员和其他国人员。仅就一个地区的一个子公司而言,设计一套具有竞争力的薪酬体系相对比较容易,但是,在一个地区行之有效的薪酬计划并不一定会在其他所有地区都能适用,因为不同的地区文化和经济标准具有一定的差别。这三类人员由于各自文化价值观以及各国文化环境的差异,在同一个公司或部门供职必然会产生文化上的碰撞与冲突,如何向他们支付薪酬,如何在他们之间取得平衡以维持公平,已成为国际企业薪酬管理所必须面对的问题。[3]

国际企业创建的战略性薪酬体系不仅应与公司的全球战略相契合,同时还需要具备适应地区差异的弹性,以此来兼顾效率与公平。事实上,这种“全球化思考,本地化执行”的思维方式对于国际公司管理的各个方面来说都是十分必要的。[4] 国际企业的薪酬管理对于国际企业能否充分发挥人力资源的作用、调动雇员的积极性起着重要的作用,有助于应对来自社会、竞争对手以及法律规范等方面的挑战。这也是国际企业在国际市场上加强竞争力的关键影响因素。因此,设计一套全球化的薪酬管理以在全球范围内支持公司的战略经营,已经成为国际企业管理中一个关注的焦点。

一、国际企业薪酬管理的目的

美国学者马尔托齐奥在其《战略薪酬》中指出了国际企业薪酬管理的一些策略方向。他指出:① 成功的国际薪酬计划应增加公司在外的利益,应当鼓励员工到国外工作;② 设计完善的薪酬计划应最大限度降低员工的经济风险,尽量改善雇员及其家人的境遇;③ 国际薪酬计划在雇员完成国外的任务时应为其提供回到国内生活的平稳过渡;

10

① 于楠. 国际公司人力资源的薪酬管理. 商场现代化,2017(3).
② 周文霞. 中国人力资源管理研究 40 年(1978～2018). 北京:中国社会科学出版社,2019.
③ 李中斌,万文海,陈初升,等. 国际人力资源管理. 北京:中国社会科学出版社,2008.
④ 张捷,赵曙明. 中国企业跨国并购中的全球化薪酬战略研究. 现代管理科学,2008(6).

④ 完善的国际薪酬计划可以促进美国企业在国外市场的最低成本和差别化战略的实现。①

企业制定国际薪酬政策是为了实现以下目标：

第一，战略匹配是国际企业薪酬政策的核心。国际薪酬政策要与国际公司的总体战略、机构以及企业的需求一致，通过提高员工满意度，最终成为企业实现全球战略目标的有力杠杆。②

第二，吸引、激励、留住人才。国际薪酬政策必须能将人才吸引到国际公司最需要的地方并能留住他们，因此，该政策必须有竞争性，能够激励员工，让人才脱颖而出，给予优秀者奖励，优质资源永远向优秀人才倾斜，好的薪酬机制会让工作能力强的员工为企业付出更多的努力，鼓励工作能力弱的员工跟上强者的步伐。并且要认识到税收平等、基本的安全保障以及合理费用的报销等因素。

第三，易于人员调配。国际薪酬政策必须适当考虑行政管理的公平和方便，要有利于公司以最经济的方式调动驻外人员。③ 国际企业薪酬系统中各个子公司的薪酬制度之间有一个稳定的关系，国际薪酬政策要有利于公司以最经济的方式调动驻外人员，使得国际企业人员能十分便利地在母公司与子公司之间或者子公司与子公司之间进行调动。

二、国际企业薪酬战略弹性模式

从管理学和组织行为学的角度讲，薪酬管理应该遵循公平性、竞争性、激励性、经济性、合法性等原则。在制定外派人员的薪酬时还应注意薪酬设计需要适应企业发展，有激励作用并在企业的支付范畴之内，外派人员的购买力不能下降，外派人员的津贴合理等因素。当然如果只是单单因薪酬而讨论薪酬势必造成缺乏战略影响的问题。对于一个国际公司来说，来自不同国家和地区的雇员众多，因此国际公司时刻面对来自全球市场的激烈竞争和挑战。在知识经济的今天，随着信息技术的广泛运用，国际市场竞争的进一步加剧，国际企业员工的工作性质和工作动机日益复杂化，作为发挥重要激励和约束功能的薪酬管理已不再停留在简单的操作、技术和制度层面，它作为一种能有效辅助企业战略实施的重要手段，已逐步被纳入企业战略框架。国际企业薪酬管理的战略性一方面体现在薪酬体系必须要能够帮助企业制定合理的战略规划，另一方面，薪酬管理体系必须能够推动企业整体战略目标的实现。薪酬的战略也要配合企业的战略和企业人力资源战略。基于此，便产生了薪酬的战略弹性模式。④

国际企业薪酬管理的战略弹性是指这一系统对于竞争环境变化的反应和适应能力。薪酬的战略弹性模式不同于以往的薪酬模式。传统的薪酬政策一味强调货币性而忽视了员工其他方面的需要，比如，宽带薪酬和全面薪酬强调的是一种方法，而战略薪酬模式强调的是一种动态管理的概念，即企业的薪酬体系，不能因循守旧，而是应该以企业的发展

① 约瑟夫·J.马尔托齐奥.战略薪酬.周眉译.北京:社会科学文献出版社,2002.
② 张捷,赵曙明.中国企业跨国并购中的全球化薪酬战略研究.现代管理科学,2008(6).
③ 赵曙明,刘燕,彼得·J.道林,等.国际人力资源管理.北京:中国人民大学出版社,2012.
④ 戴月明,杨浩,朱晶君.知识型企业薪酬管理的国际经验及启示.经济问题探索,2009(8).

战略为依据,根据企业某一阶段的内部、外部的总体情况,随着企业在市场上做出的战略调整而相应改变企业的薪酬管理模式,从而促进企业战略目标的实现。

公司战略作为企业战略的最高层次,是决定企业的整体性、长远性发展目标以及实现目标的基本政策和程序的方针,也是协调企业和客观环境之间关系的有机系统。国际企业面对的客观环境更加动态多变,其企业内部员工情况更加复杂多样,弹性的国际企业薪酬战略具有动态发挥战略的协调功能,能够在相对的稳定性中具有一定的灵活性,保证公司战略的动态稳定性,从而有效应对环境不确定性;同时,能够考虑到各地区员工的具体需求,[①]许多学者都认为全球化的薪酬有必要具备战略弹性。[②]

战略匹配和战略弹性是相辅相成的:匹配是一个时间点上的一致性,而弹性指一段时间内的一致性。在一个动态的不可预期的环境下,国际企业战略需要兼具战略匹配和战略弹性。

以海尔为例,在瞬息万变的互联网时代,海尔经历了从组织、战略到薪酬体系的全方位变革。在战略转型为以用户为中心的人单合一双赢模式,组织转型为可实现各方利益最大化的利益共同体后,海尔的薪酬管理也从原有的宽带薪酬模式转变为战略弹性模式,实现与本人所创价值相连的人单酬合一,更注重开发员工的能力,鼓励员工创新,激发员工为客户创造价值的积极性。这种薪酬模式的转变有利于使海尔强调以用户价值为导向的战略得以落实,使企业和员工融合,从而引导员工向公司期望的目标发展。

第二节　国际企业薪酬的基本组成部分

国际企业面临的直接环境比国内更加复杂,涉及不同的国家文化和民族情感,企业经营分散,因此,国际企业的薪酬构成更加复杂。

一、国际薪酬影响因素

为了保证薪酬整体水平和战略的一致性,要充分考虑海外不同区域经济和文化的波动性。在薪酬设计上,要充分借鉴跨国经营成功的经验,确保薪酬设计的适应性和可操作性。具体来说,对外派员工的合理的薪酬设计,要充分考虑以下因素。

(一)在外工作期限

这是制定薪酬体系的核心问题,如果是短期工作任务,一般不需要在国内薪酬基础上做太大的调整。如果是长期工作的话,就要充分考虑由于地区差异带来的一系列额外成本,包括住房津贴、子女的教育经费、税收等,外派人员的薪酬就应该使他们能够有一种稳

---

① 项国鹏,盛亚. 公司战略弹性与公司战略变革模式:知识视角的考察. 科技进步与对策,2005(7).

② G. T. Milkovich, M. Bloom. Rethinking International Compensation. *Compensation & Benefits Review*,1998,1.

定下来和比较舒适的感觉。

（二）地区差异性

制定薪酬体系要充分考虑地区差异，不同国家之间的津贴差别非常明显。比如，有些地方的市场规范，虽然物价水平高，但辛苦指数低，而有些国家则正好相反。

（三）薪酬体系的公平性

不同文化背景的员工，对薪酬公平性的理解也大不相同，特别是有文化分歧时，外派员工很容易拿自己在国内和国外的薪酬进行比较，也会和当地员工的薪酬进行比较，或与其他企业员工的薪酬进行比较。因此，国际薪酬的公平性就非常重要。忽视了这种公平性，将会给企业带来很多的负面影响。

（四）其他外部因素

薪酬体系的制定同时要考虑其他的外部因素，比如当地的劳动法，工会的作用，税收以及物价等因素。

二、基本工资

基本工资是国际企业薪酬的重要组成部分。对于母国外派人员来说，基本工资一般是与国内工作性质、职位级别相当的岗位挂钩，并作为计算奖金和福利的基础。基本工资是整个薪酬计划的基本组成部分，许多津贴直接与基本工资挂钩，如出国服务津贴、生活津贴、住房补贴等，以及在职期间的福利和退休养老金。公司可以采取以母国货币、东道国货币或者这两种货币相结合的方式支付员工薪金。基本工资确定标准包括三类，分别是以总部（母国）薪酬体系为标准、以东道国为标准、以国际化员工薪酬体系为标准。[1] 三种类型的标准各有优缺点，可以根据情况适用于不同种类的外派。基于总部的外派人员薪酬设计适用于短期派遣并且外派结束后需回国就业的员工，方便员工的薪金管理，也可以避免外派人员归国后由于薪酬的变化而造成的不适，有利于员工归国后适应国内薪酬体系。当母国的工资水平高于东道国时，企业一般也不会因此而降低派出人员的基本工资。但是，如果东道国经济发达、物价消费水平较高时，要考虑适当地提高外派人员的基本工资。基于东道国为标准的外派人员薪酬设计适用于外派时间很长且东道国薪酬与母国薪酬水平相近的情况，或外派人员不再归国的情况。国际化薪酬体系只适用于具有高度流动性、经常在国外工作的员工。基本工资确定的一个普遍原则是至少维护外派人员应当得到的利益，避免他们因为在他国工作而蒙受经济损失。

另外，国际企业也应当对东道国以及第三国员工的基本薪酬进行合理设计。薪酬体系必须具有市场竞争力，并且公平合理，以便在吸引和保留优秀人才方面发挥积极的作

---

① 缪亚杰.浅议外派人员的薪酬制度.管理观察，2011(12).

用。当然,这种薪酬体系的设计要考虑到各子公司所在国的具体国情。①

三、国外工作津贴

津贴是国际企业薪酬政策的另一主要内容,它在维持驻外人员正常的工作与生活方面发挥着重要作用。津贴主要包括以下几个方面。

(一)生活费津贴

"生活费津贴"通常最受关注,它涉及对母国和东道国之间支付差额的补偿费用,如用于解决通货膨胀造成的差别。这种津贴通常很难确定,公司可利用一些服务机构,定期地向员工提供全球性的最新生活费津贴的信息。② 生活费津贴是为保证驻外人员的日常生活水平,包括对用于购买食品、衣物、家具、水、电、气及其他日用品方面开支的补贴。它主要是为了解决母国和东道国之间在生活费用方面的差异问题。

(二)住房津贴

住房津贴是外派人员津贴的主要内容。目的是补贴由于国家或地区差异导致的居住成本的差额。这些津贴经常根据估计的或实际的情况来支付。其他的替代方法包括公司提供强制性的或选择性的住房、固定住房津贴,或者按收入的比例估价,再根据实际的住房费用支付。住房问题通常作为个案处理,但是当一个企业国际化时,制定正式的政策就显得尤为必要和有效。许多国际公司为驻外人员出售或出租原来的住房提供财务帮助和保护。银行和金融业的公司显得最为慷慨,它们向驻外人员提供出售或出租住房的帮助,支付离家费和出租管理费,并提供租金保护和财产保护。一般来说,在这些方面,其他国人员获得的福利通常少于母国人员。

(三)教育津贴

外派工作人员随行子女的教育成本也应纳入外派人员工作津贴。对那些在异地受教育的驻外人员的子女,能够为他们提供的教育水平、当地是否有合适的学校以及交通是否方便等都会成为国际公司考虑的现实问题。为了保证派出人员子女能够接受正常的教育,企业通常要支付一定的教育津贴。教育津贴包括学费、学习语言课程的费用、入学费、课本和文具用品费、交通费、食宿费以及校服费(在美国以外的国家,中学生穿制服相当普遍)等。通常,母国人员和其他国人员在教育费用上受到的待遇相同。一般来说,国际公司会支付驻外人员的子女在当地学校或寄宿学校的学习费用,但会参照当地好学校的情况,在费用上也会有一些限制。如果认为有必要,国际公司还会提供驻外人员子女上大学的费用。③

---

① 李中斌,万文海,陈初升,等. 国际人力资源管理. 北京:中国社会科学出版社,2008.
② 赵曙明,刘燕,彼得·J. 道林,等. 国际人力资源管理. 北京:中国人民大学出版社,2012.
③ 赵曙明,刘燕,彼得·J. 道林,等. 国际人力资源管理. 北京:中国人民大学出版社,2012.

（四）艰苦、危险津贴

如果驻外人员所在国家或地区比较偏远落后，公司应该根据实际情况给予相应的艰苦补贴。这种津贴支付考虑的因素包括：自然气候恶劣，社会服务如医疗、交通相对落后等。危险津贴是针对派遣到危险地区工作的人员发放的津贴。这种对员工身心造成威胁的因素可能来自自然环境，如地震多发地带、火山喷发等，也有可能是东道国或者地区政局不稳定、战事冲突多发等。

（五）搬迁津贴

搬家津贴通常包括搬迁、运输和储存的费用，临时生活费，购买（或出售）电器或汽车的补贴以及定金或与出租等相关的费用。用于特权享受的津贴（轿车、俱乐部会员、家政等）也要考虑在内（通常给予更高职位的人员，但要根据不同的国家或地点而定）。这些津贴经常是不确定的，根据本国和东道国的税收政策和实践而定。[①]

（六）配偶补助津贴

越来越多的国际公司还提供配偶补助以保护或抵消驻外人员的配偶因驻外而损失的收入。尽管一些企业可以支付津贴以补偿驻外人员配偶的收入损失，但美国公司开始注重于为驻外人员的配偶提供国外工作的机会，其方法既可以是帮助他（她）们找工作，也可以是直接聘用他（她）们到公司的国外组织中工作（根据有效的工作签证而定）。

（七）其他津贴

其他津贴包括许多内容，除了以上津贴外，还有因回国与家庭、朋友、企业合作者联系而给付的"探亲津贴"；为确保驻外人员能享受到国内同样的医疗和退休生活而提供"医疗和退休津贴"等。

第三节 福利和奖励

国际企业人员的福利和奖励是相对丰富的，而且大多也都是弹性的，这是因为他们由于公司的战略需要被派至另一个相对陌生的国度。无论是适应气候、环境，还是适应文化、习惯等，都是对外派人员及其家属的全新的考验。因此，出于对国际外派人员补偿的角度，或者是出于鼓励员工接受外派任务的角度，外派人员及其家属的福利和奖励补偿通常比在常驻地工作的员工要更优厚。

---

① 赵曙明，刘燕，彼得·J.道林，等.国际人力资源管理.北京：中国人民大学出版社，2012.

一、福利

与薪酬相比，国际福利的复杂性经常会造成更大的困难。国际企业的福利主要包括以下两部分。

（一）基本福利

外派人员的基本福利主要指员工的保障性福利和非保障性福利。保障性福利包括养老保险、医疗保险、失业保险等普遍性福利。在具体福利的支付过程中，对于任期有限的外派人员，福利能否持续是个问题。许多企业尽量控制外派时间，是为了保证员工的福利能够持续。此外，有些企业对外派时间达到五六年的员工有两套社会保障协议，让员工同时享受东道国和母国薪酬制度中的福利。有些企业不愿为员工提供两套福利体系，但又希望员工能享受母国的福利，采取的办法是：员工根据东道国的薪酬制度获取基本薪酬，根据母国的薪酬制度享受福利。

外派人员的基本福利除了以上所提到的保障性福利外，还包括非保障性报酬，包括每年的休假、节日紧急事假。外派人员每年的休假通常和在国内的同事一样。企业一般不延长外派人员的休假期，因为当外派人员回国后失去这些额外的福利时会觉得是一种惩罚。同时，各个外派人员的休假时间必须符合国外法律的规定。

外派人员在外国或当地的节日可以带薪休假。有些国家要求雇主在一些规定的节日向所有员工提供带薪假期。

（二）其他福利

国际公司还提供外派员工特殊休整假期。休整假期是指在指定的国外艰苦地区工作的外派人员可以得到休整假期福利，它是额外的带薪假。越来越多的雇主意识到在艰苦地区工作的驻外人员需要更多的时间离开令人不愉快的环境"重新充电"。休整和标准的休假福利不同，它通常为外派人员指定度假地点。休整计划还包括用于支付从工作地点到度假地点之间的交通费用的津贴。企业根据往返交通费用、指定地点的食宿费，确定津贴的金额。作为驻外人员定期休假的一部分，每年的探亲福利中通常包括家庭成员回国的机票费。根据工作东道国的条件，疗养福利也包括为驻外人员的家属提供免费的机票去东道国附近的疗养地疗养。除了疗养福利以外，公司还要制定应急条款以处理家庭成员的死亡或生病等突发事件。在艰苦地区工作的驻外人员经常能获得额外的休假费用和疗养费用。

由于国与国之间的文化差异度很大，因此很难将福利计划进行比较或做到公平。薪酬计划的转化、医疗保障和社会保险这些福利方面的东西也使实际操作十分困难。[①] 因此，公司在决定福利时要考虑很多问题，包括：① 是否应该将驻外人员保留在母国计划当中，尤其是当公司这样做并不会获得税收上的减免时；② 公司是否可以选择将驻外人员归入东

10

① R. Schuler, P. J. Dowling. Survey of SHRM/I Members. New York: New York University, Stern School of Business，1988.

道国的福利计划当中去或在保障方面产生差异,或二者兼有;③ 东道国关于终止的法规是否会影响到福利的项目;④ 驻外人员应该接受母国还是接受东道国的社会保险福利;⑤ 福利是否应该维持在一个母国或者东道国的基础上,谁来为成本埋单,是否应该采取其他一些福利来抵消整体计划的不足,母国的福利计划是否应该报告给东道国的政府。

二、奖励

对于母国外派人员,他们要远离自己的亲人朋友,在陌生的国家地区重新适应新的工作和生活环境,为了提高员工海外工作的积极性,公司一般设置比较高的鼓励奖金,作为员工接受出国派遣的奖励。①

针对外派国家的特点和外派员工的特性,不同的国际企业通常会制定不同的薪酬制度,以充分发挥对这一群体的激励作用。此外,还需参照企业发展阶段的特点,调整外派员工的薪酬政策。在企业初涉海外市场时,外派员工主要来自母国,使员工完成工作任务是激励的首要目标,这时应实行稳定的薪酬政策,采取货币性报酬等奖励措施,以增强员工的稳定性。随着企业海外业务的成熟,薪酬制度应加大对外派员工激励的部分,增强其工作的主动性,不仅仅是保证其按时按量地完成工作任务,还要为员工提供更为完善的职业生涯发展通道等非货币性报酬奖励,使员工和企业同步成长。

(一)激励性薪酬

激励性薪酬也称为外派奖金,一般按照基薪的一定百分比与工资一同发放,其目的是希望员工能继续外派。也有部分公司将该部分的薪酬确定为一个总额,分别在外派工作开始和结束的时候分两次发放,称为工作变动资金。

传统方法是以国外服务津贴的形式支付。通常是基本工资的一些百分点,15%甚至更高,定期以支票的形式支付,并且随任职、实际艰苦情况、税收情况以及派遣时间的长短而变动,该方法为大多数企业所采用。此外,还要考虑到一些差异情形,例如,如果在东道国工作的时间比在母国工作的时间长,就要采用差别支付的办法来代替加班费,而这种差别支付通常不会支付给母国人员或其他国人员。②

相对于传统方法,还有些企业提供一次性的激励,通常叫作"流动津贴"或"工作变动资金",在开始和结束外派的时候分别发放。这种方法很受欢迎,它有三个优势:① 伴随持续的外派,它不断地发放,而在外派结束后,没有这部分薪酬不会让员工感觉薪酬低了很多。② 它把从一个国家转换到一个国家的过程和薪酬紧密联系。员工因为外派任务而要从一个国家转到另一个国家时,如果津贴还在,员工就会感觉收入没有改变,尽管还需要流动。③ 这种报酬可以在接受任务之前或者回到母国后立即发放,可以避免在外派国的税收问题。

此外,许多企业感觉当员工外派到一个比较困难的地区时,有必要提供一些激励。这

10

① 李中斌,万文海,陈初升,等.国际人力资源管理.北京:中国社会科学出版社,2008.
② 赵曙明,刘燕,彼得·J.道林,等.国际人力资源管理.北京:中国人民大学出版社,2012.

些报酬通常叫作"困难津贴"，作为对员工在派遣过程中所遇到的艰苦条件的补偿。这类报酬一般支付给母国人员，而不支付给其他国人员。发放的比重通常是基本工资的 5%，在最困难的地方大概为 25% 或者更多，它很少以一次性的方式进行支付。在这些情况下，艰苦的定义、领取奖金的资格、支付的金额和时间等都必须予以规定。美国国务院确定艰苦地区的标准有 3 个：① 生活条件特别艰苦，偏僻，缺乏娱乐和交通设施、食品和消费服务；② 恶劣的自然环境，包括恶劣的气候、高纬度和影响身体和心理健康的危险环境；③ 明显有害健康的环境，例如疾病和流行病、缺乏公共卫生条件和健康医疗设施。根据这三个标准，美国对 150 多个国家和地区制定了补贴标准，且美国公司在确认艰苦条件时通常会咨询美国艰苦岗位差别指导局来确定合适的支付级别。

（二）非货币形式奖励

一些非货币的报酬方式，可以看作企业为外派员工提供的额外支付。比如职务的提升、上级的器重、更好的职业发展机会等。国际企业外派员工与非外派员工相比，在同等要求、条件下，国际企业可以适当考虑让外派员工优先享受职业晋升、荣誉表彰、专业培训和出国考察进修、职业生涯管理等福利。管理实践当中，一些企业将员工外派视为集团公司员工职业生涯的一种常态，一项富有考验价值的挑战以及获得晋升的必备条件。为避免人才流失，提高人力资本投资效果，可针对海外员工队伍中的高级管理人才、专门技术人才和高技能人才设计中长期激励。企业可以通过股票期权、限制性股票、员工持股等方式，一方面强化对海外高级人才的激励，一方面加强对这些骨干力量的约束。随着知识经济的到来，社会的进一步发展，非货币报酬将起到越来越重要的作用。

三、薪酬福利趋势

薪酬和福利正在朝着非物质性的趋势急剧变化。不断变化的劳动力态度要求人力资源管理者重新审视公司提供的现有薪酬福利及工作环境。未来，企业会在总体回报中加大非物质回报的激励内容，包括职业发展、绩效即时反馈和工作智能化与自动化；企业将重视员工的身心健康和保障管理，通过个性化的物质回报将员工绩效、工作体验与其总体回报的需求进行紧密联系。

新时代下，快速变化的外部环境要求员工必须具有创造性。创造性工作在日后将成为主流，这种工作的特点是产出无法预知，更需要人的创造力和探索能力，而这一能力的激发有赖于组织内部设立的薪酬福利与激励机制。

《2020 全球薪酬福利趋势》就以下"人力资源薪酬与福利"领域 10 大趋势提供宝贵的策略建议和洞察：工作的多元化与薪酬水平的多极化、混合的薪酬结构与实时计薪、从阶梯到脉冲的薪酬机制、数字认可与激励、绩效薪酬与职场物联网、从外部激励到自我驱动、从定期反馈到即时奖赏、从总体回报到全面体验、从内部公平性到内部公正性，以及薪酬福利与雇主品牌的对流加剧。

随着人才争夺大战日益白热化，各企业不断优化员工的薪酬福利结构。薪酬福利正是推动全球人力资源管理变革的重大力量之一。

10

第四节 国际薪酬的计算方法

计算国际薪酬的方法主要有两种:现行费率法(又称为市场费率法)和平衡表法(有时称为累积法)。本节将介绍这两种方法并讨论它们的优缺点。

一、现行费率法

现行费率法的特点是外派人员的基本工资与东道国的工资结构挂钩。国际企业在制定外派人员的基本工资时常常参考东道国当地市场相同职位的工资水平。

国际企业必须首先获得东道国的相关市场薪酬、生活水平、物价与消费水平等信息,然后以东道国相似职位的工资水平为基准,确定外派人员的薪酬水平,并对低工资国家的外派人员,在基本工资和福利之外提供额外补贴。

现行费率法的优点是:驻外人员能够得到与当地人平等的待遇,特别是当东道国为高工资国家时,有利于提高母国人员海外工作的热情;简洁、明了,易于理解;各个国籍的员工待遇相同,很好地体现了薪酬政策的内部公平性,有利于员工之间的合作。

现行费率法也存在一些缺点。首先,由于实行当地的薪酬水平,同一人员的不同派遣地之间会产生差异,特别是发达国家与发展中国家之间的差距最为明显,而且在发达国家之间也存在差距,如果采用现行费率法,管理工资和当地税收的差异会显著地影响员工的薪酬水平。通常情况下,驻外人员本人对此问题非常敏感。其次,同属于一个母国公司的员工在从事相同职位工作时,由于东道国薪酬水平的差异,会造成同工不同酬现象,严格应用现行费率法会导致驻外人员争相要求被派遣到待遇优厚的地方,而不愿意去那些被认为待遇缺乏吸引力的地区。最后,如果东道国的工资水平高于母国,当驻外人员回国时工资要恢复到原来水平,会对员工的回国造成麻烦,而且员工心里也会感到不舒服。

二、平衡表法

平衡表法的基本目标是"从驻外人员总体上考虑",即使驻外人员的薪酬与其在母国的同事保持一致,并补偿国际任职的费用,使他们维持在母国的生活标准,并通过经济激励使薪酬计划具有吸引力。资金平衡法的主要假定是驻外人员不应该因外派工作而蒙受经济、财产损失,原则是维持外派人员和母国人员薪酬的一致性。因此,它的主要特点是使外派人员具有与母国公司人员相同的薪酬水平,并且通过经济奖励的方式补偿不同派遣地之间的生活质量的差异,从而保证外派员工生活水平与在总部所在国大致相同。简单地说,就是使外派人员的购买力与其母国相同。这种方法在国际薪酬中应用最广泛,超过85%的美国国际公司外派人员的薪酬计算都用这个方法。[①]

---

① 李中斌,万文海,陈初升,等.国际人力资源管理.北京:中国社会科学出版社,2008.

表 10-1 说明了驻外人员的任职薪酬,它采用了资金平衡法。在本例中,一名澳大利亚人被派遣到某东道国。那里的生活费用指数相对于澳大利亚为 150,与澳元的兑换率是 1:1.5。除了出国服务计划中扣除 7% 作为住房的名义费用,另外还扣除了名义税款(本章后面讨论税收问题)。驻外人员可以从表 10-1 中看出薪酬计划所包含的内容,并且认识到薪酬计划是如何被分成两块——澳大利亚货币和东道国货币的。[①]

表 10-1　外派薪酬表

姓名:布赖恩·史密斯
职位:市场经理
派往国:东道国
调整原因:新的工作派遣
调整有效期:2008 年 2 月 1 日

项目	澳元/年	以澳元支付/年	以当地货币支付/年
• 基本工资	200 000	100 000	150 000
• 生活费津贴	50 000		75 000
• 出国服务奖金(20%)	40 000	40 000	
• 艰苦津贴(20%)	40 000	40 000	
• 扣除住房费用(7%)	−14 000	−14 000	
• 扣除纳税额	−97 000	−97 000	
总计	219 000	69 000	225 000
生活费津贴指数＝150			

资金平衡法的优点:一是可以有效地保护母国员工原先在国内享受的财产利益;二是属于同一母公司的人员不会因为在海外不同国家造成"同工不同酬";三是便于沟通和理解;四是驻外人员的回国安排容易,不会像现行费率法那样对员工的回国造成麻烦。

资金平衡法的缺点:① 由于员工国籍不同,所属国家的工资水平也不同,这样可能使母国人员、东道国人员及第三国人员之间产生相当大的差距,使得员工不满,并阻碍外派活动实施。例如,同在一家美国公司在华分公司相同岗位工作的美国人和印度人,由于美国和印度的国内工资水平存在差异,导致了这名美籍员工要比印度籍员工拿到的薪酬更高;这种差异还可以在母国和东道国员工之间产生,如一家中国公司在美国的分公司里,中国员工按照中国国内的工资水平拿到的薪酬显然要低于相同职位上的美国籍员工,这不仅产生了不平等,而且由于美国消费水平高使中国员工日常生活陷入窘境。这些问题都会导致待遇的不平等,以及员工不满情绪的产生。同时,平衡表法会成为员工接受跨国派遣的障碍。[②] 许多非美国的国际公司不愿意按美国的工资水平给承担跨国任职的美国员工支付高工资(如在母国企业工作的东道国人员或其他国人员),美国员工同样也不愿

---

① 赵曙明,彼得·J.道林,丹尼斯·E.韦尔奇.跨国公司人力资源管理.北京:中国人民大学出版社,2001:146.
② 赵曙明,刘燕,彼得·J.道林,等.国际人力资源管理.北京:中国人民大学出版社,2012.

意接受按企业的母国工资水平支付的较低的工资,直接影响美国员工在全球的外派工作机会。② 管理上相当复杂,主要体现在税收、生活费用,以及母国人员和其他人员之间的待遇差异上。

第五节　税收和外派人员回国后的薪酬管理

税收和外派回国后的薪酬待遇问题是人力资源管理者和驻外人员(母国人员和其他国人员)非常关注的问题,对外派成功有着重要影响。本节重点介绍国际薪酬中的税收问题以及外派人员回国后的薪酬问题。

一、税收

国际税收对国际企业在跨国生产和经营过程中的财务活动具有相当大的影响,因为各个国家的税收制度和税率差别较大。国际企业的财务经理必须熟悉其分公司、子公司所在国的有关税收情况,以便避免国际双重纳税、利用国际转移价格和通过"避税港"等方式进行合理避税,以使国际企业的全球整体利益极大化。[1]

没有人喜欢纳税,解决这个问题会花费企业和驻外人员很多的时间。以美国的驻外人员为例,跨国任职会意味着双重纳税——在工作东道国和美国。国际双重征税是指两个或两个以上的国家各自依据自己的税收管辖权就同一税种对同一跨国纳税人在同一纳税期限内同时征税。与其他所有的派遣驻外人员出国的成本加在一起,这项税费会使一些美国国际公司在是否聘用驻外人员的问题上再三考虑。对《美国国内税务征收条例》第911条需要予以高度的重视,根据此条款,在国外赚取的收入可以大幅度减税,但美国的驻外人员在国外任职期间,必须向美国税务局(IRS)备案,并且在通常情况下也要向工作东道国的征税部门备案,与那些不需要向本国税务机关申报全球总收入的人员相比,这种手续要烦琐得多。[2]

除非母国与东道国之间有互惠性纳税协议,否则外派人员就必须同时向母国和东道国政府交纳个人所得税。全球企业一般采用税收平衡和税收保护的手段来为外派员工提供税收优惠政策。

税收保护即员工在东道国缴纳的税款不能超过其在母国国内应缴纳的税款,如果在东道国的纳税额低于母国,那么之间的差额就可以成为员工的额外收入。该做法的最大优点是:低税收派遣地的员工可以获利。主要缺点是:员工为了获利,可能会违反税法,少报收入;不利于员工从低税收派遣地向高税收派遣地的流动。

税收平衡指企业暂时代扣数额等于母国人员在母国时应纳税额,然后支付东道国的全部税务,是迄今为止国际企业较为常用的税务政策。具体指公司扣留相当于母国员工

① 中南.国际企业的税收管理.国际商务研究,1995(1).
② 赵曙明,刘燕,彼得·J.道林,等.国际人力资源管理.北京:中国人民大学出版社,2012.

在国内应缴纳的税款金额后,再为母国员工缴纳其在东道国应该缴纳的税款,东道国税款高出母国税款的部分由公司支付。据此,母国人员的应缴税款等于在母国享有同等收入和家庭地位的纳税人其工资和奖金所应承担的税款。通常,企业还要额外支付给驻外人员补贴或津贴,而且都是免税的。这种方法的优点是:对于外派人员来说,不会因为所在国不同形成纳税数额上的差异,是公平的;公司可以从低税收的派遣地那里获利;员工不会违反税法而获利。其缺点是:需要专业的咨询服务,像聘请国际会计师事务所来分析这种国家之间的税务政策的差别,因此执行成本较高。

很多国际公司聘请国际会计师事务所来提供咨询,以应对这种国家与国家之间的税收政策的复杂性和差别性,这些国际会计师事务所可以帮助驻外人员在工作东道国和母国获得退税。国际公司也越来越多地将驻外人员薪酬计划其他方面的职能外包出去,这些薪酬计划包括一系列的目标服务。国际公司在制定薪酬计划时,需要考虑各国的特殊规定可调整的程度,以便母国人员、东道国人员和其他国人员在国际公司总的薪酬政策框架内能够获得税收方面的最大优惠和最适当的回报。

二、外派人员回国后的薪酬管理

外派人员回国后的薪酬管理对国际企业外派员工的工作积极性有很直接的影响,这部分工作引起了国际企业的重视,增强外派员工在薪酬方面的公平感和安全感,使外派员工没有更多的后顾之忧,是保证人力资源管理质量的重要方面。

外派人员的任务完成后,特殊薪酬随之取消。有效的外派人员薪酬计划应帮助员工重新融入企业在国内的工作当中。由于报酬的减少或国内生活水平的上升,在重新安置时,外派人员容易面临财务上的困境。比如中国的一些外派人员从非洲、中东等国家回国后,发现自己已经跟不上国内政策的变化,而且工资水平也比其在国外任职时低。很多外派人员回国后无法适应常规的薪酬,因为他们觉得在国外的经历使他们比出国前更有价值,尤其是与没有外派经历的同事相比。

此外,跨国任职通常可以看成是一种晋升。因为它赋予外派人员更大的自主权、更多的责任、处于管理高层并且在地方社会群体中角色突出等,因此外派人员的地位随之提高。当他们回国后,往往只是被当做众多管理人员中的普通一员,从“小池塘里的大鱼”变成了“大池塘里的小鱼”,心理自然会产生失落感。这种情况可能会导致两种结果:第一,难以和同事合作;第二,跳槽。

企业可以采取以下措施防止问题的发生:① 树立员工的职业发展意识,让外派人员清楚外派的目的是为了让员工培养国际工作经验,以便更好地承担未来的国际工作任务。这样,外派人员也就会将外派当成是职业经历,而不会过分计较外派薪酬的变化。② 综合分析各个员工的性格特征和能力,选择合适的员工进行外派。不同的员工有不同的价值观念,当他们的能力增强后,对待企业的态度就会不同。个人价值意识强的员工跳槽倾向很强,这类员工不适合外派,而诚信意识强的员工跳槽的倾向弱,较适合外派。③ 正确评估外派人员工作能力的增长,并根据实际情况给予提升和加薪。

10

第六节　国际薪酬管理制度比较

一个组织的薪酬管理制度对竞争优势具有长远的影响,薪酬不仅仅是一种使员工获取物质及休闲需要的条件,它还能满足人们的自我认可和自尊需要。因此,制定有效的薪酬管理制度可以降低成本,提高效率,确保依法办事,增强企业招聘时的吸引力。在激烈的国内和国际竞争、兑换率以及劳动力成本压力下,美国、英国、日本、德国、韩国等国企业在薪酬管理制度方面进行了大量的探索。

一、美国企业的薪酬管理制度

美国企业的工资标准一般由企业的劳资双方代表进行谈判,签订集体合同加以确定,工资等级和工资标准极度不一致。合同的有效限期一般为两年,详细规定两年期间工资分阶段的增长数额,以及有关的福利待遇的标准,联邦政府除通过法律规定最低工资和加班工资标准外,对企业的具体工资事务一般不加干预。①

员工的工资一般由基本工资和浮动工资组成。

基本工资是指根据岗位测评和市场因素确定的相对稳定的报酬,一般以小时工资率(针对蓝领工人)或月薪(针对白领职员)的形式出现。在美国企业中,行政人员一般实行薪金制。工人一般实行小时工资制,即按其工作的每小时付给工资,也有企业实行计件工资制。

基本工资先由劳动岗位测评确定不同岗位的工资系数,再由市场劳动力供求所决定的价格确定某些关键岗位的工资水平,从而确定所有劳动岗位的工资水平。劳动岗位测评有很多方法,如岗位排序、岗位定级、要素比较等,无论哪种方法,其实质就是要区分不同的劳动岗位对劳动者的智能、体能、责任的不同要求和劳动条件的不同,从而将劳动者的不同付出体现在劳动报酬的差别上。

浮动工资包括刺激性工资和福利津贴。基本工资的主要目的是企业吸引和稳定合格的劳动力,而刺激性工资是企业用增加工资的办法刺激职工的积极性,所谓刺激性工资,是以高于规定水平的生产率作为基础的各种工资形式。刺激性工资有按计件或按单位工作量支付的报酬,也有按超过定额的产量支付的奖金,也就是把报酬与产量挂钩,使工资随产量浮动,以刺激工人努力提高产量。一般来说,那些人工成本占总成本较大、竞争激烈、工人个人产量容易分清的行业,刺激性工资的作用较大,这种工资形式在服装、纺织、制鞋和一些金属制造业中很普遍。

美国许多企业为了降低人力成本费用和增加企业的利润,采取了一些较为灵活的工资形式,如按知识付酬计划、职工持股计划、利润分享计划、生产率利益分享制等。

① 李中斌,万文海,陈初升,等. 国际人力资源管理. 北京:中国社会科学出版社,2008.

10

二、英国企业的薪酬管理制度

英国人普遍认同的是公平合理的薪酬管理制度。英国的薪酬管理制度可以分为两类：国有部门的薪酬管理制度和私营部门的薪酬管理制度。英国国有部门的薪酬管理被公认为是学习的典范，以公务员的薪酬管理体系为例，提出高级差薪酬体系：一是针对高级官员的固定工资率；二是根据职位的不同和工作性质不同，采用薪资等级制；三是薪资管理制度随着 CPI 指数的变化而变化。英国私营部门的薪酬管理制度主要是以岗位工作职责来确定基本的岗位工资。企业为了减少人才流失，会参照同行、其他行业特别是竞争对手企业的工资水平，充分了解劳动力市场行情。对于基层岗位中以体力提供劳动力的员工，入职后会定期提高工资水平，但提高幅度较小。综合管理人员的工资主要以员工对企业的贡献为参照依据，会每年增加一次激励员工提高绩效。英国的工商企业推行半浮动工资，即员工每月发放工资的 2/3，余下工资的 1/3 与企业的经济效益相关，使员工和企业联系更加紧密，促成双赢局面。[1]

三、日本企业的薪酬管理制度

日本人信奉"忠诚"和"家族集体主义"精神。第一次世界大战以来，日本企业认为员工在企业的服务时间越长，工作越熟练，员工的忠诚度和对企业的贡献程度也会越来越高，因而企业实行年功序列薪酬管理制度增加企业和员工彼此间的信任度。对员工的考核仅以员工在企业的工作年限为准，与员工的工作能力关系不大。这种薪酬管理制度能够减少员工的离职率，保持稳定的员工队伍。

随着日本经济的不断发展，企业的管理制度不断完善，日本企业从业人员出现高龄化，年功序列薪酬管理制度已不适合发展需要，日本企业开始采取职务职能薪酬管理制度。薪酬的发放以员工的实际能力和工作内容而定。工作能力强，工作业绩好，对企业贡献多的员工，工资就高，反之亦然。

日本企业发展到现在主要实行的是前两者的综合，即年功型职务职能薪酬管理制度。其基本工资是由年功工资、职务工资和职能工资构成。员工在企业的服务年限占比很小，随着员工职能等级不断上升，每年针对职能考核的薪酬也会不断上升。因此，两个同一时间入职，同龄、同学历，而工作能力不同的员工，数年后他们的工资水平可能有很大区别。[2]

四、德国企业的薪酬管理制度

德国在确定薪酬管理制度时，是实行工资自治原则。即由工会与雇主协会或企业职工委员会或单个雇员，和企业谈判以达成薪酬管理制度，该薪酬管理制度中包含工资的高低、劳动时间、工资职责等部分，并且也是具有法律效力的制度。德国雇员的工资是由基

---

① 彭芬.百丽国际安徽分公司员工薪酬管理体系改进研究.兰州：兰州大学,2015.
② 彭芬.百丽国际安徽分公司员工薪酬管理体系改进研究.兰州：兰州大学,2015.

10

本工资、其他直接收入和将来的预期收入组成。基本工资的发放有三种形式：计时工资制、计件工资制和奖励工资制；其他直接收入包括有害工种津贴、夜班费、加班费、假期工资和休假补贴、财产累计补贴、圣诞节补贴、庆典奖、发明奖和建议奖等；将来预期收入就是雇员退休、生病或者工伤后获得的工资。

五、韩国企业工资分配制度

韩国企业的工资制度以"能力主义"为主要的分配原则，即认为职务是能力的反映，高职务应该有高报酬，强调能力主义和学历主义。所以其工资结构为工龄工资加职务工资，由此形成的高职务-高收入机制，以此鞭策员工奋发努力，报效企业。

在劳动力市场中，学历成为企业选择劳动力的主要依据，学历差别造成劳动力供求结构的差别。在企业中，不同学历的劳动者的劳动报酬呈现出明显的差别，高学历是取得高报酬的主要原因，同时，高学历也是劳动者在企业的权力等级中取得一席之地的必要条件。因高职位又与高报酬相联系，所以，职务与学历一道，成为拉开劳动收入差距的一个重要因素。这种现象不仅存在于大型企业集团中，在中小企业也非常普遍。这样一个有独特性的劳动报酬确定机制可以充分激励员工重视教育，重视自我提高，从而提高企业人力资源素质，增强企业实力。[①]

Conclusion

同人力资源管理的其他部分一样，国际企业薪酬管理同样追求本国一般性与东道国适用性的平衡，即战略弹性或动态稳定性，保证管理政策在相对的稳定性中，对于竞争环境变化具有一定的灵活性与适应性。具体来说，企业制定国际薪酬政策目标包括：战略匹配国际企业薪酬政策的核心；吸引、激励、留住人才；易于人员调配。

本章重点介绍了国际企业薪酬的组成、设计方式并进行不同国家的比较。总的来说，国际企业薪酬主要包括基本薪酬和国外工作津贴。计算国际薪酬的方法主要有现行费率法（又称为市场费率法）和平衡表法（有时称为累积法），企业在应用时，应具体考虑两种方法的优缺点。

国际公司外派员工薪酬制度设计的通行做法包括：① 以母国或外派国薪酬水平确定外派员工的基薪；② 如果子公司所在国的物价水平高过国内，则向员工支付消费津贴；③ 向外派员工提供基薪以外的激励性奖金，作为对其接受并从事外派工作的奖励；④ 提供丰富的非货币形式报酬，加强激励。

10

① 李中斌，万文海，陈初升，等. 国际人力资源管理. 北京：中国社会科学出版社，2008.

Keywords

薪酬管理   薪酬管理的战略弹性   国际企业薪酬

现行费率法   资金平衡法

Case-Study ◇◇

可口可乐公司进入中国的薪酬制度变化①

1979 年,可口可乐公司成为中国改革开放后最先进入中国的国际企业之一。可口可乐公司在中国的业务发展主要经历了三个阶段:重返阶段、快速增长阶段和稳定发展阶段。为了有效发挥薪酬的激励功能,其薪酬制度随着外界环境和公司战略的变化而不断变化。

(一)重返中国之初,强调外部竞争性的高薪政策

20 世纪 80 年代初,改革开放初期的中国尚处于计划经济时代,企业的效益与员工的薪酬基本无关,薪酬级别设置套用行政级别,同酬不同工现象普遍。

"买得到,买得起,乐意买"是可口可乐公司全球统一的经营战略。为了高效服务于公司的经营战略及其目标,可口可乐(中国)公司针对当时中国物质不丰富、员工收入水平低的状况,采用高薪政策以吸引和激励人才。

薪酬结构由基本工资、奖金、津贴和福利构成。基本工资是薪酬的主体。公司提供给员工的基本工资是当时国内饮料行业的 2～3 倍。重点强调内部均衡,管理人员和工人的工资差距较小,带有平均制薪酬特色。

公司根据员工绩效考核,在月底和年底向员工发放奖金。奖金的实质就是绩效考核工资。津贴主要指公司考虑物价上涨因素给予的肉食补贴、副食补贴等,以及由于工作需要使员工与家庭分开增加了生活费用而给予的补贴,如出差补贴、外地工作补贴等。福利主要表现为过年过节发放实物及平时有班车接送上下班等。

注重货币性报酬和极具竞争力的高薪政策在当时吸引了中国的大批人才加盟公司,满足了当时员工简单的物质层面的需求。

(二)快速增长阶段,外部与内部均具竞争性的薪酬政策

1992 年,在邓小平同志南行讲话的推动下,中国加大了对外开放、对内改革的力度。1993～1998 年,是可口可乐(中国)公司的快速增长阶段。

随着众多国际公司的进入及可口可乐(中国)公司自身的快速发展,对高素质本土人才的需求更为强烈。

10

---

① 顾琴轩,朱勤华.可口可乐中国公司的薪酬制度变化及其启示.管理现代化,2003(5):43-46.

　　为了在人才资源竞争上占据领先地位,可口可乐(中国)公司于1995年对薪酬制度进行了重新审核和调整。减少工资等级、提高工资总量,建立符合员工价值、贡献的薪酬体系。公司根据实际需要,简化工资等级,提高工资水平,保持公司薪酬水平处于美国在华企业的3/4位置;增加工资总量,每年给员工多发3个半月的基本工资;除交通津贴外,取消肉食、副食补贴等津贴,按政府有关法律规定比例的上限为员工支付基本养老保险等四金,并提供普通团体意外险和住房贷款计划等;在强化佣金、奖金等短期激励措施的同时,开始注重采用股票期权等长期激励手段。

　　另外,可口可乐(中国)公司也注重向员工提供非货币性的回报。比如,向员工提供系统性、全员性的培训,培训内容不但包括生产的过程、技术训练、管理方面,还包括公司文化、经营理念方面。

　　(三)稳定发展阶段,满足多层次需求的全面薪酬政策

　　从1999年起,可口可乐(中国)公司在中国投资扩张的速度开始放缓,进入了稳定发展阶段。与此同时,国内饮料企业崛起,国内饮料市场竞争激烈。

　　中国经过多年发展,国内物质生活水平不断提高,人们对生活的需求已不仅仅是物质需求,劳动力市场结构及就业观念也发生了很大变化。

　　外部激烈的产品和人才市场竞争,以及内部不尽完善的薪酬制度,导致公司员工流出比例升高、工作积极性下降的现象,2000年,可口可乐(中国)公司再次对薪酬制度做了重大调整,开始推行全面薪酬制度。此次调整是一次与公司全球政策的接轨。在这次调整前,公司对所有职位进行了为期近一年的调研及职位评价,并进行了重大的组织结构改革。可口可乐(中国)公司的全面薪酬制度将物质奖励和精神奖励相结合,在经济性薪酬和非经济性薪酬上尽量满足员工的多层次需要,同时辅之以将个人发展目标与公司目标有机结合的绩效考核,激励员工不断发挥自己的潜力,以有效提高公司的竞争力和吸引力。

　　Analyze:

　　请将可口可乐公司的薪酬管理模式与本章讨论的薪酬管理模式相比较,然后回答以下问题:

　　1. 可口可乐(中国)公司的薪酬管理有哪些特色?它如何支持公司提升竞争力?

　　2. 可口可乐(中国)公司的薪酬制度是如何随着外界环境和企业经营战略的变化而变化的?

　　3. 可口可乐(中国)公司的薪酬管理实践对您有什么启发?

10

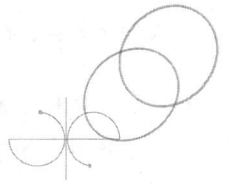

第十一章　国际劳动关系管理

Labor Relations Management Across the Globe

Aim at ◇

◆ 了解劳动关系、劳资关系、员工关系和雇佣关系的准确定义及区别。
◆ 了解劳动关系的三种类型。
◆ 了解各国的工会发展史及运作特点。
◆ 了解各国劳动关系矛盾的解决机制和内在逻辑。

Lead in ◇

底特律的"沦陷"①

如果说美国是汽车上的国家,那么底特律则是给美国安装车轮的城市。作为世界"汽车城",底特律是密歇根州最大的城市,它的名气不仅源于底特律曾经是美国的重工业制造中心,更源于底特律的破产,这是美国历史上规模最大的城市破产案;失去了支柱产业,底特律逐步陷入萧条,众多的工人失去工作,只剩下废旧的工厂,底特律的衰落被认为是美国后工业化时代诸多城市的缩影,随着传统工业的离开,这些城市逐渐"锈蚀",因此也被称为"锈带"。看着往日生机勃勃的工业城市逐步沦陷,美国社会众说纷纭。

在部分媒体的报道里,底特律的破产被归咎于金融危机,但这样的分析显然未能触及根本,同样面对金融危机,更多的城市焕发出新的活力。底特律的破产引发了社会各界广泛的讨论,部分观点认为这是当地执政者的失策,执政者只关注于底特律已有的经济基础,忽视了未来的经济走向。哈佛经济学家格拉泽是此观点的支持者,他

---

① 底特律破产:"玩垮"底特律的美国工会到底什么来路?

认为底特律的发展忽视了城市的多元性,依赖于单一的产业。但也有观点认为,底特律的沦陷源于种族矛盾。早在 20 世纪 60 年代,底特律由于种族问题发生了剧烈的冲突,这也引发了"白人逃离"事件,这使得底特律流失了具备教育优势和经济优势的人群;1967 年种族暴乱事件被认为是底特律从巅峰跌落的标志。

和上述观点相比,部分企业家发声,认为表面上看底特律的沦陷是由金融危机所引发的工厂关闭所导致的,但根本原因却是当地难以让企业接受的劳动关系,甚至有人直接提出"工会毁灭了美国汽车工业"。工会作为工人阶级利益的维护者和争取者,一直以来活跃于美国政商界,他们通过集体谈判、罢工等方式争取更好的福利待遇,但从目前看来,少有工会考虑自身提出的条件是否在企业的承受范围内。

在底特律,UAW(全美汽车工人联合会)有着巨大的影响力,也被认为是"全球最具战斗力的工会";虽然 UAW 为工人争取了众多的权益,但也成为一枚"定时炸弹",有人认为 UAW 变成了破坏市场经济的强大力量,通过暴力获取收益并为工人提供铁饭碗。2007 年,UAW 为了争取更好的福利,组织汽车工人进行罢工,通用汽车的数条生产线被迫关闭。面对金融危机和工人罢工的双重压力,底特律"三巨头"之一的克莱斯特和通用宣告申请破产保护,福特裁员 3.36 万人,变卖了除福特、林肯以外的业务和债务。2008 年 11 月,底特律汽车厂商前往国会寻求帮助,五年后,底特律宣告破产。

面对着底特律日益萧条的处境,美国政府开展了大量的工作,游说汽车厂商重回底特律,但目前来看成效不够。UAW 为工人寻求更高的福利并没有过错,厂商难以维系退出底特律也没有过错,底特律的工人阶级开始变得一无所有,资产阶级不得不变卖财产……

工会在企业运作的过程里应该承担什么样的角色?资产阶级和工人阶级又该保持什么样的劳动关系?这一切引发了社会的思考。

Focus on:

1. 底特律的破产能否避免?
2. 工会是否要为底特律的破产承担责任?

第一节　国际劳动关系管理

劳动关系的演变贯穿于人类社会的发展历程,如奴隶制度下奴隶和奴隶主之间的"物化劳动关系",或者封建制度下农民和地主之间的"半物化劳动关系"等。[①] 当今社会下的劳动关系,建立在契约的基础之上,而契约所体现的正是在基本约束的基础上,实现"选择自由与公平交换"的理念。选择自由所保证的是,劳动者和雇佣组织之间的行为自由,但这种自由是法律法规之下的自由,具体表现为,劳动者可以和任何雇佣组织建立劳动关

---

① 叶小兰.关系契约视野下的劳动关系研究.南京:南京大学,2012.

系,雇佣组织不得影响劳动力在生产系统中的自由流动等。公平交换所体现的公平首先指劳动者和雇佣组织身份对等。具体而言,虽然在劳动过程中,劳动者接受雇佣组织的管理,在单位内部存在从属关系,但需要意识到,雇佣组织和劳动者之间依然是平等的,雇佣组织只是通过管理劳动者来获取劳动力;公平其次体现在利益交换上,劳动者通过向组织提供劳动来获取报酬,而组织的目标则是通过整合劳动力来实现自身发展,获取最大收益,这本身属于利益交换的过程,双方都需要保证交换过程中的公平性。

由于当今的雇佣组织具备多种目的,如以企业为代表的营利组织所追求的更多是经济效益,非营利组织所追求的更多是社会效益。由于追求目标的不同,组织内部的劳动关系存在不同的特质。本章落脚于国际企业的劳动关系管理,本节将介绍企业情境下劳动关系管理的内涵以及中日美德这几个国家的劳动关系特征。

一、企业情境下劳动关系管理的内涵

如前文所说,随着国家或地区体制的不同、价值取向的不同,劳动关系的内涵不尽相同。在全球化的浪潮下,随着企业的国际化,不同地区的文化、理念逐步交融,大部分地区对劳动关系的基础认识逐步形成共识。同时,在对企业的日常经营的相关研究中,由于对劳动关系内涵的界定不同,时常出现和劳资关系、员工关系等混用的情况。因此,本部分将结合现有研究和企业经营的现实情况,给出劳动关系的定义,并对几个容易混淆的定义进行辨析,最后给出劳动关系的三种类型。

(一)劳动关系管理

在法学和社会学的视野下,劳动关系被认为是劳动过程中所形成的基本社会关系。劳动关系领域应用较广的定义认为,"劳动关系是在管理方与劳动者个人(团体)间产生的,由双方利益引起的,表现为合作、冲突、力量和权力关系的总和,受制于社会中经济、技术、政策、法律和社会文化的影响"。[①] 此概念具有较高的普适性,强调了劳动关系的从属关系和社会属性。对于企业而言,则有着更为适用的定义。企业作为经济发展的主要推动力,是大部分人依靠劳动获取生存资料的场所,劳动关系存在于企业内部,劳动关系存在的原因在于劳动者和企业所有者互相合作以追求经济利益。因此在企业范围内,劳动关系的本质是员工和企业之间的经济利益关系,但由于员工和企业之间的利益可能不一致,因而导致劳动关系的系列问题。劳动关系管理的目标一方面在于保证企业经营过程中的合法性,另一方面在于通过维持和谐的劳动关系提高企业绩效。在管理过程中,劳动关系管理时常被拿来与劳资关系管理、雇佣关系管理和员工关系管理混用,因此需进一步进行辨析。

劳资关系(Labor-Capital Relations)是市场经济下应用较为广泛的概念,用于表征私企中工人与雇主的关系。[②] 劳资关系所体现的是劳动者和私有企业之间的利益格局,涉及的主体主要是雇员、雇主和工会,涉及的关系则体现在雇员和雇主、雇主和工会、工会和

---

① 程延园.劳动关系.北京:中国人民大学出版社,2002.
② 冯小俊.科技型中小企业合作型劳动关系的构建研究.北京:首都经济贸易大学,2017.

雇员三个方面。值得关注的是,"劳资关系"中所包含的阶级意义和劳动关系相比更为丰富,一方面体现的是雇员与雇主之间的关系,另一方面体现的则是劳动方和资本方之间的关系。因此有观点认为传统意义上的劳资关系具有一定的对抗情绪,[①]这种对抗情绪的潜在假设是,劳资双方所追求的利益是完全对立、不可调和的。[②] 进行劳资关系管理,目的在于通过维持雇主和雇员间的强弱平衡,保护各方正当权益。和劳资关系相比,雇佣关系(Employment Relations)指员工和雇主之间的正式或非正式的经济、社会和心理联系,[③]涉及的主体包含雇主和员工两方面。对雇佣关系的管理,源于雇主期望通过打造和谐的雇佣关系来提高企业绩效,此目标与劳动关系的部分目标存在一致性。但无论是对劳资关系还是雇佣关系的解读,涉及的主体都包含雇员与雇主。但在企业的实际经营中,不仅需要考虑雇员和雇主之间的关系,也需要考虑雇员和雇员之间的关系,这也导致管理者需要进一步关注员工关系(Employee Relations)。员工关系管理在广义上被认为是管理者通过制定不同政策,对企业和员工、员工和员工之间的关系进行管理的过程;狭义上则指企业和员工之间的沟通管理,目的在于通过柔性手段提高员工满意度,进而实现企业目标。[④]

表 11 - 1　劳动关系、劳资关系、雇佣关系与员工关系的辨析表

员工关系	劳动关系	劳资关系	雇佣关系	
描述范围	所有组织	私有企业		
描述主体	劳动方和管理方	劳动方与企业所有者	员工与雇主	员工与员工/员工与企业
关系属性	社会属性	阶级属性	经济/社会/心理属性	沟通属性

结合表 11 - 1 对劳动关系管理、劳资关系管理、雇佣关系管理和员工关系管理的梳理不难发现,四者所描述的主体是重合的,但所关注的视角不同。劳资关系管理所关注的多为私营企业和劳动者之间的关系,部分学者认为,私企所有者和劳动者之间的利益追求不一致,这种不一致可能导致对相互之间合法权益的侵占,因此劳资关系管理首先关注于私营企业,其次关注于对双方合法权益的保护;雇佣关系管理追求的则是,试图从雇佣制度层面激发劳动者的工作积极性;员工关系管理的前提在于员工和企业之间存在雇佣关系,在员工关系管理中,企业关注于操作层面,目的在于通过营造员工之间,以及员工和企业之间的良好关系,提高员工满意度,进而提高企业效率。

(二)劳动关系的类型

劳动关系作为一种社会关系存在于所有的企业中,但由于受到社会文化、企业管理者、企业发展阶段等多个因素的影响,劳动关系可以被划分为三种类型,即利益冲突型、利益协调型和利益一体型。

11

① 冯小俊.科技型中小企业合作型劳动关系的构建研究.北京:首都经济贸易大学,2017.
② 谢海东.国外劳资关系对企业绩效的影响研究述评.外国经济与管理,2006(9):38 - 44.
③ A. Tsui, D. Wang. Employment Relationships from the Employer's Perspective: Current Research and Future Directions. *International Review of Industrial and Organizational Psychology*, 2002, 17: 77 - 114.
④ 刘昕,张兰兰.员工关系的国际发展趋势与我国的政策选择——兼论劳资关系、劳动关系和员工关系的异同.中国行政管理,2013(11):56 - 60,99.

在利益冲突型劳动关系中，利益冲突源于劳动方和企业方的利益差别，当双方的相互依赖程度、对资源的掌握程度不对等时，则存在利益差别扩大的可能，利益冲突也更可能发生；在利益协调型的劳动关系中，虽然劳动方和企业方也存在由利益差别引发的利益冲突，但在工会、政府机构等第三方的介入下，双方的利益冲突能够得到协调；在利益一体型的关系中，劳动方和企业方有着一致的利益诉求，因而也不存在利益差别。[①]

二、世界主要国家的劳动关系特点

从长期看，全球化合作将进一步加深，中国会有越来越多的企业走出国门；在跨国经营的过程中，企业既需要"以全球化的思维布局"，也需要"以本土化的方式经营"。陈春花等认为，在管理实践中，由于情境的差异，西方的管理理论并不完全适用，必须考虑文化差异所产生的关键作用。[②] 在劳动关系管理中，不同的国家地区出于文化差异，也会体现出不同的特点。

（一）美国的劳动关系特点

美国作为世界强国，拥有深厚的商业基础，其管理理念、商业模式、国家文化对世界均有着重大影响。根据霍夫斯泰德的文化维度理论（Cultural Dimensions Theory），美国文化具备个人主义强烈、权利距离小等特征。这意味着美国劳动者更期望在一个充满尊重的环境下工作，由职位等级所带来的威权对美国劳动者带来的影响更小，劳动者也更关注自身权益是否得到保障。在这种文化情境下，劳动者和企业所有者的利益差别极易引发双方的冲突，甚至导致大规模罢工。在劳动者和企业所有者的长期合作与分歧中，美国劳动关系逐渐走向了集体谈判和利益弥合的方向。

1. 集体谈判

利益差别是导致劳动方和企业方发生冲突的主要原因。虽然美国存在游行、罢工等多种示威方式，但谈判依然是主要的劳动冲突解决办法。从参与主体看，谈判分为个体谈判和集体谈判，前者指劳动者个人与企业通过谈判的方式解决争议。和集体谈判相比，个体谈判缺乏筹码，且存在信息不对等的现象，谈判的结果很可能保证了劳动者个体的利益，但损害其他劳动者的利益，引发劳动者的恶性竞争；与此同时，劳动者个体在后续的劳动过程中，可能遭受雇主的隐性报复。集体谈判本质上是劳动方和企业方的博弈行为，虽然双方的态度可能受到政府、舆论等多方面的影响，但最后做出决策和选择的依然是劳动方和企业方。和个体谈判相比，集体谈判不仅可以避免劳动者的恶性竞争，而且能保护支持谈判的劳动者。[③] 虽然集体谈判中的劳动方由众多的劳动者个体构成，但集体谈判不能看作个体谈判的集合，因为随着劳动者队伍的壮大，谈判的性质也发生了变化；个体谈

11

① 陈维政,李贵卿,毛晓燕. 劳动关系管理. 北京:科学出版社,2010.
② 陈春花,宋一晓,曹洲涛. 中国本土管理研究的回顾与展望. 管理学报,2014,11(3):321-329.
③ 吴清军. 集体协商与"国家主导"下的劳动关系治理——指标管理的策略与实践. 社会学研究,2012,27(3):66-89,243.

判可以归属于经济过程,集体谈判则带上了政治属性;①集体谈判的结果不仅仅对企业有重大影响,且往往能影响到行业规范和法律制定。

在集体谈判过程中,不仅包含劳动方和企业方,政府作为第三方更可能参与其中。政府由于是集体谈判制度和相关法律的制定者,一方面以法规的形式参与谈判过程,另一方面则担任了仲裁者和调停者的角色。②

2. 利益弥合

在不断争取下,美国政府以法律的形式对劳动方和企业方进行了约束。由于工会的存在,不同行业、不同地区对劳动方的利益有不同的规定,但劳动者利益依然存在被侵犯的可能,这种侵犯既可能源于企业,也可能源于外部环境。统一劳动方和企业方的利益诉求,以政策的形式给予足够的利益保障是美国劳动关系又一大特点。

美国企业积极推行员工持股计划。从方式上看,员工持股计划目前不是美国企业独有的措施,但根据可考察的历史,美国的员工持股计划可以追溯至 20 世纪 60 年代,美国国会在 1973 年通过了关于员工所有制的法律。从员工持股的方式上看,分为利用信贷杠杆和不利用信贷杠杆的员工持股计划:在利用信贷杠杆的持股计划下,参与持股的员工会设立基金组织,通过基金组织申请贷款购买公司股票,由股票所带来的每年分红可以用来偿还贷款;不利用信贷杠杆的持股计划则是指,为每个参与持股的员工设立股权账户,定期分红。③ 统一双方的诉求固然有助于弥合利益差别,但并不意味着劳动方能更积极地参与劳动,劳动者的绩效受多种因素的影响,这些因素不仅存在于企业内部,更存在于企业外部,如家庭、个人兴趣等。为帮助员工提高绩效,越来越多的美国企业开始关注劳动者在企业以外的利益诉求,通过诸如为家人购买保险的方式提高劳动者积极性,维持良好的劳动关系。

(二)中国的劳动关系特点

在我国的发展历程中,由于企业所有制、产业结构、劳动模式的变化,劳动关系也发生了巨大的变化;劳动方和企业方由原本平等合作的关系转变为合作与冲突并存的关系。④根据企业性质,我国的企业可以大致分为国有企业、"三资"企业和民营企业三类,不同企业所表现出的劳动关系各有差别。

1. 国有企业的劳动关系

国有企业的创建既有政治因素也有历史因素,早在 20 世纪 90 年代,大部分的城镇职工依然就业于国有企业和集体企业;但随着经济改革的深入,国有企业职工人数大幅下降,非公企业成为主要雇主。⑤ 发展至今,国有企业在我国经济生活中依然占据重要地

11

---

① D. Farnham. Beatrice and Sidney Webb and the Intellectual Origins of British Industrial Relations. *Employee Relations*,2008,30(5):534-553.

② 陈维政,李贵卿,毛晓燕. 劳动关系管理. 北京:科学出版社,2010.

③ 陈维政,李贵卿,毛晓燕. 劳动关系管理. 北京:科学出版社,2010.

④ 程延园,王甫希. 变革中的劳动关系研究:中国劳动争议的特点与趋向. 经济理论与经济管理,2012(8):5-19.

⑤ 程延园,王甫希. 变革中的劳动关系研究:中国劳动争议的特点与趋向. 经济理论与经济管理,2012(8):5-19.

位。国有企业的劳动关系被认为经历了从利益一体型到利益依附型的过程。在经济体制改革之前，各级员工都担任了劳动者的角色，员工的福利待遇更多受政策控制，这使得国有企业内的员工较少遇到利益冲突的情况。但随着经济转轨，管理方式的转型，国有企业逐渐市场化，原有的利益一体型的劳动关系发生了转变。和其他性质的企业相比，国有企业提供了更为稳定的就业环境，部分国有企业的员工依然拥有类似于公务员的"国家职工"的身份，并享受较为充分的劳动保障待遇；由于国有企业的政治性质，需要承担解决就业问题等社会职能，这也使得国有企业主动裁员的可能性更小；在薪酬待遇上，和民营企业相比，国有企业能够提供高于社会平均水平且更稳定的报酬。[①]在上述因素作用下，国有企业员工主动退出企业的意愿较低，对企业的依附性更强。

需要关注的是，在国有企业现有的劳动关系下，虽然员工主动退出企业的意愿低，但工作积极性无法得到保障，同样也存在员工能力无法满足企业发展需求的情况，这可能会导致国有企业的劳动冲突。

2. 外商投资企业的劳动关系

和民营企业相比，外商投资企业能提供相对更高的待遇，也更注重遵守我国境内的相关法规。但由于员工对投资方的文化认同和所在地政府的理念，劳动关系存在较大的差别。

欧美投资者在我国设立的企业往往尊重个人价值，有较强的法律规范意识，因此能为劳动者提供较好的工作环境和工资待遇；日本投资者受到"终身雇佣"等理念的影响，提倡创造出上级关爱下属、下属敬爱上级的"家"文化；而来自中国台湾的投资者，则倾向于采用"威权"的方式进行管理，由于可能冒犯到个人尊严，因此引发了较多的劳动争议。所在地政府对外商投资者的态度往往也直接影响到企业的劳动关系，由于许多政府鼓励外商投资，并期望通过外商投资缓解当地就业压力、促进经济发展，因此轻视了对外资企业的管理，甚至牺牲员工利益以迁就投资方。因此如果所在地政府对待外商的态度过于宽松，以至于监管缺位，则极易引发劳动方和企业方的冲突。

3. 民营企业的劳动关系

随着市场环境的成熟和政策的放开，民营企业在我国发挥着越来越重要的作用，承担了社会大部分的就业。由于管理方式多样，以及新生代员工与以往完全不同的工作理念，大部分民营企业的劳动关系可以归属于利益协调型。

在管理方式上，民营企业的所有者和高层管理者往往是重合的，他们掌握了企业的决策权和管理权，这使得企业方能够制定适用于企业发展的战略决策，但未必能兼顾劳动者的利益。在企业方对劳动法规的遵守上，民营企业展现出不同的态度，大型民营企业由于有规范的管理制度，因此能够遵守相关法规；但对于众多的中小企业而言，由于劳动方无论在资源获取还是在话语权都处于劣势地位，依然存在企业侵犯员工正当权益的情况。和公然违反劳动法规相比，现在还存在的一个趋势是，通过不同的管理方式"绕开"相关法规。如我国《劳动法》已经明确"每日工作时间不超过 8 小时，平均每周工作时间不超过

---

① 刘洋. 改制后国有企业的劳动关系：现状、问题与协调治理路径. 教学与研究，2018(7)：33-43.

44 小时"的工时制度。但从该法规的执行上看,目前呈现出多种"绕开"该法规的趋势,如部分企业虽然能够保证员工在企业的工作时间不超过 8 小时,但依然可以通过远程办公等方式占用员工的生活时间。由于管理方式的不规范、对法规的不重视,部分民营企业的劳动方和企业方存在利益差别。

随着国内劳动者法规观念的加强以及新生代员工逐渐步入职场,虽然劳动方和企业方存在利益差别,但劳动关系却逐步走向利益协调。国内目前已经形成了较为完善的劳务诉讼制度,法律意识的加强使得劳动者敢于以法律的手段维护正当权益,仅 2018 年 1 月 1 日到 2019 年 4 月 23 日,我国就进行了 19 万件的劳动争议案件判决,近一半的判决和劳务报酬相关。和过去的劳动者相比,新生代员工有更好的家庭环境、受教育程度高、拥有较高的职业追求和个人自尊,[①]但工作耐受度低,因此新生代员工也更为关注自身利益是否得到保障,面对和企业方的利益冲突,新生代员工的容忍性更低,不仅敢于采用法律手段维护权益,而且越来越多的人开始通过网络引发社会关注,这对于企业而言,无疑会产生较大的影响。因此对于民营企业而言,虽然和劳动方存在利益差别,但倾向于打造利益协调型的劳动关系。

(三)日本的劳动关系特点

终身雇佣制、年功序列和带有合作性质的企业内部工会的影响被认为是传统日本企业劳动关系的"三大支柱",[②]也被认为是日本产业创新的源泉。以"人"为中心,打造"家"的氛围,是日本劳动关系的最大特点。

终身雇佣制指各类学校的毕业生从被录用到退休都在同一家企业任职的制度,此制度适用于正式员工,临时工、兼职员工等不包含在内;终身雇佣制不仅包含契约关系,更是企业对员工的一种承诺,在这种承诺下,就算企业面临经济冲击,也不会轻易裁员。对于终身雇佣制的起源,普遍认为源于二战后日本爆发的劳务纠纷,由于日本面临经济危机,众多劳动者受到解雇的威胁,为了照顾员工的利益,同时防止企业培养的员工跳槽,日本企业提出了终身雇佣制。终身雇佣制的应用使得劳动方和企业方达成彼此忠诚的社会契约,双方的基本利益得以保障。

年功序列代表的是日本企业内部围绕工龄和功绩所制定的薪酬和晋升制度,年功序列的应用和终身雇佣制能够有效配合。由于劳动者的薪酬受工龄和功绩的影响,因此在大部分劳动者能力差不多的前提下,薪酬更多取决于工龄,从现实层面来看,劳动者也有更强的意愿服务于同一家企业。对于同年龄段的劳动者而言,薪酬差距小,有助于保持员工的团结。年功序列的制定同样会考虑到员工的生活成本,由于在日本文化下,男性依然是家庭生活的主要经济来源,因此企业所提供的薪酬需要涵盖日本家庭的基本生活成本,这也从经济上解决了劳动者的后顾之忧,保证了劳动者的忠诚度。年功序列的另一个优

11

---

① 赵宜萱,徐云飞.新生代员工与非新生代员工的幸福感差异研究——基于工作特征与员工幸福感模型的比较.管理世界,2016(6):178-179.

② 陈维政,李贵卿,毛晓燕.劳动关系管理.科学出版社,2010.

势在于,作为一种参考体系,能够为企业内部的员工流动和转岗提供依据。

虽然日本企业倡导"家"的企业氛围,但依然存在劳动方和企业方的利益受到侵占的情况,为了解决劳动冲突,日本形成了企业内部工会,这与美国的产业工会形成了鲜明对比。工会的作用在西方社会一直存在争议,因为曾经出现过工会对工资福利要求过高而损害企业正当利益的情况;日本学者 Masayuki Morikawa 的研究认为,工会对日本企业的生产率和员工的工资均有积极影响,[1]出于对企业利益的关注,企业方也需要和工会紧密配合。

在终身雇佣制、年功序列和企业内部工会的作用下,日本企业总体保持着良好的劳动关系,但根植于"三大支柱"背后的依然是日本企业家独特的经营哲学。日本企业虽然追求利润,但不提倡毫无限制地追求利润。他们认为提高企业利润和保障员工福利并不矛盾,"家"的文化也使企业所有者不仅仅承担了资本家的角色,更承担了"家长"的角色;作为"家长",既需要关注企业的成长,也需要关注企业员工这一"家庭成员"的利益。

但随着近年来日本经济增长的迟缓,有观点认为日本企业的劳动关系已经不再适用于当前变化的经济形势,现有的劳动关系固然保证了日本劳动者的个人利益,但也造成了日本企业论资排辈、打击年轻人创造性的情况。近年来部分日本企业也采取更为灵活的雇佣方式,试图营造出能鼓励员工创新和积极性的劳动关系,但最终结果依然有待观察。

(四)欧洲的劳动关系特点

欧洲作为全球最发达的地区,拥有悠久的商业历史,欧盟的成立更是加深了各国之间的文化和经济交流,各国的劳动关系有一定的相似性,特点在于集体谈判和重个人福利的劳动关系。本部分以德国和英国为例,介绍两国的劳动关系和当前的发展趋势。

德国在经营理念上和其余国家存在一定差异,德国企业之间崇尚合作而非对抗,它们并不认为自由竞争能提升经济效益,与之相对应的,和企业所能获取的短期利润相比,德国企业更追求长久的生存。它们固然会考虑企业所有者,即股东的权益,但德国企业认为,股东只是众多利益相关者的一部分,德国管理者会优先考虑员工与客户的利益。[2] 随着历史的发展,德国劳动关系体现为"共同治理",即工人参与制度。在德国企业中,企业管理的权力、职责、报酬等不应由企业所有者或管理者等任何一个群体独享,就算是普通的劳动阶级,也需要参与其中,"民主制度"的思想被认为适用于企业管理。因此,德国企业的劳动者通过推举代表的方式参与决策,决策的群体则由管理者和劳动者构成。"共同治理"的出现能够改善企业劳动关系,防止企业所有者为了追求自身利益而损害劳动者利益的情况。德国政府更以法律的形式确定了工人参与制度的合法性,从历史视角看,德国所推行的工人参与制度对欧洲各国乃至世界的劳动关系管理都产生了深远影响;遵循这一思路,《欧洲公司法》规定,在成员国的公司制企业中,举行的董事会中需要有三分之一的职工代表。[3]

①　M. Morikawa. Labor Unions and Productivity: An Empirical Analysis Using Japanese Firm-Level Data. *Labour Economics*, 2010, 17(6): 1030 - 1037.

②　杨晓智. 德日美劳动关系的历史考察及启示. 中国劳动关系学院学报, 2016(6): 1 - 5.

③　陈维政, 李贵卿, 毛晓燕. 劳动关系管理. 北京: 科学出版社, 2010.

11

如果将工会的成立看作劳动者团结意识和自我保护意识的觉醒,那么英国是世界上最早出现工会、最早组织集体谈判解决劳动争议的国家。同样作为最早进行工业革命的国家,英国对劳动关系有着独特的态度,其最大的特点在于"自愿主义"和立法薄弱。[①]"自愿主义"一方面体现在劳动方和企业方的意愿上,另一方面体现在政府的态度上。对于存在利益冲突或利益差别的企业方和劳动方而言,他们倾向于通过非正式谈判或考察性会议解决纠纷,在此过程中双方都会尽量避免政府的干预,主要依靠自愿的原则达成协议。[②] 对于政府而言,英国政府在劳动关系的立法上不算积极,或许是受自愿主义的影响,英国的劳动关系缺乏法律的支持和规范,和欧美其余国家相比,英国在劳动关系上的立法显然不算完善。例如,虽然劳动方和企业方能够通过集体谈判达成协议,但集体协定不具备法律上的约束力,更像"君子协定",法律不能强制执行。

值得关注的是,随着全球化进程的深入,各国文化的交融,不同区域的劳动关系也在互相影响。如虽然终身雇佣制是日本劳动关系的"三大支柱"之一,但也有企业尝试采用其他的雇佣方式;英国劳动关系中的"自愿原则",由于缺乏法律约束,也存在风险可能。虽然不同地区的劳动关系处于缓慢变化中,但最终形成的劳动关系必然需要被当地的文化所认同,这也是不少企业在跨国经营过程中所遇到的问题;紧张的劳动关系看似由不当的管理方式所导致,实际上体现的是文化的不兼容。而在协调劳动关系的过程中,工会始终是绕不开的话题,工会在许多情况下对劳动关系甚至有决定性影响,因此有必要了解各国工会的运作情况。

第二节　各国工会组织的运作特点

从历史渊源上看,工会的出现标志着生产资料所有者和劳动者之间的利益冲突已经难以调和,如果劳动者不团结,那么利益只能被资本家等生产资料所有者侵占。工会被认为是工人阶级为了维护自身利益而成立的团体组织,工会的出现首先需要社会存在劳动阶级和资产阶级,其次需要劳动阶级意识的觉醒。虽然世界大部分国家和地区都成立了工会,但受各地文化、政策等因素的影响,在工会的运作过程中,体现出不同的特点。本节将重点介绍美中日欧四地的工会组织运作特点。

一、美国工会

(一)美国的工会发展史

美国工会的出现有其历史因素,17世纪的美国就曾出现过小规模的罢工和工人抗议情况,但当时的英美法律认定罢工属于违法行为;直到19世纪,美国工会的合法性依然不

---

① 刘健西.劳资关系协调机制及政策研究.北京:中国经济出版社,2017.

② 余云霞.英国劳资关系的特征及演变——20世纪90年代以来英国劳资关系的变化.工会理论与实践,2001,15(4):54-57.

被认可;工会合法化的标志是 1842 年的杭特案(Commonwealth v. Hunt)①,麻省最高法院的大法官认定"出于法律目的组织起来,使用法律手段……"的工会组织合法。20 世纪 30 年代,美国工业经济蓬勃发展,工人阶级壮大,资本家掌握了社会上更多的生产资料,由于缺乏对资本家的有力约束,劳动方的利益难以得到保证;双方的利益冲突实则表现为阶级冲突,工人阶级通过组建工会来参与企业方的谈判,但集体谈判不仅需要工会的支持,更需要法律的认可。罗斯福时期,美国政府颁布的《国家工业复兴法》(1933)和《国家劳工关系法案》(1935)规定了工人有权力建立工会并组织集体谈判,②此阶段的工会通过组织罢工等形式的确为工人阶级争取到了利益。AFL(美国劳工联合会)在此时期开展了大量的工作。但二战结束后,随着苏联影响的加深、美国社会及政府反共主义的情绪高昂,强调"中立立场"的美国劳工联合会遇到了竞争者,即由左翼人士成立的 CIO(产业工人联合会),并成为当时美国社会罢工运动的主要推动者。虽然 AFL 和 CIO 的创建渊源和理念不尽相同,但二者依然在 1955 年合并,成为世界上最大的工会组织 AFL-CIO("劳联-产联")。AFL-CIO 关注包括工作环境、薪酬福利、两性平等、移民等内容,其影响力不仅广泛存在于工人阶级和资产阶级,对政治同样有积极影响。通过组织工人运动,AFL-CIO 在 1963 年推动了美国的《同工同酬法》,以保障女性获得和男性相同的报酬;2009 年,推动了《莉莉·莱德贝特公平报酬法》,以保障女性因在薪酬上被歧视而诉讼的权利。

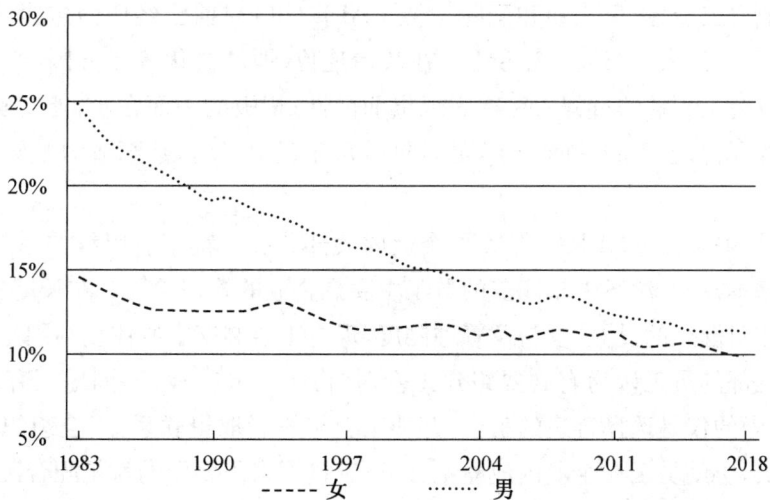

图 11-1　美国 1983～2018 年参与工会的比例走势图

图源:美国劳工部. https://www. bls. gov/opub/ted/2019/union-membership-rate - 10-point - 5-percent-in - 2018-down-from - 20-point - 1-percent-in - 1983. htm? view_full.

---

① 美国工会是"有功之人"还是"有罪之人"?. https://www. sohu. com/a/342701511_115479.

② 章蕾. 美国工会的衰退成因及其发展对策研究. 中国劳动关系学院学报,2010,24(5):113 - 116.

虽然以 AFL-CIO 为代表的美国工会为争取工人利益做出了巨大的贡献,但从全美参与工会的工人比例来看,近 30 年,工人参与工会的比例持续走低。有学者认为,工人阶级参与工会意愿的下降可归于三方面原因:① 全球化和人口统计因素的变化。全球化导致美国制造业向发展中国家转移,这削弱了原有支持工会的群体;在人口统计因素上,参与工作的性别比例的变化、移民因素等都会引起参与工会意愿的下降。② 劳动法的平衡被逐步打破,虽然法律赋予劳工组织工会的权利,但雇主能够利用时间差进行分化工会宣传,识别并解雇亲工会分子,虽然员工能够申诉,但持续时间往往长达三年,这三年里员工将处于"事实失业"的状态。[①] ③ 工会自身,正如 AFL-CIO 的报告所说,"工会在该变革的时候沉默,选择了没有远见的做法⋯⋯"[②]

(二) 美国工会的运作特点

前文对美国工会的历史进行了介绍,但当今社会下的美国工会如何成立?如何运作?依然需要介绍。对于跨国经营的企业而言,就算是在美国新成立的公司,也有可能成立工会,工会是否成立取决于员工。虽然图 11 - 1 表明,当前美国工人加入工会的意愿持续走低,但并不意味着工会仅存在于 10% 的美国企业,数据表明,远超过 10% 的人在与工会有关系的企业里工作。值得一提的是,美国工会是一套多体系的组织,根据不同层级,工会可以划分为地方工会、国家工会和国际工会。AFL-CIO 目前已经成为包含 55 个国家和国际工会的联盟,代表 1 250 万名劳工。在政治地位、地域文化等多方因素的作用下,美国工会在争取劳工利益的过程中往往表现出两面性:积极的一面在于,能切实行动起来,帮助劳工争取利益;消极的一面在于,可能阻碍企业正常经营,甚至成为政党获取选票的工具。

《国家劳资关系法》(NLRA)保障了企业内大部分员工都享有组织并参与工会、参加集体谈判等基本权利,法案中未涵盖的员工主要是企业的管理阶层。在长期发展中,美国工会发展出相对健全的设立、参与及管理制度,现有工会制度中所体现的则是一种服务特征。当企业内部的员工认为有必要组建工会时,由于不同行业、不同地区存在众多的工会,员工需要做的仅是选择合适的工会,并和工会组织者取得联系,工会组织者是工会的全职工作人员,协助员工在企业内成立工会;员工接下来需要做的就是配合工会组织者的安排,获得企业内部更多员工的支持。在此过程中,工会会员需要缴纳会费以维持工会运转,会费形式包括按月缴纳的会费、按比例缴纳的会费、首次入会的启动费等。在工会运作和员工劳动过程中,工会代表扮演了重要的角色,工会代表往往作为企业内工会会员的第一联系人协助解决争端,同时参与集体谈判。从 Workplace Fairness 提供的数据看,工会会员的平均工资比非会员高 30%,工会会员享受健康福利的人员比例比非会员高 27%⋯⋯

从工会为成员带来的福利看,工会的运作无疑是成功的;但从历史背景看,美国工会

---

① 丹·克劳逊,玛丽·安·克劳逊,郭懋安. 美国工会状况及其复兴战略. 国外理论动态,2010(5):17 - 24.
② 章蕾. 美国工会的衰退成因及其发展对策研究. 中国劳动关系学院学报,2010,24(5):113 - 116.

所争取的福利制度多集中在 20 世纪,这或许建立在美国工业化的背景之上。但随着"去工业化"的趋势,美国工会在运作过程中也逐步体现出弊端,部分人将工会当做谋求不正当利益的工具。如部分消极怠工、能力不足的员工利用工会争取本不该属于他们的利益,这严重挫伤了认真工作者的积极性;由于工会有广大的群众基础,部分领导者早已成为"工会贵族",工会成为谋求个人利益的工具;而就工会自身而言,在为员工争取利益的过程中容易矫枉过正,提出的条件超过企业的承受范围,以至于存在企业难以承担工会提出的要求,最终倒闭的情况。

二、中国工会

(一)中国工会的发展史

中国工会的发展是时代的必然,和其他国家/地区相比,带有鲜明的时代烙印和国家特色。如前文所说,工会产生的前提是工人阶级的出现和工人意识的觉醒。鸦片战争之后,外国资本主义强行进入中国,中国沦为半殖民地半封建社会。外国资本主义通过战争进入了中国市场,并纷纷在中国开设工厂以降低生产成本。由于战争的失利和政府的软弱,当时的法律难以监管外国投资者,这使得中国工人处于愈发严厉的压榨之下。在共产主义理念的感召和国外工人阶级运动的影响下,中国工人阶级组建了工会以维护自己的利益,工人阶级的壮大和团结为工人阶级政党——中国共产党的成立和壮大提供了阶级基础。[①]

中华人民共和国成立后,工会组织成为联结执政党和劳动群众的桥梁。1950 年颁布的《工会法》规定了工会的职责,即工会能够代表工人和企业进行谈判,以缔结集体合同;工会有责任改善工人工作生活条件等。[②] 虽然以法律的形式明确了工会的责任和权利,但作为工人阶级的代表,依然需要关注:如何定位工会和政府之间的关系,如何加强工会的活力,如何防止工会脱离群众等。上述问题在欧美等发达国家的工会中屡有出现,比如表现为"工会贵族"的产生,为了获取工人支持轻易允诺等现象。为了避免上述问题,防止工会脱离群众,1949 年以来工会出现过三次重大改革。

第一次改革于中华人民共和国成立初期。当时,首要工作是恢复城市生产,所有工作都要服务于生产工作。经历过动荡时期的工会被赋予了时代任务,即通过团结全体工人阶级参与生产或工作计划来建设新中国。时任中华全国总工会副主席的李立三在讲话中明确了工会的基本性质,即工会是群众组织,资本家及其代理人不能参与;工会需要代表工人利益参与集体谈判,民主作为工会的灵魂,需要杜绝命令主义,就算是共产党的决定,也只有通过党员的宣传说服群众,而不是共产党自行决定。[③] 工会组织在此阶段引导工人阶级参与社会生产,为我国建立较为完整的工业体系、恢复社会生产做出了巨大贡献;

① 中国特色社会主义工会发展道路研究课题组. 中国工会发展道路的历史回顾与总结. 中国劳动关系学院学报,2010,24(2):1-5.
② 刘勇. 改革开放进程中的中国工会利益整合-表达研究. 西安:陕西师范大学,2011.
③ 游正林. 60 年来中国工会的三次大改革. 社会学研究,2010(4):76-105,244.

但在此时期工会依然存在"命令主义"等问题。1955 年,中华全国总工会在向中共中央提交的报告中也反映了工会在发展过程中出现的问题。①

第二次改革于 80 年代后期。当时,一方面是出于对党和工会的关系、政府和工会的关系等问题的思考,另一方面则出于对政治、经济等因素的考量,1988 年通过了《工会改革的基本设想》,《设想》把维护职工合法权益和民主权利放在第一位,强调实行基层工会领导机构的民主选举制度;②《设想》还规定了共产党对工会的领导是政治领导,不干涉日常工作等内容……第二次改革不仅是全国总工会对当时形势的思考,也是党中央对工会改革的设想,③其核心依然在于,工会需要密切联系群众,代表群众的利益。

第三次改革着眼于《工会法》在新时代的适用性。在 1992 年,我国出台了第二部《工会法》,但随着经济体制改革的加深,原有《工会法》出现了部分情境下不适用的情况,如部分条款只适用于全民所有制和集体所有制企业,原有条款缺少对工会干部的保护性规定,以至于部分干部在为工人维权的过程中受到打击报复。我国分别在 2001 年、2009 年对《工会法》进行修订,修订后的《工会法》明确规定了工会在新的历史时期下的基本职责,为工会维护工人权益提供更为细致的法律保障。

从对我国工会发展历程的梳理中可知,工会的目标在于为广大工人群体谋求切身利益,组织工人群体参与新中国的生产建设等。这要求工会,尤其是基层工会,不能脱离群众,切实承担应尽的职责,这也是党中央一直以来关注的问题。

（二）中国工会的运作特点

《工会法》规定,中华全国总工会是中国唯一合法的工会。从工会结构来看,中国工会由地方工会和产业工会组成,受全国总工会的统一领导。根据《中国工会章程》,凡在中国境内企业、事业单位、机关等组织中,以工资为主要生活来源的劳动者,只要承认工会章程,都可以加入工会。从《章程》上看,对于企业、事业单位等基层单位,应当依法建立工会组织,有会员 25 人以上,就要组建工会基层委员会;工会基层委员会作为在工人阶级中成立的组织,将负责执行上级工会安排、组织基层工会活动、参与调解劳动争议等内容。和其他国家的工会相比,中国工会在运作过程中体现的是群众性和民族性的统一。

就群众性而言,中国工会所表示的群体性一方面在于对工人阶级的群体发展,另一方面则在于工人阶级在日常管理活动中的群体参与。从群体发展而言,中国工会无论从覆盖单位,还是工会会员的数量上看已经超过了绝大多数国家的工会,当前中国工会的会员人数超过 3 亿人,覆盖 655 万个单位。④ 如此全面的覆盖范围意味着我国已经建立起扎根于人民的工会组织,有学者认为在中国共产党、工会和群众三者中,工会所发挥的正是

11

---

① 游正林. 60 年来中国工会的三次大改革. 社会学研究,2010(4):76 - 105,244.

② 游正林. 60 年来中国工会的三次大改革. 社会学研究,2010(4):76 - 105,244.

③ 张允美. 理顺与冲突:中国工会与党-国家的关系. http://ww2. usc. cuhk. edu. hk/PaperCollection/Details. aspx? id=2574.

④ 全国工会会员总数达 3 亿人 覆盖单位 655.1 万个. 人民日报. http://guoqing. china. com. cn/2019 - 06/21/content_74906287. htm.

"纽带"双向传输的作用,即工会可以将党的政策传达给群众,而群众则可以通过工会向党传达自身的需求,①这种双向机制在理论上能够加强共产党和群众的联系。

就民族性而言,中国工会在为群众争取利益的过程中,能兼顾多方利益,拥有更大的格局。和前文所提及的美国相比,美国工会在为员工争取利益的过程中,仅关注员工的利益,忽视员工所需求的利益是否正当,甚至忽视企业是否能够承担工会所争取的利益。中国工会固然关注员工的利益,拥有多种协调机制,但和单纯关注员工利益相比,中国工会在组织员工配合进行社会生产等方面同样发挥积极作用。因此可以发现,中国工会的运作逻辑建立在"民族-集体-个体"的基础上,具体来说,中国工会首先关注的是民族利益,其次是集体和个体利益;优先关注民族和集体利益,不仅是工会对劳动者的要求,更是工会对企业的要求。民族性除了体现在工会的运作逻辑上,还体现在工会领导者对工会的态度上。在部分国家,由于政治体制等原因,工会往往会成为工会领导者谋求个人利益的筹码,以至于做出损害工人阶级切身利益的短视决策;在中国的制度下,工会从上而下的基本任务就是,为工人维护权益,切实贯彻党中央的指示,工会不会成为领导者的筹码。从历史上党中央对工会的指示以及工会的报告来看,党中央对中国工会的发展现状和存在的不足都有着清晰的认识,所有政策的初衷都是出于维护民族利益、维护工人阶级的利益,因此中国工会有着更大的格局。

三、日本工会

(一)日本工会的发展史

"黑船事件"使日本被迫打开市场,在逐步沦为欧美列强市场的同时,日本接触到了更为先进的生产方式。在当时领导人的推动下,日本迅速进行工业化,工人规模随之壮大。资产阶级和工人阶级的利益冲突引发了日本的工会运动。和同时期的工业国家相比,日本虽然在工业化进程上发展迅速,但在工会建设上进展极慢。1945 年之前,日本工会依然没有得到法律的认可,这使得工会运动失去了法律的保护,因此在企业里也颇受排挤,工人的权益无法得到保障。二战后美国的支持使工会的正当性被认可,日本法律也规定工人有组建工会的权力,仅在 1947 年 2 月,日本工会成员就达到 500 万。在日本经济高速增长的 20 世纪 60 年代,日本工会由于积极帮助工人争取权益而获得工人阶级的普遍支持,但随着日本经济泡沫的破灭,持续低迷的经济使工人的工资增长缓慢甚至出现负增长,工会的发展趋势也有所放缓。日本众多工会的策略出现了分歧,部分工会主张使用强硬的方式争取工人权益,另一部分工会则主张"工作自律论",实现部分的妥协。② 根据日本厚生劳动省的统计,截至 2019 年 6 月,日本工会数量约为 24 000 个,工会成员数约为 1 000 万。③ 从影响力和发展历史看,在日本经营需要关注的是三大全国性工会,日本联

①　游正林. 60 年来中国工会的三次大改革. 社会学研究,2010(4):76 - 105,244.

②　吴敏捷. 日本工会的独立与联合. 工会理论研究(上海工会管理职业学院学报),2016(5):45 - 47.

③　日本厚生劳动省. https://www. mhlw. go. jp/stf/seisakunitsuite/bunya/koyou _ roudou/roudouseisaku/roudoukumiai/index. html.

合(全称"日本劳动组合总联合会")、全劳联(全称"全国劳动组合总联合会")和全劳协(全称"全国劳动组合联络协议会");日本联合目前拥有约 686 万工会会员,全劳联拥有约 52 万会员,全劳协拥有会员约 9 万人。

日本联合成立于 1989 年 11 月 21 日,由原来的"同盟""中立劳联"等四个全国性工会合并而成,呈现三层结构。即日本联合下辖 48 个行业工会和 47 个地方工会;行业工会和地方工会下辖众多的单位工会,单位工会覆盖了私企、政府部门等不同单位。日本联合不仅拥有深厚的群众基础,在政治上也存在一定影响。2012 年,日本联合的总裁在自民党总部发表讲话,表示会重新考虑日本联合的未来。日本联合通过自己所支持的国会议员,能够表达政治、经济主张,因此对日本劳动关系存在政策性影响。在国际上,日本联合加入了国际工会联盟(ITUC,覆盖 163 国)、经济合作与发展组织工会咨询委员会(OECD-TUAC)等国际工会组织。

全劳联成立于 1989 年,组织结构与日本联合类似,全劳联下辖行业工会和地方工会。其主张在于工会应该独立于资本、政府和政党以开展活动,主张保障工人阶级思想、参加政治活动的自由,但从历史溯源上看,全劳联和日本共产党关系密切。[①] 和日本联合相比,全劳联发展日渐式微,且不参与任何国际性工会组织。

全劳协同样成立于 1989 年,虽然和日本联合、全劳联在会员规模上相去甚远,但在日本社会同样存在重大影响。全劳协在实质上被认为是全国性的工会中心,但却自我定位成下属工会的理事会。在政治上,全劳协支持民主党和新社会党,但不强迫工会成员提供资金以支持上述党派。在工会的主张上,全劳协除了主张争取更好的工作环境和待遇外,还提出部分有政治色彩的主张,如"反对战争""反对美国在日本的军事设施"等。

虽然日本工会众多,但绝大部分工会成员参与的组织或直接或间接与上述三个工会存在联系,在有关工人利益的争取上,三个工会之间存在一定的合作。[②]

(二)日本工会的运作特点

从结构上看,日本的三大工会存在一致性,即全国性工会领导地方工会和行业工会,地方工会和行业工会下辖企业工会。虽然日本法律规定员工有组建工会的自由,但在现实里,无论什么岗位的正式员工,一入职就自动成为企业内部工会的成员,离职将自动失去会员资格。在会费的缴纳上,欧美的产业工会往往统一向会员收取会费,再按照比例分配给不同的企业工会。日本的企业工会可以自行收取会费,企业工会仅需要按照比例上缴给上级工会,因此拥有财政的自主权;在工会的管理和运营方面,企业工会同样存在极大的自主性。总体而言,日本工会在日常运作中,所体现的特点可以总结为"有克制地争取"。具体来说,在对劳工的权益维护上,工会是温和而有序地组织谈判;在企业工会的日常管理上,积极推行"家"文化,不仅关注员工的经济利益,更关注员工的情感需求。

---

① 为什么日本很少有罢工——日本工人阶级的失败. http://m. cwzg. cn/theory/201610/31428. html? page=full.

② 全国工会理事会(日本). https://en. wikipedia. org/wiki/National_Trade_Union_Council_(Japan)#cite_note-3.

1. 温和而有序地谈判：春斗

春斗是指日本每年春季所举行的劳工运动，其目的在于提高工人薪资和改善工作条件，也被称为"春季集体协商"等。春斗首次爆发于1955年，并形成每年进行谈判的惯例。作为全国范围的集体谈判，春斗分为三个层次进行：第一层次，全日本的工会联合组织会发布一份关于本年度工资的指导性报告给行业工会，日本的经营者团体也会发布一份本年度经济形势的报告给企业等雇主；第二层次，行业工会在工会联合组织提供的报告基础上，给出工资提高幅度的参考指标，行业雇主也会组织起来商讨对策；第三层次，一般由企业内工会和企业进行实质性的协商以决定员工待遇的提升水平。在春斗过程的第一层次和第二层次，工会组织和雇主组织仅仅发布参考性质的报告，双方不会协商，因此在春斗中，企业工会实际担任了具体的谈判职责。在谈判过程中，日本工人阶级往往坚守在工作岗位上，不会通过罢工的方式胁迫企业，"温和而有序"的谈判在此过程中得以体现。

2. "家"文化：企业工会的关怀和妥协

前文在有关日本劳动关系的章节中提到，日本的劳动关系建立在终身雇佣制、年功序列和企业内部工会的基础上，所体现的是以"人"为中心，营造"家"的氛围。因此在日本企业中，年长者对年幼者、上级对下级、企业所有者对员工的关心超越了一般意义上的劳动雇佣关系，附加了家庭情感，这一点在企业工会的运作中同样可以体现。除了工会的正常活动，日本企业的工会干部常在下班后去工人聚集的酒馆和工人交谈，了解工人阶级的意见和困扰，并将搜集的意见作为自己工作的感性基础和制定工作目标的依据。[1] "家"文化一方面体现在日本企业工会对员工的关怀上，另一方面则体现在争取员工利益的妥协上。由于强调个体对群体的服从和奉献，即便劳动者和企业之间存在天然的利益冲突，双方也会尽量相互理解，工会在此过程中未必能为员工争取应有的利益，部分学者认为这是日本工会妥协性的表现。[1]

四、欧洲工会（以英德为例）

（一）英国工会的历史和运作特点

1. 英国工会的发展历程

作为率先进行工业革命的国家，英国工会的发展同样伴随着工人阶级和资产阶级的斗争。第一次工业革命时期，英国出现了大量的工人阶级，但当时法律无法对资产阶级形成有效约束，这导致资产阶级采用愈发严酷的管理方式。如当时的纺织工人被要求早上5点上班，晚上9点下班，每天待在比夏天最高温还热的房间……就算工人如此努力地工作，生活依然无法得到保障。面对资产阶级的压迫，工人运动兴起，但政府却没有支持工人阶级，反而发生了军警镇压工人集会的惨烈事件，英国政府还在1799年颁布了《反结社

---

① 刘容. 日本企业劳资关系变迁研究. 大连：东北财经大学，2018.

法》,禁止全国性质的协会。① 工人运动并没有因为政府的打击而消失,1868 年,英国职工大会(Trades Union Congress,TUC)成立,作为全国性的工会,TUC 拥有巨大的能量,无论在工人运动还是在相关法律上,开展了大量工作。自 1871 年颁布的《工会法》开始,工会组织的合法性和权力得到了法律意义上的认可。除了依靠组织工人运动争取工人权益外,TUC 开始谋求在政治层面上为工人阶级发声,工党的成立源于 TUC1899 年的决议,②并在工人阶级的支持下,逐步成长为主流政党。自 1997 年以来,五任英国首相有两位来自英国工党,三位来自英国保守党。

目前 TUC 已经成为拥有 550 多万工会会员,48 个成员工会的工会联合会;TUC 的工作重心集中在工作-家庭平衡、劳工健康和福利、工作中的平等和歧视等内容;除了关注国内工人阶级的劳动权益外,TUC 在国际上积极寻求工会合作。

2. 英国工会的运作特点

英国的工会运动对世界范围的工会发展有着深刻的影响,和美国工会类似,但不尽相同的是,英国工会在运作过程中体现了更强的民主性和服务性。

民主性首先体现在英国工会对劳动关系的认识上,他们认为,无论是工人阶级还是资产阶级,都拥有表达正当利益诉求的权力,双方的关系是平等且互相依赖的;在工会的日常运作上,TUC 的政策每年由国会制定,为了监督政策的执行情况,TUC 成立了包含 56 名成员的总理事会,理事会成员由成员工会选举产生,在选举过程中,不仅需要根据成员工会的会员数量分配理事会成员名额,还需要考虑性别、种族等因素,以保证妇女、残疾人、同性恋等群体有足够的发言空间。总理事会除了承担监督的职责之外,还会推举出总执行会和 TUC 主席,以负责政策的执行。

TUC 负责英国工会政策层面的工作,具体的执行依赖于地方工会。英国工会规定,无论是工人还是雇员等,均有权加入工会;与其他国家不同的是,英国的员工没有必要告知雇主自己是否是工会成员;工会成员有责任定期缴纳会费;在雇主允许的前提下,工会能够代表员工和雇主就工资福利等问题进行集体谈判;无论是否是工会成员,面对工作过程中遇到的来自雇主的歧视、不公正待遇、纪律处分等现象,告知工会后,工会将委派工会代表陪同员工参与和雇主的会议,并为员工争取正当权益,英国工会运作的服务性在此过程中体现。

(二)德国工会的历史及运作特点

1. 德国工会的发展历程

德国工会被认为是支撑"德国模式"的关键,无论在政治上还是在民间都有着巨大的影响。虽然德国和英国同属于欧洲,但德国的工业革命起步更晚,一般认为始于 19 世纪30 年代,工人阶级随着工业革命的开展逐步壮大,这为工会的出现提供了条件。工人阶

---

① 豫秦. 解读工会之二:世界工会发源地——英国的工会. 中国工人,2017(2):79 - 80.
② 劳工运动. 维基百科词条. https://zh. wikipedia. org/wiki/%E5%8B%9E%E5%B7%A5%E9%81%8B%E5%8B%95.

级和资产阶级的分化使双方的利益在相当长的时间里处于对立状态,工人们也自发组织过反抗活动,但收效甚微。在工人们争取权益的过程中,工会组织开始建立。德国第一个全国性工会创建于1848年,但单个工会的力量依然有限,工人阶级分布于全德不同行业,因此依然需要一个能整合不同区域不同行业的工会联盟。虽然工会组织如火如荼地发展,但尚未得到法律上的认可和保护,和大多数国家一样,德国工会的合法性一开始没有得到承认。1873年德意志帝国颁布的法案迫使工人组织运动转入地下。德国工会发展的阶段性标志是1890年在柏林组织的工人组织联席会议,在会议上多数工会同意建立工会联盟以更好地争取工人权益、组织罢工等。一战末期,全德国人联盟(ADGB)建立,ADGB积极参与政治活动,其政治代言人是社会民主党,德国当时的社会保障制度在ADGB的推动下完善。在1933年,ADGB试图脱离社会民主党并成立非政治性组织,这一举动遭到希特勒政府的镇压,工会成员或是被杀,或是被关押流放。ADGB的遭遇使部分成员开始反思,他们认为工会组织应当更加中立。[①] 长期的努力使德国工会从法律层面获得独立性,《基本法》规定,工会必须独立于政党、教会和雇主,无论是政党还是雇主,均不得资助自己所支持的工会。目前德国最大的工会组织是德国工会联合会(DGB),旗下有8个成员工会,600多万工会会员。2018年,DGB旗下的成员工会IG Metall工会组织罢工,将每周35小时的工作时间缩减至28小时。除了国内为工人争取权益外,DGB作为德国工会的代表,还参与了国际上主要的工会组织,试图联合世界其他地域的工人阶级。

2. 德国工会的运作特点

从组织结构上看,DGB作为工会联盟,由8个成员工会构成;其最高决策机构是联邦议会,也被称为"工人议会",议会的600名成员来自8个工会;8个成员工会来自不同行业,它们共同遵守DGB的政策,但也拥有极大的自主性。和其他国家不同的是,虽然企业员工有加入工会的权力,但德国企业内部不允许有工会活动,因此德国最主要的工会形式是行业工会。为了提供有效服务,工会在德国的不同区域设立办事处,提供免费的法律咨询和法律保护。以最大的行业工会IG Metall为例,其在全国设立了150多家办事处,为220万工会成员和其余工人提供服务。[②]

和其他国家的工会相比,德国工会在运作过程中所体现的则是严谨而有序的特点。由于对个人利益的尊重和民族文化的特性,德国首先从法律上明确了企业、员工和工会三方的权利和义务,在法律执行上更为规范。从劳动方和企业方的组织程度来看,德国无论是工人阶级还是资产阶级都有较高的组织度,谈判机制也呈现较高的规范化。和日本相似,德国的集体谈判同样可以划分为三个层次:第一层次是国家层级的谈判,DGB和德国雇主联邦联合会分别向下级工会和下级雇主联合会提供分析报告、法律支持等,但双方不介入具体谈判。第二层次是行业层级的谈判,由行业工会和对应层次的雇主联合会进行具体的协商谈判,谈判具有法律效力。行业层级的谈判在德国历史上应用最为广泛,但最

11

---

① 杨海涛. 德国工会发展的历史考察. 中国劳动关系学院学报,2007(3):80-84.

② IG Metall官网. https://www.igmetall.de/mitmachen/mitglied-werden.

新趋势表明,企业层级的谈判开始出现。第三层次企业层级的谈判,被认为是行业层级谈判结果的补充,一定程度上协调了企业内部雇主和雇员之间的冲突,具备更高的灵活性。[①] 如果谈判破裂,法律允许双方进行调解,调解失败可以罢工,但罢工的目标还是达成谈判。总体来说,德国工会的运作能够体现严谨的民族本性,虽然也存在罢工、抗议等活动,但还是在法律的允许下举行,谈判依然是解决劳动争议的主要手段。

第三节　国际劳动关系矛盾的解决机制

无论是个人和企业,还是工人阶级和资产阶级,利益的冲突必然引发劳动关系的矛盾。工人阶级认为个人的价值必须受到尊重,工人阶级和资产阶级之间应当是合作的关系,在工人为企业创造利益的过程中,工人需要获得更好的工作条件和工资待遇;资产阶级却认为自己拥有更多的生产资料、承担了更高的经营风险,因此在利益分配中需要占据主导地位,工人所提供的仅仅是劳动力,但这并不是稀缺资源。观念的冲突导致双方在分配利益的过程中难以达成一致,这也就导致利益的冲突和劳动关系的矛盾,在社会的长期发展中,各国已经形成了较为完善的解决机制。本节依然对美中日欧进行介绍。

一、美国的劳动关系矛盾解决机制

由于拥有相对健全的法律体系,美国的劳动关系矛盾解决路径多样。根据员工是否加入工会、面对的争议属性等,美国目前有不同的劳动关系矛盾解决路径。具体总结如图11-2:

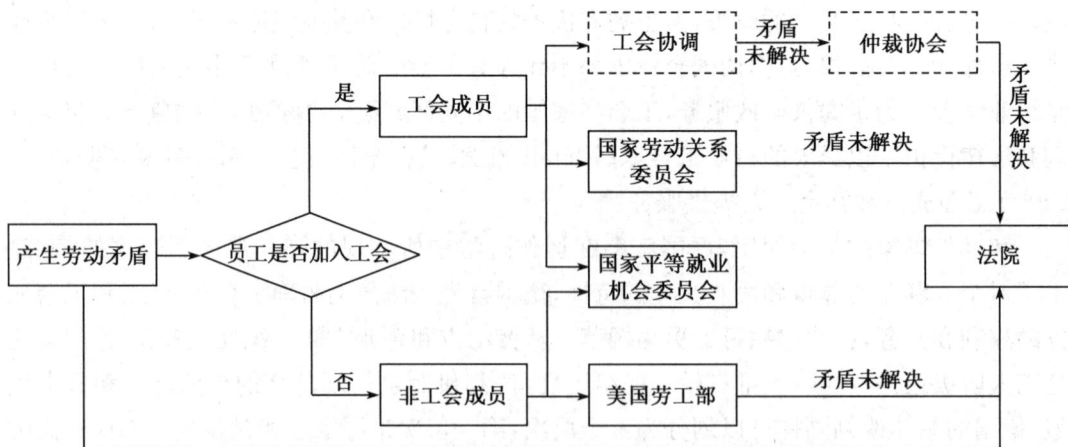

图11-2　美国劳动关系矛盾解决流程图

---

① 李岩,张桂梅.德国集体谈判对完善我国行业性工资集体协商制度的启示.山东社会科学,2014(9):189-192.

图 11-2 是以员工视角展开的劳动关系矛盾解决机制,当员工认为自己遭受不公正的对待时,该员工可以直接向法院起诉,向法院起诉的好处在于,法官能给出最后的判决,无论是员工还是企业都要服从,但法院处理的时间较长,且需要一定的费用,因此不是员工的首选。根据员工是否是工会成员,美国现有两条解决路径,如果员工是工会成员,那么他可以申请工会进行协调,也可以向国家劳动关系委员会或国家平等就业机会委员会申诉;如果工会的协调不成功,那么员工可以继续申请仲裁协会仲裁,美国的仲裁协会属于民间机构,受理由工会成员提交的劳动纠纷;如果员工或企业对仲裁协会和国家劳动关系委员会的处理结果不满意,那么可以申请当地法院裁决。对于非工会成员而言,可以选择向美国劳工部和国家平等就业机会委员会申诉,美国劳工部将免费为申诉者服务,基本流程一般是,劳工部举办听证会进行调解,如果调解不顺利将进行仲裁,如果双方对仲裁结果不满意,可以向地方法院起诉。

美国的劳工关系矛盾解决机制不仅包含官方部门,还包含民间部门——仲裁协会和工会,图 11-2 以虚线框表示。作为民间部门的工会和仲裁协会,可以参与绝大部分劳动关系矛盾的调解,但对于官方部门而言,不同部门负责不同版块的问题,如员工如果遇到年龄、种族、性别等方面的歧视,那么可以向国家平等就业机会委员会申诉。一般而言,涉及员工薪酬、福利待遇等利益方面有关的矛盾由工会和仲裁协会通过协商、集体谈判等方式在企业内部解决;涉及就业歧视、侵犯员工权利等矛盾由政府部门参与解决。[①]

在对美国现有的劳动关系矛盾解决机制进行介绍的过程中,不难发现,美国围绕劳动方的身份、劳动关系矛盾的性质等因素,已经形成了完善的处理机制。官方部门和民间部门的多元参与,保证了处理问题的效率,劳动方和企业方可以选择相对便捷直接的处理方式。

二、中国的劳动关系矛盾解决机制

随着我国经济的高速发展,管理方式、企业所有制、劳动模式都发生了巨大的变化,如何保障工人阶级的正当权益成为政府的工作重心之一。由于制度的不同,在我国难以照搬国外的发展经验,在不断的探索中,我国逐步建立了相对健全的社会保障体系,也搭建了劳动关系矛盾解决机制。在我国的劳动关系矛盾解决机制中,通常的处理流程是“协商→调解→仲裁→诉讼”。以近十年诉讼环节的案件数量为视角,不难发现,无论是立案总数还是涉及的劳动者人数都呈现出明显的增长趋势,这一方面表明我国社会存在的劳动关系矛盾愈发突出,另一方面也体现出我国已经建立了愈发通畅的解决机制。每年的结案数量也表明,我国当前的劳动关系矛盾解决机制具有较高的效率。现将近十年的劳动关系立案数整理如下。[②]

11

① 范仲文. 美国劳动争议处理制度特征与启示. 四川劳动保障,2017(S2):10-11.
② 中华人民共和国人力资源和社会保障部(历年统计数据). http://www.mohrss.gov.cn/.

表 11-2　2011～2019 年关于劳动关系的立案情况统计表

年份	立案受理案件总数（万件）	立案受理案件涉及劳动者人数（万人）	当期审结案件数（万件）
2019	107	127.4	106.8
2018	89.4	111	88.4
2017	78.5	97.9	79.0
2016	82.9	111.2	82.8
2015	81.4	116.0	81.2
2014	71.5	99.8	65.1
2013	66.6	88.8	66.9
2012	64.1	88.2	64.3
2011	58.9	77.9	59.3

图 11-3 展示的是当前中国劳动关系矛盾的解决路径,采用的依然是员工的视角,遵循了"协商→调解→仲裁→诉讼"的基本思路。在劳动关系矛盾的解决过程中,工会发挥的作用包括但不限于:参与协调、参与仲裁、为员工提供法律服务和帮助等。在协商环节,员工应当在工会的支持下和企业负责人进行协商,如果企业不愿意协商或无法达成一致意见,那么将进入调解环节。在调解环节,需要基层调解组织的参与。目前我国的基层调解组织分为企业劳动争议调解委员会,依法设立的基层人民调解组织,在乡镇、街道设立的具有劳动争议调解职能的组织三类。如果劳动关系矛盾无法调解,那么可进一步提出仲裁申请,仲裁由劳动争议仲裁委员会负责。如果当事人对仲裁结果不满意,可以在收到仲裁书的 15 天内向人民法院上诉,逾期不上诉的话,仲裁结果即发生法律效力。

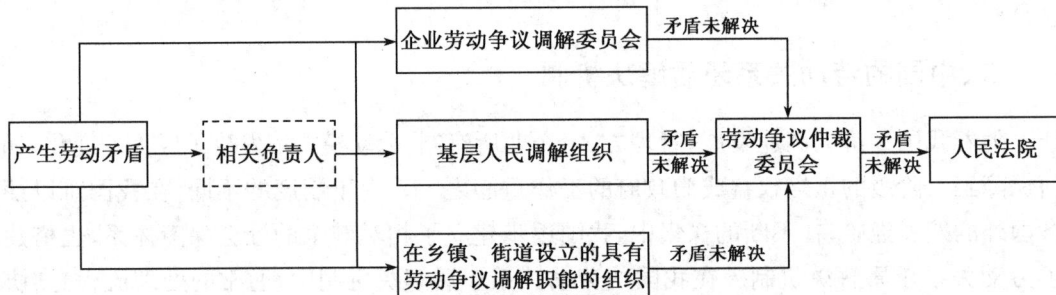

图 11-3　中国劳动关系矛盾解决流程图

三、日本的劳动关系矛盾解决机制

长久以来,日本的劳动关系矛盾主要体现为集体劳动关系矛盾,工人阶级在工会的组织下进行集体谈判;近年来的趋势却表明,集体劳动关系矛盾呈下降趋势,个人劳动关系矛盾有大幅增长。在上文对日本工会的介绍中,不难发现,基于工会的集体谈判是解决集体劳动关系矛盾的重要路径;但是面对集体谈判无法给出双方认可的结果,或是面对个人劳动关系矛盾时,应该如何解决?日本在长期发展中,也形成了一条"双方协商为主,必要时第三方介入"的解决机制。由于日本文化的影响,无论是员工还是企业都不愿意因为劳动关系矛盾而对簿公堂,在当前的解决机制下,也体现了"调解为主"的逻辑。

根据图 11 - 4 可知,对于在日本的劳动方或企业方而言,当存在劳动关系矛盾时,有三条解决路径:第一条解决路径是双方协商,这也是大部分日本企业更愿意选择的解决方式,在协商过程中,双方可以直接进行协商,也可以在第三方的参与下进行协商。第二条解决路径是日本的劳工委员会处理制度,劳动关系委员会由劳动方代表、雇主代表、公共利益代表组成,采用的解决方式分为斡旋、调解和仲裁。斡旋是指选派一个持有中立态度的人,倾听双方诉求,确定争议焦点,通过加深双方对问题的认识而达成一致,调解则指通过成立的调解委员会制定调解方案;如果通过斡旋、调解,双方的矛盾依然存在,那么当事人可以申请劳工委员会仲裁。① 劳工委员会处理制度在日本应用极为广泛,但还存在其他的处理制度。为了预防劳动关系矛盾并为当事人提供建议。各地的综合劳动咨询角和劳动局免费为当事人提供建议。综合劳动咨询角能够提供冲突协调服务,地方法院通过组建劳动裁判协会和法院调解委员会,同样能够对劳动关系矛盾进行调解裁决。但如果多方调解之下,劳动方和企业方的劳动关系矛盾依然存在,可以通过诉讼进行最终的判决。

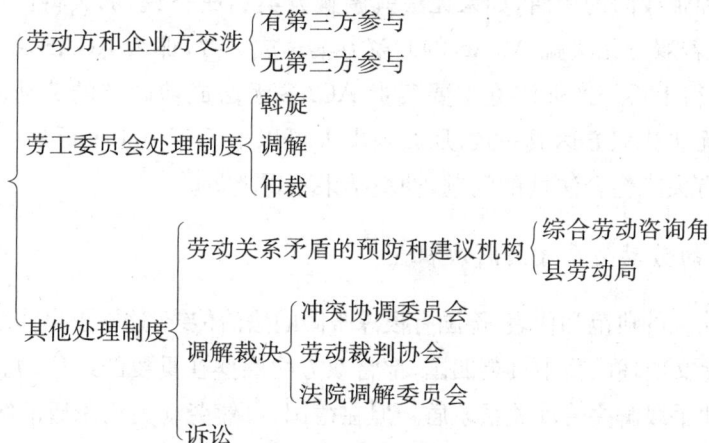

图 11 - 4 日本劳动关系矛盾解决机制图

图源:平成 30 年劳动争议统计调查. https://www.mhlw.go.jp/toukei/list/dl/14 - 30 - 08. pdf.
福井县劳动纠纷解决制度. https://www.pref.fukui.lg.jp/doc/roudouiinkaijimukyoku/qa/rousifunnsoukaiketu. html.

四、欧洲的劳动关系矛盾解决机制

(一)英国的劳动关系矛盾解决机制

前文对英国的劳动关系特点进行了介绍,"自愿主义"不仅体现了英国劳动关系的特点,更是劳动关系矛盾解决机制的特点;在"自愿主义"的逻辑下,英国逐渐形成了非正式谈判、考察性会议等集体谈判方式,大部分劳动关系矛盾倾向于通过自愿协商调解,很少需要第三方机构介入。当前英国的劳动关系矛盾解决机制拥有"私下协商→第三方调解

---

① 杨欣. 日本集体劳动争议处理的法律与政策探析. 中国劳动关系学院学报,2014,28(1):78-83.

→仲裁→诉讼"四个环节,每个环节的负责部门各不相同。以流程图的方式展示如下。

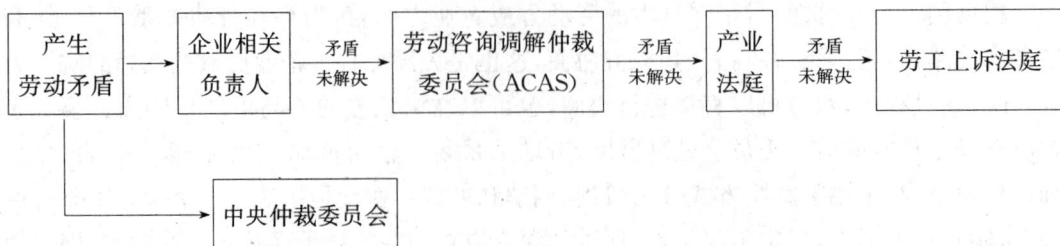

图 11-5 英国劳动关系矛盾解决流程图

当面临劳动关系矛盾时,一般在工会的支持和组织下和企业进行谈判,如果无法达成一致的看法,那么将由劳动咨询调解仲裁委员会(Advisory, Conciliation and Arbitration Service, ACAS)介入。ACAS 是独立的非政府组织,其作用体现在提供咨询、劳动关系矛盾调解、仲裁等方面;面对劳动关系矛盾,ACAS 在了解事实的基础上提供调解方案,对于个体劳动者和企业间的矛盾,如果无法就调解方案达成一致,那么将由产业法庭处理;对于集体矛盾,若双方无法就 ACAS 的调解方案达成一致,那么 ACAS 将进行仲裁,做出裁决后,双方不得上诉。产业法庭主要负责 ACAS 无法成功调解的劳动关系矛盾案件,如果产业法庭无法让双方达成一致,那么当事人可以上诉至劳工上诉法庭。中央仲裁委员会主要处理有关工会合法性的问题,仲裁结果不得上诉。[1]

(二)德国的劳动关系矛盾解决机制

作为大陆法系的典范和代表,德国有根深蒂固的法治传统,这一点也体现在劳动关系矛盾的解决上。上文所述的美中日英四国,都将双方协商摆在重要的地位,尤其是日本,更加强调避免以法律手段解决劳动关系矛盾。但在德国,虽然劳动关系矛盾的解决机制也包含协商、仲裁、诉讼三部分,但大多数劳动关系矛盾都是通过诉讼解决的,为了更好地解决劳动关系矛盾,德国法院分立出劳动法院。[2] 德国的劳动关系矛盾解决流程整理如图 11-6。

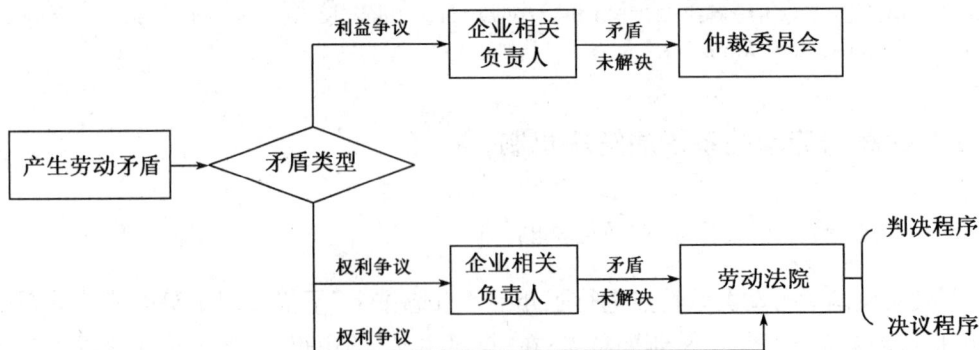

图 11-6 德国劳动关系矛盾解决流程图

① 罗志红.试论英美国家劳动争议处理制度的特色.法制博览,2019(19):53-55.
② 侯海军.德国劳动争议处理机制.人民法院报.2018-06-08(008).

由图 11-6 可知,在德国的劳动关系矛盾解决机制下,根据矛盾类型的不同,有不同的解决流程。权利争议是在履行已经存在的并且是通过法律规定或合同约定的权利义务中发生的争议,利益争议是在原有集体合同确定的利益之外,因要求重新确立新的利益发生的争议。[①] 如果属于利益争议,劳动方和企业方首先进行内部协商,对于集体矛盾,往往由工会出面和企业进行谈判,如果协商不成,将由企业联合会与工会组织共同委派代表组成协调委员会进行调解;[②] 如果调解失败,将由仲裁委员会进行仲裁,仲裁结果不可上诉。对于权利争议,可以先进行企业内部协商,协商无果进行上诉,也可以直接向法院上诉;对于劳动者个体的劳动关系矛盾,劳动法院将采用判决程序,由当事人提起诉讼;对于集体矛盾,往往采用决议程序,由公权力主导取证过程。[②]

Conclusion

从纵向视角来看,劳动关系贯穿于人类社会的发展。在学术研究领域,劳动关系具备重要价值;与之类似,还存在劳资关系、员工关系和雇佣关系等多个概念。那么该如何理解劳动关系?从劳动方与企业方利益一致性的角度,本章提出劳动关系的三种类型,即利益冲突型、利益协调型、利益一体型。由于文化情境的差别,不同国家背景下的劳动关系同样呈现不同的特点。为弥合劳动方与企业方的利益差别,工会登上历史舞台,并在维持劳动关系的稳定上发挥作用。

值得关注的是,面对劳动关系中存在的矛盾,不同国家同样采用不同的内在逻辑和解决机制;但总体而言,劳动关系矛盾解决机制的存在为弥合劳动方与企业方的利益差别提供了可行的路径。

Keywords

劳动关系　　　劳资关系　　　员工关系
雇佣关系　　　劳动关系矛盾

Case-Study ◇◇

美国工厂——福耀玻璃的跨国经营之路[③]

2020 年 2 月 9 日晚,由奥巴马夫妇和 Netflix 合作,真实记录曹德旺前往美国俄亥俄

---

① 李红建,侯海军.国外劳动争议处理机制改革发展的共性特点.人民法院报.2019-11-01(008).
② 周培.从德国劳动争议诉讼制度看我国劳动法院的建立.中国劳动关系学院学报,2013(1):47-51.
③ 根据纪录片"美国工厂"及文章"美国工厂|影像中的美国工会衰落史"等整理改编。

州创办工厂的纪录片"美国工厂"（American Factory）获得奥斯卡最佳原创纪录片奖。《美国工厂》不仅引发了美国民众对由生产自动化所带来的基层工人待遇得不到提升的担忧，更引发了对中美企业处理劳动关系的探讨。

创建于1987年的福耀集团是专注于汽车安全玻璃和工业技术玻璃领域的跨国集团，作为世界最具规模的汽车玻璃供应商，被认为"改变了世界汽车玻璃行业的格局"。目前福耀集团的产品远销70个国家，拥有25%的市场占有率。福耀的设计中心、生产基地，随着业务的发展，逐渐走向海外。福耀玻璃决定在俄亥俄州代顿市建设生产基地，一方面是出于经济考量，另一方面则是客户要求下的结果。和中国相比，美国无疑有更高的人工成本，但在建厂成本等方面，美国更占优势；此外，福耀玻璃作为通用公司最大的汽车玻璃供应商，被通用要求必须在2016年12月前在美国开设一个工厂，并于2017年1月前在美国供货。经过权衡，福耀决定在俄亥俄州代顿市建立生产基地，代顿市作为美国老牌工业基地，受美国产业转移的影响逐渐衰落，通用汽车在该地区工厂的关闭更使得该市陷入经济困境。福耀玻璃在代顿市开设工厂为当地增加了上千个就业机会，同时也获得了美国政府4000万美元的补贴及系列优惠政策。

工厂开设初期，当地就业者因福耀集团给当地提供了众多的就业机会而心怀感激；但令人忧虑的是，时间一长，无论是来自中国的管理者还是代顿市当地的工作者都开始对彼此心生不满。对于来自中国的管理者而言，美国人懒散的工作方式无疑降低了公司的效率；对于当地工作者而言，他们无法接受中国人带来的管理理念。由于双方无法在管理方式上彼此认同，美国工厂内部的劳动关系开始紧张。按照美国的传统，部分工人要求在工厂里组建工会。美国工会历史悠久，成立初衷在于为工人阶级谋求福祉，但随着时间的推进，有人认为工会的初衷不再纯粹，它已经成为官僚组织，工会领导者也被称为工会贵族。在工会的组织下，工人往往以罢工的形式要求企业提高员工福利，这给企业带来了巨大的人工成本，以至于超过企业承受的范围；2013年汽车城底特律的破产被认为有工会的原因。因此对于福耀集团的美国工厂而言，一旦工会成立，原本就紧张的劳动关系无疑变得更为复杂。

中方管理者在工作过程中逐渐意识到，紧张的劳动关系看似源于对管理理念的不认同，实则源于文化差异。工会的作用在于保障员工福利，但工会的存在无疑成为加剧双方劳动关系紧张程度的隐患。缓和劳动关系，打造适用于代顿市的管理方式成为中方管理者关注的焦点。围绕工会问题，中方管理者首先表态，会为员工提供必要的福利，同时提高员工时薪；曹德旺则表示，如果工厂成立工会，宁可直接关闭工厂。工人内部同样存在不同的声音，反对工会的员工认为，"……工会唯一做的，就是留下烂员工，而我们这些优秀员工，就会随波逐流，（成立工会）对我有什么好处？"

最终，工厂内员工投票决定，不在工厂成立工会；美国工厂回到了井然有序的生产状态。但谁又能想到，下一次导致劳动关系紧张的可能已经不是文化，而是技术的发展；自动化生产线悄然进入工厂，并成为员工的工作搭档……

Analyze：

1. 为什么曹德旺不想让工会进入工厂？

2. 为什么美国工厂的劳动关系会变得紧张？

3. 您认为，维持一段良好的劳动关系，需要关注哪些因素。

参考文献

Argyris, C, D A Schon. *Organizational Learning: A Theory of Action Perspective*[M]. Reading, M A: Addison Wesley, 1978.

Argyris, C, R Putnam, and D Mclain Smith. *Action Science: Concepts, Methods, Jossey-bass, Skills for Research and Intervention*[M]. San Francisco, C A: 1985.

Argyris, C, D A Schon. *Organizational Learning II: Theory, Method, and Practice Reading*[M]. Reading, M A: Addison Wesley, 1996.

Avolio, B J, F Luthans. Authentic Leadership: A Positive Development Approach [J]. *Positive Organizational Scholarship*, 2003(1).

Barrow, James W. Does Total Quality Management Equal Organizational Learning? [J]. *Quality Progress*, 1993, 26(7).

Björkman, I, M Gertsen. Selecting and Training Scandinavian Expatriates: Determinants of Corporate Practice[J]. *Scandinavian Journal of Management*, 1993, 9 (2).

Blake, Robert R, Janc S Mouton. *The Managerial Grid*[M]. Houstion, Texas: Gulf, 1964.

Cascio, Wayne F. *Managing Human Resources* [M]. New York: McGraw Hill, 1986.

Chadwick, C, P Cappelli. *Alternatives to Generic Strategy Typologies in Strategic Human Resource Management*. Greenwich, C T: JAI Press, 1999.

Collings, David G, Hugh Scullion, & Michael J Morley. Changing Patterns of Global Staffing in the Multinational Enterprise: Challenges to The Conventional Expatriate Assignment and Emerging Alternatives[J]. *Journal of World Business*, 2007, 42(2).

Cooper, W W, Harold J Leavitt, et al. *New Perspectives in Organization Research*[M]. New York: John Willey and Sons, 1964.

Crossan, M M, Henry W Lane, & Roderice E White. An Organizational Learning Framework: From Intuition to Institution[J]. *Academy of Management Review*, 1999, 24(3).

Crossan, Mary M, Henry W Lane, & Roderice E White. An Organizational Learning Framework: From Intuition to Institution[J]. *Academy of Management Review*, 1999, 24.

Dalton, G W, P R Lawrence, & L E Glein. *Organization Change and Development*[M]. Honewood, III: Richard D Irwin, 1970.

Dansereau, F, Jr, G Graen, & W J Haga. A Vertical Dyad Linkage Approach to Leadership Within Formal Organizations: A Longitudinal Investigation of the Role-Making Process[J]. *Organizational Behavior and Human Performance*, 1975, 13(1).

Day, David V. Leadership Development: A Review in Context[J]. *Leadership Quarterly*, 2000, 11(4).

Delery, J E, D H Doty. Modes of Theorizing in Strategic Human Resource Management: Tests of Universalistic, Contingency, and Configurational Performance Predictions[J]. *Academy of Managemen Journal*, 1996, 39(4).

DeVos, G. Dimensions of the Self in Japanese Culture. In: A Jmarsella, GDeVos, and F L K Hsu(Eds.). *Culture and Self: Asian and Western Perspectives*. London: Taristock, 1985.

Dowling, P J, M Festing, & A D Engle Sr. *International Human Resource Management*[M]. 6th ed. London: Cengage Learning, 2013.

Dowling, Peter J. Completing the Puzzle: Issues in the Development of the Field of International Human Resource Management. *Management International Review*, Special Issue, 1999, 39(3).

Drath, W H, C D McCauley, C J Palus, et al. Direction, Alignment, Commitment: Toward a More Integrative Ontology of Leadership[J]. *Leadership Quarterly*, 2008, 19(6).

Drucker, Peter F. *The Practice of Management* [M]. New York: Harper Row, 1954.

European Commission. The 2018 Ageing Report[R]. https://ec. europa. eu. / info/. 2018.

Evans, Martin G. The Effects of Supervisory Behavior on the Path Goal Relationship[J]. *Organizational Behavior on Human Performance*, 1970, 5(3).

Farnham, D. Beatrice and Sidney Webb and the Intellectual Origins of British Industrial Relations[J]. *Employee Relations*, 2008, 30(5).

Fernandez, C F, R P Vecchio. Situational Leadership Theory Revisited: A Test of an Across-Jobs Perspective[J]. *The Leadership Quarterly*, 1997, 8(1).

Fiedler, Fred E. *A Theory of Leadership Effectiveness*[M]. New York: McGraw Hill, 1967.

Field, R H, R House. A Test of the Vroom-Yetton Model Using Manager and Subordinate Reports[J]. *Journal of Applied Psychology*, 1990, 75(3).

Fiol, C M, M A Lyles. Organizational Learning[J]. *Academy of Management Review*, 1985, 10(4).

Fleishman, E, E Harris. Patterns of Leadership Behavior Related to Employee Grievances and Turn Over[J]. *Personnel Psychology*, 1962, 15(1).

Flood, R L, N R A Romm. *Diversity Management Triple Loop Learning*[M]. New York: John Wiley and Sons, 1996.

French, Jr, J R P, B H Raven. The Bases of Social Power. In: D Cartwright (Ed.). *Studies in Social Power*. Ann Arbor, M I: University of Michigan, Institute for Social Research, 1959.

French, Wendell L. Organizational Development Objectives, Assumptions and Strategies[J]. *California Management Review*. 1969, 12(2).

Gannon, Martin J. *Organizational Behavior: A Managerial and Organizational Perspective*[M]. Boston: Little, Brown and Company, 1979.

Georges, I R, Arjen Van Witteloostuijn. Circular Organizing and Triple Loop Learning[J]. *Journal of Organizational Change Management*, 1999, 12(5).

Goldstein, Irwin L. *Training and Development in Organizations*[M]. San Francisco Jossey-Bass, 1989.

Goldstein, Irwin L. *Training in Organization: Needs, Assessment, Development and Evaluation*[M]. Monterey, C A: Brooks, 1986.

Goldstein, Irwin L. *Training: Program Development and Evaluation*[M]. Monterey, C A: Brooks, 1974.

Graen, George, J F Cashman. A Role Making Model of Leadership in Formal Organizations: A Developmental Approach[A]. In: J G Hunt, L L Larson. *Leadership Frontiers*. Kent, Ohio: Kent State University Press, 1975.

Greiner, Larry. Patterns of Organization Change. *Harvard Business Review*, 1967, 45(3).

Hall, Douglas T, Karen L Otazo, & George P Hollenbeck. Behind Closed Doors: What Really Happens in Executive Coaching[J]. *Organizational Dynamics*, 1999, 27 (3).

Hammer, Michael, James Champy. *Reengineering the Corporation: A Manifesto for Business Revolution*[M]. Originally Published, 1993.

Harvey, M, M M Novicevic. The Role of Political Competence in Global Assignment of Expatriate Managers[J]. *Journal of International Management*, 2002, 8(4).

Hays, R D. Expatriate Selection: Insuring Success and Avoiding Failure[J]. *Journal of International Business Studies*, 1974, 5(1).

Heider, F. *The Psychology of Interpersonal Relations*[M]. New York: John Wiley, 1958.

Hernez-Broome, G, Richard L Hughs. Leadership Development: Past, Present, and Future[J]. *Human Resource Planning*, 2004(1).

Hersey, P, K H Blanchard. *Management of Organizational Behavior* [M]. Englewood Cliffs, N J: Prentice-hall, 1969.

Hiltrop, Jean-Marie, Charles Despres, & Paul Sparrow. The Changing Role of HR Managers in Europe[J]. *European Management Journal*, 1995, 13(1).

Hixon, A L. Why Corporations Make Haphazard Overseas Staffing Decisions[J]. *The Personnel Administrator*, 1986, 31(3).

House, Robert J. A Path Goal Theory of Leadership Effectiveness [J]. *Administrative Science Quarterly*, 1971, 7(3).

Humphrey, Vernon. Training the Total Organization[J]. *Training Development Journal*, 1990, 31(10).

Hunt, J G, L L Larson. *Lead Cutting Edge: Theory of Charismatic Leadership* [M]. Carbondale: Southern Illinois University Press. 1977.

Jogo, Arthur G. Leadership Perspectives in Theory and Research[J]. *Management Science*. 1982(3).

Kelley, H H. *Attribution in Social Interaction*[M]. Morris Town, N J: General Learning, 1971.

Kerr, Steven, John M Jermier. Substitutes for Leadership: Their Meaning and Measurement[J]. *Organizational Behavior and Human Performance*, 1978, 22(3).

Kim, Daniel H. The Link Between Individual and Organizational Learning[J]. *Sloan Management Review*, Fall 1993.

Kolb, D A. *Experiential Learning: Experience as the Source of Learning and Development*. Englewood Cliffs, New Jersey: Prentice-Hall, 1984.

Kram, K E. *Mentoring at Work* [M]. Glenview, IL: Scott, Foresman and Company, 1985.

Lewin, Kurt. Resolving Social Conflicts and Field Theory in Social Science[J]. *PsycCRITIQUES*, 1997, 42(8).

Lewin, Kurt. *Field Theory in Social Sciences* [M]. New York: Harper and Row, 1951.

Liden, R C, R T Sparrowe, & S J Wayne. Leader-Member Exchange Theory: The Past and Potential for the Future[J]. *Research in Personnel and Human Resources Management*, 1997, 5.

Likert, Rensis. *New Patterns of Management* [M]. New York: McGraw Hill, 1961.

Marx, E, et al. *International Human Resource Practices in Britain and Germany* [M]. London: Anglo-German Foundation, 1996.

Masciarelli，Jame P. Less Lonely at the Top[J]. *Management Review*，1999(4).

McGehee，W，P W Thayer. *Training in Business and Industry*[M]. New York：John Wiley and Sons，1961.

McGregor，Douglas. *The Human Side of Enterprise*[M]. New York：McGraw Hill，1960.

MeEnery，J，G DesHarnais. Culture Shock[J]. *Training and Development Journal*，1990，4.

Mendenhall，M E，E Dunbar，& G Oddou. Expatriate Selection，Training and Career-pathing：A Review and a Critique[J]. *Human Resource Planning*，1987，26(3).

Milkovich，G T，M Bloom. Rethinking International Compensation [J]. *Compensation & Benefits Review*，1998，1.

Mohrman，S A，A M Mohrman. Organizational Change and Learning[A]. In：J R Galbraith，E E Lawler Ⅲ (Eds.). *Organizing for the Future*. San Francisco，C A：Jossey-Bass，1993.

Moorhead，Gregory，Ricky W Griffin. *Organizational Behavior：Managing People and Organizations*[M]. Houghton Mifflin，1995.

Morikawa，M . Labor Unions and Productivity：An Empirical Analysis Using Japanese Firm-level Data[J]. *Labour Economics*，2010，17(6).

Munsterberg，Hugo. *Psychology and Industrial Efficiency*[M]. Easton，P A：Hive，1973.

Murray，F T，A H Murray. Global Managers for Global Businesses[J]. *Sloan Management Review*，1986，27(2).

Naisbitt，John. *Megatrends 2000：Ten New Directions for the 1990s*[M]. New York：Warner，1991.

National Center for Education Statistics. Total Fall Enrollment in All Postsecondary Institutions Participating in Title IV Programs and Annual Percentage Change in Enrollment，by Degree-granting Status and Control of Institution：1995 Through 2017. https：//nces. ed. gov/programs/digest/d18/tables/dt18_303. 20. asp.

Nicolini，Davide，Martin B Meznar. The Social Construction of Organizational Learning：Conceptual and Practical Issues in the Field[J]. *Human Relations*，1995，7.

Ouchi，W G. *Theory Z：How American Business Can Meet the Japanese Challenge*[M]. Reading，M A：Addison-Wesley，1981.

Oven，Harrison. *Riding the Tiger：Doing Business in a Transforming World*[M]. Abbott Publishing，1992.

Parsloe，Eric. The Manager as Coach and Mentor[R] . Chartered Institute of Personnel and Development，1999.

Peare Ⅱ, John A, Richard B Robinson, Jr. *Management*[M]. Random House Inc, 1989.

Pennington, R G. Change Performance to Change the Culture[J]. *Industrial and Commercial Training*, 2003, 35(1).

Piaget, J. *Structuralism*[M]. New York: Basic Books, 1970.

Ragins, B R. Diversified Mentoring Relationships in Organizations: A Power Perspective [J]. *Academy of Management Review*, 1997, 22(2).

Robbins, Stephen P, Mary Coultar. *Management*[M]. 北京：清华大学出版社, Prentice Hall International Inc. , 1998.

Ruderman, M, S Glover, D Chrobot-Mason, & C Ernst. Leadership Practices Across Social Identity Groups[A]. In: K M Hannum, B B McFeeters, & L Booysen (Eds.). *Leading Across Differences: Cases and Perspectives.* San Francisco: Jossey-Bass/Pfeiffer, 2010.

Ruigrok, Winfried, Andrew Pettigrew, Simon Peck, & Richard Whittington. Corporate Restructuring and New Forms of Organizing: Evidence from Europe[J]. *Management International Review*, Special Issue, 1999, 39(2).

Schuler, R S, Peter J Dowling, & Helen De Cieri. An Integrative Framework of Strategic International Human Resource Management[J]. *International Journal of Human Resource Management*, 1993,4(4).

Schuler, R S, Peter J Dowling. Survey of SHRM/I Members[R]. New York: Stern School of Business, New York University, 1988.

Schultz, Theodore W. *Investment in Human Capital* [M]. London: Collier Macmillan, 1971.

Schuster, Frederick. *Human Resource Management: Concepts, Cases, and Readings*[M]. Reston: Reston Pub. Co. , 1985.

Senge, Peter M. *The Fifth Discipline, the Art and Practice of the Learning Organization*[M]. Random House Business Books, 1990.

Snell, R, A M Chak. The Learning Organization: Learning and Empowerment for Whom? [J]. *Management Learning*, 1998, 29(3).

Stewart, Thomas A. *Intellectual Capital: The New Wealth of Organizations* [M]. Currency, 2001.

Stogdill, Ralph M. Personal Factors Associated with Leadership: A Survey of the Literature[J]. *Journal of Psychology*, 1948, 25(1).

Taylor, Fredrick W. *The Principles of Scientific Management*[M]. New York: Harper and Row, 1911.

Trevor, Charlie O, Anthony J Nyberg. Keeping Your Headcount When All about You Are Losing Theirs : Downsizing, Voluntary Turnover Rates, and the Moderating

Role of HR Practices[J]. *Academy of Management Journal*，2008，51(2).

Tsoukas，H. The Missing Link：A Transformational View of Metaphors in Organizational Science[J]. *Academy Management Review*，1991,6.

Tsui，A，D Wang. Employment Relationships from the Employer's Perspective：Current Research and Future Directions[J]. *International Review of Industrial and Organizational Psychology*，2002，17.

Tung，R L. Selection and Training Procedures of US，European and Japanese Multinationals[J]. *California Management Review*，1982，25(1).

United Nations Conference on Trade and Development. World Investment Report 2019[C]. https：//unctad. org/en/Pages/Home. aspx. 2019－06－12.

Victor Vroom，Arthur Jago. *The New Leadership：Participation in Organizations*[M]. Englewood Cliffs，N J：Prentice Hall，1988.

Viteles，Morris S. *Industrial Psychology*[M]. New York：Norton，1932.

Vroom，Victor Philip I. Yetton. *Leadership and Decision Making*［M］. Pittsburgh：University of Pittsburgh Press，1973.

Weick，K. *The Social Psychology of Organizing*[M]. New York：McGraw Hill，1979.

Wenger，E. Communities of Practice，The Social Fabric of a Learning Organization [J]. *The Healthcare Forum*，1996，39(4).

Wiley，Chicester，R Snell，& A Man-Kuen Chak. The Learning Organization：Learning and Empowerment for Whom? [J]. *Management Learning*，1998(9).

Yukl，Gary. *Leadership in Organizations*[M]. N J：Pearson Prentice Hall，2006.

Zeira，Yoram. Management Development in Ethnocentric Multinational Corporations[J]. *California Management Review*，1976，18(4).

阿尔弗雷德·马歇尔. 经济学原理[M]. 伦敦：麦克米伦公司,1930.

安德鲁·J. 杜柏林. 领导力[M]. 王垒译. 北京：中国市场出版社,2011.

彼得·圣吉. 第五项修炼[M]. 第 2 版. 郭进隆译. 上海：上海三联书店,1998.

陈春花,宋一晓,曹洲涛. 中国本土管理研究的回顾与展望[J]. 管理学报,2014,11(3).

陈孟熙. 经济学说史教程[M]. 北京：中国人民大学出版社,1992.

陈维政,李贵卿,毛晓燕. 劳动关系管理[M]. 北京：科学出版社,2010.

陈亚宁. 基于在华跨国企业的战略国际人力资源管理架构与企业绩效关系研究[J]. 中外企业家,2019(6).

谌新民,余炬文,朱莉副. 员工培训成本收益分析[M]. 广州：广东经济出版社,2005.

程延园,王甫希. 变革中的劳动关系研究：中国劳动争议的特点与趋向[J]. 经济理论与经济管理,2012(8).

程延园. 劳动关系[M]. 北京：中国人民大学出版社,2002.

程莹仪.探析跨国企业外派人员管理[D].上海:同济大学,2008.

戴维·帕门特.关键绩效指标:KPI 的开发、实施和应用[M].张丹,商国印,张风,等译.北京:机械工业出版社,2017.

戴月明,杨浩,朱晶君.知识型企业薪酬管理的国际经验及启示[J].经济问题探索,2009(8).

丹·克劳逊,玛丽·安·克劳逊,郭懋安.美国工会状况及其复兴战略[J].国外理论动态,2010(5).

杜拉克.杜拉克管理应用词典.王霆,弓剑炜,等译.北京:九州出版社,2002.

范仲文.美国劳动争议处理制度特征与启示[J].四川劳动保障,2017(S2).

方振邦,陈曦.绩效管理[M].北京:中国人民大学出版社,2015.

冯小俊.科技型中小企业合作型劳动关系的构建研究[D].北京:首都经济贸易大学,2017.

弗雷德·鲁森斯.组织行为学[M].王垒译.北京:人民邮电出版社,2003.

弗雷德里克·舒斯特.A 战略:人与效益的关系[M].厉无畏,严诚忠译.上海:上海科学技术出版社,约翰·威利父子出版公司,1989.

付亚和,许玉林.绩效考核与绩效管理[M].北京:电子工业出版社,2003.

高举中国特色社会主义伟大旗帜为夺取全面建设小康社会新胜利而奋斗——在中国共产党第十七次全国代表大会上的报告[R].2007-10-15.

顾琴轩,朱勤华.可口可乐中国公司的薪酬制度变化及其启示[J].管理现代化,2003(5).

国家统计局.中国人口和就业统计年鉴 2020[M].北京:中国统计出版社,2020.

国家统计局.国际统计年鉴 2003[M].北京:中国统计出版社,2003.

国家统计局.国际统计年鉴 2008[M].北京:中国统计出版社,2008.

国家统计局.国际统计年鉴 2016[M].北京:中国统计出版社,2016.

国家统计局.国际统计年鉴 2018[M].北京:中国统计出版社,2018.

国家统计局.国际统计年鉴 2019[M].北京:中国统计出版社,2019.

国家统计局.中国统计年鉴 2020[M].北京:中国统计出版社,2020.

国家统计局.中国科技统计年鉴 2020[M].北京:中国统计出版社,2020.

赫尔曼·阿吉斯.绩效管理[M].刘昕,柴茂昌,孙瑶译.北京:中国人民大学出版社,2013.

侯海军.德国劳动争议处理机制[N].人民法院报.2018-06-08(008).

黄婉秋.我国国有企业绩效评估研究[D].厦门:厦门大学,2007.

加里·德斯勒.人力资源管理(14 版)[M].北京:中国人民大学出版社,2017.

姜秀珍.国际企业人力资源管理[M].上海:上海交通大学出版社,2008.

靳娟.国际企业外派人员管理[M].北京:首都经济贸易大学出版社,2016.

李红建,侯海军.国外劳动争议处理机制改革发展的共性特点[N].人民法院报.2019-11-01(008).

李丽林,袁青川.国际比较视野下的中国劳动关系三方协商机制:现状与问题[J].中国人民大学学报,2011,25(5).

李协京.对日本教育财政制度和教育立法的若干考察——关于教育均衡化发展的制度环境[J].外国教育研究,2004(3).

李岩,张桂梅.德国集体谈判对完善我国行业性工资集体协商制度的启示[J].山东社会科学,2014(9).

李永鑫,周海龙,田艳辉.真实型领导影响员工工作投入的多重中介效应[J].心理科学.2014(3).

李永壮,等.国际人力资源管理[M].北京:对外经济贸易大学出版社,2011.

李芝山.绩效管理:价值、问题及策略[J].中外企业家,2005(11).

李志,孙序政,尹洋.政府部门与企业绩效评估特征的比较研究[J].云南行政学院学报,2009,11(2).

李中斌,万文海,陈初升,等.国际人力资源管理[M].北京:中国社会科学出版社,2008.

联合国开发计划署驻华代表处.新冠肺炎疫情对中国企业影响评估报告.2020-04.

林新奇.绩效考核与绩效管理[M].北京:对外经济贸易大学出版社,2011.

林新奇.国际人力资源管理[M].第3版.上海:复旦大学出版社,2017.

林新奇.跨国公司人力资源管理[M].北京:清华大学出版社,2015.

刘帮成.企业国际化进程中人力资源管理的挑战[J].国际经贸探索,2001(3).

刘健西.劳资关系协调机制及政策研究[M].北京:中国经济出版社,2017.

刘容.日本企业劳资关系变迁研究[D].大连:东北财经大学,2018.

刘昕,张兰兰.员工关系的国际发展趋势与我国的政策选择——兼论劳资关系、劳动关系和员工关系的异同[J].中国行政管理,2013(11).

刘洋.改制后国有企业的劳动关系:现状、问题与协调治理路径[J].教学与研究,2018(7).

刘勇.改革开放进程中的中国工会利益整合-表达研究[D].西安:陕西师范大学,2011.

罗志红.试论英美国家劳动争议处理制度的特色[J].法制博览,2019(19).

马克思,恩格斯.马克思恩格斯全集(第26卷)[M].北京:人民出版社,1972.

苗军,王茹.企业国际化经营的人力资源挑战及对策[J].经济研究参考,2013(70).

缪亚杰.浅议外派人员的薪酬制度[J].管理观察,2011(12).

潘晨光.中国人才发展报告2009[R].北京:社会科学文献出版社,2009.

彭芬.百丽国际安徽分公司员工薪酬管理体系改进研究[D].兰州:兰州大学,2015.

彭剑锋.互联网时代的人力资源管理新思维[J].中国人力资源开发,2014(16).

邱海峰.中国外贸再次领跑全球[N].人民日报海外版.2019-01-15.

人力资源和社会保障部.2018年度人力资源和社会保障事业发展统计公报[OB/OL].http://www.mohrss.gov.cn/SYrlzyhshbzb/zwgk/szrs/tjgb/201906/t20190611_320429.html.

任真,王石泉,刘芳. 领导力开发的新途径——教练辅导与导师指导[J]. 外国经济与管理,2006,28(7).

商务部,国家统计局和国家外汇管理局. 2018 年度中国对外直接投资统计公报[DB/OL]. http://www.mofcom.gov.cn/article/i/jyjl/e/201909/20190902899692.shtml.

上海财经大学世界经济发展报告课题组. 2008 世界经济发展报告:全球化、区域经济与世界热点问题[M]. 上海:上海财经大学出版社,2008.

世界经济年鉴编辑委员会. 世界经济年鉴(2002～2003)[M]. 北京:经济科学出版社,2003.

世界发展报告编写组. 2003 年世界发展报告[R]. 北京:中国财政经济出版社,2003.

松下幸之助. 松下经营哲学[M]. 天津:南开大学出版社,1986.

孙序政. 世界 500 强企业绩效评估特征研究及启示[D]. 重庆:重庆大学,2010.

唐东方. 战略绩效管理步骤·方法·案例[M]. 北京:中国经济出版社,2009.

陶向南,赵曙明. 国际企业人力资源管理研究述评[J]. 外国经济与管理,2005(2).

托马斯·彼得斯,小罗伯特·沃特曼. 成功之路:美国最佳管理企业的经验[M]. 余凯成,钱冬生,张湛,译. 北京:中国对外翻译出版公司,1985.

汪垠涛.《跨国公司投资中国 40 年报告》发布,跨国公司投资主要瞄准中国市场[N]. 红星新闻. 2019-10-19.

王春梅. 新联想的国际化薪酬架构[J]. 管理@人,2006(4).

王辉. 中国企业环境下的领导行为与领导模式[M]. 北京:商务印书馆,2013.

王辉耀,苗绿. 企业国际化蓝皮书:中国企业全球化报告 2020[R]. 北京:社会科学文献出版社,2020.

王利红. 国际人力资源管理发展趋势分析[J]. 化工管理,2011(7).

王显润. 企业人力资源开发[M]. 长春:吉林人民出版社,1987.

王雁飞,朱瑜. 组织领导与成员交换理论研究现状与展望[J]. 外国经济与管理,2006(1).

王英春,邹泓,屈智勇. 人际关系能力问卷(ICQ)在初中生中的初步修订[J]. 中国心理卫生杂志,2006(5).

王媛媛. 论跨国公司的经营与管理[J]. 现代商业,2020(7).

王展宏. 发展继续教育,不断提高企业员工的学习力[J]. 武汉工程职业技术学院学报,2005(4).

王震,宋萌,孙健敏. 真实型领导:概念,测量,形成与作用[J]. 心理科学进展. 2014(3).

吴昌珍. 世界发达国家人力资源能力建设的经验及其启示[J]. 西南民族大学学报(人文社科版),2005(3).

吴敏捷. 日本工会的独立与联合[J]. 工会理论研究(上海工会管理职业学院学报),2016(5).

吴清军. 集体协商与国家主导下的劳动关系治理——指标管理的策略与实践[J]. 社

会学研究,2012,27(3).

武赫.中国分省际人力资源开发效率测度[J].统计与决策,2014(10).

项国鹏,盛亚.公司战略弹性与公司战略变革模式:知识视角的考察[J].科技进步与对策,2005(7).

项亚光.当今美国学校教师流动的新动向——基于国家教育统计中心学校教师调查的分析[J].外国中小学教育,2008(5).

谢海东.国外劳资关系对企业绩效的影响研究述评[J].外国经济与管理,2006(9).

薛求知,廖勇凯.国际人力资源管理教程[M].上海:复旦大学出版社,2010.

阎世维.论企业行为的人格力量[J].经济日报.1992.

杨海涛.德国工会发展的历史考察[J].中国劳动关系学院学报,2007(3).

杨菁,李曼丽.当前美国企业培训的现状、特点及其对中国的启示[J].清华大学教育研究,2002(2).

杨晓智.德日美劳动关系的历史考察及启示[J].中国劳动关系学院学报,2016(6).

杨欣.日本集体劳动争议处理的法律与政策探析[J].中国劳动关系学院学报,2014,28(1).

叶小兰.关系契约视野下的劳动关系研究[D].南京:南京大学,2012.

游正林.60年来中国工会的三次大改革[J].社会学研究,2010(4).

于楠.国际公司人力资源的薪酬管理[J].商场现代化,2017(3).

余云霞.英国劳资关系的特征及演变——20世纪90年代以来英国劳资关系的变化[J].工会理论与实践,2001,15(4).

豫秦.解读工会之二:世界工会发源地——英国的工会[J].中国工人,2017(2).

约翰·卡伦,普拉文·帕博蒂阿.国际企业管理(第六版)[M].北京:中国人民大学出版社,2018.

约瑟夫·J.马尔托齐奥.战略薪酬[M].周眉译.北京:社会科学文献出版社,2002.

詹姆斯·C.柯林斯,杰里·I.波勒斯.基业长青[M].真如译.北京:中信出版社,2002.

詹姆斯·L.吉布森,约翰·M.伊万切维奇,小詹姆斯·H.唐纳利,罗伯特·科诺帕斯克.组织:行为、结构和过程[M].第14版.王德禄,王坤译.北京:中国工信出版集团,电子工业出版社,2015.

张捷,赵曙明.中国企业跨国并购中的全球化薪酬战略研究[J].现代管理科学,2008(6).

张楠.跨国公司员工绩效考评研究[D].贵阳:贵州大学,2006.

张润书.组织行为与管理[M].台北:五南图书出版社,1985.

张笑宇.一个国家跨国公司的数量和质量,直接关系到国家在世界的地位[N].经济观察报.2019-12-01.

章蕾.美国工会的衰退成因及其发展对策研究[J].中国劳动关系学院学报,2010,24(5).

赵国军.绩效管理方案设计与实施[M].北京:化学工业出版社,2009.

赵丽君,赵晓冬.跨文化背景下国际企业人力资源管理研究[J].价值工程,2006(2).

赵履宽.现代领导者应确立的八大观念[J].人才研究,1987(10).

赵庆梅,石承业.国际人力资源发展六大趋势[J].中国人才,2002(4).

赵曙明,高素英,耿春杰.战略国际人力资源管理与企业绩效关系研究——基于在华跨国企业的经验证据[J].南开管理评论,2011(1).

赵曙明,刘燕,彼得·J.道林,等.国际人力资源管理[M].北京:中国人民大学出版社,2012.

赵曙明,白晓明,赵宜萱.转型经济背景下我国企业家胜任素质分析[J].南京大学学报(哲学·人文科学·社会科学),2015(2).

赵曙明,彼得·J.道林,丹尼斯·E.韦尔奇.跨国公司人力资源管理[M].北京:中国人民大学出版社,2001.

赵曙明,程德俊.人力资源管理与开发案例精选[M].北京:北京师范大学出版社,2007.

赵曙明,戴万稳.人力资源战略规划[M].北京:北京师范大学出版社,2009.

赵曙明,冯芷艳,刘洪.人力资源研究新进展[M].南京:南京大学出版社,2002.

赵曙明,苏明.构建面向全球化的中国人力资源管理理论[J].南京社会科学,2013(11).

赵曙明,陶向南,周文成.国际人力资源管理[M].北京:北京师范大学出版社,2019.

赵曙明.国际企业:人力资源管理[M].南京:南京大学出版社,2012.

赵曙明.国际企业:人力资源管理[M].第5版.南京:南京大学出版社,2016.

赵曙明.建立创新型人力资源管理模式[N].人民日报,2018-12-10(07).

赵曙明.跨国公司在华面临的挑战:文化差异与跨文化管理[J].管理世界,1997(3).

赵曙明.鸟瞰HR,赵曙明有话要说[J].人力资源,2005(10).

赵曙明.企业人力资源管理与开发国际比较研究[M].北京:人民出版社,1999.

赵曙明.人力资源管理理论研究新进展评析与未来展望[J].外国经济与管理,2011(1).

赵曙明.人力资源管理与开发[M].北京:北京师范大学出版社,2007.

赵曙明.人员培训与开发——理论、方法、工具、实务[M].北京:人民邮电出版社,2014.

赵曙明.为未来,培养领导力[J].中国人力资源开发,2013(22).

赵曙明.西方国家教育新进展[M].武汉:湖北教育出版社,1991.

赵曙明.直面突发疫情,做好人力资源管理三要素[N].http://www.jsthinktank.com/special/zyyz/202003/t20200307_6546868.shtml.

赵曙明.中国人力资源管理三十年的转变历程与展望[J].南京社会科学,2009(1).

赵曙明.中国文化价值观与人力资源管理[J].美国洛克·海文国际评论,年刊,1991.

赵曙明.做好企业复工复产的人力资源管理[N].人民日报.2020-02-25(09).

赵曙明. 人力资源管理理论研究现状分析[J]. 外国经济与管理,2005(1).

赵宜萱,徐云飞. 新生代员工与非新生代员工的幸福感差异研究——基于工作特征与员工幸福感模型的比较[J]. 管理世界,2016(6).

郑晓明. 现代企业人力资源管理导论[M]. 北京:机械工业出版社,2002.

中国特色社会主义工会发展道路研究课题组. 中国工会发展道路的历史回顾与总结[J]. 中国劳动关系学院学报,2010,24(2).

中华人民共和国教育部. 2019 年全国教育事业发展统计公报[OB/OL]. http://www. moe. gov. cn/jyb_sjzl/sjzl_fztjgb/202005/t20200520_456751. html.

中南. 国际企业的税收管理[J]. 国际商务研究,1995(1).

周培. 从德国劳动争议诉讼制度看我国劳动法院的建立[J]. 中国劳动关系学院学报,2013(1).

周文霞. 中国人力资源管理研究 40 年(1978～2018)[M]. 北京:中国社会科学出版社,2019.

周谊,陈珉. 1955～1997 年日本教育经费的统计研究[J]. 外国教育研究,2002(12).

朱舟. 企业国际化经营与战略性人力资源管理[J]. 经济管理,2001(4).

后 记

21 世纪,对中国的企业而言,既是一个充满机遇和希望的时代,又是一个面临激烈竞争与严峻挑战的时代。随着全方位、多层次的对外开放,中国经济逐步实现与国际全方位的接轨,特别是在中国加入 WTO 后,国内市场与国际市场开始全面融合。一方面是市场不断扩大的机遇,另一方面是竞争日趋激烈的挑战,中国企业面临着一个前所未有的经营环境。

20 世纪 80 年代,中国经济的对外开放以引进外资为重点,"以资源换技术",即"引进来"。到了 20 世纪 90 年代,中国经济的对外开放则有了一个质的飞跃,在"引进来"的同时,还鼓励中国企业"走出去",由此,中国企业开始走出国门到海外投资。到了 21 世纪初,越来越多的中国企业大踏步地向外走,积极参与对外投资,开展跨国经营,从而加快了企业国际化进程。根据中国商务部国际贸易经济合作研究院编制的《跨国公司投资中国 40 年报告》,2018 年中国吸收外商投资达 1 349.7 亿美元,居全球第二位。截至 2018 年底,中国累计设立外商投资企业 96.1 万家,实际吸引外商投资 2.1 万亿美元,已经成为全球最大的外商投资东道国之一。在全球跨境直接投资多年持续下降的背景下,2019 年中国吸收外资保持逆势增长,达 1 410 亿,居全球第二位。截至 2019 年底,中国累计设立外商投资企业突破 100 万家,达到 1 001 377 家,在中国利用外资乃至对外开放进程中具有标志性意义。与此同时,中国的对外投资也逐年增多。1990 年,中国的企业对外投资为 9 亿美元;2005 年超过百亿美元,达 122.60 亿美元;到 2014 年,已超过千亿美元,为 1 029 亿美元;2016 年中国对外直接投资流量创下 1 701 亿美元的最高峰值;2019 年中国对外投资仍达到 1 171.2 亿美元。无论是吸引外国直接投资,还是外国投资者到中国办企业或是合作建立研发中心和工程中心,抑或是到海外投资开展跨国经营,我们都有了历史性的突破,取得举世瞩目的成绩。

改革开放 40 多年来,我国在引进外资的同时,也引进了发达国家的先进技术和先进管理经验,造就了一支庞大的企业家队伍;在鼓励中国企业走出去的同时,越来越多的国际企业通过参与国际市场竞争,增强了"与狼共舞"的胆识,培养和锻炼了一大批具有国际视野的经营管理人才。而这些具有先进管理理念和国际视野的经营管理人才,无疑是企业取得国际化成功的关键因素。因此,探讨企业经营国际化的问题时,必须重视研究国际人力资源管理问题,这对于中国企业深度融入经济全球化的进程,在更广泛的范围内参与国际市场竞争,不断完善中国特色社会主义市场经济体制,都具有十分重要的意义。

人力资源管理是现代管理科学中的一个重要组成部分,国际人力资源管理又是人力资源管理的一个重要的分支。它是以经济全球化和区域一体化为背景,以跨国公司、全球产业链的人力资源为主要研究对象,以跨文化管理为主要研究方法的一门学科。然而,由于我国开展国际人力资源管理教学和研究的时间较短,有关国际人力资源管理的实践尚处于摸索阶段,加上经济全球一体化、区域化与国家系统的交织进程中,企业国际化及其管理(包括人力资源管理)本身的复杂性,使得有关国际人力资源管理教材的写作也有较大的难度。

本书是在1992年出版的《国际人力资源管理》一书的基础上修订完善而成。该书是国内最早出版的有关人力资源管理的教材,属于我主编的"国际企业管理丛书"系列,该系列在南京大学出版社成功出版。此后本书分别于1995年、1998年、2005年、2010年和2016年经过了五次重新修订,并纳入"南京大学商学院文库丛书"出版。

30多年来,在国际人力资源管理研究方面,我取得了一定进展。此次第六版修订,该书作为南京大学"人力资源管理系列教材"之一,在《国际人力资源管理》1992年版的基础上进行重新编写,增加了许多新内容。具体如:国际招聘与选拔、国际绩效管理与评估、国际薪酬管理、国际劳动关系以及全球经济一体化与对人力资源管理的挑战等章节。

在此书改编再版之际,首先,我要感谢南京大学。在美国获得博士学位后,南京大学又批准我在美延长一年,从事博士后研究,使我得以对"国际人力资源管理"这一问题进行系统的研究和探讨,为后来近30年的研究打下了坚实的基础。其次,我要感谢美国佛罗里达大西洋大学商学院原院长(后来到内布拉斯大学商学院及奥马哈分校担任院长)斯坦利·希利(Stanley, J. Hille)教授,他邀请我在1990~1991年担任该商学院的博士后研究员和客座教授,为我深入研究这一课题提供了宝贵的机会;在此期间,该院著名的人力资源管理教授弗雷德里克·舒斯特(Frederick E. Schuster)在人力资源管理评估理论研究方面,曾给予我许多指导,在此谨表谢意。

在撰写本书的过程中,曾得到斯坦利·希利博士的大力支持,他对本课题给予了多方面的帮助,使得课题的研究与写作得以顺利进行。这次他又为本书的再版修订撰写了序言,在此向他深表谢意。

本书的再版还得到了南京大学出版社高校教材中心蔡文彬主任、唐甜甜编辑的大力支持,在此向他们表示衷心的感谢。

最后,我还要感谢已毕业博士研究生刘燕教授、秦伟平教授、李召敏副教授,以及博士后赵李晶,博士研究生张紫滕、魏丹霞、何光远、丁晨等同学,他们在这本书的再版过程中,完成了诸如查阅资料、整理案例、排版校对等工作。其中,李召敏和赵李晶还为校对本书的修订样稿做了大量的工作。

由于作者水平的限制,在理论深度和实践指导的高度上还存在着一定不足,书中的缺点和错误也在所难免,恳请专家、学者及人力资源管理研究领域的同行和广大读者提出批评。笔者真诚地希望此书的再版能引起有关学界及业界的关注,也希望有更多的学者对此进行更深入的研究。

2020年7月20日
于南京江宁湖滨世纪花园

图书在版编目(CIP)数据

国际人力资源管理 / 赵曙明著. — 6 版. — 南京：
南京大学出版社，2021.8(2024.7 重印)

ISBN 978 - 7 - 305 - 24077 - 5

Ⅰ．①国… Ⅱ．①赵… Ⅲ．①跨国公司－企业管理－
人力资源管理 Ⅳ．①F276.7

中国版本图书馆 CIP 数据核字(2020)第 256450 号

出版发行　南京大学出版社
社　　址　南京市汉口路 22 号　　　　　邮　编　210093
书　　名　**国际人力资源管理**
　　　　　GUOJI RENLI ZIYUAN GUANLI
著　　者　赵曙明
责任编辑　唐甜甜　　　　　　　　编辑热线　025 - 83594087
照　　排　南京南琳图文制作有限公司
印　　刷　南京玉河印刷厂
开　　本　787×1092　1/16　印张 20.5　字数 456 千
版　　次　2021 年 8 月第 6 版　2024 年 7 月第 4 次印刷
ISBN 978 - 7 - 305 - 24077 - 5
定　　价　59.90 元

网址：http://www.njupco.com
官方微博：http://weibo.com/njupco
官方微信号：njupress
销售咨询热线：(025) 83594756